Jetzt mal Klartext

Jetzt mal Klartext

Gefühlskämpfe überwinden
durch die Kraft des Wortes Gottes

JOYCE MEYER

This edition published and arranged with
Warner Books, Inc., New York, New York, USA.
Originally published in English under the title **Straight Talk** by Joyce Meyer

Joyce Meyer Ministries
P.O. Box 761001
22060 Hamburg
www.joyce-meyer.de
Tel: 040 / 88 88 4 11 11

ISBN 3-939627-10-0
978-3-939627-10-4

Bestellungen bitte an oben stehende Adresse richten

1. Auflage, November 2006

Deutsche Fassung überarbeitet von Margie Flohr und Jokim Schnöbbe
Umschlag: Andreas Zehnder und Johannes Schubert
Satz: Satz & Medien Wieser, Stolberg
Druck: Ebner & Spiegel, Ulm

Inhaltsverzeichnis

Klartext über ***Stress***

Inhaltsverzeichnis

Einleitung

Diejenigen, die an Jesus glauben, leben *in* der Welt, sind aber nicht *von* der Welt (siehe Johannes 17,14-15). Das ist eine gute Nachricht für uns Gläubige, die wir in der heutigen von Stress erfüllten Welt leben. Die Menschen in der Welt befinden sich unter einem dermaßen starken Druck, dass sie gehetzt, unhöflich, reizbar und frustriert sind. Sie erleben finanziellen und ehelichen Stress und den Stress durch heranwachsende Kinder in einer wechselhaften, unsicheren Welt. Infolge von seelischem Stress am Arbeitsplatz und körperlichem Stress durch Überarbeitung sowie strapazierten Nerven, scheinen manche Leute Zeitbomben zu sein, die sich am Rande einer Explosion befinden.

Wir als Gläubige müssen dem Stress, den Menschen »der Welt« - Menschen, die Jesus als Retter und Herrn nicht kennen - erleiden, nicht unterliegen. Wir brauchen uns nicht dem System der Welt anzupassen, indem wir wie weltliche Menschen denken, sprechen und handeln. Vielmehr sollten wir uns in unserer Einstellung und unserem Verhalten deutlich von den Menschen der Welt unterscheiden.

Wir sind dazu bestimmt, Lichter in der Finsternis zu sein (Matthäus 5,15; Epheser 5,8). Es ist jedoch schwer für uns, Lichter zu sein, wenn wir ebenso gestresst sind wie die Menschen der Welt. Gott hat für uns Wege vorgesehen, die es uns ermöglichen, ein Leben ohne diese Art von Stress zu führen.

Ich habe bei meinem eigenen Trachten nach Frieden etwas gelernt: Um den Frieden zu genießen und nicht unter dem Druck von Stress zu leben, muss ich mich dazu entscheiden, Gott in jeder Situation zu gehorchen.

Jesus ist der Friedenfürst! Gehorsam - unter der Leitung des Heiligen Geistes - wird uns immer zum Frieden und zur Freude führen, nicht zur Angst und Frustration. Durch Gottes Wort können wir mehr über den Friedefürst und das Erbe, das uns durch ihn verfügbar gemacht wurde, erfahren. Wir können Frieden finden und ihn bewahren und den Stress vermeiden oder überwinden.

Erlauben Sie dem Heiligen Geist, beim Lesen dieses Buches zu Ihnen zu sprechen und Sie dazu anzuleiten, in diesem wunderbaren Frieden zu leben.

Teil A

Wird Jesus erhoben oder liegen Sie am Boden?

1

Vernünftige Grenzen überschreiten

Wisst ihr nicht, dass euer Leib der Tempel (das Heiligtum) des Heiligen Geistes ist, der in euch wohnt, den ihr [als Gabe von Gott] empfangen habt? Ihr gehört nicht euch selbst an, ihr seid mit einem Preis erkauft worden [erworben und bezahlt mit einer Kostbarkeit, zu seinem Eigen gemacht]. Darum ehrt Gott und bringt ihm in eurem Leib Verherrlichung dar.

1. Korinther 6,19-20

Das Wort *Stress* war im Englischen ursprünglich ein technischer Begriff, der benutzt wurde, wenn es um die Belastung ging, der ein Balken oder ein anderer Träger standhalten sollte, ohne unter dem Druck zusammenzubrechen.

In unserer Zeit wurde die Bedeutung des Wortes erweitert. Es bezieht sich jetzt nicht nur auf physikalischen Druck, sondern auch auf seelische und gefühlsmäßige Belastung.

Als Menschen sind wir so angelegt, dass wir mit einer normalen Menge Stress umgehen können. Gott hat uns so geschaffen, dass wir einer gewissen Menge an Druck und Belastung standzuhalten vermögen. Problematisch wird es, wenn wir uns über unsere Grenzen hinaus belasten, über das hinaus, was ursprünglich für uns auszuhalten vorgesehen war, damit wir keinen bleibenden Schaden erleiden.

Ein Stuhl wurde zum Beispiel hergestellt, um als Sitzgelegenheit zu dienen. Er wurde entworfen und angefertigt, um eine gewisse Menge an Gewicht zu tragen. Wenn er richtig benutzt wird, hält er scheinbar ewig. Aber wenn er über seine Tragfähigkeit hinaus belastet wird, wird er Schaden erleiden oder sogar völlig unter der Last zusammenbrechen.

Auf dieselbe Weise sind Sie und ich so gebaut und erschaffen, dass wir Tag für Tag einem gewissen Maß an körperlichem, seelischem und gefühlsmäßigem Stress standhalten können. Es wird zum Problem, wenn wir zulassen, dass uns mehr an Belastung aufgelegt wird, als wir im Stande sind zu tragen.

Jeder befindet sich unter Stress. Stress ist ein Teil des täglichen Lebens. Solange wir diesen Stress in vernünftigen Grenzen halten, ist alles in Ordnung. Die Schwierigkeiten beginnen, wenn wir die angemessene Stressgrenze überschreiten.

Vor etlichen Jahren suchte ich einen Arzt auf, weil ich ständig krank war. Ich litt unter einer dieser Krankheiten, für die niemand eine Ursache finden kann. Doch der Arzt erklärte mir, dass die Symptome das Resultat von Stress wären.

Diese Analyse verärgerte mich. Ich glaubte nicht, dass mein Problem Stress war! Zugegeben: Früher hatte ich mich häufig mit Hilfe von Stress erfüllten, emotionalen Anfällen durch Situationen gekämpft, doch inzwischen war ich zu einer völlig ruhigen Person herangewachsen. Deshalb regte es mich auf, als mir gesagt wurde, dass ich unter Stress leide. Ich dachte: »Sie, Herr Doktor, versetzen mich in Stress!«

Ich ging zu mehreren Ärzten, und sie sagten mir alle dasselbe. Einer erzählte mir, ich sei zu engagiert. Das ärgerte mich nun *wirklich*, dass mir gesagt werden musste, ich sei krank, weil ich zu engagiert sei. Ich dachte, ich hätte mein Engagement auf positive Weise eingesetzt, indem ich intensiv für den Herrn arbeitete.

Nach einiger Zeit erkannte ich, dass das, was mir die Ärzte sagten, stimmte. Ich *war* unter Stress. Ich arbeitete zu angestrengt, schlief nicht ausreichend und aß nicht richtig. Ich trieb mich immer mehr an - und das alles im Namen der Werke Jesu. Ich verrichtete die Arbeit, von der *ich* entschieden hatte, dass sie seinem Willen entsprach. Dabei hatte ich ihn gar nicht gesucht, um herauszufinden, welche Arbeit *er* von mir getan haben wollte, *wann* er sie verrichtet haben wollte und *wie viel* davon er ausgeführt haben wollte.

In meinem speziellen Fall befand ich mich unter Stress, weil ich eine übertrieben große Menge jeder Art »guter Werke« verrichtete - Gemeindearbeit und andere Aktivitäten, die als geistliche Dinge angesehen wurden. Ich nahm an Bibelkursen und Gebetsversammlungen teil. Ich machte Seelsorge. Ich eilte von einem Seminar zum nächsten und predigte manchmal zwanzig- oder fünfundzwanzigmal pro Monat.

Neben den Strapazen, die ich meinem Körper zumutete, hatte ich gegen den seelischen Druck anzukämpfen, der entstand, weil ich lernen musste, einen neuen Dienst mit all seinen Herausforderungen zu leiten. Außerdem musste ich mit der gefühlsmäßigen Anspannung fertig werden, Familie und Dienst unter einen Hut zu bekommen.

Als Resultat davon hatte ich ständig Kopfschmerzen, Rückenschmerzen, Magenschmerzen, Nackenschmerzen und all die anderen Symptome von Stress. Dennoch wollte ich nicht wahrhaben und zugeben, dass ich mich unter Stress befand, so dass ich dagegen hätte angehen können.

Vielleicht strapazieren auch Sie sich über Ihre körperlichen Grenzen hinaus, so, wie ich es tat. Wenn wir an uns selbst durch angebliche Ausübung von Jesu Werk Raubbau betreiben, indem wir unseren Körper über Gottes Absichten hinaus beanspruchen, werden wir unter Folgeerscheinungen zu leiden haben, ähnlich denen, die sich einstellen, wenn wir unseren Körper entkräften bei der Jagd nach Reichtum, Ruhm, Erfolg oder jedem anderen Ziel.

Wie wir soeben gesehen haben, ist jedermann einigem Stress ausgesetzt. Keiner von uns schafft es durch den Tag, ohne die eine oder andere Art von Stress zu erleben. Bei der Behandlung oder der Überwindung von Stress ist es wichtig, den Stress als Stress zu erkennen, zu lernen, wie man darüber herrscht und ihn mehr *für* uns als gegen uns arbeiten zu lassen.

Klima bedingter Stress

Durch meine Arztbesuche habe ich einiges über Stress gelernt. Es gibt viele Arten von Stress. Zum Beispiel wird der Körper Klima bedingtem Stress ausgesetzt, wenn er von einer Temperatur zur anderen wechselt.

Ein Arzt erklärte mir: »Wenn draußen 40 Grad sind und du dein klimatisiertes Haus verlässt, durch die Hitze zum Straßenrand läufst, in dein mit Klimaanlage ausgestattetes Auto springst und darauf wartest, bis es abkühlt, durchläuft dein Körper einen drastischen Wechsel. In der Stadt steigst du aus deinem kühlen Auto aus und läufst wiederum durch die Hitze in ein klimatisiertes Gebäude. Vom klimatisierten Gebäude rennst du wieder hinaus in die Hitze zum Parkplatz, springst zurück in dein Auto und schaltest die Klimaanlage ein. Du fährst in angenehmem Komfort nach Hause und eilst dann wiederum vom Auto durch die Hitze in dein klimatisiertes Haus. Dieser ganze

Temperaturenwechsel belastet deinen Körper mit Stress. Das nennt man Klima bedingten Stress.«

Genau wie Klima bedingter Stress Ihren physischen Körper strapaziert, belastet seelischer Stress Ihre Seele und Ihre Nerven.

Seelischer Stress

Seelischer Stress entsteht, wenn man ständig alles verstehen muss, sich Sorgen macht, immer und immer wieder über dieselbe Sache nachdenkt, ohne einen Fortschritt in Richtung Lösung zu machen; wenn man dem Verstand erlaubt, in einem fort bei kleinen trügerischen Gedanken zu verweilen, die vom Teufel inspiriert werden. Er kann auch von einer lang andauernden intensiven Konzentration auf irgendeine bestimmte Sache herrühren.

Unser Sohn David zum Beispiel arbeitet für meinen Mann Dave und mich in unserem Dienst. Früher arbeitete er an Computern und entwarf Handzettel; er machte hauptsächlich Kopfarbeit. Einmal, als er nach einem langen Arbeitstag abends nach Hause kam, fühlte er sich so, als wären ein Schleier über seinen Augen und ein Nebel über seinem Gehirn. Eine Zeit lang hatte er das Empfinden, als könne er nicht richtig denken.

Zeigte ihm sein Körper an, dass er zu viel arbeitete? Nein, nicht unbedingt. Es bedeutete ganz einfach, dass ihm sein Körper die Botschaft vermittelte: »Ich bewege mich auf Überlastung zu; lass mich ausruhen!«

Sobald uns unser Körper anzeigt, dass er ruhen möchte, drängen und drängen wir stattdessen häufig auf noch mehr Belastung hin. Wenn wir uns oftmals jedoch einfach hinsetzen würden, zur Ruhe kommen und fünfzehn Minuten lang etwas Friedvolles tun würden, fühlten wir uns erfrischt. Unser Körper hat die erstaunliche Fähigkeit, sich ziemlich rasch zu regenerieren und zu erneuern und in den normalen Zustand zurückzukehren.

Wenn wir uns dagegen weigern, unserem Körper die Ruhe zu gönnen, nach der er verlangt, beschwören wir Schwierigkeiten herauf. Wenn wir unseren Körper in Überlastung drängen und fortfahren, zu drängen und zu drängen, als wären wir Supermänner (oder »Superchristen«), wird dies bewirken, dass wir früher oder später körperlich dafür bezahlen müssen.

Wenn ich mich auf einen Stuhl setze und die Stuhlbeine krachen höre, nehme ich mein Gewicht besser eilends vom Stuhl, um nicht auf dem Boden zu landen. Viele Menschen gelangen jedoch schließlich in einen Erschöpfungszustand, weil sie die auftauchenden Warnsignale nicht ebenso ernsthaft beachten, wie die zusammenbrechenden Beine an jenem Stuhl.

Ich höre junge Leute Dinge sagen wie: »Oh, ich kann alles essen, was ich will und tagelang mit ganz wenig Schlaf auskommen. Das macht mir gar nichts aus.«

Wenn Sie ein junger Mensch sind, der seinen Körper wiederholt über seine natürlichen Grenzen hinaus strapaziert, werden Sie dies durchaus eine Weile fortsetzen können und sich dabei ganz gut fühlen. Doch Sie können und werden sich dabei sehr wahrscheinlich ernsthaft schädigen. Eines Tages wird Ihnen ihr Körper plötzlich melden: »Ich kann dies nicht länger mitmachen«, und etwas in Ihrem Körper oder Kopf wird zusammenbrechen oder krank werden.

Ihren Körper bis zum Punkt der Schädigung zu belasten und ihn nicht mit der Ruhe und Nahrung zu versorgen, die Gott für ihn vorgesehen hat, ist Ungehorsam. Ihr Körper kann als Folge dieses Ungehorsams ernstlichen Schaden erleiden. Natürlich ist Gott der Heiler und er ist barmherzig, doch nach Jahren des Ungehorsams ihm gegenüber könnte es viel schwerer für Sie sein, Ihre Heilung zu empfangen. Wenn Sie gesund sind, glauben Sie, dass Gott Ihnen eine lebenslange, göttliche Gesundheit geben kann und fügen Sie Ihrem Glauben Gehorsam gegenüber Gottes Gesetzen des Wohlergehens hinzu. Die Bibel lehrt uns, dass wir uns richtig ernähren, genügend Ruhe gönnen und nicht faul sein sollen - und weist uns an, körperlich aktiv zu sein und Sport zu treiben.

Körperlicher Stress

Körperlicher Stress entsteht ganz einfach, weil unser Körper müde wird. Das ist normal. Wir sind so angelegt, dass wir müde werden. Es ist wohltuend, in der Lage zu sein, ins Bett zu krabbeln und nach einem harten Arbeitstag nachts gut zu schlafen.

Es ist jedoch nicht angenehm, immer nur weiterzumachen, ganz gleich, wie müde wir sind, dann ins Bett zu fallen und ruhelos dazuliegen, während unser Verstand Überstunden macht. Wir fügen dem körperlichen Stress seelischen oder gefühlsmäßigen Stress hinzu.

Früher kam ich jedes Wochenende völlig erschöpft von langen Dienstreisen nach Hause. Ich schlief unterwegs nicht viel, weil wir hart arbeiteten und unter wechselnden Bedingungen lebten. Wir verbrachten jede Nacht in einem anderen Hotel und in einem anderen Bett. Ich betete bis spät in der Nacht für Menschen und stand dann früh am nächsten Morgen auf, um von neuem zu dienen.

Auf diesen Wochenendreisen war mein Körper einer Menge Strapazen ausgesetzt, weil ich ihn, während wir unterwegs waren, nicht richtig pflegen konnte. Doch ich beging den Fehler, dass ich am Montagmorgen aufstand und gleich wieder zurück ins Büro eilte, so, als ob ich das ganze Wochenende frei gehabt hätte.

Das tue ich nicht mehr. Jetzt nehme ich mir Zeit, um mit dem Herrn zusammen zu sein. Ich sitze in seiner Gegenwart, verbringe Zeit mit ihm und lasse mich wieder aufbauen. Nachdem ich dann gestärkt bin, kann ich wieder meinen Aufgaben nachgehen - und tun, was der Herr möchte.

Medizinischer Stress

Manchmal, wenn ich mich körperlich verausgabt habe und einen Virus oder eine Erkältung bekomme, verlangsame ich mein Tempo oder nehme mir etwas Zeit, um mich auszuruhen. Sobald ich jedoch anfange, mich ein wenig besser zu fühlen, beginne ich gleich wieder mit vollem Einsatz zu arbeiten. Dann werde ich müde oder erleide einen Rückfall und ich wundere mich, warum. Ich bezeichne dies als »medizinischen Stress«.

Dave versucht mir zu sagen: »Mache es dir für eine Weile etwas leichter. Dein Körper ist noch geschwächt, weil du dich nicht wohl gefühlt hast. Vielleicht musst du ein oder zwei Wochen lang etwas früher ins Bett gehen oder dich am Abend mehr ausruhen.«

Aber wie so viele Leute, die viel zu tun haben, hetze ich weiterhin, auch wenn es mich körperlich schädigt.

Natürlich beten wir sofort um Heilung, wenn Dave oder ich von Krankheit angegriffen werden. Doch wenn Sie krank werden, weil Sie Ihren Körper erschöpft haben, indem Sie ihn über die von Gott gesetzten und für eine gute Gesundheit notwendigen Grenzen hinaus beansprucht haben, brauchen Sie die Ruhe genauso wie das Gebet, um Ihre Gesundheit wiederherzustellen. Die Grenzen, die er uns gesetzt hat, dienen zu unserem eigenen Wohl. Wenn wir ungehorsam sind, weil wir uns außerhalb dieser Grenzen bewegen, müssen wir auch die Konsequenzen erleiden. Der Körper wird nicht richtig funktionieren, wenn er immer wieder über seine Belastbarkeit hinaus beansprucht wird. Wie wir bereits festgestellt haben, ist Gott barmherzig, doch wiederholter Ungehorsam kann verursachen, dass wir »ernten, was wir gesät haben« (Galater 6,8).

Klugheit

Ich, die Weisheit [von Gott], mache Klugheit zu meiner Wohnung, und ich mache Erkenntnis und Besonnenheit ausfindig.

Sprüche 8,12

Ein Wort, über das selten gelehrt wird, ist im Buch der Sprüche erwähnt: *Klugheit* (oder *klug* zu sein). Der Begriff *Klugheit* wird unter anderem verwendet, wenn es um »sorgfältige Verwaltung = Wirtschaftlichkeit[1]« geht. Gemäß der Schrift beinhaltet das Wesensmerkmal »Klugheit« oder »klug sein«, gute Verwalter oder Haushalter der Gaben zu sein, die uns Gott verliehen hat, um sie zu benutzen. Zu diesen Gaben gehören Zeit, Kraft, Stärke, Gesundheit und materielle Güter. Zu ihnen gehören unser Körper sowie unser Verstand und Geist.

So wie jeder von uns andere Gaben verliehen bekommen hat, wurde jedem von uns eine unterschiedliche Fähigkeit gegeben, mit diesen Gaben umzugehen. Einige von uns können besser mit sich selbst umgehen als andere.

Jeder von uns muss wissen, wie viel er bewältigen kann. Wir müssen in der Lage sein, zu erkennen, wann wir das »volle Leistungsvermögen« oder die »Überlastung« erreichen. Anstatt uns bis zur Überlastung anzustrengen, um anderen zu gefallen, unsere eigenen Wünsche zu befriedigen oder unsere persönlichen Ziele zu erreichen, sollten wir auf den Herrn hören und dem gehorchen, was er uns zu tun aufträgt. Wir müssen der Weisheit folgen, um in den Genuss eines gesegneten Lebens zu kommen.

Niemand kann alle Stressfaktoren - die Dinge, die Stress verursachen oder vermehren - aus seinem Leben schaffen. Aus diesem Grund muss jeder von uns *klug* sein, um die Stressfaktoren, die uns am meisten beeinträchtigen, zu identifizieren und effektiv anzugehen. Wir müssen unsere Grenzen erkennen und lernen, uns selbst und anderen gegenüber Nein sagen zu können.

Stressfaktoren

Alles kann zu einem Stressfaktor werden.

In ein Geschäft zu gehen und sich über die hohen Preise aufzuregen, kann zum Beispiel ein Stressfaktor sein. Dann kann der Vorgang des Bezahlens der getätigten Einkäufe ein Stressfaktor werden. Der Kasse, an der Sie anstehen, geht zum Beispiel das Wechselgeld aus und sie muss geschlossen werden. Sie stellen sich in einer neuen Reihe an und bemerken, dass Sie fünf Artikel ausgewählt haben, auf denen keine Preisschilder sind. Der Kassierer muss für jeden einzelnen den Preis anfordern, während Sie warten und die Schlange hinter Ihnen wächst.

Ein weiterer Stressfaktor kann sein, wenn Ihr Auto kaputt geht und mitten im Verkehr stehen bleibt.

Wenn mit den Stressfaktoren nicht richtig umgegangen wird, können sie sich nach und nach anhäufen und uns die Kraft rauben. Weil es wahrscheinlich unmöglich ist, alle Stressfaktoren in unserem Leben auszuschließen oder zu reduzieren, müssen wir uns darauf konzentrieren, uns von ihnen nicht so aus der Bahn werfen zu lassen. Wir müssen lernen, Römer Kapitel 12, Vers 16 zu gehorchen und anzuwenden: »Stellt euch bereitwillig [auf Menschen, Dinge] ein.« Wenn wir nicht in der Lage sind, all unsere Umstände zu kontrollieren, können wir unsere Einstellung so anpassen oder regulieren, dass sie keinen Druck auf uns ausüben.

Kampf oder Flucht

Der menschliche Körper ist so gebaut, dass er jedes Mal, wenn er Angst oder Gefahr wittert, abwehrend reagiert.

Wenn Sie zum Beispiel die Straße entlang fahren und ein anderes Fahrzeug bemerken, das auf Kollisionskurs mit Ihnen ist, wird Ihr Körper, ohne bewusste Gedanken Ihrerseits, in Aktion treten. Er wird automatisch Abwehrmaßnahmen ergreifen, wie die Absonderung von Adrenalin, als Vorbereitung darauf, dieser Krisensituation entgegenzutreten oder sie zu umgehen.

Diese Reaktion wird von Fachleuten als »*fight or flight*« (»Kampf oder Flucht«) bezeichnet. Ihr Körper bereitet Sie darauf vor, der Situation standzuhalten und ihr ins Auge zu sehen - zu kämpfen - oder der Gefahr zu entkommen.

In beiden Fällen reagiert Ihr Körper inwendig auf eine Weise, die Ihnen nicht völlig bewusst ist. Solche Reaktionen verursachen natürlich Stress in Ihrem Organismus.

Einbildung ist so mächtig wie die Realität

Denn wie er in seinem Herzen denkt, so ist er.

Sprüche 23,7

Etwas sehr Interessantes an diesem Phänomen »Kampf oder Flucht« ist die Tatsache, dass Ihr Körper nicht tatsächlich in einer bedrohlichen Situation sein muss, um zu reagieren. Nur von einer derartigen Situation zu träumen, sie sich vorzustellen oder sich lediglich daran zu erinnern, kann ihren Körper veranlassen, die gleichen körperlichen, verstandesmäßigen und emotionalen Reaktionen hervorzurufen.

Haben Sie jemals spät nachts in Ihrem Bett gelegen und ein kleines Geräusch gehört, das ihren Verstand dazu brachte, mit Ihnen Spiele zu spielen? Sie liegen in Sicherheit und bewahrt da, doch Sie beginnen zu schwitzen, Ihr Mund wird trocken, Ihr Herz beginnt wie wild zu schlagen und so weiter.

Ist es nicht erstaunlich, dass schon der bloße *Gedanke* an Gefahr genau die gleiche Reaktion hervorrufen kann wie wirkliche Gefahr? So betrachtet leuchtet es ein, warum uns die Bibel eindringlich auf die außerordentliche Wichtigkeit und die Auswirkung unserer Gedanken und Gefühle auf unser alltägliches Leben warnt.

Ein weiteres Beispiel: Bei der Arbeit wird das Gerücht über eine bevorstehende Entlassung laut. Wenn Leute derartige Gerüchte hören, beginnen sie für gewöhnlich, sich Sorgen zu machen. Manche Menschen sorgen sich so sehr, dass sie Magenprobleme bekommen. Das Gerücht hat dieselbe Auswirkung auf sie, wie es die konkrete Tatsache hätte, dabei ist doch das Gerücht nichts weiter als reine Einbildung.

Die Macht des Verstandes, der Gedanken, der Einbildung und der Gefühle ist enorm und in jeder erdenklichen Hinsicht so real wie die Macht der physischen Realität. Wir sollten jede Anstrengung unternehmen, uns nicht zu sorgen, ängstlich zu werden oder Situationen, die uns gefühlsmäßig aus der Fassung gebracht haben, gedanklich noch einmal zu durchleben.

Auswirkungen von Stress

Jede erschreckende oder stressige Situation, die durch unseren Verstand oder unsere Gefühle herbeigeführt wird, hat dieselbe Auswirkung auf unseren Körper wie eine tatsächliche Krisensituation.

Ich habe verschiedene Berichte darüber gelesen, was mit dem Körper geschieht, wenn er auf eine stressige Situation reagiert. Der Stressauslöser, was immer er auch sein mag, bewirkt, dass ein Impuls zum Gehirn gesandt wird. Das Gehirn kombiniert und integriert die Gefühle mit den Überlegungen. Dadurch analysiert die Person, die auf den Stressauslöser reagiert, die Situation. Wenn sie diese als bedrohlich empfindet, fährt der Körper mit der »Kampf oder Flucht«-Reaktion fort.

Das Nervensystem reagiert auf dreierlei Weise: Es stimuliert unmittelbar bestimmte Organe mit elektrischen Impulsen - das Herz, die Muskeln und die Atmungsorgane -, um eine rasche Erhöhung der Herzfrequenz, des Blutdrucks, der Muskelanspannung und der Atemtätigkeit zu bewirken. Es befiehlt dem Nebennierenmark, einen Teil der Nebennierendrüse, die Hormone Adrenalin und Noradrenalin freizusetzen, welche den Körper alarmieren und darauf vorbereiten, in Aktion zu treten. Diese Reaktion beginnt eine halbe Minute nach der ersten Reaktion, dauert aber zehnmal so lange an.

Das Nervensystem stimuliert auch den Hypothalamus im Gehirn eine Chemikalie freizusetzen, welche die Hirnanhangdrüse aktiviert. Die Hirnanhangdrüse wiederum setzt ein Hormon frei, das die Nebennieren stimuliert, damit fortzufahren, Adrenalin und Noradrenalin abzusondern und zu beginnen, Kortisol und Korticosteron freizusetzen, die den Stoffwechsel einschließlich der Glukoseproduktion beeinflussen. Diese dritte anhaltende Reaktion hilft, die Energie aufrechtzuerhalten, die benötigt wird, um in einer bedrohlichen Situation zu reagieren. Nahezu jedes Körperorgan - das eine mehr, das andere weniger - trägt zur Reaktion auf den Stressauslöser bei.

Jedes Mal, wenn wir irgendwie begeistert, angeregt oder aufgeregt werden, ist unser ganzer Organismus, auch wenn wir uns dessen nicht bewusst sind, entweder auf Kampf oder Flucht eingestellt, um sich vor der wahrgenommenen Bedrohung oder Gefahr zu schützen[2].

Erst wenn wir uns wieder beruhigen, kommt unser Körper aus dieser Notlage heraus und nimmt seine normale Funktionsweise wieder auf - und funktioniert so, wie er es normalerweise tun soll.

Wenn wir dann das nächste Mal einer stressigen Situation gegenüberstehen oder uns aufregen, beginnt der ganze Vorgang von neuem. Mit der Beruhigung kehrt der Körper wieder zur normalen Funktion zurück.

Und so geht es auf und ab, je nach unserem gedanklichen und gefühlsmäßigen Zustand. Aber die Auswirkungen jenes übermäßigen Wechsels von Stress und Unbeschwertheit können langwierige und weit reichende Konsequenzen nach sich ziehen.

Zu Knoten zusammengebunden?

Ein Gummiband hat die erstaunliche Fähigkeit, sich bis zu seiner maximalen Länge auszudehnen und dann genau zu seiner ursprünglichen Form zurückzukehren. Doch wie oft kann man dies tun, ohne dass es schwächer wird oder sogar reißt?

Wenn ich in meinem Büro arbeite und mir ein Gummiband reißt, binde ich die Enden wieder zusammen, weil ich es benötige, um etwas damit zusammenzuhalten. Manchmal dehnen wir uns in unserem täglichen Leben über das hinaus, was vernünftig und zumutbar ist, bis wir entzweigehen wie dieses Gummiband. Dann versuchen wir, »die Enden wieder zusammenzufügen« und machen mit demselben Verhalten weiter, das uns dazu bringt, uns immer stärker anzuspannen und erneut zu reißen.

Wenn ein Gummiband, das ich zusammengebunden habe, wieder reißt, reißt es für gewöhnlich an einer anderen Stelle und ich binde es mit einem weiteren Knoten zusammen. Wenn wir damit fortfahren, uns anzuspannen und auseinander zu brechen und »die Enden zusammenzubinden«, fühlen wir uns, als ob wir innen und außen total verknotet sind.

Wir mögen nach der Lösung Ausschau halten, um von der Ursache des Problems, das uns zusammengeknotet, loszukommen, doch die Quelle von Stress sind eigentlich nicht Schwierigkeiten, Umstände und Situationen. Eine Hauptursache für Stress liegt darin, dass wir uns den Problemen aus der Perspektive der Welt nähern, statt aus unserer Sichtweise als Gläubige an Jesus Christus, den Friedefürst.

Jesus hinterließ uns seinen Frieden.

> Frieden hinterlasse ich euch; meinen [eigenen] Frieden gebe und vermache ich euch. Nicht wie die Welt gibt, gebe ich euch. Euer Herz errege sich nicht, noch sei es ängstlich. [Hört auf, euch zu erlauben, beunruhigt und verworren zu sein; und gestattet es euch nicht, furchtsam und eingeschüchtert und feige und unentschlossen zu sein.] (Johannes 14,27)

Jesus sagte nicht, dass wir es nie mit etwas Beunruhigendem oder Enttäuschendem zu tun haben würden. Johannes Kapitel 16, Vers 33 bestätigt: »In der Welt habt ihr Drangsal und Versuchungen und Leid und Frustration ...« Doch er versicherte uns, dass er uns aus all unserer Drangsal befreien würde (Psalm 34,19). Johannes 16,33 beginnt folgendermaßen: »...damit ihr in mir [vollkommenen] Frieden und Zuversicht habt.« Johannes 16,33 endet mit: »... doch seid guter Dinge [fasst Mut; seid zuversichtlich, getrost, unerschrocken]! Denn ich habe die Welt überwunden. [Ich habe sie ihrer Macht beraubt, euch zu schaden und habe sie für euch besiegt.]

Obwohl es immer noch unangenehme Dinge gibt, mit denen wir zurecht kommen müssen, können wir den Frieden Jesu haben, weil er »die Welt überwunden« und sie ihrer »Macht, uns zu schaden«, beraubt hat. Er hat uns mit der Fähigkeit zurückgelassen, damit »aufzuhören, uns zu erlauben«, »beunruhigt und verworren« zu sein. Der Friede steht uns zur Verfügung, aber wir müssen ihn annehmen!

Die Macht des Herrn

Jesus sandte die zwölf Jünger und siebzig andere in Zweiergruppen aus, an jeden Ort, den er besuchen wollte. Bevor sie loszogen, sagte er ihnen: »Geht eures Weges; siehe, ich sende euch aus wie Lämmer mitten unter die Wölfe« (Lukas 10,3). Doch er hatte sie für den Widerstand, auf den sie stoßen würden, ausgerüstet. Nachdem sie zurückgekehrt waren und berichteten: »... selbst die Dämonen sind uns untertan in deinem Namen!« (Vers 17), sprach er: »Siehe, ich habe euch Autorität und Vollmacht verliehen, auf Schlangen und Skorpione zu treten, und [körperliche und seelische Stärke und Fähigkeit] über alle Macht, die der Feind besitzt; und nichts soll euch irgendwie schaden« (Lukas 10,19).

Was er ihnen mitteilte, gilt auch für uns heute: »Was ihr tun werdet, wird nicht leicht sein. Ihr werdet Problemen begegnen. Aber ihr braucht nicht beunruhigt oder verwirrt zu sein. Ich habe euch die Autorität, Vollmacht, Stärke und Fähigkeit verliehen, die ihr benötigt, um die Macht des Feindes zu überwinden. Nichts wird euch bezwingen - wenn ihr euch richtig verhaltet.«

2

Der Schlüssel zur Befreiung von Stress

Nun aber dienen wir nicht unter [dem Gehorsam gegenüber] den alten Regeln niedergeschriebener Verordnungen, sondern [unter dem Gehorsam gegenüber den Eingebungen] des Geistes in der Neuschöpfung [des Lebens].

Römer 7,6

Wenn du der Stimme des Herrn gewissenhaft gehorchst und darauf achtest, alle seine Gebote, die ich dir heute gebiete, zu tun, wird dich der Herr, dein Gott, erhöhen über alle Völker auf Erden ... Und der Herr wird dich zum Haupt machen und nicht zum Schwanz; und du wirst nur zuoberst sein und du wirst nicht zuunterst sein.

5. Mose 28,1+13

Als ich begann, diese Botschaft über Stress vorzubereiten, bat ich den Herrn, mir zu zeigen, wie ich den Stoff präsentieren sollte. Ich hätte das Thema auf verschiedene Weise angehen können. Die Antwort, die er mir gab, so glaube ich, ist eine Botschaft, ein Wort vom Herzen des Vaters an den Leib Christi für diese Stunde, diese Zeit.

Das Wort ist *Gehorsam*.

Der Herr sagte zu mir: »Wenn mir die Leute gehorchen und das tun, was ich ihnen auftrage, werden sie nicht unter Stress geraten.«

Wir mögen Stress ausgesetzt sein, aber wir werden *darüber* stehen, nicht *darunter*. Es ist ein großer Unterschied, ob man sich *unter* Stress befindet oder *über* einer Situation steht.

Jesus kam, um die Werke des Teufels zu zerstören (1. Johannes 3,8). Jesus wurde alle »Autorität ... Macht ... im Himmel und auf Erden« (Matthäus 18,18) gegeben, und er hat uns jene »Autorität und Macht« über die Gewalt des Feindes verfügbar gemacht (wie wir in Lukas 10,19 gesehen haben).

Im Epheserbrief, Kapitel 6, Vers 12, wird uns gesagt, dass »wir nicht gegen Fleisch und Blut kämpfen«, sondern »gegen die Mächte der Bosheit in der himmlischen (übernatürlichen) Region.« Vers 11 unterweist uns, wie wir »erfolgreich gegenüber [all] den Strategien und Kunstgriffen des Teufels standzuhalten vermögen«. Jesus hat uns Vollmacht verliehen, um die Angriffe des Teufels gegen uns zu stoppen.

Niemand kann jedoch jede Situation, die das Potential in sich birgt, unsere Herzen zu »beunruhigen«, aufhalten. Wir alle begegnen Situationen, die wir nicht mögen. Doch mit der Kraft Gottes können wir sie ohne Stress bewältigen. Wir können in jeder Situation, die unseres Weges kommt, zuoberst sein, »das Haupt und nicht der Schwanz«, »nur zuoberst« und »nicht zuunterst«.

Obwohl wir wie die Menschen der Welt manchmal stressige Situationen erleben, können wir über dem Stress stehen und nicht unter ihm, wenn wir Gottes Wort und seiner Stimme gehorchen. Wir werden *in* der Welt leben, ohne *von* der Welt zu sein.

Die große Wichtigkeit des kleinen Gehorsams

Gott aber sei Dank, der uns in Christus allezeit triumphieren lässt.
2. Korinther 2,14

Glauben Sie, dass Gott Sie an einen Ort des Sieges und des Triumphes führt, nicht an einen Ort der Niederlage? Ihre Antwort als Kind Gottes und Gläubige an Jesus Christus sollte *Ja* sein. Es ist doch logisch, dass wir, wenn wir als Gläubige auf alles hören, was uns der Herr sagt und ihm gehorchen, nicht in jenen Zustand der Niederlage gelangen, oder?

Viele Christen jedoch, wenn sie das Wort *Gehorsam* hören, denken unmittelbar, dass der Herr sie bitten würde, eine große Summe Geld zu geben, auf das Missionsfeld nach Afrika zu gehen oder etwas anderes wirklich Großes zu vollbringen, das sie nicht tun möchten. Sie erkennen nicht, dass der Gehorsam Gott gegenüber normalerweise mit kleinen Dingen zu tun hat, die einen großen Unterschied ausmachen. Ihm in *kleinen* Dingen zu gehorchen, macht einen *großen* Unterschied aus, wenn es darum geht, den Stress aus Ihrem Leben herauszuhalten.

Einfach der Stimme des Heiligen Geistes zu gehorchen, wird den

Stress oftmals rasch abbauen, während die Nichtbeachtung der Anweisungen des Heiligen Geistes mit höchster Wahrscheinlichkeit Stress verursachen und bewirken wird, dass dieser schnell zunimmt.

Die Eingebungen des Heiligen Geistes

> *Jetzt aber sind wir von dem Gesetz losgemacht und haben jeglichen Umgang damit beendet, da wir dem gestorben sind, was uns einst eingeschränkt und gefangen gehalten hat. Nun aber dienen wir nicht unter [dem Gehorsam gegenüber] den alten Regeln geschriebener Verordnungen, sondern [unter dem Gehorsam gegenüber den Eingebungen] des Geistes in der Neuschöpfung [des Lebens].*
>
> Römer 7,6

Gemäß dieser Schriftstelle unterstehen wir nicht länger den Einschränkungen des Gesetzes, sondern dienen dem Herrn im Gehorsam gegenüber den Eingebungen des Heiligen Geistes. Eine Eingebung ist ein »Wissen« tief in Ihrem Innern, das Ihnen sagt, was Sie tun sollen. In den Versen 11 und 12 von 1. Könige, Kapitel 19, wird die »leise, zarte Stimme« beschrieben, mit welcher der Herr zu Elia sprach:

> Und siehe, der Herr ging vorüber und ein großer, starker Wind zerriss die Berge und zerschmetterte die Felsen vor dem Herrn in Stücke, aber der Herr war nicht in dem Wind; und nach dem Wind ein Erdbeben, aber der Herr war nicht im Erdbeben; und nach dem Erdbeben ein Feuer, aber der Herr war nicht in dem Feuer; und nach dem Feuer [der Ton einer sanften Stille und] eine leise, zarte Stimme.

Eine Eingebung oder Anweisung vom Herrn ist nicht mit einem Hammer zu vergleichen, der jemandem auf den Kopf geschlagen wird, um ihm »einzugeben«, etwas zu tun. Der Herr benutzte nicht den großen, starken Wind, das Erdbeben oder das Feuer als Stimme, sondern den »Ton einer sanften Stille« und »eine leise, zarte Stimme«.

Eine Eingebung in Form »einer leisen, zarten Stimme« ist nicht unbedingt eine buchstäbliche Stimme; sie kann einfach Gottes Weisheit sein, die Ihnen in jenem Moment Richtungsweisung gibt. Im 1. Korintherbrief, Kapitel 1, Vers 30 lesen wir: »Auf ihm [Gott] aber kommt es, dass ihr euer Leben in Christus Jesus habt, den Gott zu unserer Weisheit von Gott gemacht hat.« Wenn wir von neuem geboren sind, lebt Jesus in uns. Wenn er in uns ist, haben wir Gottes Weisheit in uns, die wir jederzeit in Anspruch nehmen können. Doch bis wir nicht auf die Weisheit *hören*, wird sie uns nichts nützen.

Da eine Eingebung sehr sanft erfolgt, ist es leicht, zu bezweifeln, ob sie von Gott ist. Genauso leicht kann man sie völlig ignorieren. Als ich einmal drei bis vier Stunden beim Einkaufen zugebracht hatte, hörte ich die Stimme des Heiligen Geistes mich auffordern: »Du musst jetzt nach Hause fahren.« Ich hatte bis dahin nur die Hälfte der ungefähr acht Artikel, die auf meiner Einkaufsliste standen, besorgt, deshalb ignorierte ich die Anweisung.

Die auf meinem Zettel verbliebenen Artikel hätte ich nicht sofort benötigt. Obwohl mich die Stimme des Heiligen Geistes in mir anwies, das Einkaufen zu beenden und heimzufahren, war ich wie viele entschiedene, zielorientierte Leute nicht bereit zu gehen, bis ich jeden Artikel auf meiner Liste besorgt hatte.

Ich war gekommen, um acht Artikel zu kaufen, und ich würde mit acht Artikeln das Einkaufszentrum verlassen! Und es wäre mir egal gewesen, wenn mich jemand versucht hätte aus dem Geschäft zu schleppen; ich hatte vor, es mit dem zu verlassen, was ich kaufen wollte!

Inzwischen war ich so müde und kaputt, dass ich keine klaren Gedanken mehr fassen konnte, außer: »Ich will nur schnellstens fertig werden und hier herauskommen!« Auf Fragen höflich zu reagieren wurde sehr schwierig. Ich weiß nicht, wie oft ich mir das angetan habe - mich über die Anweisung des Heiligen Geistes hinaus anzustrengen. Und aufgrund der Verfassung, in die ich mich gebracht hatte, begann ich sogar noch eine Auseinandersetzung mit Dave. Ein Warnzeichen für Überforderung ist uns gegeben, wenn wir nicht mehr die Frucht des Geistes an den Tag legen - Liebe, Freude, Friede, Geduld, Freundlichkeit, Güte, Treue, Sanftmut und Selbstbeherrschung -, von der Galater 5,22-23 berichtet.

Ich hätte einfach auf die Inspiration des Heiligen Geistes hören können, jene »leise, zarte Stimme«, und indem ich nach Hause gefahren wäre, hätte ich den Stress aus der Situation herausgehalten. Stattdessen hatte ich mich entschlossen, in meinem eigenen fleischlichen Entschluss weiterzumachen, um mein Ziel zu erreichen. Damit brachte ich Stress auf mich und meine Mitmenschen.

Gottes Salbung liegt auf Gehorsam

Gottes Gnade und Vollmacht stehen zu unserem Gebrauch zur Verfügung. Allerdings befähigt Gott uns, gibt uns eine Salbung des Heiligen Geistes, damit wir das tun, was *er* uns aufträgt. Manchmal, wenn er uns angewiesen hat, eine andere Richtung einzuschlagen, machen wir einfach mit unserem ursprünglichen Plan weiter. Wir bitten Gott sogar um seine Hilfe für Dinge, vor denen er uns ausdrücklich gewarnt hat. »Gott hilf mir - ich bin fast am Ziel. Herr, hilf mir einfach ein wenig mehr zu schaffen und ich bin fertig.« Wenn wir etwas tun, das er nicht angeordnet hat, ist er nicht verpflichtet, uns mit der nötigen Kraft zu versorgen.

Wir handeln mehr in unserer eigenen Stärke als unter der Kontrolle des Heiligen Geistes, weil wir Dinge tun, von denen Gott uns abgeraten hat. Wir werden dabei so frustriert, gestresst oder entkräftet, dass wir, wie ich im Einkaufszentrum, die Selbstbeherrschung verlieren, einfach weil wir die Stimme des Heiligen Geistes ignoriert haben.

Ich glaube, dass eine Hauptursache, warum viele Leute gestresst und ausgelaugt sind, darin liegt, dass sie ihre eigenen Wege statt Gottes Wege gehen. Sie gelangen in stressige Situationen, wenn sie eine andere Richtung einschlagen als die von Gott verordnete. Inmitten des Ungehorsams verausgaben sie sich dann, und während sie sich abmühen, zu vollenden, was sie außerhalb von Gottes Anweisung begonnen haben, flehen sie Gott an, sie zu salben.

Gott ist barmherzig und hilft uns inmitten unserer Vergehen, aber er versorgt uns nicht mit Kraft und Energie, um ihm fortwährend ungehorsam zu sein. Wir können viele stresserfüllte Situationen vermeiden, brauchen nicht unter dem Gefühl zu leiden, »in Knoten zusammengebunden« zu sein, einfach, indem wir den Anweisungen des Heiligen Geistes Schritt für Schritt gehorchen.

Gott segnet Gehorsam

Manchmal gibt Gott tatsächlich Richtungsweisung, die eine große Veränderung verlangt. Und in der Tat fordert er einige Leute auf, ins Missionsfeld nach Afrika zu gehen oder eine große Summe Geld zu spenden. Doch Gott schuf den Leib Christi mit unterschiedlichen Fähigkeiten, Stärken und Wünschen, um Menschen auf verschiedenartige Weise zu erreichen (siehe 1. Korinther 12). Jesus kam, auf dass wir »uns des Lebens erfreuen und es in Fülle haben (in vollem Genüge, bis es überfließt)« (Johannes 10,10).

Gott liebt Sie und möchte Sie über die Maßen segnen (Epheser 3,17-20; 1.Johannes 4,16+19). Wenn Sie einmal erkannt haben, wie groß seine Liebe ist, werden sie sich nicht länger davor fürchten, dass er von ihnen verlangen wird, etwas zu tun, das nicht gut für Sie ist. Wie wir gesehen haben, führt uns der Gehorsam gegenüber den Anweisungen des Heiligen Geistes immer zu Friede und Freude - zu Sieg, nicht zu Niederlage.

Wenn Sie innehalten, um es genau zu bedenken: Glauben Sie, dass uns Gott um etwas so Großes bitten würde, wie nach Afrika ins Missionsfeld zu gehen, wenn er weiß, dass es uns schwer fällt, Ihm in etwas so Geringem zu gehorchen, wie zum Beispiel vom Einkaufszentrum heimzufahren, wenn er es uns sagt? Er arbeitet je nach unserem Stand mit uns. Wenn wir im Gehorsam gegenüber kleinen Dingen wachsen, führt er uns zu großen Dingen.

Spezieller Gehorsam

Gott stellt an jeden von uns spezielle Anforderungen, die für jemand anderen keinen Sinn ergeben würden. Er weiß, was jeder von uns braucht, um den Plan ausführen zu können, den er für uns vorgesehen hat.

Jesus war den Forderungen des Planes Gottes gegenüber gehorsam, der ihn befähigen sollte, der Menschheit die Erlösung zu bringen.

> Obwohl er Sohn war, lernte er (bereitwilligen, speziellen) Gehorsam an dem, was er litt und [durch seine vollendete Erfahrung] völlig [ausgerüstet], wurde er allen, die auf ihn achten und ihm gehorchen, der Urheber und die Quelle ewigen Heils (Hebräer 5,8-9).

Ein junger Mann, der für unseren Dienst arbeitet, berichtete mir von einer speziellen Anforderung, die Gott an ihn stellte. Paul und seine Frau Roxane sind ein enormer Segen für uns, sowohl durch die Arbeit, die sie für uns verrichten, wie auch persönlich für uns und unsere Kinder.

Paul ist eine der ruhigsten, gelassensten Personen, die man sich vorstellen kann. Nichts bringt ihn aus der Fassung oder beunruhigt ihn. Doch Paul erzählte mir, dass er nicht immer so war.

Als er dem Herrn sein Leben übergab, war er genau das Gegenteil. Er konnte nicht stillsitzen. Er konnte nicht einmal fünf Minuten zu Hause bleiben.

Pauls Familie hatte Roxane erzählt, dass Paul als Kind außergewöhnlich lebhaft gewesen sei. Sie waren erstaunt über seine Veränderung, die eintrat, nachdem er sein Leben dem Herrn übergeben hatte. Die Verwandlung resultierte daraus, dass Paul eine spezielle Sache, die ihn der Herr zu tun bat, befolgte.

Der Herr hatte Paul aufgefordert, ein volles Jahr daheim bei seiner Familie zu bleiben. Einer der Gründe für diese Aufforderung was, dass Paul nicht wusste, wie man sich ruhig verhält. Einen jungen Mann in den zwanziger Jahren zu bitten, Abend für Abend bei Mama und Papa zu Hause zu bleiben, schien beinahe unzumutbar zu sein, aber Paul wusste, dass er von Gott geleitet war. Pauls Gehorsam half ihm, sich auf seinen gegenwärtigen Dienst vorzubereiten.

Erkenne den Herrn an

Stütze dich, vertraue auf den Herrn und sei ihm gegenüber zuversichtlich mit deinem ganzen Herzen und Verstand und verlasse dich nicht auf deine eigene Einsicht oder dein Verständnis. Auf allen deinen Wegen kenne, erkenne ihn und schenk ihm Anerkennung, und er wird dich leiten und deine Pfade gerade und eben machen.

Sprüche 3,5-6

Eines der wichtigsten Dinge, die wir an diesem Tag und in dieser Stunde lernen können, ist es, still zu sein.

Obschon wir manchmal zu langsam und die meiste Zeit zu schnell sind, besteht das Hauptproblem darin, dass wir uns im Fleisch bewegen. Wir springen auf und tun Dinge, ohne den Herrn anzuerkennen.

Seien Sie still und erkennen Sie Gott

Lasse los und sei still und wisse (erkenne und verstehe), dass ich Gott bin. Ich will erhöht sein unter den Völkern! Ich will erhöht sein auf Erden!
Psalm 46,11

Einer der Hauptgründe, warum so viele von uns ausgelaugt und gestresst sind, ist, dass wir nicht wissen, wie man still ist, um Gott zu »erkennen« und »anzuerkennen«. Wenn wir Zeit mit ihm verbringen, lernen wir, seine Stimme zu hören. Wenn wir ihn anerkennen, lenkt er unsere Pfade. Wenn wir uns jedoch nicht die Zeit nehmen, um still zu sein, ihn kennen zu lernen und auf seine Stimme zu hören, handeln wir im Fleisch aus unserer eigenen Kraft. Wie wir zuvor gesehen haben, können wir uns verausgaben, weil Gott nicht verpflichtet ist, Unternehmen zu salben, die er nicht angeordnet hat.

Wir müssen lernen, innerlich still zu sein, und in dieser friedvollen Verfassung zu bleiben, so dass wir immer bereit sind, die Stimme des Herrn zu hören.

Heutzutage eilen viele Menschen von einer Sache zur anderen. Weil ihr Verstand nicht weiß, wie man still ist, wissen sie nicht, wie man still sein kann. Es gab eine Zeit, da wusste ich nicht, wie ich auch nur einen Abend zu Hause bleiben könne, obwohl ich eine erwachsene Person war!

Ich empfand, dass ich jeden Abend etwas unternehmen müsse. Ich musste bei jedem Ereignis dabei sein und Anteil haben an allem, was vor sich ging. Ich dachte, ich könne es mir nicht erlauben, ein Ereignis zu versäumen, weil ich nicht wollte, dass etwas ohne mein Wissen geschah. Ich konnte nicht einfach still dasitzen, auf einen Baum im Garten schauen oder eine Tasse Kaffee trinken. Ich musste mich bewegen und etwas tun. Ich war kein *human being* (»menschliches Sein« = Mensch), sondern ein *human doing* (»menschliches Tun«).

Unser junger Freund Paul war genauso. Im Alter von zweiundzwanzig Jahren hatte er den Ruf des Herrn auf sich, wusste aber nicht, worin er bestand. Paul war so daran gewöhnt, etwas *zu tun*, doch der Herr forderte ihn auf, nur *eines* zu *tun* - das nächste Jahr über zu Hause bei seiner Familie zu bleiben.

Die Forderung war einfach, aber der Gehorsam war schwer. Paul war es gewohnt, jeden Abend mit seinen Freunden umherzustreifen. Paul wusste, das sein Fleisch jeden Abend schreien würde: »Ich möchte mit meinen Freunden ausgehen!« Gottes Anweisung zu gehorchen, kostete Paul speziellen Gehorsam.

Einer der Gründe, warum der Herr Paul anwies, ein Jahr zu Hause zu bleiben, bestand darin, dass eine gute Familienbeziehung aufgebaut werden sollte. Das nächste Jahr über war Paul also dort in der Familie, grillte für sie, sah sich gute Filme mit ihnen an - verbrachte Zeit mit Mama, Papa, Brüdern und Schwestern. Aber er war noch so erfüllt von seinem alten Lebensstil, dass es ihm schwer fiel, sich still zu halten. Am Abend wanderte er im ganzen Haus herum.

»Spät abends streifte ich im ganzen Haus herum. Meine Mutter sagte, dass sie mich sechs- oder siebenmal pro Nacht in der Küche gesehen hätte. Ich konnte einfach nicht zur Ruhe kommen; ich musste aufbleiben und etwas tun.«

Der Unterschied, den man zwischen damals und jetzt an ihm feststellen kann, ist erstaunlich. Es ist kaum zu glauben, dass er jemals so war. Der Herr wollte Paul über ein Jahr hinweg ruhig halten, damit er das Werk tun konnte, das in Paul nötig war. Ich glaube, dass, wenn Paul Gott nicht ein Jahr lang gehorcht hätte, er heute nicht in der Position wäre, in der er sich befindet. Er würde seine jetzigen Segnungen nicht erleben, einschließlich des Friedens und der Freude, die sich aus dem Tun von Gottes Willen ergeben haben.

Unverzüglicher, exakter Gehorsam

Einer der Bereiche, in dem ich Gehorsam gegenüber dem Herrn lernen musste, war das Reden - oder genauer gesagt, wann ich *aufhören* sollte zu reden.

Wenn Sie so gerne reden wie ich, dann verstehen Sie, warum ich sage, dass es ein vom Heiligen Geist gesalbtes Sprechen gibt, und das eitle, unnütze, sinnlose Gerede, jene Art, vor der uns der Apostel Paulus in seinem Brief an den jungen Timotheus warnt: »Alles eitle (unnütze, sinnlose) Gerede meide, denn es führt die Leute zu mehr und mehr Gottlosigkeit« (2. Timotheus 2,16).

Es hat Zeiten gegeben, da wir Gäste in unserem Haus hatten und ich bereits gesagt hatte, was der Herr durch mich sagen wollte, ich dann aber munter weiter redete. Für gewöhnlich merken wir wann der Moment eintritt, dass wir von einem von Gott gesalbten Tun dazu überwechseln, im Fleisch fortzufahren - in unserer eigenen Kraft. Nachdem jener Punkt erreicht war, redete ich planlos, ohne wirklich etwas zu sagen, oder wiederholte immer und immer wieder dieselbe Sache.

Manchmal, wenn Leute unser Heim verließen, um nach Hause zu gehen, war ich ausgelaugt. Wenn ich zwei Stunden früher mit dem Reden aufgehört hätte, zu dem Zeitpunkt, als es mir der Herr zeigte, wäre ich infolge meines leeren, eitlen, unnützen und sinnlosen Redens nicht so erschöpft gewesen.

Ein andermal bat ich die Ordner zusammenzukommen, um ihnen einige Informationen über Änderungen bezüglich der Anordnung der Gebetsreihen geben zu können. Ich sprach ungefähr eine Stunde lang zu ihnen und teilte ihnen mit, was ich geplant hatte, ihnen zu sagen. Das war in Ordnung. Doch dann dachte ich an eine Kleinigkeit in Sachen Gehorsam und teilte es ihnen mit. Anschließend sprach ich noch über etwas anderes.

Ich war gerade dabei, mich wirklich zu verzetteln, als Dave ganz plötzlich aufstand und sagte: »Nun, es ist Zeit, nach Hause zu gehen.« Er bewahrte mich davor, mit eitlem, unnützem, sinnlosem Gerede fortzufahren. Da ich über Gottes Anweisung hinausgegangen war, fing ich an, mich verunsichert zu fühlen.

Die spezielle Anforderung, die der Herr an mich gestellt hatte, war zu lernen, das mir von Gott Aufgetragene zu sagen und dann den Mund zu halten.

> Denn Gott stellt sich den Stolzen (den Überheblichen, Hochmütigen, Vermessenen, Prahlerischen) entgegen - [und er widersetzt sich ihnen, frustriert und bezwingt sie], aber den Demütigen gibt er Gnade (Gunst, Segen).
>
> 1. Petrus 5,5

Wenn wir uns frustriert fühlen, wollen wir für gewöhnlich den Teufel dafür verantwortlich machen. Doch die Frustration, die wir empfinden, entsteht dann, wenn wir über den Punkt hinausgehen, den Gott uns zeigt, und in unserer eigenen Kraft weitermachen. Er hört dann nämlich auf, uns zu helfen! Wenn Gottes Zustimmung auf unseren Aktivitäten liegt - ob es sich nun ums Einkaufen, Kochen oder Reden handelt -, stärkt er uns, weil er die Dinge durch uns tut.

Haben Sie je mit jemand über eine heikle Angelegenheit gesprochen, wobei das Gespräch plötzlich eine Wende nahm und ein wenig hitzig wurde? Sie werden sicher bezeugen können, dass die Gefühle dabei begannen außer Kontrolle zu geraten und jene leise Stimme in Ihnen sprach: »Das reicht. Sage nichts mehr!« Die Aufforderung, auch wenn sie ganz zart geschieht, ist sehr eindringlich und Sie wissen, dass es nicht weise wäre, noch etwas hinzuzufügen. Doch nach kurzer Überlegung beschließen Sie, sich ins Fleisch zu stürzen und weiterzumachen. Sie fahren einfach fort und geben Ihren Kommentar ab. Einige Minuten später befinden Sie sich in einem Großkrieg!

Ich pflegte dies zu tun, wenn Dave und ich anfingen, über etwas zu diskutieren. Ohne innezuhalten und zu denken, schleuderte ich ihm unbedacht hitzige Kommentare entgegen. Unverzüglich belebte mich der Heilige Geist mit jener leisen, inneren Stimme: »Sage kein einziges Wort mehr!«

Ich dachte: *»Kein einziges Wort? Nur ein Wort mehr wird doch nicht so schlimm sein. Ein Wort mehr wird mich kaum in Schwierigkeiten bringen!«* Als ich mit dem »einen Wort mehr« fortfuhr, wurde ich immer an die Wichtigkeit des unmittelbaren, exakten Gehorsams erinnert. Ich entnahm Daves Reaktion, dass ich keine schlimmeren Worte hätte wählen können, wenn ich dies versucht hätte. Ich wurde auch an die spezielle Anweisung des Herrn erinnert, nur zu reden, was er will, dass ich sage und nicht mehr.

Wenn wir weiterreden, nachdem uns die »leise, zarte Stimme« aufgefordert hat aufzuhören und die Person, mit der wir reden, reagiert, denken wir später oftmals verblüfft an den ganzen Vorfall. Wir sagen: »Gott, ich verstehe nicht, was passiert ist!« »Was passierte« ist so einfach und kann so leicht vermieden werden: Gott hat uns aufgetragen, etwas Bestimmtes zu tun und wir waren ungehorsam. In dem Moment, da wir ungehorsam waren, entschwand die Salbung und die Frustration begann. In den oben erwähnten Situationen hätte sich die Angelegenheit wahrscheinlich sogar innerhalb von fünf Minuten beruhigt, wenn wir die Anweisungen befolgt und geschwiegen hätten. Der Heilige Geist hätte uns dann wissen lassen, wann es angebracht gewesen wäre, das Gespräch fortzusetzen.

Manchmal brauchen wir nur eine kleine Pause, um das Gesagte ruhen zu lassen. Aber weil die Aufforderung so zart ist, ist es leicht zu denken: *»Oh, es macht nichts, wenn ich lediglich dies eine sage«*, und wir fahren im Fleisch fort. Die Anweisung erfolgt so behutsam, dass es kein Ungehorsam zu sein scheint, wenn man sich darüber hinwegsetzt, doch genau das ist es!

Wir entdecken sehr bald, welch großen Unterschied der Ungehorsam gegenüber der »leisen, zarten Stimme« ausmacht. In dem Moment, da der Geist Gottes einwendet: »Es reicht«, müssen wir aufhören. Wenn wir weitermachen, öffnen wir Frustration und Niederlage die Tür.

Wenn er sagt: »Sag kein weiteres Wort mehr«, dann meint er genau das. Manchmal haben wir unsere eigene Auffassung von Gehorsam. Wir interpretieren eine derartige Anweisung vom Herrn ungefähr so: »Sag kein weiteres *Wort* mehr. Aber wenn du zwei oder drei *Sätze* mehr sagen möchtest, ist das in Ordnung.«

Wenn wir erkennen, dass selbst eine geringfügige Fortsetzung über die Aufforderung des Herrn hinaus Ungehorsam ist, verstehen wir, »was passierte«: Seine Salbung entschwand, wodurch unverzüglich Frustration eintreten konnte.

Wir verstehen dann auch, warum es so wichtig ist, der Stimme des Herrn in den kleinen Dingen zu gehorchen.

Fünf Minuten des Gehorsams

Als ich kürzlich sehr intensiv studierte, ermüdete mein Verstand stark. Eine leise Stimme sagte mir: »Stehe einfach auf und nimm etwas Abstand. Mache einen Fünf-Minuten-Urlaub!«

Einige Jahre vorher hätte ich weitergemacht, um sicher zu gehen, dass ich die Fülle an Material, die zu studieren ich mir vorgenommen hatte, bewältigen würde. Doch stattdessen gehorchte ich der Stimme des Heiligen Geistes. Ich ging die Treppe hinunter, spazierte ein wenig umher, sprach mit meiner Tochter, trank etwas, streckte mich ein wenig und schaute für einige Minuten aus dem Fenster. Als ich mich wieder dazu im Stande fühlte, ging ich nach oben und vertiefte mich erneut in meine Studien - erfrischt!

Nur fünf Minuten des Gehorsams erleichterten den Druck und bewahrten mich vor Stress. Wenn ich die Aufforderung ignoriert und das Studium fortgesetzt hätte, bis mein Ziel erreicht gewesen wäre, wäre es nicht so fruchtbar geworden. Und ich hätte es wahrscheinlich erschöpft und gereizt zu Ende geführt.

Wenn wir weiter vorwärts drängen, wird die Arbeit, die wir vom Moment des Ungehorsams an verrichten, an Qualität nicht mit der Arbeit zu vergleichen sein, die wir unter der Salbung des Heiligen Geistes ausgeführt hätten.

3

Auf Segen eingestellt

Samuel sprach: Hat der Herr ein ebenso großes Wohlgefallen an Brandopfern und Opfern wie am Gehorsam der Stimme des Herrn gegenüber? Siehe, zu gehorchen ist besser denn Opfer und aufzumerken besser, als das Fett von Widdern.

1. Samuel 15,22

Wenn uns Gott anweist, kleine Dinge zu tun, möchte er uns dadurch nie etwas wegnehmen. Er ist immer darauf bedacht, uns zu einem Segen zu verhelfen.

Er wies mich an, das besagte Einkaufszentrum zu verlassen und nach Hause zu fahren, weil er wusste: Ich überlastete mich und war drauf und dran, das genaue Gegenteil der Frucht des Geistes zur Schau zu tragen. Wenn ich von Anfang an langsamer vorgegangen wäre und meine Gedanken ausreichend beruhigt hätte, um seine Stimme zu hören, hätte er mir die richtigen Geschäfte für die Dinge auf meiner Einkaufsliste zeigen können. Ich hätte meine Einkäufe in dreißig Minuten und im Frieden beenden können.

Dinge, die uns der Herr abverlangt und die uns unwichtig erscheinen, sind aus seiner Sicht offenbar sehr wichtig. Wenn wir die Bedeutsamkeit des Hörens und des unverzüglichen Gehorsams gegenüber seinen Anweisungen völlig verstehen, werden wir darauf bedacht sein, es uns zur Priorität zu machen, bei allem, was zu tun ist, im Frieden zu bleiben und zu hören bereit zu sein.

»Damit es ihnen wohl ergehe«

In 4. Mose 5,29 wird erklärt: »Oh, dass sie doch immer [einen solchen Sinn und] ein solches Herz in sich hätten, mich [ehrerbietig] zu fürchten und all meine Gebote zu halten, damit es ihnen und ihren Kindern wohl ergehe ewiglich.« Wenn wir einfach auf den Herrn hören und tun, was er sagt, werden die Dinge für uns gut vonstatten gehen. Um das von Gott beabsichtigte Ergebnis hervorzubringen, müssen wir dem Hören die Handlung hinzufügen.

Unser junger Freund Paul musste den Anweisungen des Herrn die Handlung hinzufügen, ein Jahr lang zu Hause zu bleiben, damit das vom Herrn gewünschte Resultat zustande kommen konnte. Es war schwer für Paul, der an ihn gerichteten speziellen Aufforderung des Herrn zu gehorchen, und der Prozess erforderte Zeit, doch der Herr bereitete ihn auf Segnungen vor. Weil Paul gehorsam war, war das Ergebnis eine völlige Veränderung.

Oftmals möchte der Herr, dass wir ein wenig Zeit mit ihm verbringen, damit er uns erquicken kann. Abends setzen sich viele Leute vor den Fernseher, weil sie müde sind. Wenn sie dann die Stimme des Heiligen Geistes vernehmen: »Schalte ab und wende dich mir zu«, erkennen sie nicht, dass der Herr versucht, ihnen zu einem Segen zu verhelfen.

Sie sagen: »Herr, du weißt, ich arbeite den ganzen Tag. Ich möchte mich einfach nur ein klein wenig vor dem Fernseher ausruhen.«

Wenn sie dies aber tun, entspannen sie sich nicht. Für gewöhnlich werden sie umso müder, je länger sie dort sitzen. Wenn sie dagegen dem Herrn gehorchen würden, könnten ihnen selbst zehn Minuten in seiner Gegenwart die Erfrischung bringen, die sie beim Fernsehen suchen.

Ich behaupte nicht, dass es eine böse Sache ist, vor dem Fernseher zu entspannen. Manchmal liebe ich es, Popcorn zu machen, etwas zu Trinken zu holen und mit meiner Familie einen guten Film im Fernsehen anzusehen – einfach zur Entspannung. Ich möchte in diesem Abschnitt lediglich herausstellen, wie wichtig es ist, die Anweisungen des Herrn zu befolgen.

Während ich dasitze und mir den Film ansehe, mag mich der Heilige Geist auffordern: »Komm für eine halbe Stunde nach oben!« Das Problem entstünde, wenn ich denken würde: »Aber Gott, ich habe heute Morgen gebetet«, und der Aufforderung gegenüber ungehorsam wäre.

Das mag in jenen Zeiten so gewesen sein, als ich dachte: »Es kann doch keinen so großen Unterschied machen, wenn ich mir mit meiner Familie den Film ansehe und später etwas Zeit mit dem Herrn verbringe.« Wenn ich weiterschaue, ist es für gewöhnlich ein Film, der mir nicht gefällt. Dann gehe ich frustriert zu Bett und denke: »Oh, ich habe den ganzen Abend verschwendet!«

Stattdessen hätte ich der Aufforderung des Herrn unverzüglich gehorchen und meiner Familie sagen können: »Entschuldigt mich - ich bin gleich wieder da.« Nach einer halben Stunde mit dem Herrn wäre ich, völlig von seinem Frieden erfüllt, zurückgekehrt und hätte problemlos jede seiner Anweisung hören können, um auf einen anderen Kanal mit einem besseren Film, den wir viel mehr genossen hätten, umzuschalten.

Gott ganz einfach gehorchen

Die meisten Leute haben keine Ahnung, wie einfach es sein kann, Stress zu vermeiden, und Satan möchte sie bei dieser Ahnungslosigkeit belassen. Er arbeitet, um das Leben der Menschen auf jede nur vorstellbare Weise zu komplizieren, weil er um die Kraft und die Freude weiß, die Einfachheit mit sich bringt.

Satan möchte, dass wir die Energie, die uns Gott gegeben hat, völlig verbrauchen. Er beschäftigt uns übermäßig und hält uns im Stress, weil wir alles bewältigen wollen, was unser Leben kompliziert. Er weiß, dass wir diese Kraft und Energie gegen Satan richten, wenn wir Gott einfach zu gehorchen lernen, wenn wir Hörer und Täter von Gottes Anweisungen sind.

Die Veränderung, die viele Leute in verschiedenen Bereichen ihres Lebens herbeisehnen, stellt sich durch eine Haltung des Gehorsams in den kleinen Dingen ein. Er mag Sie bitten, sich abzusondern und eine halbe Stunde oder einen Abend lang mit ihm Gemeinschaft zu haben, statt fernzusehen, zu einer Party zu gehen oder sich am Telefon zu unterhalten. Je konsequenter Sie sich still genug verhalten, um seine Stimme zu hören und dann seine Anweisungen befolgen, desto eher wird das zu Ihrer Veränderung benötigte Werk, das Sie vervollkommnen soll, in Ihnen getan sein. Gott benutzt unseren Gehorsam in den kleinen Dingen, um unser Leben zu verändern.

Ganz gleich, um welche Situation es sich handelt, hören Sie auf den

Herrn und gehorchen Sie. Wie wir zuvor gesehen haben, besagt Sprüche 3,6: »Auf allen deinen Wegen kenne, erkenne ihn an und schenke ihm Anerkennung, und er wird dich leiten und deine Pfade gerade und eben machen.« Sie verstehen vielleicht nicht, warum der Herr Sie auffordert, bestimmte Dinge zu tun. Vielleicht sehen Sie keine unmittelbaren Veränderungen oder Resultate. Doch hören Sie nicht auf, dem Herrn zu gehorchen, und die Dinge werden bei Ihnen und Ihren Kindern gut vorangehen.

Gehorsam ist besser als Opfer

In 1. Samuel, Kapitel 15, Vers 22, heißt es: »Gehorchen ist besser als Opfer.« Es gibt Zeiten, da wir in wahrem Gehorsam gegenüber dem Herrn Opfer bringen müssen. Aber Opfer, die wir durch das Vorgehen im Fleisch bringen, werden uns in Stress führen. Es kann sein, dass wir »hart für den Herrn arbeiten« gemäß *unseren eigenen* Ideen darüber, was wir für ihn tun sollen, statt uns Zeit zu nehmen, um still zu sein und von *ihm* zu hören, was *er* von uns getan haben möchte.

Wenn wir im Fleisch »für ihn arbeiten«, opfern wir Zeit, die der Herr eigentlich anders genutzt haben möchte, und wir können dabei sogar unsere Gesundheit, unseren Frieden und die Qualität unserer Beziehungen opfern, wie wir zuvor gesehen haben.

Wenn wir fortfahren das zu tun, was uns der Heilige Geist befohlen hat zu unterlassen, werden wir Opfer bringen, weil es nicht leicht sein wird, die Aufgabe ohne seine Salbung zu verrichten. Gott wird uns jedoch nie verlassen (Hebräer 13,5) und wird inmitten unserer falschen Entscheidungen mit uns arbeiten.

Selbst, wenn wir eine falsche Entscheidung treffen und in unserer eigenen Kraft fungieren, können wir immer noch einige Dinge für Gott vollbringen. Gemäß Römer, Kapitel 8, Vers 28 (KJV): »Denen, die Gott lieben, wirkt alles zum Guten, denen, die nach seinem Vorsatz berufen sind.«

Wir dürfen unsere eigene Unvollkommenheit nicht vergessen. Wir werden nicht immer die richtige Wahl treffen, das Richtige tun oder Gott allezeit völlig gehorsam sei. Wir alle machen Fehler, und wenn dies geschieht, können wir nur Gott um Vergebung bitten und weitergehen. Eine andere Möglichkeit haben wir nicht.

Doch wenn wir Gott gehorchen, werden wir *exakt* das ausführen, was er zur jeweiligen Zeit getan haben möchte und es so verrichten, wie er es getan haben möchte, was uns wiederum Frieden bringt anstatt Stress. Durch unseren Gehorsam versetzen wir uns Gott gegenüber in die Position, in der er uns so segnen kann , wie er es begehrt und plant.

Der Friedefürst, Jesus, der in denjenigen lebt, die ihn angenommen haben, kennt und möchte uns die Handlungen offenbaren, die wir in der jeweiligen Situation zu vollbringen haben, um uns in den Frieden zu führen. Er weiß auch, was wir als Vorbereitung auf das, was er für uns geplant hat, tun müssen.

Die speziellen Anforderungen, die er an das Leben jedes einzelnen von uns stellt, mögen nicht für jeden anderen einen Sinn ergeben, zur gegebenen Zeit vielleicht sogar nicht einmal für uns selbst. Aber wenn wir einmal verstanden haben, wie sehr uns Gott liebt und völlig begreifen, dass alles, was er von uns verlangt, dazu dienen soll, uns auf eine höhere Ebene des Segens zu befördern, werden wir uns ihm vertrauensvoll hingeben. Und vor allem werden wir dann in einem Zustand des Friedens bleiben wollen, um fähig zu sein, ihn zu hören und unverzüglich zu reagieren.

Er mag Sie auffordern, vom Einkaufen nach Hause zu gehen, um Sie davor zu bewahren, erschöpft, gereizt und unausstehlich zu werden. Er mag Sie anweisen, Ihre Lippen zu schließen, weil Er weiß, dass Sie dabei sind, etwas zu äußern, von dem Sie später wünschen, Sie hätten es nicht gesagt. Er mag Sie bitten, ihm zu gehorchen, indem Sie aufhören, das zu tun, was Sie gerade tun, indem Sie sich zurückziehen und eine fünf- oder zehnminütige Pause einlegen, um Sie zu erquicken und um zu verhindern, dass Druck aufkommt. Oder vielleicht bittet er Sie, sich abzusondern und eine halbe Stunde lang in seiner Gegenwart still zu sein.

Erheben Sie Jesus

Den Stress auszuschalten - ein friedvolles, glückliches Leben zu führen, frei von Erschöpfung und Entkräftung - muss nicht kompliziert sein.

Es ist hilfreich, ein allgemeines Verständnis über die körperlichen Auswirkungen von Stress zu haben. Auch ist es wichtig, ein geistliches Verständnis über die Ursache von Stress zu erlangen, sowie zu wissen, wie man sich durch Jesus davon befreit. Doch wir müssen nicht alle Einzelheiten über die medizinischen Ursachen und auch nicht die medizinischen Heilmittel kennen oder tiefgehende theologische Studien über Stress durchführen, um davon befreit zu werden.

Der Herr sagte mir, dass wir nicht erschöpft sein werden, wenn wir beginnen, Jesus zu erheben. Wenn wir anfangen, Jesus den Vorzugsplatz in unserem täglichen Leben dadurch zu geben, dass wir auf ihn hören, ihm gehorchen und tun, was er uns zu tun aufträgt, werden wir nicht entkräftet sein.

Wir mögen unsere Hände erheben und sagen: »Wir erheben Dich«, dabei erheben wir den Herrn dann, wenn wir ihm in allem, was er von uns fordert, gehorchen.

Der Apostel Paulus erwähnt »die Einfalt, die in Christus ist« (2. Korinther 11,3; KJV). Es ist uns durch Jesus eine wunderbare Einfachheit verfügbar. Den Stress zu vermeiden ist einfach: Gehorchen Sie den Anweisungen des Heiligen Geistes. Gehorchen Sie *unverzüglich*! Tun Sie genau das, was Ihnen der Herr zu tun aufträgt, nicht mehr und nicht weniger.

Sie denken vielleicht an bestimmte Bereiche in Ihrem Leben, in denen Gehorsam gegenüber den kleinen Dingen, die Gott Sie zu tun auffordert, einen großen Teil von Stress verhindern würde. Glauben Sie mir, Sie werden ganz erstaunt sein, wenn Sie beginnen, das Prinzip des unverzüglichen Gehorsams gegenüber der Stimme des Heiligen Geistes anzuwenden. Eine Woche später werden Sie fähig sein zu sagen, dass Sie weniger Stress erlebt haben, als die Woche zuvor.

Wenn Sie sich wie dieses Gummiband vorkommen, das mit lauter Knoten zusammengebunden ist und bis zum Reißen gedehnt wird, dann atmen Sie einmal tief durch und denken Sie daran: Jesus hinterließ uns seinen Frieden. Er verlieh uns die Kraft, über dem Stress, nicht unter ihm, zu stehen. Wir können in der Welt leben, ohne von dieser Welt zu sein, indem wir aus der Kraft des Friedefürsten schöpfen, auf seine Stimme hören und sie mit unverzüglichem, exaktem Gehorsam erwidern, um friedvoll, glücklich und frei von Erschöpfung und Stress zu leben.

Teil B

Schriftstellen zur Bewältigung von Stress

In diesem Abschnitt sind Schriftstellen zur praktischen Anwendung im alltäglichen Leben zusammengestellt.

Zur Befreiung von Stress

Empfangen Sie Kraft und Stärke vom Herrn
Wenn wir müde sind, kann uns der Herr stärken und erquicken. Er wird unseren Körper und unsere Seele erquicken.

Manchmal, wenn ich einer sehr langen Gebetsreihe diene, kann ich fühlen, wie ich beginne, körperlich und sogar geistig zusammenzubrechen. Ich halte eine Sekunde inne und sage gedanklich: »Herr, ich brauche hier Hilfe - ich benötige eine Erfrischung von Dir.« Und wie die Schrift verheißt, vermehrt er meine Kraft, bewirkt, dass sie sich vervielfacht und überfließt.

Wenn Sie an Ihrem Schreibtisch sitzen oder das Haus putzen, wenn Sie den ganzen Tag gearbeitet haben und sich dann auf den Heimweg machen, um den Rasen zu mähen oder das Öl im Auto zu wechseln, kann Sie der Herr erquicken. Lehnen Sie sich einen Augenblick zurück und lassen Sie sich von ihm diese Kraft geben.

> Hast du es nicht erkannt? Hast du es nicht gehört? Der ewige Gott, der Herr, der Schöpfer der Enden der Erde, ermattet oder ermüdet

> nicht; unergründlich ist seine Einsicht. Er gibt den Schwachen und Müden Kraft und dem, der keine Kraft hat, mehrt er die Stärke [bewirkt, dass sie sich vervielfältigt und macht sie überfließend]. (Jesaja 40,28-29)

Der Herr kann Ihre Kraft erneuern.

> Selbst Jünglinge ermatten und ermüden und [auserwählte] junge Männer straucheln kläglich und fallen erschöpft; die aber auf den Herrn warten [die auf ihn zählen, nach ihm Ausschau halten und auf ihn hoffen] verwandeln und erneuern ihre Kraft und Stärke; sie erheben ihre Flügel und steigen [nahe zu Gott] auf, wie Adler [aufsteigen zur Sonne]; sie laufen und ermatten nicht; sie wandeln und werden nicht schwach oder müde. (Jesaja 40,30-31)

Kommt zu mir alle, die ihr ... »ausgebrannt« seid!

Die Antwort auf das Burn-out-Syndrom lautet: Verbringen Sie Zeit mit Gott. Ganz gleich, wie viel Lektüre Sie über Stress lesen oder wie viele Seminare Sie besuchen, Sie werden die Abhilfe, die Sie hinsichtlich Stress und Entkräftung benötigen, finden, indem Sie zu Gott gehen und ihn Ihre Seele erquicken lassen.

Der Herr gibt den Überlasteten Ruhe. Mit anderen Worten: Er gibt den Erschöpften Ruhe.

> Kommt zu mir alle, die ihr mühselig und schwer beladen und überlastet seid und ich werde euch ausruhen lassen. [Ich werde eure Seele beruhigen und entlasten und erquicken.] (Matthäus 11,28)

> Der Herr ist mein Hirte; mir wird nichts mangeln. Er lagert mich auf grünen Auen; er führt mich an stille Wasser. Er stellt meine Seele wieder her. (Psalm 12,1-3; KJV)

Die Last des Herrn soll leicht und mühelos zu tragen sein. Wir nehmen *sein* Joch auf uns, indem wir seiner Stimme gehorchen.

> Nehmt mein Joch auf euch und lernt von mir, denn ich bin sanften (untertänigen) und demütigen (bescheidenen) Herzens, und ihr werdet Ruhe (Erleichterung und Entspannung und Erquickung und Erholung und gesegnete Stille) für eure Seelen finden. Denn

mein Joch ist heilsam (nützlich, angenehm - nicht hart, schwer, schneidend oder drückend, sondern bequem, wohlwollend und wohltuend), und meine Last ist leicht und mühelos zu tragen. (Matthäus 11,29-30)

Treten Sie in die Ruhe des Herrn ein, indem Sie an ihn glauben, ihm vertrauen und sich auf ihn stützen.

Denn wir, die wir geglaubt haben (an Gott festhielten und ihm vertrauten und uns auf ihn stützten), gehen in diese Ruhe ein, gemäß seiner Aussage, dass jene [die nicht geglaubt haben] nicht eintreten sollen, als er sagte: Wie ich geschworen habe in meinem Zorn, sie sollen nicht in meine Ruhe eingehen; und dies sagte er, obwohl [seine] Werke vollendet und vorbereitet waren [und auf alle, die glauben würden, warteten] seit Grundlegung der Welt. (Hebräer 4,3)

Genießen Sie Ihr Leben

Der Dieb kommt nur, um zu stehlen, zu töten und zu zerstören. Ich kam, damit sie das Leben haben und sich daran erfreuen mögen, und es in Fülle haben (in voller Genüge, bis es überfließt). (Johannes 10,10)

Und nun komme ich zu dir; ich rede solches, während ich nicht in der Welt bin, auf dass meine Freude in ihnen völlig und vollständig und vollendet werde [dass sie meine wunderbare Erfüllung in sich erfahren mögen, dass meine Freude in ihren Seelen vollendet werde, dass sie meine Fröhlichkeit, ihre Herzen erfüllend, in sich haben mögen]. (Johannes 17,13)

Zur Vermeidung von Stress

Setzen Sie Weisheit ein

Ihr Körper ist der Tempel des Heiligen Geistes.

Wisst ihr nicht, dass euer Leib der Tempel (das Heiligtum) des Heiligen Geistes ist, der in euch wohnt, den ihr [als Gabe von Gott] emp-

> fangen habt? Ihr gehört nicht euch selbst an, ihr seid mit einem Preis erkauft worden [erworben und bezahlt mit einer Kostbarkeit, zu seinem Eigen gemacht]. Darum ehrt Gott und bringt ihm in eurem Leib Verherrlichung dar. (1. Korinther 6,19-20)

Der Herr verleiht den Kraftlosen und Müden Kraft; doch erinnern Sie sich, dass Ihr Körper physische Ruhe benötigt, wenn sie durch ständiges Überschreiten Ihrer physischen Grenzen erschöpft sind. Der Herr mag Ihnen bei besonderen Gelegenheiten übernatürliche Kraft geben, doch Sie befinden sich im Ungehorsam, wenn Sie Ihren Körper, den Tempel des Heiligen Geistes, missbrauchen. Wie wir gesehen haben, weicht die Salbung, wenn wir außerhalb von Gottes Anweisungen fungieren.

Wenn Sie möchten, dass Gott durch Sie fließt und arbeitet, müssen Sie auf Ihren Körper Acht geben, so dass Gott Sie gebrauchen kann. Wenn wir unseren Körper aufbrauchen, haben wir keine Reserve in der Schublade, auf die man zurückgreifen kann.

Gönnen Sie sich eine Sabbatruhe

Es ist wichtig, uns eine Sabbatruhe zu gönnen, weil wir gewisse Zeiten brauchen, um einfach alle gewöhnlichen Dinge, die wir verrichten und über die wir nachdenken, beiseite zu legen. Wir müssen Zeit mit Gott verbringen, um unsere Kräfte wiederherzustellen und ihn unsere Seele regenerieren zu lassen.

Vielleicht nehmen Sie Ihre Sabbatruhe nicht am Sonntag. Es mag der Samstag oder der Freitag sein oder ein halber Tag am Dienstag, ein halber am Donnerstag. Es geht nicht darum, welchen Tag man wählt, sondern darum, sich eine bestimmte Zeit fest vorzunehmen, in der man sich völlig und vollständig ausruhen und entspannen kann.

> Sechs Tage sollst du deine Arbeit verrichten, aber am siebten Tag sollst du ruhen und den Sabbat halten, damit sich dein Rind und dein Esel ausruhen können und der Sohn deiner Magd und der Fremde erquickt werden. (2 Mose 23,12)

Gehorchen Sie Gott, wenn Sie Verpflichtungen eingehen

Verpflichten Sie sich nur für jene Dinge, die Ihnen Gott zu tun aufträgt und sagen Sie zu den anderen Nein. Ihre Kraft ist beschränkt. Wenn Sie sich nicht entscheiden, das zu tun, was Gott angeordnet hat, werden Sie bald erschöpft sein und nichts mehr übrig haben für die Dinge, die Sie hätten tun sollen.

Um Gottes Salbung in Ihrem Leben freizusetzen, müssen Sie herausfinden, was er von Ihnen getan haben möchte und sodann Ihr Ja zu einem Ja und Ihr Nein zu einem Nein machen. Mit anderen Worten: Bleiben Sie bei dem, wovon Sie in Ihrem Herzen wissen, dass es richtig ist.

> Euer Ja sei ein reines Ja, und euer Nein sei ein reines Nein; alles, was mehr ist als dies, kommt vom Bösen. (Matthäus 5,37)

Seien Sie Gott gefällig - nicht Menschen gefällig.

> Versuche ich nun, die Gunst von Menschen zu gewinnen oder von Gott? Suche ich Menschen zu gefallen? Wenn ich das Ansehen noch bei Menschen suchen würde, wäre ich nicht ein Knecht Christi (des Messias). (Galater 1,10)

Bleiben Sie ruhig

> Gesegnet (glücklich, begünstigt, beneidenswert) ist der Mann, den du disziplinierst und unterweist, o Herr, und lehrst aus deinem Gesetz, dass du ihm Macht gibst, damit er ruhig bleibe in den Tagen des Missgeschicks, bis der [unentrinnbare] Abgrund der Verworfenheit für den Bösen gegraben ist. (Psalm 94,12-13)

> Seid wegen nichts besorgt oder irgendwie Angst erfüllt, sondern fahrt in jedem Umstand und in allem durch Gebet und Bitten (präzises Ansuchen) mit Danksagung fort, eure Bedürfnisse vor Gott kundwerden zu lassen. Und der Friede Gottes, der allen Verstand übersteigt, wird eure Herzen und Sinne mit einer Garnison belegen und über sie Wache halten in Christo Jesu. (Philipper 4,6-7)

> Werft all eure Sorgen [all eure Ängste, all eure Unruhe, all eure Belange ein für alle Mal] auf ihn, denn er kümmert sich liebevoll um euch und ist wachsam um euch besorgt. (1. Petrus 5,7)

Fördern Sie den Frieden durch Ihre Lebensweise

> Und der Knecht des Herrn darf nicht streitsüchtig sein (kämpfen und wetteifern). Stattdessen muss er zu jedermann gütig und milde sein [die Bande des Friedens bewahrend]; er muss ein geschickter, geeigneter Lehrer sein, geduldig und nachsichtig und bereit, Unrecht zu erleiden. Er muss seine Widersacher mit Höflichkeit und Sanftmut zurechtweisen, in der Hoffnung, dass Gott gebe, dass sie bereuen und die Wahrheit erfahren [dass sie sie empfangen und erkennen und mit ihr bestens vertraut werden und sie anerkennen]. (2. Timotheus 2,24-25)

> Lebt in Harmonie miteinander, seid nicht überheblich (eingebildet, hochmütig, ausschließend), sondern stellt euch bereitwillig [auf Menschen, Dinge] ein und gebt euch bescheidenen Aufgaben hin. Überschätzt euch niemals und seid nicht weise in euren Augen. (Römer 12,16)

> Ihr Väter provoziert oder reizt oder ängstigt eure Kinder nicht [seid nicht hart zu ihnen und quält sie nicht], damit sie nicht entmutigt und widerspenstig und mürrisch werden und sich nicht minderwertig und frustriert fühlen. [Brecht ihren Geist nicht!] (Kolosser 3,21)

Vertrauen Sie dem Herrn

> Wer im Schutz des Höchsten wohnt, bleibt standfest und unverwandt im Schatten des Allmächtigen [dessen Macht kein Feind widerstehen kann]. Ich sage vom Herrn, er ist meine Zuflucht und meine Burg, mein Gott; auf ihn stütze und auf ihn vertraue ich [zuversichtlich]. (Psalm 91,1-2)

Vertraue (stütze dich, verlasse dich und zähle zuversichtlich) auf den Herrn und tue Gutes; so wirst du im Lande wohnen und dich sicher nähren an seiner Treue und du wirst wahrlich gesättigt werden. (Psalm 37,3)

Gebet zur Überwindung von Stress

Vater,
ich trachte vorrangig danach, Zeit mit dir zu verbringen, um deine Stimme deutlich zu hören und dir zu gehorchen. Hilf mir, meine Prioritäten richtig zu setzen.

Ich weiß: Wenn ich dich an erste Stelle setze, indem ich Zeit mit dir verbringe, wirst du bewirken, dass ich alle Dinge, die ich zu tun habe, auf übernatürliche Weise verrichte.

Ich weiß: Du möchtest, dass ich in jedem Bereich meines Lebens Frieden habe und dass du mir diesen Frieden verfügbar gemacht hast. Ich danke dir, dass du mir Weisheit gibst, wenn ich darum bitte. Ich bitte dich, mich zu leiten und mir Weisheit zu schenken, damit ich genau weiß, welchen Verpflichtungen ich nachzugehen habe.

Ich danke dir, Herr, dass ich meine Kräfte so einsetze, wie du sie genutzt haben möchtest. In Jesu Namen bete ich. Amen.

Klartext über *Einsamkeit*

Inhaltsverzeichnis

Einleitung

Die Hauptprobleme, denen Menschen heutzutage gegenüberstehen, sind Trauer und Einsamkeit. Die beiden treten oftmals zusammen auf, da viele Leute über ihre Einsamkeit trauern.

Einsamkeit ist heutzutage sogar ein noch größeres Problem als in der Vergangenheit. In meinem Dienst bitten immer mehr Leute um Gebet für Führung und Hilfe, um mit Einsamkeit fertig zu werden.

Gott sagt uns in seinem Wort, dass wir nicht allein sind. Er möchte uns befreien, trösten und heilen. Doch wenn Menschen in ihrem Leben größere schmerzliche Verluste erleiden, kommen viele traurigerweise nie darüber hinweg. Wenn sie Unheil trifft und der Schmerz unerträglich zu sein scheint, betrachtet es Satan als Gelegenheit, zu versuchen, eine Person oder eine Familie in anhaltende Gebundenheit zu bringen.

Der Tod eines geliebten Menschen, eine Scheidung oder der Bruch einer engen Beziehung kann Schmerzen verursachen, und die meisten Menschen machen einen schmerzlichen Prozess durch. Ein Schlüssel zum Sieg liegt im Erkennen des Unterschiedes zwischen einem normalen, ausgewogenen »Prozess des Trauerns« und einem »Geist der Trauer«. Ersterer hilft der leidenden Person, sich im Laufe der Zeit vom Verlust zu erholen; letzterer bewirkt, dass es ihr schlecht geht und sie in noch tiefere Verzweiflung gerät.

Ich glaube, dass einer der Gründe, warum Menschen, insbesondere Christen, infolge eines Verlustes durch Trauer und Einsamkeit gebunden werden, der ist, dass sie kein Verständnis über den »Prozess des Trauerns« haben. Manchmal, wenn Gott heilt, tritt das Ergebnis augenblicklich ein. Doch häufiger, besonders, wenn sich jemand von einem Verlust erholen muss, ist die Heilung ein Prozess, durch den der Herr seine Kinder Schritt für Schritt führt. Offensichtlich reagieren nicht alle Menschen auf dieselbe Weise oder im selben Ausmaß auf einen Verlust, aber wir alle haben Gefühle, die verletzt und angegriffen werden können und geheilt werden müssen.

Jesus kam auf die Erde, um die Werke des Teufels zu zerstören und uns überfließendes Leben zu geben (1. Johannes 3,8 und Johannes

10,10)! Wenn wir lernen, wie wir empfangen können, was er uns zur Verfügung gestellt hat, werden wir jenes überfließende Leben erfahren, das frei von Schmerz und Einsamkeit ist.

Gott hat mich von der Gebundenheit an Trauer und Einsamkeit befreit. In diesem Buch gehe ich Schritt für Schritt durch den Befreiungsprozess durch, und ich glaube, dass Gott ihn benutzen möchte, um Ihnen zu helfen, ebenfalls Befreiung zu finden!

Teil A

Nie verlassen

1

Sie sind nicht allein

Und Jesus kam und sprach zu ihnen, indem er sagte: ... Siehe, ich bin bei euch alle Tage, selbst bis ans Ende der Welt.

Matthäus 28,18-20 (KJV)

Weil er seine Liebe auf mich gerichtet hat, deshalb will ich ihn erretten; ich will ihn erhöhen, weil er meinen Namen kennt und versteht [eine persönliche Erkenntnis meiner Gnade, Liebe und Güte hat – mir vertraut und sich auf mich stützt, wissend, dass ich ihn nie verlassen werde, nein, nie]. Er ruft mich an und ich antworte ihm; ich bin bei ihm in der Not, ich will ihn befreien und ihn ehren. Mit langem Leben will ich ihn sättigen und ihm mein Heil zeigen.

Psalm 91: 14-16

Gott möchte Sie wissen lassen, dass Sie nicht allein sind. Satan möchte, dass Sie sich ganz allein gelassen fühlen, doch Sie sind es nicht. Satan möchte Sie glauben lassen, dass niemand versteht, wie Sie sich fühlen, aber das ist nicht wahr.

Abgesehen davon, dass Gott bei Ihnen ist, wissen viele Gläubige, wie Sie sich fühlen und sie verstehen, was Sie gedanklich und gefühlsmäßig durchmachen. Psalm 34,20 sagt uns: »Viel Unheil begegnet dem [durchweg] Gerechten, aber der Herr errettet ihn aus dem allen.« Es gibt in der Bibel viele Berichte über »die Bedrängnis der Gerechten« (KJV) und des Herrn Befreiung daraus.

Gott ist ein Befreier

Gott befreite Paulus und Silas aus dem Gefängnis (siehe Apostelgeschichte 16,23-26).

In 1. Samuel 17,37 lesen wir, wie der Herr David aus Bedrängnissen befreite. »David sagte: Der Herr, der mich aus den Klauen des Löwen und aus den Klauen des Bären errettet hat, der wird mich aus der Hand dieses Philisters erretten. Und Saul sprach zu David: Gehe hin, und der Herr sei mit dir!«

Wenn Sie Fortschritte machen, bringt Satan oftmals Bedrängnis, um Sie zu entmutigen. Er versucht, ein Gefühl der Einsamkeit in Ihnen zu erzeugen. Doch was Satan zu Ihrem Schaden beabsichtigt, wird Gott zum Guten wenden (siehe 1. Mose 50,20). Sie können es so machen wie David in obiger Schriftstelle und sich selbst ermutigen, indem Sie sich an vergangene Siege erinnern.

Sadrach, Mesach und Abednego erlebten eine Bedrängnis, als sie fest blieben in ihrer Hingabe an den einen wahren Gott (siehe Daniel 3,10-30). Als sie den Befehl des gottlosen Königs Nebukadnezar verweigerten, das goldene Bild, das er aufgestellt hatte, anzubeten, warf sie Nebukadnezar in den Feuerofen, den er siebenmal heißer machen ließ als gewöhnlich.

Nebukadnezar war »entsetzt« (Vers 24) als er sah, dass Sadrach, Mesach und Abednego in ihrem Feuerofen einen vierten Mann bei sich hatten - einen, »der einem Göttersohn glich« (Vers 25; KJV). Die drei Männer kamen nicht nur völlig unversehrt aus dem Ofen - sie rochen nicht einmal nach Rauch (Vers 27).

Vers 30 sagt uns, dass der König Sadrach, Mesach und Abednego beförderte. Gott wird dich nicht nur aus deinen Bedrängnissen herausbringen, er wird dich auch nach oben bringen.

Daniel geriet ebenfalls in Bedrängnis. Als Strafe für seine Rechtschaffenheit und seine Hingabe an Gott wurde Daniel in eine Löwengrube geworfen. Aber Daniel entschied sich Gott zu vertrauen, und Gott befreite ihn, indem er einen Engel sandte, um den Rachen der Löwen zu verschließen. Daniel kam unverletzt heraus (Daniel 6,3-23). Bewahren Sie Ihr Gottvertrauen und Sie werden unversehrt aus Ihren Bedrängnissen herauskommen.

Jede dieser Personen erkannte, dass Gott treu ist. Auch ich habe seine Güte und Treue erfahren. Ich wurde als Kind sexuell, verstandesmäßig und gefühlsmäßig missbraucht. Ich bin mein Leben lang krank gewesen. Unter anderem litt ich zehn Jahre an Migräne, erlebte eine Krebsattacke und litt an einigen weiteren geringfügigeren, aber nicht weniger schmerzhaften und belastenden Beschwerden. In allen dieser Fälle befreite mich Gott und stellte Antworten bereit. Doch es gab eine Zeit des Harrens auf Gott und des standhaft Bleibens.

In 1. Petrus 5,8-9 heißt es:

> Seid wohl ausgeglichen (maßvoll, besonnen), seid allezeit wachsam und auf der Hut; denn dieser euer Feind, der Teufel, streift umher wie ein Löwe, brüllend [mit wildem Hunger], und sucht jemanden, um ihn zu überfallen und zu verschlingen. Widersteht ihm; seid fest im Glauben [gegen seine Anschläge - verwurzelt, gegründet, stark, unbeweglich und entschlossen], wissend, dass dieselben (identischen) Leiden eurer Bruderschaft (dem ganzen Leib der Christen) in der ganzen Welt widerfahren.

Wie wir gesehen haben, werden wir alle mit Bedrängnis konfrontiert. Wir erleben alle von Zeit zu Zeit ein gewisses Maß an Trauer und Einsamkeit, doch wir sind nicht allein. Die Bibel weist uns an, dem Teufel zu widerstehen: »Widersteht ihm, standhaft im Glauben« (Vers 9; KJV). Aber wir können auch Stärke aus dem Bewusstsein ziehen, dass andere wissen, wie wir fühlen.

Gott wirkt zu unserem Besten

Gott ist gut. Er ist treu. Vor einigen Jahren erlebte ich einen großen gefühlsmäßigen Schock, der mich von vielen Leuten und Dingen trennte, die mir sehr lieb waren. Gott wollte, dass ich weiterging, aber ich gehorchte ihm nicht. Gott wirkte mir zum Guten, auch wenn ich das Gute zu jener Zeit nicht sehen konnte. Als ich mich nicht bewegte, bewegte mich Gott - und mit mir einige der Menschen in meinem Leben. Jetzt erkenne ich, dass dies eines der besten Dinge war, die sich je in meinem Leben ereigneten. Doch damals dachte ich, dass meine ganze Welt auseinander fallen würde. Ich war mir nicht sicher, ob ich mich je wieder erholen würde.

Tod und Scheidung sind nicht die einzigen vernichtenden Verluste, denen Menschen gegenüberstehen. Eine langzeitliche Beziehung oder eine Karriere zu verlieren, die Ihnen wichtig war, kann traumatisch sein.

Eine körperliche Verletzung, die Sie vom Betreiben eines Hobbys oder Sports abhält, das einen großen Teil Ihres Lebens ausgemacht hat, kann gefühlsmäßig sehr schwer sein. Eigentlich ist es immer schwer, irgendjemanden oder irgendetwas zu verlieren, das uns wichtig ist.

Meine vollständige Wiederherstellung dauerte beinahe drei Jahre. Doch ich machte während dieser Zeit stetige, deutliche Fortschritte. Etwas, das mich schließlich von meinem Hauptschmerz heilte, war ein Verständnis über »Seelenbindungen«.

»Seelenbindungen«

Viel Zeit mit einer Person oder einer Sache zu verbringen, führt zu einer engen Verbindung mit jener Person oder Sache.

Als Menschen sind wir Geist, haben eine Seele und leben in einem Körper. Die Seele kann man sich so vorstellen, dass sie aus dem Verstand, dem Willen und den Gefühlen besteht.

Man kann unmöglich eine enge Verbindung eingehen, ohne sich gedanklich mit ihr auseinander zu setzen, über sie nachzudenken und Pläne für sie zu schmieden. Für gewöhnlich sprechen wir über die Dinge, mit denen wir mit unserem Verstand, unserem Willen und unseren Gefühlen am meisten beschäftigt sind. Wenn wir ein wenig innehalten, können wir feststellen, wie sehr unsere »Seele« mit den Menschen und Dingen, in die wir den größten Teil unserer Zeit und Energie investieren, beschäftigt ist.

Wenn mein Arm an meine Seite gebunden wäre und dort jahrelang unbeweglich bliebe, hätte dies verheerende Auswirkungen. Wenn er plötzlich nicht mehr angebunden wäre, würde ich feststellen, dass er zwischenzeitlich nicht nur dünn und geschwächt, sondern auch unbrauchbar geworden wäre. Es wäre mir unmöglich, den Arm richtig zu benutzen, bis er seine Kraft und Beweglichkeit zurückerhalten hätte. Ich müsste mir neue Methoden aneignen, um die Muskeln, die durch die Untätigkeit geschrumpft sind, zum Funktionieren zu bringen und zu entwickeln.

Dasselbe gilt für unsere Seele. Wenn wir längere Zeit mit einer Person, einem Ort oder einer Sache verbunden waren, haben wir eine »Seelenbindung« entwickelt. Wenn diese Person, dieser Ort oder diese Sache von uns genommen wird, reagieren wir so, als wären wir immer noch damit verbunden. Wie ein Arm, der an unsere Seite gebunden war, »fühlt« es sich, auch wenn er später befreit wurde, so an, als wäre er noch festgebunden. Er funktioniert nicht richtig, bis einige Zeit vergangen ist und einige Anstrengungen unternommen wurden, um ihn wieder herzustellen.

Selbst wenn wir uns freiwillig von jemandem oder etwas trennen, kann es sein, dass unsere Seele immer noch an der Person oder Sache hängt. Gefühle sind sehr stark und können uns viel Schmerz und Qual bereiten. Wir müssen erkennen, dass wir unseren »Willen« dazu benutzen können, zu entscheiden, etwas Bestimmtes zu tun oder nicht zu tun. Eine feste, bewusste Entscheidung wird heftige, überschäumende Gefühle außer Kraft setzen.

Es gibt richtige und falsche »Seelenbindungen«. Die richtigen gleichen sich mit der Zeit aus; mit den falschen muss man sich auseinandersetzen.

Ganz gleich, mit welcher Art von Situation Sie es gerade zu tun haben, wenn Sie nicht richtig mit ihr umgehen, kann Sie das lähmen. Gott jedoch weiß, wie man mit ihr verfährt.

Wenn Sie durch einen Unfall verletzt wurden, müssen sie vielleicht wieder ganz neu Laufen lernen.

Wenn Sie durch Tod oder Scheidung Ihren Mann oder Ihre Frau verloren haben, müssen Sie lernen, alleine zurecht zu kommen. Sie müssen vielleicht lernen, Dinge zu tun, von denen Sie nicht mehr wissen, wie sie funktionieren oder die Sie nie zuvor getan haben. Sie müssen sich möglicherweise einen Arbeitsplatz suchen oder lernen, wie man kocht und sich um die Kinder kümmert. Oder Sie müssen Entscheidungen treffen in Angelegenheiten, um die Sie sich bisher nicht kümmern mussten und von denen Sie keine Ahnung haben.

Wenn Sie eine Arbeitsstelle verloren haben, müssen Sie vielleicht lernen, sich wieder ganz neu auf dem Arbeitsmarkt anzubieten oder vielleicht müssen Sie sogar in eine neue, fremde Umgebung umziehen.

Während Sie diese neuen Dinge tun, sind Sie vielleicht immer noch verletzt, doch Sie können in dem Wissen Befriedigung finden, dass Sie vorwärts kommen. Jeden Tag machen Sie Fortschritte. Gott verheißt, in Schwierigkeiten mit Ihnen zu sein. Während Sie warten, dass er Sie befreit, können Sie in der Gewissheit Trost finden, dass er bei Ihnen ist und für Sie wirkt, selbst wenn Sie nicht immer in der natürlichen Welt erkennen können, was er tut. In Matthäus 23,20 heißt es: »Siehe, ich bin immer bei euch, selbst bis ans Ende der Welt.«

2

Einsamkeit kann geheilt werden

Denn ich will ihre Trauer in Freude verwandeln und will sie trösten und sie frohlocken lassen nach ihrem Leid.

Jeremia 31,13

Einsamkeit ist keine Sünde. Fügen Sie deshalb, wenn Sie einsam sind, Ihrer Liste von Wunden nicht noch Schuldgefühle hinzu.

Einsamkeit kann geheilt werden, ganz gleich, was der Grund ist. Einige, die am meisten unter Einsamkeit leiden, was in sich schon eine Art Trauer ist, sind zudem noch schüchtern und sehr ängstlich; Leute, die sich missverstanden fühlen; jene in Leiterschaft; die Geschiedenen und Ledigen; Verwitwete; die Älteren; solche, die sich abgelehnt fühlen; diejenigen, die sich »sonderbar« vorkommen oder anders als andere Menschen; die Missbrauchten; Personen, die unfähig sind, eine gesunde Beziehung aufrechtzuerhalten, insbesondere mit dem anderen Geschlecht; jene, die umziehen oder den Arbeitsplatz wechseln müssen. Die Liste ließe sich beliebig fortsetzen.

Es gibt viele Ursachen für Einsamkeit, doch viele Menschen erkennen nicht, dass sie nicht damit zu leben brauchen. Sie können dagegen angehen und definitive Schritte unternehmen.

Das englische Wort für Einsamkeit - *loneliness* - kommt vom Stammwort *lone* (allein), das in Websters Wörterbuch als »ohne Gemeinschaft: isoliert ... für sich selbst gelegen oder auf sich selbst gestellt sein« definiert wird[1]. Die Eigenschaftsworte sind *lonely* (allein), was »abgeschieden ... verlassen ... niedergeschlagen durch Alleinsein« bedeutet[2], und *lonesome* (einsam), was »niedergeschlagen aus Mangel an Gemeinschaft - verlassen« bedeutet[3].

Einsamkeit äußert sich oftmals als innerer Schmerz, als Vakuum oder als ein Verlangen nach Zuneigung. Zu ihren Nebenwirkungen gehören Gefühle der Leere, der Nutzlosigkeit oder Zwecklosigkeit. Eine schwerwiegende Nebenwirkung von Einsamkeit ist oftmals Depression, die in manchen Fällen sogar zu Selbstmord führen kann.

Es ist traurig sagen zu müssen, aber unzählige Menschen begehen deshalb Selbstmord, weil sie nicht wissen, wie man mit Einsamkeit fertig wird oder weil sie ihr nicht richtig begegnen und realistisch mit ihr umgehen wollen. Selbst Christen fallen diesem schrecklichen Feind zum Opfer.

Allein bedeutet nicht einsam

Das Wörterbuch definiert das Wort *alone* (allein) als »einzeln ... mit nichts anderem zusammengefügt ... von allem anderen getrennt«[4]. Gemäß Webster drücken Worte wie *lonely* und *lonesome* (allein und einsam) ein Gefühl der Isolation aus, das aus einem Mangel an Gemeinschaft entsteht.

Sind Sie allein (unabhängig, abgeschieden, auf sich selbst gestellt) oder sind Sie einsam (trostlos, verlassen, niedergeschlagen aufgrund eines Mangels an Gemeinschaft)? Es besteht ein Unterschied.

Es ist sehr wichtig zu erkennen, dass es nicht bedeutet einsam sein zu müssen, nur weil Sie allein sind.

Selbst wenn man mit anderen Menschen Gemeinschaft hat, ist das keine Garantie gegen Einsamkeit.

Die Umstände, die Einsamkeit hervorrufen, sind manchmal vorübergehende Situationen. Jemand, der die Menschen seiner Umgebung verlässt und in ein neues Zuhause in einer neuen Stadt zieht, mag ein zeitweiliges Gefühl der Einsamkeit erleben, aber er wird letztendlich neue Freunde finden.

Doch viele Situationen, die ein Gefühl der Einsamkeit erzeugen, sind weitaus dauerhafter, und dies sind die Fälle, mit denen man sich befassen muss.

Während es nicht immer möglich ist, sich vor dem Alleinsein zu bewahren, gibt es immer Antworten auf Einsamkeit.

Einsamkeit, verursacht durch eine Krise oder ein Trauma

Sehr oft ist Einsamkeit die Folge eines Traumas oder einer Krise, die aus dem Tod eines geliebten Menschen (eines Ehepartners, eines Kindes, der Eltern, naher Freunde oder Verwandte), einer Scheidung oder Trennung resultiert.

Wenn etwas geschieht, das uns erkennen läst, dass Dinge nie mehr so sein werden, wie sie einmal waren, bewirkt dies oftmals eine Krise oder ein Trauma in unserem Leben, welche zu einem Gefühl der Einsamkeit und Verzweiflung führen können.

Bei einer Krisensituation müssen wir unweigerlich in die eine oder andere Richtung gehen, als Personen besser oder schlechter werden, überwinden oder untergehen.

Wir alle haben Filme gesehen, die eine schwerkranke oder verletzte Person zeigen, deren Arzt die Familie herbeiruft und sagt: »Ich habe alles getan, was ich tun kann. Der Patient hat einen kritischen Punkt erreicht. Was nun geschieht, liegt außerhalb meiner Kontrolle«. Was der Arzt meint, ist, dass es der Person innerhalb sehr kurzer Zeit entweder besser gehen oder dass sie sterben wird.

Eine Krise ruft immer Veränderung hervor, und eine Veränderung dieser Art ist schwer für jeden Beteiligten.

Der Prozess des Trauerns kontra dem Geist der Trauer

Das Wort *Trauer* bezieht sich auf »tiefes seelisches Leid, wie über einen Verlust: Kummer[5]«. *Trauern* heißt, »Trauer zu verspüren[6]«, was bedeutet, seelischen Schmerz zu erleben, bekümmert zu sein, sich zu grämen, bedrückt zu sein.

Der *Prozess* des Trauerns ist notwendig und gesund - gedanklich, gefühlsmäßig und sogar körperlich. Eine Person, die sich weigert, zu trauern, sieht oftmals nicht die Realität, die letztendlich eine verheerende Auswirkung auf ihr ganzes Sein hat.

Ein *Geist* der Trauer ist eine ganz andere Sache. Wenn man ihm nicht widersteht, wird er die Macht ergreifen und das Leben desjenigen zerstören, der einen Verlust erlitten hat. Wenn man ihm nicht entgegentritt und ihn unter Kontrolle bringt, wird er einem die Gesundheit, die Kraft und die Vitalität rauben - und sogar das Leben selbst. Lassen Sie mich Ihnen ein Beispiel geben.

Eine Freundin von mir verlor nach einem langen Kampf gegen Leukämie ihren Sohn. Als der Junge starb, war dies natürlich sehr schwer für jeden in der Familie. Sie machten zweifellos einen Prozess des Trauerns durch, und das war gut so.

Diese Freundin jedoch erzählte mir von einem Vorfall, der den Geist der Trauer entlarvte. Sie sagte, dass sie eines Tages die Wäsche wusch und an ihren Sohn zu denken begann, als plötzlich etwas anfing, sie zu umschlingen. Es fühlte sich bedrückend und traurig an und sie spürte, wie sie sich beinahe da hinein »versenken« wollte.

Gott gab ihr das Unterscheidungsvermögen, zu verstehen, dass sie es mit einem Geist der Trauer zu tun hatte, der versuchte, sie zu bedrücken. Sie ergriff eines der Hemden ihres Sohnes, schlang es um sich und sagte dem Teufel, dass sie es als »Lobpreisgewand« benutzen würde (Jesaja 61,3; KJV). Dann begann sie zu tanzen und den Herrn laut zu lobpreisen. Als sie das tat, spürte sie, wie die Bedrückung sie verließ.

Diese Frau hätte großen, langwierigen Problemen die Tür öffnen können, wenn sie diesem bedrückenden Geist der Trauer nicht aggressiv entgegengetreten und mit ihm richtig umgegangen wäre.

Trauer in Freude verwandelt

Gesegnet sind die Trauernden, denn sie werden getröstet werden.

Matthäus 5,4 (KJV)

Die Bibel nimmt an verschiedenen Stellen Bezug auf Trauernde. In Jeremia 3,13 spricht der Herr durch den Propheten:

> Dann werden sich die Jungfrauen erfreuen im Tanz, und die jungen und alten Männer miteinander. Denn ich will ihre Trauer in Freude verwandeln und will sie trösten und sich freuen lassen nach ihrem Kummer.

Aus diesem Vers erkennen wir, dass es Gottes Wille ist, die Trauernden zu trösten. Deshalb können wir folgern, dass auf das Trauern Trost folgen sollte. Wenn der Trost ausbleibt, ist etwas nicht in Ordnung.

In Jesaja 61,1-3 lesen wir diese Worte der Zusicherung:

> Der Geist Gottes, des Herrn, ist auf mir, weil der Herr mich gesalbt und befähigt hat, den Elenden, den Armen und Bedrückten das Evangelium der frohen Botschaft zu predigen; er hat mich gesandt zu verbinden und zu heilen, die gebrochenen Herzens sind, Freilassung den [körperlich und geistlich] Gefangenen auszurufen und die Gefängnistüren und die Augen derer zu öffnen, die gebunden sind; auszurufen das Gnadenjahr des Herrn [das Jahr seiner Gunst] und den Tag der Vergeltung unseres Gottes, zu trösten alle, die trauern, denen [Trost und Freude] zu verleihen, die in Zion trauern - ihnen einen Schmuck (einen Kranz oder ein Diadem) der Schönheit statt von Asche zu geben, das Öl der Freude statt der Trauer, das Gewand des Lobpreises [das Lobpreis ausdrückt] anstatt eines schweren, belastenden und verzagten Geistes.

Diese Schriftstelle macht ein Prinzip deutlich: dass Gott nämlich für völlige Wiederherstellung eintritt. Er ist besonders an jenen interessiert, die verletzt sind und ist bestrebt, ihre Freude wiederherzustellen.

Vielleicht sind Sie betrübt auf Grund eines Verlustes, den Sie erlebt haben, doch Sie müssen nicht den Rest Ihres Lebens in dieser Verfassung bleiben. Gott hat versprochen, Ihre Trauer in Freude zu verwandeln. Sie sollen an dieser Verheißung festhalten, während Sie sich durch den Prozess des Trauerns hindurcharbeiten. Wenn Sie das tun, wird es Ihnen Hoffnung für die Zukunft geben.

Die Hoffnung, auf die wir schauen

> *Hingezogene Hoffnung macht das Herz krank, aber ein erfüllter Wunsch ist ein Baum des Lebens.*
>
> Sprüche 13,12

Während die Trauer über einen Verlust oftmals notwendig und sogar gesund ist, sollte man darauf achten, nicht in Verzweiflung und Hoffnungslosigkeit zu geraten, was eine schwer zu tragende Last ist.

Statt der Hoffnungslosigkeit nachzugeben, achten Sie auf die Worte Davids in Psalm 27,13-14:

> [Was, ja, was wäre aus mir geworden], hätte ich nicht geglaubt, dass ich die Güte des Herrn sehen würde im Lande der Lebendigen.

> Warte und hoffe auf und erwarte den Herrn; sei tapfer und guten Mutes, und dein Herz sei ausdauernd und beständig. Ja, warte und hoffe auf und erwarte den Herrn.

Ganz gleich, was auf Erden geschieht, bei Gott gibt es immer Hoffnung.

In Hebräer 6,17-18 heißt es in der Bibel, dass Gott uns versichert hat, dass es sein Wille ist uns zu segnen, indem er seine Verheißung mit einem Eid bekräftigt:

> ... so dass wir, die wir unsere Zuflucht [zu ihm] genommen haben, durch zwei unwandelbare Dinge [seine Verheißung und seinen Eid], durch welche es für Gott unmöglich ist, sich als falsch zu erweisen oder uns zu täuschen, mächtige innere Stärke und starke Ermutigung haben mögen, um die [uns] dargebotene Hoffnung zu ergreifen und festzuhalten.

In Vers 19 heißt es dann:

> [Nun] haben wir diese [Hoffnung] als einen sicheren und festen Anker der Seele [er kann nicht entgleiten und er kann nicht zusammenbrechen unter jemandem, der darüber schreitet - eine Hoffnung], die hineinreicht und eintritt ins Innere des Vorhangs [in die Sicherheit der Gegenwart Gottes].

Der Anker eines Schiffes bewahrt dieses davor, dass es bei einem Sturm weggetrieben wird. Die Hoffnung bewirkt dasselbe für die Seele. Die Hoffnung ist wie ein Anker, der uns auf Kurs hält, wenn wir von den Stürmen des Lebens auf diese und jene Weise hin und her geworfen werden.

Wenn Sie verletzt sind, verstehen Sie vielleicht nicht viel von dem, was vor sich geht, und der Schmerz des Verlustes zerreißt Ihre Seele, doch Sie sollten wissen und an dieser einen Wahrheit fest halten: Gott liebt Sie und hat eine Zukunft für Sie. Hoffen Sie auf ihn und vertrauen Sie ihm, dass er Ihre Trauer in Freude verwandeln und Ihnen Schönheit statt Asche geben wird, selbst wenn Sie durch die verschiedenen Stufen der Trauer gehen.

3

Sieben Stufen der Trauer

Stütze dich, vertraue auf den Herrn und sei ihm gegenüber zuversichtlich mit deinem ganzen Herzen und Verstand und verlasse dich nicht auf deine eigene Einsicht oder dein Verständnis. Auf allen deinen Wegen kenne, erkenne und anerkenne ihn und er wird dich leiten und deine Pfade gerade und eben machen.

Sprüche 3,5-6

Nachdem wir eine Tragödie erlebt oder einen Verlust erlitten haben, machen wir fast alle eine Art Trauerprozess durch. Im Allgemeinen gibt es sieben grundlegende Stufen oder Aspekte bei diesem Prozess. Sehen wir sie uns im Einzelnen an, damit wir besser verstehen können, was bei diesem Prozess mit uns geschieht und was wir tun können, um den größtmöglichen Vorteil daraus zu ziehen.

1. Stufe: Schock und Verneinung

Dies sind für gewöhnlich die ersten Dinge, denen man begegnet, wenn ein Unglück geschieht oder man einen Verlust erleidet. Gott benutzt sie als Schutz vor völliger Zerstörung.

Schock

Ein Schock ist etwas, das den Verstand oder die Gefühle mit einem heftigen, unerwarteten Stoß erschüttert.

Der Schock ist eigentlich ein eingebauter Schutz. Er gibt uns Zeit, um uns langsam auf die Veränderung, die stattgefunden hat, einzustellen. Er bewahrt uns davor, der Realität ganz plötzlich ins Auge sehen zu müssen.

Bevor wir nach vorne gehen können, müssen wir eine neue gedankliche Einstellung bekommen. Der Schock gibt uns Zeit, eine neue Denkweise über unser Leben und unsere Zukunft zu entwickeln.

Betrachten Sie zur Veranschaulichung einmal die Stoßdämpfer eines Autos. Sie sind konstruiert, um das Fahrzeug auf der Straße bei unerwarteten Stößen zu schützen. Ohne sie würde es durch die Gewalt der Stöße, die ihm auf den Fahrten widerfahren, auseinander fallen.

Bei uns ist es oftmals genauso. Wir reisen auf der Straße des Lebens, und die meisten von uns erwarten keine Stöße oder Schlaglöcher. Deshalb sind wir nicht auf sie vorbereitet, wenn sie plötzlich auftauchen. Unsere vom Heiligen Geist eingebauten »Stoßdämpfer« fangen den Stoß auf, bis wir unser Denken anpassen und umstellen können, um der plötzlichen Veränderung auf der Fahrt zu begegnen.

Die Etappen des Schocks können von ein paar Minuten bis zu mehreren Wochen dauern. Wenn der Schock jedoch länger anhält, stimmt etwas nicht.

Ein gesunder Schock ist wie eine zeitweilige Narkose; wir dürfen allerdings nicht ständig unter Narkose bleiben. Wir müssen vorangehen. Der Schock ist eine kurzzeitige Flucht vor der Realität. Doch wenn er nicht vorübergeht, kann er zu sehr ernsthaften Probleme führen.

Ich erinnere mich daran, wie ich bei meiner Tante war, als mein Onkel starb. Er war längere Zeit krank gewesen, und obwohl sein Tod aller Wahrscheinlichkeit nach unvermeidlich war, sagte meine Tante immer und immer wieder: »Ich kann es einfach nicht glauben; ich kann nicht glauben, dass er gegangen ist.« Sie war im Anfangsstadium eines Schocks, der oftmals bei einem tragischen Verlust eintritt.

Wenn man einen Schock durchmacht, ist es am Besten, nicht zu lange in Untätigkeit zu verweilen. Eine Frau aus meinem Mitarbeiterteam erlebte eine plötzliche, verheerende Krise. Ich erinnere mich, wie sie sagte: »Gott hat mich aufgefordert, weiterzumachen, deshalb werde ich zur Arbeit kommen.«

Sie meinte, dass sie sich nicht sicher wäre, welche Qualität ihre Arbeit haben würde, aber sie wusste, dass es verhängnisvoll für sie wäre, wenn sie der Apathie nachgeben würde, die sie zu überwältigen und zermürben versuchte. An einem Tag hatte sie das verloren, was ihr für ihr Leben das Allerwichtigste zu sein schien. Ihr grundlegendes Empfinden war: »Was hat es für einen Zweck? Warum auch nur irgendetwas zu tun versuchen?« Sie wusste, dass sie, wenn sie diese Situation überstehen wollte, diesen Gefühlen mit positiven Handlungen entgegentreten musste.

Wenn Sie aufgrund eines tragischen Verlustes einen Schock durchmachen, müssen Sie als Gläubiger den Unterschied zwischen Seele und Geist erkennen. Selbst in einer Zeit des Unglücks oder Verlustes müssen Sie den Unterschied zwischen Ihren menschlichen Gefühlen und der wahren Führung des Heiligen Geistes erkennen.

Verneinung

Verneinung ist die Weigerung, der Realität ins Auge zu sehen, was oftmals eine seelische und geistige Krankheit unterschiedlichen Grades hervorrufen kann.

Gott hat uns mit seinem Geist ausgestattet, um uns zu befähigen, der Realität ins Auge zu sehen, seine Hand zu ergreifen, durch die finsteren Täler zu gehen und all die Hindernisse zu überwinden, die das Leben mit sich bringt.

Mit Gottes Geist, der in uns wohnt und über uns wacht, können wir zusammen mit König David sagen: »Ja, auch wenn ich durch das [tiefe, finstere] Tal des Todesschattens wandere, werde ich kein Unheil fürchten oder davor erschrecken, denn du bist bei mir; dein Stecken [um zu beschützen] und dein Stab [um zu führen], sie trösten mich« (Psalm 23,4).

Selbst wenn der Tod einen Schatten auf unser Leben wirft, können wir in Hoffnung leben.

Wenn von Hoffnung die Rede ist, dann denken Sie nochmals an Sadrach, Mesach und Abednego im Feuerofen (Daniel 3,8-27). Obwohl sie in einen Ofen geworfen wurden, der siebenmal heißer erhitzt wurde als je zuvor, war der Herr in diesem flammenden Inferno mit ihnen.

Wir können uns biblische Berichte wie diesen ansehen, um uns selbst zu ermutigen, wann immer wir uns in einer schwierigen Situation befinden. Genauso wie Gottes Gegenwart in diesem Feuerofen bei den Hebräersöhnen war, so dass sie aus ihm befreit wurden und keinen dauerhaften Schaden erlitten, wird er bei uns sein, welcher Situation wir im Leben auch immer entgegenzutreten haben.

Es ist Gottes Wille für uns, der Realität ins Auge zu sehen, hindurchzugehen und in jeder Hinsicht siegreich herauszukommen. Der Realität ins Auge zu blicken ist schwer, aber vor der Realität wegzulaufen ist noch schwerer.

2. Stufe: Zorn

Die zweite Stufe hat mit Zorn zu tun: Zorn auf Gott, Zorn auf den Teufel, Zorn auf sich selbst und Zorn auf die Person, die den Schmerz oder den Verlust verursacht hat, selbst wenn diese Person gestorben ist.

Zorn auf Gott

Wir glauben, dass Gott von Natur aus gut ist und dass er die Kontrolle über unser Leben hat. Wenn ein Unglück geschieht oder wir einen Verlust erleiden, verstehen wir deshalb nicht, warum Gott nicht verhindert, dass uns solche Dinge passieren und uns so sehr verletzen.

Wenn wir einem tragischen Verlust gegenüberstehen, werden wir oftmals zornig und fragen: »Wenn Gott gut und allmächtig ist, warum erlaubt er dann, dass guten Leuten schlechte Dinge widerfahren?« Diese Frage wird zu einer große Streitfrage, wenn wir als Gottes eigene Kinder diejenigen sind, die leiden.

In solchen Zeiten möchte unsere Vernunft ausrufen: »Das macht doch überhaupt keinen Sinn!« Immer und immer wieder quält die Frage: »Warum, Gott, warum?« diejenigen, die wegen eines Verlustes in ihrem Leben leiden, ebenso, wie sie auch die Einsamen und die Niedergeschlagenen quält.

In 1. Korinther 13,12 weist der Apostel Paulus darauf hin, dass es in diesem Leben immer einige unbeantwortete Fragen geben wird, mit denen wir uns auseinandersetzen müssen:

> Denn wir sehen jetzt durch einen Spiegel nur ein verschwommenes (unscharfes) Bild [der Wirklichkeit wie in einem Rätsel], dann aber [wenn das Vollkommene kommt] werden wir wirklich sehen, von Angesicht zu Angesicht. Jetzt erkenne ich stückweise (unvollkommen), dann aber werde ich völlig und klar erkennen und verstehen, gleichwie ich [von Gott] völlig und klar erkannt und verstanden bin.

Übermäßiges Grübeln, nämlich der vergebliche Versuch Antworten zu finden, quält uns nur und bringt viel Verwirrung. Doch Sprüche 3,5-6 sagt uns, dass auf den Herrn zu vertrauen Sicherheit und Richtungsweisung bringt:

> Stütze dich, vertraue auf den Herrn und sei ihm gegenüber zuversichtlich mit deinem ganzen Herzen und Verstand und verlasse dich nicht auf deine eigene Einsicht oder dein Verständnis. Auf allen deinen Wegen kenne, erkenne und anerkenne ihn, und er wird dich leiten und deine Pfade gerade und eben machen.

Wenn wir im Leben einer Krise gegenüberstehen, brauchen wir Wegweisung. Diese Schriftstellen sagen uns, dass das Vertrauen auf den Herrn der Weg ist, diese Weisung zu finden.

> Vertrauen erfordert es zu erlauben, dass es noch unbeantwortete Fragen in unserm Leben gibt.

Mit dieser Wahrheit ist schwer umzugehen, weil die menschliche Natur alles verstehen möchte. In Römer 8,6 wird uns gesagt, dass »die Gesinnung des Fleisches ... Gesinnung und Einsicht ohne den Heiligen Geist ist.«

Wir möchten, dass Dinge einen Sinn ergeben, doch der Heilige Geist kann bewirken, dass wir in unserem Herzen über etwas Frieden haben, das für unseren natürlichen Verstand überhaupt keinen Sinn ergibt.

Ganz gleich, wie sehr Sie durch einen Verlust oder ein Unglück verletzt sein mögen, der Heilige Geist kann Ihnen einen tiefen Frieden darüber geben, dass irgendwie alles gut werden wird.

Auf Gott zornig zu sein ist nutzlos, weil er der einzige ist, der helfen kann. Nur er kann den dauerhaften Trost und die Heilung bringen, die wir brauchen. Ich ermutige Sie, auch weiterhin zu glauben, dass Gott gut ist und die Gewissheit zu haben, dass sich an dieser Tatsache nichts ändern wird, was auch immer geschehen sein mag. Auch wenn Sie ihre Umstände nicht verstehen, glauben Sie und bekennen Sie weiterhin, dass Gott gut ist - weil er es ist!

In Psalm 34,9 ermutigt uns der Psalmist: »O schmeckt und seht, dass der Herr [unser Gott] gut ist! Gesegnet (glücklich, begünstigt, zu beneiden) ist der Mann, der ihm vertraut und Zuflucht zu ihm nimmt.«

Dann sagt er in Psalm 86,5: »Denn du, o Herr, bist gut und bereit [unsere Übertretungen] zu vergeben [sie fortzuschicken, sie völlig und für immer gehen zu lassen]; und du bist reich an Gnade und Barmherzigkeit gegen all jene, die dich anrufen.«

Schließlich wird uns in Psalm 136,1 gesagt: »O danket dem Herrn, denn er ist gut; denn seine Gnade und Barmherzigkeit währen ewig.«

Gott ist gut, doch der Teufel möchte uns glauben machen, dass wir Gott nicht vertrauen können und dass er sich nicht um uns kümmert oder uns nicht liebt. Wenn Sie an Gottes Liebe und seine treue Fürsorge für sich zweifeln, dann beachten Sie bitte einmal die Worte des Apostels Paulus zu dieser Angelegenheit, aufgezeichnet in Römer 8,35-39:

> Wer soll uns scheiden von der Liebe Christi? Sollen es Leiden und Bedrängnis und Drangsal? Oder Unglück und Leid? Oder Verfolgung oder Hunger oder Armut oder Gefahr oder Schwert? Wie geschrieben steht: Um deinetwillen werden wir getötet den ganzen Tag; wir werden geachtet und angesehen wie Schlachtschafe. Doch inmitten all dieser Dinge sind wir mehr als Überwinder und erlangen einen überragenden Sieg durch ihn, der uns geliebt hat. Denn ich bin über jeden Zweifel hinaus überzeugt (bin mir sicher), dass weder Tod noch Leben, weder Engel noch Fürstentümer, weder bevorstehende Dinge und Bedrohung noch Zukünftiges, noch Mächte, weder Höhe noch Tiefe, noch irgendetwas sonst in der ganzen Schöpfung in der Lage sein wird, uns zu scheiden von der Liebe Gottes, die in Christus Jesus ist, unserem Herrn.

Seien Sie nicht zornig auf Gott. Nehmen Sie das Wirken des Heiligen Geistes an. Hören Sie auf die Worte in dem folgenden Abschnitt:

> Euer Herz sei nicht besorgt [bekümmert, beunruhigt). Ihr glaubt und haltet fest an und vertraut und stützt euch auf Gott; glaubt und haltet fest und vertraut und stützt euch auch auf mich. Und ich werde den Vater bitten, und er wird euch einen anderen Beistand (Ratgeber, Helfer, Fürbitter, Fürsprecher, Kraftgeber, Tröster) geben, dass er bei euch bleibe in Ewigkeit. Ich werde euch nicht als Waisen zurücklassen [trostlos, verlassen, beraubt, einsam, hilflos]; ich komme wieder zu euch [zurück].
>
> Johannes 14,1+16+18

Trösten Sie sich mit diesen Worten und widerstehen Sie dem Teufel, der Sie dazu bringen möchte, Ihren Zorn und Ihre Enttäuschung an Gott auszulassen.

Zorn auf den Teufel

Die Bibel sagt, dass wir das Böse hassen sollen (Amos 5,15), und da der Teufel die Quelle alles Bösen ist, kann es heilsam sein, auf ihn zornig zu sein - wenn dieser Zorn auf biblische Weise ausgedrückt wird.

In Epheser 6,12 (KJV) wird uns gesagt: »Wir kämpfen nicht gegen Fleisch und Blut, sondern gegen die Gewalten, gegen die Mächte, gegen die Herrscher der Finsternis dieser Welt, gegen die geistlichen Mächte der Bosheit in der Himmelswelt.« Die Übersetzung der *Amplified Bible* sagt, dass wir gegen »die Weltbeherrscher dieser gegenwärtigen Finsternis, gegen die Geisteskräfte der Bosheit« kämpfen.

Unser Kampf ist ganz eindeutig nicht gegen Gott oder gegen Menschen gerichtet, sondern gegen den Feind unserer Seele. Wie kann der Zorn gegen den Teufel wirksam ausgedrückt werden? Ich möchte Ihnen ein Beispiel aus meinem eigenen persönlichen Leben anführen.

Über viele Jahre hinweg war ich wegen der fünfzehn Jahre Kindesmissbrauch, die ich durchmachte, zornig auf Satan, aber ich ließ meinen Zorn auf die falsche Weise aus. Ich wurde hartherzig und barsch im Umgang mit anderen Menschen. Ich habe inzwischen gelernt, dass wir das Böse mit Gutem besiegen und überwinden sollen (Römer 12,21).

Ich war zornig auf den Teufel, weil er mir meine Kindheit gestohlen hatte, doch indem ich mich wie er - wie der Teufel - verhielt, vergalt ich ihm nicht den Verlust, den ich zu tragen hatte. Jetzt predige ich das Evangelium, helfe Menschen, die verletzt sind, erlebe, wie das Leben unzähliger Menschen wiederhergestellt wird. Indem ich dies tue, überwinde ich das Böse, das Satan mir antat, dadurch, dass ich gut zu anderen bin, und ihnen die gute Nachricht Gottes bringe.

Dies ist der Weg, um es dem Teufel heimzuzahlen!

Wenn Sie verletzt wurden, wird es Ihnen umso besser gehen, je schneller Sie einem anderen helfen. Sich nach anderen verletzten Menschen auszustrecken, hilft Ihnen, Ihren eigenen Schmerz zu vergessen.

Der einzige Weg, dem Teufel Verletzungen und die Verwüstung in Ihrem eigenen Leben zu vergelten, besteht darin, energisch und vehement die Werke Jesu zu tun.

Zorn auf sich selbst

Wenn man von einem Unglück getroffen wird, stellt sich oftmals die Frage: »Hätte ich irgendetwas tun können, um dies zu verhindern?«

Eine Frau, mit der ich sprach, erwähnte, dass sie, nachdem ihr Ehemann an einer plötzlichen Herzattacke gestorben war, ständig daran denken musste, wie ihr Mann sich öfter über Unwohlsein beklagt hatte. Sie beschuldigte sich selbst, dass sie ihn nicht zum Arzt geschickt hatte.

Nach einer tragischen Begebenheit, besonders nach dem Verlust eines geliebten Menschen, denken die Leute an Dinge, die sie gerne gesagt oder getan hätten - und an Dinge, von denen sie wünschten, sie hätten sie nicht gesagt oder getan.

Wir alle können in unserem Leben vieles finden, was wir bedauern können, aber das Bedauern erzeugt am Ende nur noch mehr Schmerz, als wir bereits erleben.

Oftmals möchte Satan diese Situation ausnutzen, indem er uns beschuldigt. Diese Taktik dient dazu, uns ein Leben lang in Schuld, Verdammnis und Selbsthass zu werfen.

In Philipper 3,13-14 erklärt der Apostel Paulus: »Eines aber tue ich, [es ist mein einziges Bestreben]: Ich vergesse, was hinter mir liegt und strecke mich aus nach dem, was vor mir liegt, ich jage auf das Ziel zu.«

Ich mag das Wort *ausstrecken*. Es sagt mir, dass ich, wenn ich solchen Situationen gegenüberstehe, »dran bleiben« muss und dass es vom Feind Widerstand geben wird, den es zu überwinden gilt.

Ein Ende bringt immer einen neuen Anfang mit sich.

Satan ist bestrebt, uns von dem Neuen, das Gott für uns vorbereitet hat, fernzuhalten. Er möchte uns in der Vergangenheit gefangen halten und uns dazu bringen, in ständigem Elend zu leben. Zorn auf sich selbst und Selbstanklage wird nichts bewirken, außer dazu beizutragen die Absichten des Teufels in unserem Leben zu verwirklichen.

Ich ermutige Sie, damit aufzuhören, sich selbst mit ständigem Bedauern zu quälen. Satan wird immer dann versuchen Sie anzugreifen, wenn Sie in der schwächsten Verfassung sind. Schuldgefühle, Bedauern und Gewissensbisse sind seine Lieblingswaffen. Sinnen Sie über die ermutigenden Dinge nach, nicht über die entmutigenden.

Denken Sie daran: Seien Sie nicht zornig auf Gott, und seien Sie nicht zornig auf sich selbst. Seien Sie zornig auf den Teufel und drücken Sie diesen Zorn in richtiger Weise aus, indem Sie das Böse mit dem Guten überwinden.

Zorn auf andere

Es ist normal, auf jemanden zornig zu sein, der uns Schmerzen zugefügt oder uns verletzt hat, selbst wenn diese Person gestorben ist.

Meine Tante erzählte mir, dass sie, nachdem mein Onkel gestorben war, nachts manchmal auf sein Kissen einschlug und rief: »Warum hast du mich verlassen?« Für ihren Verstand war es offensichtlich, dass er sie nicht absichtlich verlassen hatte, doch durch ihre Worte sprachen ihre Gefühle.

Wir sollten uns dessen bewusst werden, dass Gefühle eine Stimme haben; und wenn sie verletzt sind, können sie wie ein verwundetes Tier reagieren. Verwundete Tiere können ziemlich gefährlich sei, und dasselbe gilt für verletzte Gefühle, wenn man ihnen nachgibt.

Wenn man unter einem Verlust leidet, ist es wichtig, dass man aus verletzten Gefühlen nicht Groll oder Bitterkeit werden lässt. Wenn eine Scheidung der Grund für einen Verlust ist, ist es sehr verlockend, denjenigen zu hassen, der die Trennung veranlasste oder sogar zu versuchen, Rache zu nehmen, indem man den anderen wiederum verletzt.

Verschwenden Sie Ihr Leben nicht, indem Sie der Bitterkeit nachgeben. Vertrauen Sie stattdessen Gott, dass er das, was auch immer geschah, verwendet und erlauben Sie, dass es Sie voranbringt. Dasselbe, was Ihnen weh tut, tut auch zahlreichen anderen weh. Bitten Sie Gott, Ihre »Asche« zu nehmen und Ihnen stattdessen »Schönheit« zu geben. Bitten Sie Ihn, Ihnen letztlich zu erlauben, anderen zu helfen, die sich durch ihren Kummer und ihre Einsamkeit hindurcharbeiten.

Selbst wenn ein geliebter Mensch stirbt, mag es eine Zeit geben, in der Sie auf diese Person zornig sind, weil sie Sie verlassen hat. Sie haben vielleicht Gedanken wie: »Du hättest am Leben bleiben können, wenn du es einfach mehr gewollt hättest«, oder: »Wie konntest du mich mit der Erziehung der Kinder und dieser schweren Verantwortung allein lassen?«

Obwohl diese Art von Denken einer stabileren Person in normalen Zeiten lächerlich erscheinen mag, entsteht, wenn plötzlich ein Unglück geschieht oder Kummer einsetzt, oftmals die Tendenz, jemand anderen für den empfundenen Schmerz zu »beschuldigen«. Gedanken und Gefühle können ziemlich sprunghaft sein: In einem Augenblick ist man vielleicht zornig auf Gott, im nächsten zornig auf sich selbst, dann wiederum auf den Teufel und schließlich auf die Person, die für den Verlust verantwortlich ist. Dieser Kreislauf kann sich viele Male wiederholen und wirklich verwirrend werden.

Wenn wir verletzt sind, ist der natürliche menschliche Weg, mit Zorn zu reagieren und zu versuchen, uns gegen den unerträglichen Schmerz, den wir erleben, zu verteidigen.

Deshalb ist es so wichtig, den Prozess des Trauerns zu verstehen und auf die Gefühle zu achten, die ihn begleiten. In der Vergangenheit wurden wir oftmals gelehrt, den Gefühlen wenig oder gar keinen Wert beizumessen - sie als unwichtig zu betrachten.

Gerade nach dem Erleiden eines größeren Verlustes in Ihrem Leben, ist dies nicht die richtige Zeit, Ihre Gefühle zu verleugnen oder sich mit anderen Dingen zu beschäftigen, die belastend sind oder Ihre Gefühle durcheinander bringen. Stattdessen müssen Sie sich in Ihren Gefühlen trösten und sich mit ihnen auseinander setzen.

Die Antwort besteht nicht darin, die Gefühle ersticken zu wollen, sondern sie als das anzuerkennen, was sie sind und sie auf die richtige Weise auszudrücken.

3. Stufe: Unkontrollierte Gefühle

Menschen, die ein Unglück erleben, durchlaufen oftmals verschiedene Phasen von Gefühlen, die auch Schluchzen und Hysterie einschließen. Diese Phasen können kommen und gehen, wenn es am wenigsten erwartet wird. In einem Moment hat die betroffene Person das Empfinden, dass sie es schaffen wird, eine Stunde später jedoch wird sie von Traurigkeit überwältigt.

Sogar Menschen, die normalerweise ganz nüchtern sind, können in Zeiten eines Verlustes starke Gefühlsregungen erleben. Ein Mann, der sonst nie weint, muss vielleicht in unterschiedlichen Abständen schluchzen, ohne Kontrolle darüber zu haben.

Im Allgemeinen fürchten sich Menschen davor, Gefühle zu zeigen, und die unkontrollierte Zurschaustellung von Gefühlen kann einem sogar Angst machen.

Wenn Sie hinsichtlich Ihrer Gefühle gerade durch eine schwierige Zeit gehen, möchte ich Sie inständig bitten, sich »nicht zu fürchten«, denn das, was Sie momentan durchmachen, wird vorübergehen. Einsicht und viel Hilfe vom Heiligen Geist werden Sie durch die schlimmsten Zeiten bringen.

Manche Leute weigern sich zu weinen oder nach außen hin irgendwelche Gefühle zu zeigen, was aber nicht gesund ist. Angestaute Gefühle sind stark und müssen freigesetzt werden. Wenn Sie Ihre Gefühle bei großer Belastung nicht freisetzen, solche, die durch den Verlust eines geliebten Menschen entstehen, werden diese Gefühle Sie innerlich aufzehren und möglicherweise Ihre geistige, seelische und sogar Ihre körperliche Gesundheit zerstören.

Da Gott uns Tränendrüsen und die Fähigkeit zu weinen gegeben hat, muss das bedeuten, dass es im Leben Zeiten geben wird, in denen wir weinen müssen.

Die Bibel gibt verschiedene Hinweise auf Tränen. In Psalm 56,8 beispielsweise verweist der Psalmist auf ein Gefäß, in dem Gott dessen Tränen aufbewahrt. In Offenbarung 21,4, wo vom neuen Himmel und der neuen Erde gesprochen wird, die eines Tages für Gottes Volk hervorgebracht werden, lesen wir: »Gott wird jede Träne von ihren Augen abwischen; und der Tod wird nicht mehr sein, noch Leid [Trauer und Klagen], noch Kummer, noch Schmerz, denn die alten Zustände und die frühere Ordnung der Dinge sind vergangen.«

Es gibt ein gesundes Weinen und ein ungesundes Weinen. Die richtige Freisetzung verletzter Gefühle ist gesund, aber hüten Sie sich vor Selbstmitleid. Wenn man nicht dagegen angeht, wird es zu einem Monster, das Sie dazu bringt, sich auf sehr ungesunde Weise sich selbst zuzuwenden.

Barmherzigkeit ist eine Gabe, die Gott in jeden von uns hineingelegt hat, um sie nach außen zu kehren: für jemand anderen, der verletzt ist. Barmherzigkeit, die wir in Form von Mitleid auf uns selbst richten, hat eine lähmende Wirkung.

Selbstmitleid macht auch süchtig. Sie denken vielleicht, sie können auf diese Weise sich selbst etwas Gutes tun, doch in Wirklichkeit ist es Satans Weg, um Sie davon abzuhalten, dass Sie das geschehene Unglück hinter sich lassen.

Sie müssen sich auch davor hüten, Tränen zu benutzen, um andere zu beherrschen. Wenn Sie verletzt sind, sind Sie darauf angewiesen, dass andere Ihnen Liebe und Freundlichkeit erweisen.

Gelegentlich brauchen wir alle, ganz gleich wie stark und unabhängig wir sein mögen, eine Zeit lang Hilfe von anderen. Aber wir dürfen nicht vergessen, dass trotz der Zeiten, in denen wir besonderer Aufmerksamkeit bedürfen, andere Menschen unsere Probleme nicht lösen können. Wenn wir auf andere schauen und von ihnen erwarten, dass sie unseren Schmerz beseitigen, begehen wir einen Fehler.

Erstens können Menschen uns nicht alles geben, was wir benötigen.

Zweitens übt es zuviel Druck auf sie aus, wenn wir von ihnen erwarten, dass sie unserer persönlichen Not abhelfen. So etwas hat oftmals eine negative Auswirkung auf unsere Beziehungen, besonders dann, wenn dieses Verhalten der Abhängigkeit längere Zeit anhält.

Es ist durchaus verständlich, dass eine Frau, die ihren Ehemann verliert, sich ihren Kindern zuwendet, damit diese die Leere in ihrem Leben ausfüllen. Diese Verhaltensweise ist in Ordnung, wenn - und nur dann - die Frau wirklich das Bestreben hat, sich jetzt mehr in ihre Kinder zu »investieren«, da sie ja nun die Zeit und die Möglichkeit hat, dies zu tun. Aber wenn die Frau beabsichtigt, die Kinder zu zwingen, Verantwortung für sie zu übernehmen, werden sie es ihr übel nehmen.

Grundsätzlich muss jeder sein eigenes Leben führen, und ganz gleich wie viel Liebe zwischen zwei Menschen bestehen mag, niemand möchte aus selbstsüchtigen Motiven heraus beherrscht oder manipuliert werden.

Wenn Sie im Moment unter einem Schmerz oder einer Verletzung leiden, möchte ich Sie ermutigen, Gott zu vertrauen und ihn nach seinem Ermessen Ihre Beziehungen ins rechte Lot bringen zu lassen. Er weiß, dass Sie zurzeit besondere Bedürfnisse haben. Er kennt die Leere in Ihrem Leben, die ausgefüllt werden muss. Sobald sie auftaucht, wird Gott diese Leere in unserem Leben ausfüllen, wenn wir auf ihn harren und uns weigern, zu versuchen, unsere Gefühle dazu zu benutzen, andere Menschen zu beherrschen.

Für gewöhnlich tun Menschen dies nicht absichtlich. Wir sind vielleicht ganz einfach verletzt und suchen nach etwas, das den Schmerz lindert. Doch es ist nicht Gottes Weg, die Last einer Person zu erleichtern, indem er diese Last einer anderen Person auflädt.

Eine tragische Begebenheit lässt uns in geschwächtem Zustand zurück, und Satan wir immer versuchen, unsere schwächsten Momente auszunutzen. Der Teufel schreckt nicht davor zurück, uns anzugreifen, wenn wir bereits auf dem Boden liegen. Er betrachtet diese einsamen, schmerzerfüllten Zeiten als einmalige Gelegenheiten, uns in permanente Gebundenheit und Not zu bringen.

Ausgewogenheit wird die Tür vor Satans Nase zuschlagen.

Im Laufe der Jahre bin ich zu der Erkenntnis gelangt, dass wir lernen müssen, uns durch viele Dinge eigenständig hindurchzuarbeiten. Das heißt nicht, dass wir keine Menschen benötigen; natürlich brauchen wir sie. Andere Menschen werden zweifellos von Gott benutzt, um uns Trost zu spenden, wenn wir verletzt sind. Wenn jedoch unser »Bedürfnis« nach Menschen aus dem Gleichgewicht gerät, kann das Gott davon abhalten, in unserem Leben zu wirken.

Meine Gefühle haben über viele Jahren hinweg aufgrund von Kindesmissbrauch entsetzlich gelitten. Zeitweise erwartete ich damals von meinem Ehemann, meinen emotionalen Bedürfnissen zu begegnen und die Leere in meinem Leben auszufüllen, die von einer falschen Art von Beziehung zu meinem Vater herrührte. Sicherlich hat der Herr meinen Ehemann benutzt, mir zu helfen, seelische Ganzheit in mein Leben zu bringen. Doch ich lernte, dass ich mich durch die meisten meiner Probleme allein mit Gott hindurcharbeiten musste.

Einer der Vorteile, niemanden außer Gott zu haben, an den man sich wenden kann, ist der, dass unsere Wurzeln fest »in ihn« gegründet werden. Er ist der Fels, das feste Fundament, das beständig ist. Ganz gleich, was sonst um uns herum erschüttert wird, er ist immer derselbe.

Wenn Sie aufgrund eines Unglücks in Ihrem Leben bekümmert und einsam sind, dann nutzen Sie diese Situation als eine Gelegenheit, um in eine tiefere persönliche Beziehung mit dem Vater, dem Sohn und dem Heiligen Geist einzutreten.

Denken Sie daran: Satan möchte solche Zeiten benutzen, um Sie zu zerstören. Doch was er zu Ihrem Schaden beabsichtigt, wird Gott zu Ihrem Guten wirken, wenn Sie ihm vertrauen, dass er es tun wird (aus 1. Mose 50,20 und Römer 8,28).

4. Stufe: Depression

Wenn Sie sich deprimiert fühlen, dann denken Sie nicht schlecht über sich. Jeder hat das eine oder andere Mal in seinem Leben Depression erlebt.

Wenn die Seele von Traurigkeit durchströmt wird, ist ein Gefühl der Niedergeschlagenheit ganz normal, selbst unter denen, die den Herrn kennen und lieben. In den Psalmen sprach König David, von dem gesagt wird, dass er ein Mann nach Gottes Herzen gewesen sei, über Gefühle der Niedergeschlagenheit. Wenn ein Mann Gottes wie David sich mit Depression auseinandersetzen musste, dann werden wir es auch tun müssen.

Eine zeitweilige wiederkehrende Depression ist einfach ein weiteres menschliches Gefühl, das jeder während des normalen Trauerprozesses erlebt. Doch wie die anderen Gemütsbewegungen, die mit der

Trauer kommen, kann Depression, wenn sie geduldet wird, ein großes Problem werden.

Das englische Wort für »Depression« kann sich auch ganz buchstäblich auf einen Zustand des Niedrigseins oder auf eine Landsenkung beziehen, die unterhalb der normalen Ebene liegt[1]. Man kann sich das Ganze einfach so vorstellen: Jesus ist unsere Ehre und hebt unser Haupt empor (Psalm 3,4). Aber während Jesus uns empor hebt und uns hindurch bringt, kommt Satan, um uns herunterzuziehen und uns unter Wunden, Verletzungen und Problemen zu begraben.

Depression raubt einem Menschen die Kraft. Er wird apathisch und lethargisch und hat kein Verlangen mehr, irgendetwas zu tun. Wenn der Zustand der Bedrückung anhält und stark genug wird, kann jedes Unternehmen zur Anstrengung werden. Deprimierte Menschen schlafen häufig viel mehr als nötig - einfach um dem Leben zu entfliehen.

Depression kann in manchen Fällen tatsächlich zu einer Art des Fortlaufens und Versteckens werden. Sie kann dazu benutzt werden, es zu umgehen, mit dem Leben und seinen Problemen fertig werden zu müssen. *Problemen gegenüberzutreten ist immer schwieriger, als vor ihnen wegzulaufen.*

In meinem Fall lief ich vor den Problemen, die in meinem Leben durch Missbrauch hervorgerufen wurden, weg, bis ich zweiunddreißig Jahre alt war. Als ich mit dem Heiligen Geist erfüllt wurde, war eines der ersten Dinge, die er in meinem Leben zu tun begann, mich in die Wahrheit zu führen, so wie Jesus es zu tun verheißen hatte (Johannes 16,13). Jesus sagte auch, dass es die Wahrheit ist, die uns frei machen wird (Johannes 8,32), aber wir müssen der Wahrheit gegenübertreten, wenn sie eine positive Auswirkung auf unser Leben haben soll.

Sehen wir uns die Schrift an, um herauszufinden, wie König David auf das uralte Problem der Depression reagierte. In Psalm 42,6-12 schrieb er über seinen gesunkenen Gemütszustand:

> Warum bist du so niedergeschlagen, o meine Seele? Und warum stöhnst du über mich und bist beunruhigt in mir? Hoffe auf Gott und harre erwartungsvoll auf ihn, denn ich werde ihn noch preisen, meine Hilfe und meinen Gott. O mein Gott, mein Leben ist niedergeworfen auf mich [und ich empfinde die Last größer, als ich sie tragen kann]; darum denke ich [ernsthaft] an dich aus dem Land des Jordan [-flusses] und [der Kuppen des Berges] Hermon, vom kleinen Berg Misar. [Brausende] Flut ruft der [brausenden] Flut zu

> beim Getöse deiner Wassergüsse; all deine Wogen und deine brausenden Wellen sind über mich ergangen. Doch des Tages wird der Herr seine Gnade verordnen, und in der Nacht wird sein Lied bei mir sein, ein Gebet zu dem Gott meines Lebens. Ich will sagen zu Gott, meinem Fels: Warum hast du mich vergessen? Warum gehe ich traurig einher, wegen der Bedrückung des Feindes? Wie mit einem Schwert [das zerschmettert] in meinen Gebeinen, verspotten und verhöhnen mich meine Feinde, während sie fortwährend zu mir sagen: Wo ist dein Gott? Warum bist du so niedergeschlagen, o meine Seele? Und warum stöhnst du über mich und bist beunruhigt in mir? Hoffe auf Gott und harre erwartungsvoll auf ihn, denn ich werde ihn noch preisen, der das Heil meines Angesichts und mein Gott ist.

Ich liebe solche Schriftstellen, weil sie aufzeigen, dass König David unter einer Depression litt, die seine Seele angriff und überschwemmte, und dass er ihr dennoch widerstand.

Mit anderen Worten: Obwohl er Bedrückung erlebte, gab er ihr nicht nach. Er sprach mit sich selbst über seine Situation, und desgleichen müssen auch wir in solchen Zeiten tun.

David erinnerte sich bewusst der guten Dinge, damit seine Seele nicht nur mit negativen Gedanken und Einflüssen erfüllt würde.

Zu unserem eigenen Schutz ist es sehr wichtig, dass wir uns anhaltender Depression widersetzen. Es ist unmöglich, uns durch den gesunden Prozess des Trauerns hindurchzuarbeiten, ohne gewisse Gefühle von Traurigkeit, Verlust und Depression zu erleben. Aber ich möchte noch einmal ein Wort der Warnung aussprechen bezüglich einer aus dem Gleichgewicht geratenen Situation, die über das Normale hinausgegangen ist und die Grenze zur Kategorie des Zerstörerischen überschritten hat.

Normale Gefühle und deren richtige Freisetzung sind gesund. Doch wenn den Gefühlen erlaubt wird, uns zu beherrschen, können sie sehr zerstörerisch werden. Verdrängen Sie Ihre Gefühle nicht, aber geben Sie ihnen auch nicht die völlige Herrschaft in Ihrem Leben.

Jede Person, die sich weigert, Selbstbeherrschung auszuüben und den Gefühlen erlaubt, außer Kontrolle zu geraten, wird letztendlich ein Leben der Selbstzerstörung leben.

Gefühle sind ein Geschenk Gottes. Sie sind für die menschliche Existenz lebensnotwendig. Niemand würde ohne Gefühle leben wollen.

Doch gleichzeitig können wir unser Leben nicht aufgrund oder gemäß unseren Gefühlen leben, und zwar deshalb, weil sie zu unbeständig sind. Wir können in Bezug auf eine bestimmte Situation im Laufe eines Monats tausend verschiedene Gefühle haben.

Menschen erleben diesen Mangel an Stabilität hinsichtlich ihrer Gefühle besonders in Zeiten von Krisen und Unglück, was uns zur nächsten Stufe des normalen Trauerprozesses führt.

5. Stufe: Wogen überwältigender Gefühle

Wenn Sie durch den Prozess des Trauerns gehen, wird es Zeiten geben, in denen Sie meinen, dass Sie sich durch das gefühlsbedingte Trauma Ihres Unglücks oder Verlustes bereits hindurchgearbeitet hätten.

Es ist völlig natürlich, danach bestrebt zu sein, dass sich alle Ihre schmerzlichen Gefühle legen und schließlich für immer verschwinden. Doch so funktioniert es normalerweise nicht. Im Allgemeinen folgen auf solche Momente des Abebbens stets Wogen scheinbar überwältigender Gefühle.

Man kann sich diese gefühlsbedingte Ebbe und Flut als Ozean vorstellen: Mächtige Wellen, die am Strand aufschlagen, wechseln sich mit friedvollen, ruhigen Intervallen ab.

Anfangs scheint es keine Unterbrechung bei den Wellen der Verzweiflung zu geben, die über Sie zusammenschlagen und drohen, Sie nach unten zu ziehen. Dies ist ein allgemein gültiges Gefühl, das von allen Menschen überall und zu allen Zeiten erlebt wurde. Rufen Sie sich noch einmal Psalm 42,7-8 ins Gedächtnis, wie David über seine Verzweiflung schrieb: »O mein Gott, mein Leben ist niedergeworfen über mir [und ich empfinde die Last größer, als ich sie tragen kann] ... alle deine Wogen und deine brausenden Wellen sind über mich ergangen.«

Wenn jedoch einige Zeit vergangen ist, beginnen sich zwischen den wogenden Wellen ruhige Momente einzustellen. In solchen Momenten sind Sie vielleicht versucht zu denken, dass der Schmerz nie wiederkehren würde. Doch dann, wenn Sie ihn am wenigsten erwarten, ist er wieder mit ganzer Kraft da. Es geschieht vielleicht etwas, das eine bestimmte Erinnerung wachruft, und plötzlich kommen all die alten Gefühle mit Macht zurück.

Der Jahrestag des Todes, des Verlustes oder der Trennung, und andere spezielle bedeutungsvolle Meilensteine wie Feiertage und Geburtstage sind außerordentlich schwer zu bewältigen.

Ich habe gehört, dass die Selbstmordraten an Festtagen stark ansteigen. Stellen Sie sich nur vor, wie schwer es für Menschen ist, mit dem plötzlichen Tod einer geliebten Person oder einer vergleichbaren Tragödie fertig zu werden, wenn sie nicht den Herrn und seine Kraft spendende Gegenwart kennen.

Diejenigen von uns, die an Jesus Christus glauben, empfangen den Trost des Heiligen Geistes, und dennoch sind diese Zeiten schwer für uns. Deshalb können wir nur erahnen, welcher Schmerz von Menschen ertragen werden muss, die innerlich ohnehin schon leer sind und dann den Verlust von jemandem oder etwas von großer persönlicher Bedeutung erleiden.

Ich bin mir sicher, dass es für Satan in solchen Zeiten der Anstrengung leicht ist, sie davon zu überzeugen, dass es keinen Sinn hat zu leben und dass sie ihren überwältigenden Schmerz einfach nicht mehr ertragen können.

Manchmal höre ich Leute schon im Voraus sagen: »Mir graut vor dem Jahrestag dieses Ereignisses; ich bin an diesem Tag immer so deprimiert.«

Dieses Grauen ist ein Vorläufer von Angst und bringt niemals einen Segen. Wenn ich damit anfange, etwas zu befürchten, erinnert mich der Heilige Geist immer sanft daran, dass ich mich eigentlich auf eine jämmerliche Zeit vorbereite.

Wenn Sie bemerken, dass Sie beginnen, Gefühle des Grauens zu erleben, empfehle ich Ihnen, zu beten und den Herrn zu bitten, Sie im Kampf gegen jene überwältigenden Gefühle zu stärken.

Manchmal graut uns vor Dingen, ohne dass es uns bewusst ist. Gott um Hilfe zu bitten, wird uns helfen wahrzunehmen, was vor sich geht und wird uns besser ausrüsten, damit wir nicht in Verwirrung, Desorientierung und Angst versinken.

6. Stufe: Verwirrung, Desorientierung und Angst

Einer großen Veränderung im Leben gegenüberzustehen, ist eine der gefühlsmäßig schwierigsten Zeiten, die wir zu ertragen haben. Selbst wenn diese Veränderung unsere eigene Entscheidung war, ist es oftmals schwer für uns, mit ihr umzugehen.

Wenn diese Veränderung als Resultat eines Unglücks, eines Verlustes oder einer Krise eintritt, sind Verwirrung, Desorientierung und Angst normal. Ganz plötzlich sind unsere Zukunftspläne zusammengebrochen. Ein Urlaub, Hauskauf oder Betriebsrentenplan scheitert; Pläne, die uns am Herzen liegen, werden unerwartet gestrichen.

Es dauert Zeit, um eine neue Richtung zu finden. In solchen Momenten kommen viele Fragen auf einmal in den Sinn, und viele von ihnen verlangen nach einer sofortigen Antwort.

Selbst wohlmeinende Freunde und Verwandte scheinen wiederholt zu fragen: »Was wirst du nun tun? Wo wirst du wohnen? Wirst du bald wieder arbeiten oder wirst du dir eine Auszeit nehmen?«

All dies sind berechtigte Fragen und müssen letztendlich beantwortet werden.

Wenn Sie ein plötzliches Lebens veränderndes Unglück oder einen Verlust erlitten haben, wissen Sie, dass Sie einige ernsthafte Entscheidungen über die Zukunft treffen müssen. Doch vielleicht haben Sie den Eindruck, dass Sie hierfür noch nicht bereit sind.

In solchen Zeiten ist es schwer, klar zu denken. Sie glauben, eine Entscheidung getroffen zu haben, und dann ändern Sie Ihre Meinung ganz plötzlich. Ihre Gefühle beginnen, Ihnen einen Streich zu spielen; sie schwanken hin und her und machen es erst recht schwer, Entscheidungen zu treffen.

Neben Verwirrung und Desorientierung stellt sich oftmals Angst ein. Vielleicht fangen Sie an, sich Fragen zu stellen, wie: »Wie geht es finanziell weiter? Wer wird sich um die Dinge kümmern, mit denen ich mich nicht auskenne?«

Wenn Sie derartigen beunruhigenden Fragen gegenüber stehen, empfehle ich Ihnen, über folgenden Vers des Hebräerbriefes nachzusinnen. Er verleiht mir immer starken Trost und große Hoffnung. Ich glaube, dass er Sie ebenfalls ermutigen wird:

> Er [Gott] selbst hat gesagt: Ich will dich in keiner Weise im Stich lassen, noch dich aufgeben, noch dich ohne Unterstützung lassen. [Ich werde dich] nicht, [ich werde dich] nicht, [ich werde dich] nicht irgendwie hilflos lassen, noch [dich] verlassen, noch fallen lassen (mein Festhalten an dir lockern)! [Ganz gewiss nicht!]
>
> Hebräer 13,5

Wenn wir nicht wissen, was wir tun sollen, und auch nicht, was die Zukunft bereithält, ist es tröstlich, den Einen zu kennen, der es in der Tat weiß. In Psalm 139,15-17 versichert uns der Psalmist, dass unser Himmlischer Vater unsere Vergangenheit, unsere Gegenwart und unsere Zukunft wirklich kennt:

> Meine Gestalt war nicht verborgen vor dir, als ich geformt wurde im Verborgenen [und] fein und wunderbar gewogen [wie mit verschiedenen Farben bestickt] wurde in den Tiefen der Erde [eine Region der Finsternis und des Geheimnisses]. Deine Augen sahen meine ungeformte Gestalt und in dein Buch waren alle Tage [meines Lebens] eingeschrieben, bevor sie je Gestalt annahmen, als noch keiner von ihnen war. Wie kostbar und gewichtig sind auch deine Gedanken für mich, o Gott! Wie gewaltig ist ihre Summe!

Gott ist das Alpha und das Omega, der Anfang und das Ende. Da dem so ist, ist er auch alles, was dazwischen ist. Er kennt unsere Situation und will uns führen und leiten, wenn wir ihm vertrauen, dass er dies tut.

Unser Himmlischer Vater gibt uns normalerweise jeden Tag, was wir brauchen. Die Gnade für jeden einzelnen Tag kommt mit diesem Tag. Deswegen ist es schwierig, sehr weit in die Zukunft zu blicken und dabei nicht verängstigt zu sein.

Wenn wir nach vorne schauen, haben wir oftmals den Eindruck, dass wir den Schwierigkeiten nicht entgegentreten können, die die Zukunft vielleicht bringt. Dabei betrachten wir sie losgelöst von der Gnade Gottes.

Wenn der Tag kommt, werden wir die nötige Gnade finden.

Jahrtausende lang hat der 23. Psalm Millionen von bekümmerten und einsamen Menschen Trost gespendet. Verwenden Sie ihn in Zeiten der Verwirrung, der Desorientierung und der Angst als Anker für Ihre Seele:

> Der Herr ist mein Hirte [um mich zu nähren, zu leiten und zu beschützen], mir wird nichts mangeln. Er lagert mich auf grünen [frischen, zarten] Auen; er führt mich zu stillen und friedlichen Wassern. Er erfrischt und erneuert mein Leben (mein Selbst), er leitet mich auf Pfaden der Gerechtigkeit [der Rechtschaffenheit und des rechten Standes vor ihm - nicht um meines Verdienstes, sondern], um seines Namens willen. Ja, auch wenn ich durch das [tiefe, fins-

tere] Tal des Todesschattens wandere, fürchte ich oder erschrecke ich vor keinem Unheil, denn du bist bei mir; dein Stecken [der beschützt] und dein Stab [der führt], sie trösten mich. Du bereitest vor mir einen Tisch angesichts meiner Feinde. Du salbst mein Haupt mit Öl; mein [randvoller] Becher fließt über. Ohne Zweifel werden mir nur Güte, Gnade und unfehlbare Liebe folgen alle Tage meines Lebens, und mein ganzes Leben lang ist das Haus des Herrn [und seine Gegenwart] mein Wohnort.

Psalm 23,1-6

7. Stufe: Körperliche Symptome

Es kommt häufig vor, dass Menschen, die über den Tod oder einen anderen tragischen Verlust trauern, körperliche Symptome zu verspüren beginnen. Sich sowohl verstandesmäßig, gefühlsmäßig und körperlich schlecht zu fühlen, scheint beinahe zu schwer zu ertragen.

Gefühlsmäßige Aufregung fügt dem physischen Körper enormen Stress zu. Körperliche Schwächen, die vielleicht bereits vorhanden gewesen sind, werden oftmals über ihre Grenzen hinaus strapaziert. Sehr häufig ist das Resultat körperlicher Schmerz, Krankheit oder Leiden.

Verschiedene Kopf-, Hals-, Rücken- oder Magenschmerzen sind nicht ungewöhnlich, wenn man unter extremer Belastung steht. Eine Sache, die den Druck mindert, ist körperliche Bewegung.

In Zeiten des Kummers besteht die Tendenz, sich einfach hinzusetzen und »nachzudenken« (zu grübeln). Obwohl dies völlig natürlich ist, muss diese Neigung mit energischem, positivem Handeln überwunden werden.

Wenn Sie durch den Prozess des Trauerns gehen, empfehle ich Ihnen, zumindest ausgiebige Spaziergänge zu unternehmen. Falls Sie dem gewachsen sind, schlage ich einen noch intensiveren Sport vor.

Aber vergessen Sie nicht: Sie stehen bereits unter Belastung, deshalb übertreiben Sie es nicht.

Es hat sich jedoch erwiesen, dass körperliche Bewegung dazu beiträgt, dass der verstandesmäßige, gefühlsmäßige und körperliche Stress abgebaut und die verspannte Muskulatur gelockert wird.

Es ist normal, dass der Appetit in Zeiten des Trauerns abnimmt, was durchaus verständlich ist. Es ist jedoch ungesund über einen längeren

Zeitraum nichts zu essen. Wenn Sie nicht in der Lage sind, viel zu essen, dann versuchen Sie etwas von guter, nahrhafter Qualität zu essen.

Obwohl es schwierig sein mag, sorgen Sie dafür, dass Sie genügend Schlaf bekommen. Ein müder, schwacher, unterernährter und überlasteter Körper ist eine offene Einladung für Krankheit und Leiden. Deshalb ist es wichtig, so viel körperliche Bewegung, vernünftige Nahrung und Ruhe zu bekommen, wie nur möglich, um dem Verstand und Körper zu helfen, in diesen anstrengenden Zeiten gesund zu bleiben.

Ich glaube, dass es in Zeiten des Trauerns und der Einsamkeit auch wichtig ist, zu erkennen, dass das, was Sie empfinden und die verschiedenen Stufen des Trauerns, die Sie durchmachen, alle ganz normal sind und durchlebt werden müssen, um zu normaler seelischer Gesundheit zurückzukehren.

Wie wir festgestellt haben, sind unterdrückte Gefühle und Emotionen sehr belastend für den Organismus. Wenn sie nicht richtig ausgedrückt werden, können sie eine ganze Menge Schaden anrichten.

> Vergessen Sie nicht: Wenn negative Gefühle unterdrückt werden, werden sie letztendlich auf andere Weise zu Tage treten.

Oftmals denken wir, dass wir Dinge in uns verbergen können, aber sie kommen in unserer Haltung oder in unseren Gesprächen und sogar in unserem Körper zum Vorschein.

Das Schlüsselwort beim Umgang mit den sieben genannten Stufen des Trauerprozesses lautet »Ausgewogenheit«.

4

Erholung von einer Tragödie oder einem Verlust

Der Geist des Herrn ist auf mir, weil er mich [den Gesalbten, den Messias] gesalbt hat, den Armen die frohe Botschaft [das Evangelium] zu verkünden; er hat mich gesandt, Gefangenen Befreiung auszurufen und Blinden, dass sie wieder sehen, Bedrängte [die unterdrückt, zerschlagen, zertreten und vom Unheil zerbrochen sind] in Freiheit hinzusenden.

Lukas 4,18

Was auch immer geschehen ist, was Ihnen Kummer und Einsamkeit verursacht hat, Sie können sich einer Sache sicher sein: Sie werden bei Ihrer Wiederherstellung vom Herrn geleitet werden. Er wird es Sie zweifellos wissen lassen, wenn Sie übertrieben reagieren oder aus dem Gleichgewicht geraten - wenn Sie bereit sind, auf seinen Geist zu hören.

Es ist unmöglich, eine bestimmte Zeitspanne festzusetzen, die erforderlich sein wird, um sich durch den Prozess des Trauerns hindurchzuarbeiten. Dies ist von Person zu Person und von Fall zu Fall unterschiedlich. Doch wie lange es auch dauern mag, es wird schließlich die Zeit kommen, da der Herr sagen wird: »Es ist jetzt Zeit, aufzustehen und weiterzugehen. Du musst die Vergangenheit hinter dir lassen und den Lauf beenden, den ich für dein Leben geplant habe. Ich werde dich niemals verlassen oder aufgeben, deshalb sei kühn, sei stark, sei mutig und gehe voran!«

Jeder Fall ist anders

Im Allgemeinen sind die ersten sechs Monate des Trauerprozesses die schwierigsten. Je nach den jeweiligen Umständen kann diese Phase ein wenig länger oder ein wenig kürzer sein. Es spielen viele Faktoren eine Rolle, die sich von Situation zu Situation unterscheiden:

- Die *Plötzlichkeit* des Verlustes. Wenn eine Person längere Zeit krank ist, hat die Familie mehr Zeit, um sich gedanklich und gefühlsmäßig auf den Tod ihres geliebten Angehörigen vorzubereiten. Wenn der Verlust plötzlich oder unerwartet eintritt, kann der Verlust traumatischer und deshalb schwerer zu verarbeiten sein.
- Die *Anwesenheit* oder *Abwesenheit von unterstützenden Angehörigen.* Wenn zum Beispiel ein Ehemann oder eine Ehefrau stirbt, macht es einen Unterschied, ob noch Kinder da sind, die das verbleibende Elternteil trösten. Wenn man ein Kind verliert, können andere Kinder helfen, die Leere auszufüllen, die das verstorbene Kind in der Familie hinterlässt.
- Die *Qualität der Beziehung zwischen den Hinterbliebenen und dem verstorbenen Angehörigen.* Wenn die Beziehung innig und liebevoll war, wird der Trauerprozess länger und schwieriger sein, als wenn die Beziehung oberflächlicher war.
- Die *Persönlichkeit des Hinterbliebenen.* Dies gilt besonders für den Tod eines Ehepartners. Manche Leute sind abhängiger als andere und es kostet sie eine größere Anstrengung, die Führungsrolle zu übernehmen und mit dem Leben weiterzumachen.
- Die *Tiefe der Beziehung zwischen dem Trauernden und dem Herrn Jesus Christus.* Dies ist ein Hauptfaktor. Ein Unglück oder ein Verlust fordert Leute oftmals heraus, eine Beziehung zum Herrn zu suchen, die natürlich Trost spendet. Doch jemand, der ihn »und die Kraft seiner Auferstehung« (Philipper 30,10; KJV) bereits kennt, wird sich in der Regel viel schneller erholen, als jemand, der den Herrn bisher nicht persönlich kannte oder nur eine oberflächliche Beziehung zu ihm entwickelt hat.

Zur Veranschaulichung meines Punktes über die unterschiedliche Zeitdauer, die erforderlich sein kann, um sich von einer Tragödie oder einen Verlust zu erholen, möchte ich Ihnen zwei mir bekannte, reale Fälle schildern.

Der erste Fall

Ich weiß von einer starken Christin, die viele Jahre lang intensiv im Dienst des Herrn gestanden hatte.

Sie und ihr Ehemann waren etwa fünfundzwanzig Jahre verheiratet gewesen. Obwohl er ein bekennender Christ war, waren bei ihm nicht die Früchte seiner Beziehung zum Herrn erkennbar. Er behandelte seine Frau zweifelsohne nicht richtig und hatte es über viele Jahre hinweg nicht getan.

Das Geschäft dieses Mannes stand über allem anderen in seinem Leben. Er was selbstsüchtig, ichbezogen und manchmal sogar grausam in seiner Haltung gegenüber seiner Frau und ihren Bedürfnissen.

Als diese Frau in ihrem Wandel mit dem Herrn voranging, gab ihr der Herr einen besonderen Gebetsauftrag für ihren Ehemann und ließ sie wissen, dass ihr Mann sterben würde, wenn er sich nicht innerhalb von sechs Monaten seinen (Gottes) Zielen unterordnen würde.

Die Frau betete und der Mann widersetzte sich weiterhin den Anordnungen des Herrn. Durch Ungehorsam öffnete er Satan eine Tür, sein Leben zu verkürzen. Die Folge war, dass der Mann an einer plötzlichen Herzattacke starb.

Obwohl der Verlust für seine Frau schwer war, war es nicht annähernd so schwer, wie es für eine Frau gewesen wäre, die sich einer wunderbaren Beziehung zum Ehemann erfreut hatte. Gott hatte ihr eine Warnung gegeben, was sie dann im Vorhinein auf die Ereignisse vorbereitet hatte.

Ich stellte fest, dass sie sich schon nach erstaunlich kurzer Zeit von dem Verlust erholt hatte. Es gab Dinge in ihrem Leben, mit denen sie fertig werden musste - finanzielle Angelegenheiten beispielsweise -, doch insgesamt war sie innerhalb relativ kurzer Zeit in der Lage, sich auf die neue Situation einzustellen und mit ihrem Leben weiterzumachen.

Der zweite Fall

Dieser hat mit meiner Tante zu tun. Sie und mein Onkel kannten sich bereits seit ihrer Kindheit und heirateten, als sie fünfzehn war und er nur ein paar Jahre älter. Sie hatte nie einen anderen Freund gehabt, noch sich mit sonst jemandem verabredet.

Sie konnten keine eigenen Kinder haben, deshalb standen sie sich besonders nahe. Mehr als dreißig Jahre lang arbeiteten sie zusammen in derselben Bäckerei. Sie taten alles gemeinsam und dienten Gott als Partner im Werk des Herrn.

Beide hatten in ihrem Leben viele Krankheiten erlitten und hatten einen Großteil der Zeit dafür aufgewendet, füreinander zu sorgen. Je stärker Menschen sich umeinander kümmern müssen, um so mehr bedeuten sie einander oftmals.

Die beiden waren jeweils tief in das Leben des anderen einbezogen. Sie passten zusammen wie eine Hand mit dem Handschuh. Sie hatten solchen Spaß zusammen. Sie gingen zusammen zum Angeln, kochten zusammen, gingen zusammen in die Kirche, usw.

Obwohl er viele Jahre lang krank gewesen war, war der Verlust für meine Tante außerordentlich schwer, als er starb. Zu der Zeit waren ihre Knie infolge von Arthritis praktisch gelähmt. Sie konnte aber die erforderliche Knieoperation wegen eines Herzleidens nicht vornehmen lassen. So war sie nach dem Tod meines Onkels mehr oder weniger an das Haus gebunden, was ihr Trauma nur noch verschlimmerte.

Aufgrund dieser erschwerenden Umstände dauerte es Jahre, bis sie sich von dem Verlust erholt hatte.

Es ist normal, zu trauern – in Trauer zu leben jedoch nicht

Aus diesen beiden Fällen können wir leicht ersehen, wie dieselbe Art von Ereignis verschiedene Menschen auf unterschiedliche Weise beeinträchtigen kann. Obwohl es unmöglich ist, eine genaue Voraussage zu machen, wie lange der Prozess des Trauerns dauern wird, sollte man dabei einen regelmäßigen Fortschritt sehen.

Dieser Fortschritt mag langsam vonstatten gehen und anfangs schwer zu erkennen sein, aber man sollte ihn *auf jeden Fall* sehen.

Wie bei der Heilung einer Wunde verspürt man den Schmerz vielleicht für lange Zeit, aber eine völlige Genesung erfordert eine tägliche Besserung. Wenn eine körperliche Wunde nicht heilen will, ist dies ein Zeichen dafür, dass eine Infektion besteht, die behandelt werden muss. Ich glaube, dass dasselbe für seelische Wunden gilt.

Der seelische Teil von uns sollte genauso wie der körperliche Teil heilen. So wie Gott uns einen Körper gegeben hat, hat er uns auch Gefühle gegeben. Und so, wie er in Jesus Christus für unsere körperliche

Heilung vorgesorgt hat, hat er in ihm für unsere seelische Wiederherstellung vorgesorgt. Beides davon ist unser Recht als Gläubige.

Glauben Sie nicht die Lügen Satans. Er wird versuchen, Ihnen weiszumachen, dass Sie nie über die Verletzung hinwegkommen und Ihre Gefühle nie wieder heil werden. Es stimmt zwar, dass Sie die Person oder die Sache, die Sie verloren haben, wohl immer vermissen werden, dies bedeutet aber nicht, dass Sie fortwährend Kummer und Einsamkeit ertragen müssen.

Nach einer gewissen Zeit sollte die Trauer vergehen und Sie sollten in der Lage sein, den Übergang in einen neuen Lebensabschnitt zu vollziehen. Wenn dieser Übergang nicht innerhalb einer angemessenen Zeitspanne erfolgt, ist dies ein Anzeichen dafür, dass irgendwo ein Problem besteht: Eine falsche gedankliche Einstellung, die Weigerung, der Realität ins Auge zu sehen oder vielleicht die Anwesenheit einer abnormalen, unbegründeten Angst.

Was auch immer die Wurzel des Problems sein mag, Gott wird es Ihnen offenbaren, wenn Sie Zeit damit verbringen, sein Wort zu lesen und ihn durch Gebet und Nachsinnen zu suchen.

Behalten Sie einfach in Erinnerung, dass es normal ist zu trauern, jedoch nicht, mit einem Geist der Trauer zu leben.

Kummer und Einsamkeit überwinden

Ich möchte Ihnen zwei Punkte nennen, die Ihnen helfen werden, Kummer und Einsamkeit zu überwinden und völlige seelische Wiederherstellung zu erlangen:

1. Seien Sie sich bewusst, dass Gott die ganze Zeit über bei Ihnen ist.

In Matthäus 28,20 (KJV) sagte Jesus: »Ich bin immer bei euch, bis ans Ende der Welt.« In Hebräer 13,5 (KJV) lesen wir dann, dass Gott verheißen hat: »Ich werde dich niemals aufgeben und dich nicht verlassen.«

Kummer und Einsamkeit führen oftmals zu Angst, die wiederum alle möglichen unbeantworteten Fragen hervorruft, wie zum Beispiel: »Was ist, wenn ich krank werde und nicht arbeiten kann; wer wird für mich sorgen?« »Was ist, wenn ich für den Rest meines Lebens allein bin?« »Was soll ich tun, wenn dieser Schmerz, den ich empfinde, nie weggeht?« »Was wird sein, wenn ein Problem auftaucht, mit dem ich alleine nicht fertig werde?«

»Was ist, wenn ...? Was soll ich tun, wenn...? Was wird sein, wenn ...?« Die Fragen gehen endlos weiter und weiter.

Sie können nicht all die »Was ist wenn«-Fragen im Leben beantworten. Doch solange Sie wissen, dass Jesus bei Ihnen ist, können Sie sich darauf verlassen, dass er alle Antworten hat, die Sie brauchen.

Sinnen Sie einmal über folgende Schriftstellen nach und lassen Sie sich von ihnen Trost spenden:

> Ein Vater der Waisen und ein Anwalt und Beschützer der Witwen ist Gott in seiner heiligen Wohnung. Gott bringt die Einsamen in Familien und gibt den Verlassenen ein Zuhause, um darin zu wohnen; er führt die Gefangenen heraus zu Wohlergehen und Wohlstand; aber die Widerspenstigen wohnen in dürrem Land. (Psalm 68,6-7)

> Wenn auch mein Vater und meine Mutter mich verlassen haben, der Herr wird mich aufnehmen [mich als sein Kind annehmen]. (Psalm 27,10)

> Fürchte dich nicht, denn du wirst nicht beschämt werden, und sei nicht bestürzt und bedrückt, denn du sollst nicht zuschanden werden. Denn du wirst die Schande deiner Jugend vergessen, und wirst der Schmach deiner Witwenschaft nicht mehr [ernsthaft] gedenken. Denn dein Schöpfer ist dein Eheherr - der Herr der Heerscharen ist sein Name - und der Heilige Israels ist dein Erlöser; der Gott der ganzen Erde wird er genannt. (Jesaja 54,4-5)

> Er war verachtet und von den Menschen abgelehnt und verlassen, ein Mann der Leiden und der Schmerzen, und mit Leiden und Krankheit vertraut; und wie einer, vor dem die Menschen das Gesicht verbergen, war er verachtet, und wir anerkannten nicht seinen Verdienst und haben ihn nicht geachtet. Doch er hat unsere Leiden (Krankheiten, Schwachheiten und Kümmernisse) getragen und unsere Leiden und Schmerzen [der Bestrafung] auf sich genommen, doch wir hielten ihn [in Unwissenheit] für geschlagen, getroffen und geplagt von Gott [wie mit Aussatz]. Doch er war verwundet wegen unserer Übertretungen, er war zerschlagen für unsere Schuld und Missetaten; die Strafe [notwendig, um zu erlangen] Friede und

> Wohlbefinden für uns, lag auf ihm, und durch die Striemen [die ihn verwundeten], sind wir geheilt und ganz gemacht. (Jesaja 53,3-5)

Krankheit führt ebenfalls zu Leid und Einsamkeit. Wenn wir leiden und Schmerz unseren Körper durchflutet, wünschen wir uns jemanden, der versteht, wie schlecht wir uns fühlen. Selbst wenn unsere Familie und unsere Freunde ihr Bestes für uns tun, können wir uns in unserem Leid immer noch allein fühlen.

Eine Krankheit, die sich in die Länge zieht, ist sogar noch schlimmer, weil wir nach einer Weile feststellen, dass andere nicht ständig hören wollen, wie schlecht wir uns fühlen. Es ist nicht nur so, dass es sie nicht erbaut, sondern uns hilft es auch nicht, Fortschritte zu machen, wenn wir ständig darüber reden, wie schlecht es uns geht.

Wenn Sie krank sind, werden Sie dieselbe Art von Fragen haben, die Sie haben, wenn Ihnen ein Unglück widerfährt oder wenn Sie einen Verlust erleiden: »Was ist, wenn ich nie mehr gesund werde? Wer wird sich um mich kümmern?« »Was ist, wenn ich die Dinge nicht mehr tun kann, die ich bisher getan habe?« »Was wird sein, wenn ich nie mehr zur Arbeit gehen kann? Wer wird mich und meine Familie versorgen?« »Was wird sein, wenn ich für den Rest meines Lebens mit diesen Schmerzen leben muss?«

Bezüglich Krankheit müssen Sie dasselbe Prinzip anwenden, das wir in unserer Betrachtung über Kummer und Einsamkeit besprochen haben. Sie müssen wissen, dass Gott Ihr Heiler ist und glauben, dass Seine Kraft in Ihrem Körper am Wirken ist, um Sie zu heilen und wiederherzustellen.

Erinnern Sie sich, dass »der Tod vom Sieg verschlungen ist« (1. Korinther 15,54; KJV) und dass Gott gesagt hat: »Ich bin der Herr, der dich heilt« (2. Mose 15,26).

Verbringen Sie viel Zeit mit dem Herrn und erlauben Sie seiner Auferstehungskraft, die Sie als Gläubiger in sich haben, Ihren körperlichen Nöten zu begegnen. Während Sie das tun, sinnen Sie über diese Schriftstellen nach:

> Der ewige Gott, der Herr, der Schöpfer der Enden der Erde, ermattet und ermüdet nicht; seine Einsicht ist nicht zu ergründen. Er gibt dem Matten und dem Müden Kraft, und dem, der keine Kraft hat, mehrt er die Stärke [indem er sie zunehmen und sie überfließen lässt]. Selbst Jünglinge ermatten und werden müde, und [manche]

> junge Männer werden kläglich straucheln und erschöpft fallen. Aber die auf den Herrn harren [die ihn erwarten, ihn suchen und auf ihn hoffen], vermehren und erneuern ihre Kraft und Stärke; sie erheben ihre Flügel und steigen auf [in die Nähe Gottes] wie Adler [zur Sonne aufsteigen]; sie laufen und ermatten nicht, sie gehen und werden nicht schwach oder müde. (Jesaja 40,28-31)

> Lobe (liebevoll, dankbar preise) den Herrn, meine Seele; und alles, was [zutiefst] in mir ist, lobe seinen heiligen Namen! Lobe (liebevoll, dankbar preise) den Herrn, meine Seele, und vergiss nicht [eine von] all seinen Wohltaten - der da vergibt [jede von] all deinen Sünden, der da heilt [jede von] all deinen Krankheiten, der dein Leben erlöst aus der Grube und vom Verderben, der dich schmückt, ehrt und krönt mit Gnade und Barmherzigkeit; der deinen Mund [das Bedürfnis und Verlangen deines Alters und deiner persönlichen Situation] mit Gutem sättigt, so dass deine Jugend - erneuert - wie die des Adlers ist [stark, überwindend, erhebend]! (Psalm 103,1-3)

Noch einmal: Denken Sie daran, dass Sie nicht allein sind. Der Herr ist mit Ihnen. Er versteht, was Sie durchmachen, und er hat verheißen, in jeder Anfechtung des Lebens bei und mit Ihnen zu sein. Wenn Sie sich am einsamsten und verlassensten »fühlen«, dann öffnen Sie im Glauben Ihren Mund und sprechen Sie ganz entschieden: »Ich bin *nicht* allein, denn Gott ist mit mir!«

Wenn Sie auf die Manifestation Ihrer Heilung warten, dann bekennen Sie laut: »Die Heilungskraft Gottes wirkt gerade jetzt in mir.«

Lesen Sie und bekennen Sie auch diese Bibelverse, die Ihnen die Gegenwart und die Kraft des Herrn zusichern:

> Doch nehmt zur Kenntnis, die Stunde kommt und ist gekommen, da ihr euch verteilen und zerstreuen werdet, ein jeder in seine Heimat, und mich allein lassen werdet. Doch ich bin nicht allein, denn der Vater ist bei mir. Dies habe ich zu euch geredet, damit ihr in mir [vollkommenen] Frieden und Zuversicht habt. In der Welt habt ihr Bedrängnis und Anfechtung, Trübsal und Enttäuschung; aber seid guter Dinge [fasst Mut, seid zuversichtlich, sicher, unerschrocken]! Denn ich habe die Welt überwunden. [Ich habe sie der Macht, euch zu schaden, beraubt, und habe sie für euch überwunden.] (Johannes 16,32-33)

2. »Drängen Sie energisch« einem neuen Leben zu.

Nicht alles in Ihrem Leben ist vorbei; nur ein Teil davon ist zu Ende. Ein Zeitabschnitt ist vergangen; jetzt kann ein neuer beginnen - wenn Sie bereit sind, aktiv zu werden.

Sitzen Sie nicht passiv da und warten, dass etwas geschieht oder dass jemand vorbeikommt. Beten Sie - und schreiten Sie im Glauben voran.

Ich erzählte Ihnen bereits von meiner Tante und wie schwer es für sie war, nach dem Tod meines Onkels ein neues Leben zu beginnen. Doch wie schwer diese Übergangszeit auch war, sie schaffte es. Jetzt reist sie mit meinem Mann und mir und hilft in unserem Dienst an anderen mit. In unseren Versammlungen verkauft sie Kassetten von unseren Seminaren. Zu Hause kocht sie für uns, und wenn sie kann, betreut sie unsere Enkelkinder.

All dies ist von unschätzbarem Wert für uns und für das Reich Gottes. Sie hat sich »energisch« in einen neuen Lebensstil »gedrängt« und ist so im Laufe der Zeit ein Segen für viele geworden.

Wenn Sie einsam sind, dann sitzen Sie nicht einfach da mit dem Wunsch, andere Leute zu treffen. Gehen Sie und gewinnen Sie neue Freunde! Finden Sie jemanden, der ebenfalls einsam ist - jemanden, der sogar noch einsamer ist als Sie - und seien Sie diesem Menschen ein Freund. Sie werden ernten, was Sie säen. Gott wird Ihnen diese Freundschaft um ein Vielfaches vermehrt zurückerstatten.

Unsere Tochter Sandra durchlitt in ihren jungen Erwachsenenjahren eine einsame Zeit. Die meisten ihrer Freundinnen gingen entweder aufs College oder heirateten, so dass sie viele einsame Abende zu Hause verbrachte.

Statt einfach dazusitzen und sich selbst zu bemitleiden, begann sie, »energisch« vorwärts zu »drängen« und alleine hinauszugehen. Sie besuchte alleine Gemeindeveranstaltungen oder begab sich aus eigener Initiative zur Single-Gruppe einer anderen Gemeinde. Es war nicht leicht für sie. Aber sie wusste, dass sie etwas tun musste, anstatt einfach nur dazusitzen und sich Gesellschaft zu wünschen.

Sie sagen vielleicht: »Aber Joyce, ich wünsche mir nicht etwas, ich glaube.« Aber ich möchte Sie daran erinnern, dass uns die Bibel lehrt, dass uns der Glaube dazu bewegt, eine von Gott inspirierte Handlung zu erbringen (Jakobus 2,17). Ich meine hier nicht Werke des Fleisches oder einfach fleischlichen Eifer, sondern ich rede davon, kühn zu sein und auszuschreiten, so, wie Gott leitet.

Sandra ist inzwischen mit Steve verheiratet, einem jungen Mann, den sie bei einer Veranstaltung kennen gelernt hat, die sie allein besuchte. Die »entsprechenden Handlungen« gaben ihrem Glauben Richtungsweisung und ein Ziel.

So lassen Sie in gleicher Weise zusätzlich zu Ihren Gebeten auch Ihre »Hände und Füße sprechen«. Lassen Sie Ihre Einsamkeit in Ihnen Barmherzigkeit für andere einsame Menschen hervorbringen und *beschließen Sie dann dementsprechend etwas zu tun!*

Schluss

Drängen Sie energisch nach vorne in den nächsten Abschnitt Ihres Lebens hinein. Die Dinge werden vielleicht nie mehr so, wie sie einmal waren, doch verpassen Sie nicht den Rest Ihres Lebens, indem Sie in der Vergangenheit leben.

Es ist an der Zeit, damit aufzuhören, über die Vergangenheit nachzudenken und zu sprechen. Sie haben eine Zukunft. Der Heilige Geist steht bereit, Ihnen zu helfen, Sie zu trösten und Ihnen zu helfen, nach vorne zu drängen, um den wunderbaren Plan Gottes für Sie zu erfüllen.

Vergessen Sie nicht: Gott ist mit Ihnen noch nicht fertig!

Ein Ende ist immer auch ein neuer Anfang

In Johannes 10,10 sagte Jesus. »Der Dieb kommt nur, um zu stehlen, zu töten und zu verderben. Ich bin gekommen, damit sie Leben haben und sich dessen erfreuen, und es in Fülle haben [bis zum vollen Maß, bis es überfließt].«

Es spielt keine Rolle, wie gut oder wie schlecht Ihr Leben vor dem Verlust war; Sie können nicht in der Vergangenheit leben und gleichzeitig das gegenwärtige und zukünftige Leben genießen.

Was immer Sie verloren haben, seien Sie fest entschlossen, nicht das zu verpassen, was Ihnen verblieben ist.

Vergessen Sie nicht: Gott ist gut. Er liebt Sie sehr.

Er hat einen guten Plan für Ihr Leben.

Lesen Sie die Schriftstellen im nachfolgenden Teil des Buches, sinnen Sie über sie nach und erlauben Sie dem Herrn, durch diese Verse zu Ihnen in Ihrer gegenwärtigen Situation zu sprechen.

Teil B

Schriftstellen zur Überwindung von Einsamkeit und Trauer

Gott ist immer bei Ihnen

Er [Gott] selbst hat gesagt: Ich will dich nicht im Stich lassen, noch dich aufgeben, noch dich ohne Unterstützung lassen. [Ich werde] dich nicht, [ich werde] dich nicht, [ich werde] dich in keiner Weise hilflos lassen, noch dich verlassen, noch [dich] fallen lassen (mein Festhalten an dir lockern)! [Ganz gewiss nicht!] (Hebräer 13,5)

Ich werde dich niemals verlassen, noch versäumen. (Hebräer 13,5; KJV)

Weil er seine Liebe auf mich gerichtet hat ... werde ich ihn nie verlassen, nein, niemals ... Er wird mich anrufen, und ich werde ihm antworten; ich werde bei ihm sein in der Not, ich werde ihn befreien und ihn zu Ehren bringen. (Psalm 91,14-15)

Nichts kann Sie von der Liebe Gottes trennen

Wer wird uns scheiden von der Liebe Christi? ... Denn ich bin über jeden Zweifel hinaus überzeugt (bin mir sicher), dass weder Tod noch Leben, weder Engel noch Gewalten, weder bevorstehende Dinge und Bedrohung noch Zukünftiges noch Mächte, weder Höhe noch Tiefe, noch irgendetwas sonst in der ganzen Schöpfung in der Lage sein wird, uns zu scheiden von der Liebe

Gottes, die in Christus Jesus ist, unserem Herrn. (Römer 8,35+38-39)

Der Herr wird sich um Sie kümmern

Der Herr ist mein Hirte [um mich zu nähren, zu leiten und zu beschützen], mir wird nichts mangeln. (Psalm 23,1)

Ein Vater der Waisen und ein Anwalt und Beschützer der Witwen ist Gott in seiner heiligen Wohnung. Gott bringt die Einsamen in Familien und gibt den Verlassenen ein Zuhause, um darin zu wohnen; er führt die Gefangenen heraus zu Wohlergehen und Wohlstand; aber die Widerspenstigen wohnen in dürrem Land. (Psalm 68,5-6)

Wenn auch mein Vater und meine Mutter mich verlassen haben, der Herr wird mich aufnehmen [mich als sein Kind annehmen]. (Psalm 27,10)

Fürchte dich nicht, denn du wirst nicht beschämt werden, und sei nicht bestürzt und bedrückt, denn du sollst nicht zuschanden werden. Denn du wirst die Schande deiner Jugend vergessen und wirst der Schmach deiner Witwenschaft nicht mehr [ernsthaft] gedenken. Denn dein Schöpfer ist dein Eheherr - der Herr der Heerscharen ist sein Name - und der Heilige Israels ist dein Erlöser; der Gott der ganzen Erde wird er genannt. (Jesaja 54,4-5)

Gott wird etwas Neues tun

Denkt nicht mehr [ernsthaft] an das Frühere; auch auf das Vergangene achtet nicht. Siehe, ich tue etwas Neues! Jetzt sprosst es auf; nehmt ihr es nicht an, erkennt ihr es nicht und wollt ihr nicht darauf achten? Ich will in der Wüste einen Weg bahnen und Ströme durch die Einöde. (Jesaja 43,18-19)

Siehe, das Frühere ist vergangen und Neues verkündige ich nun; bevor es aufsprosst, sage ich euch davon. (Jesaja 42,9)

Drängen Sie nach vorn

> Ich denke nicht, Brüder, dass ich es [schon] ergriffen und es mir zu Eigen gemacht habe; eines aber tue ich [es ist mein einziges Bestreben]: zu vergessen, was hinter mir liegt und mich auszustrecken nach dem, was vor mir liegt. Ich dränge auf das Ziel zu, um den [höchsten und himmlischen] Preis zu gewinnen, der Berufung, zu welcher uns Gott in Christus Jesus beruft. (Philipper 3,13-14)

Geben Sie nicht auf, lassen Sie sich nicht unterkriegen und geben Sie nicht nach. Drängen Sie stattdessen - energisch - nach vorn.

Gott hat noch etwas mit Ihnen vor!

> Denn ich kenne die Gedanken und Pläne, die ich für euch habe, spricht der Herr; Gedanken und Pläne des Wohlergehens und des Friedens und nicht zum Unheil, um euch Zukunft und Hoffnung zu geben. (Jeremia 29,11)

Gebet zur Überwindung von Einsamkeit

Ich möchte jetzt für Sie beten und Ihnen abschließend ein Wort der Ermutigung zusprechen:

Vater,
ich komme in Jesu Namen zu dir und bringe dir alles dar, was er ist und bitte dich um deine Gnade und Barmherzigkeit.

Dieser kostbare Mensch, für den ich bete, ist verletzt. Ich bitte dich darum, dass der Trost des Heiligen Geistes in diesem Moment zu dieser Person zu fließen beginnt. Dein Wort sagt, dass du der Heiler derer bist, die zerbrochenen Herzens sind. Du hast versprochen, unsere Wunden zu verbinden und unsere Verletzungen zu heilen.

Wir schauen auf dich, Herr, denn du bist wahrhaftig unser Helfer in Zeiten der Not. Du hast verheißen, den Einsamen und Verlassenen ein Zuhause zu schenken. Ich bitte dich, Herr, gemäß deinem Wort zu handeln und diesem deinem Kind Freunde und eine Familie zu geben, die sich um es kümmern.

Stehe dieser Person bei, Heiliger Geist, wenn sie Schritte des Glaubens unternimmt, um ein neues Leben aufzubauen. Ich bitte dich, diese Person seelisch, körperlich, geistlich, finanziell und sozial gedeihen zu lassen. Amen.

Kind Gottes, ich glaube, dass die Salbung des Heiligen Geistes gerade jetzt in Sie hineinfließt. Ich empfehle Ihnen, eine Zeit lang in seiner Gegenwart zu bleiben und ihm zu erlauben, Ihnen zu dienen. Erlauben Sie es ihm, das Wort, das ich Ihnen vermittelt habe, zu nehmen und es, während Sie vertrauensvoll auf ihn harren, in Ihnen wirken zu lassen.

Ich glaube, dass ein frischer Wind des Geistes zu Ihnen weht, um Sie auf einen neuen Lebensabschnitt vorzubereiten. Die Liebe Gottes, die Gnade unseres Herrn Jesus Christus und die Gemeinschaft des Heiligen Geistes sei mit Ihnen.

Klartext über ***Angst***

Inhaltsverzeichnis

Einleitung

Einer der vielen Vorteile, die uns durch unser Erbe als Gläubige in Jesus Christus zur Verfügung stehen, ist die Freiheit von Angst. Aber selbst wenn wir Angst haben, wissen wir, dass wir weitergehen und handeln können, weil Gott bei uns sein wird, um uns zu beschützen. Er wird uns helfen und vor uns hergehen, um den Kampf für uns zu kämpfen, uns zu befreien und siegreich hindurchzuführen. Nur gehorchen müssen wir ihm.

Wenn Sie das Gefühl haben, Sie hätten einige Dinge im Leben aufgrund von Angst verpasst, können Sie mit Angst umzugehen lernen. Sie können Angst überwinden und das überfließende Leben haben, das Gott für Sie geplant hat.

Teil A

Freiheit von Angst

1

Stellen Sie sich Ihrer Angst

Der Herr, dein Gott, der mit dir geht; er wird dich nicht aufgeben oder verlassen.

5. Mose 31,6

Die Botschaft: »Fürchte dich nicht, denn ich, der Herr, bin mit dir«, wird auf vielerlei Weise die ganze Bibel hindurch ausgedrückt. Gott möchte nicht, dass wir uns ängstigen, denn Angst hält uns davon ab, zu empfangen und all das zu tun, was er für uns geplant hat. Er liebt uns und möchte uns segnen und hat Wege für uns vorgesehen, damit wir keine Angst zu haben brauchen.

Wir können in dem folgenden Abschnitt erkennen, dass wir, die wir an Jesus Christus glauben, nicht die Dinge fürchten müssen, die die Ungläubigen - die Menschen der »Welt« - fürchten. Gott möchte nicht, dass wir vor diesen Dingen Angst haben.

> Denn so hat der Herr zu mir gesprochen mit seiner starken Hand [auf mir], und er warnte und unterwies mich, nicht auf dem Weg dieses Volkes zu gehen, indem er sagte: Nennet nicht alles Verschwörung [oder schwer, oder heilig], was dieses Volk Verschwörung [oder schwer, oder heilig] nennt; und ihr sollt vor dem, was sie fürchten, weder in Furcht sein, noch [andere in Angst versetzen und] in Schrecken. Der Herr der Heerscharen - betrachtet ihn als heilig und ehrt seinen heiligen Namen (indem ihr ihn als eure einzige Hoffnung der Sicherheit anseht). Er soll eure Ehrfurcht sein und er soll euer Schrecken sein [damit ihr ihn nicht durch eure Menschenfurcht und durch Misstrauen kränkt]. (Jesaja 8,11-13)

In seinem Wort teilt uns Gott mit, dass wir siegreich, stark in ihm und der Macht seiner Stärke leben können. Und er hat uns verheißen, uns nie zu verlassen noch zu versäumen, ganz gleich, was geschieht.

Keine Angst!

Jeder von uns hat es erlebt, wie wir im Glauben begonnen haben, nach vorn zu gehen, aber allein bei dem Gedanken daran, ist Angst in uns aufgestiegen. Wir müssen erkennen, dass die Quelle von Angst Satan ist. 1. Johannes 4,18 (KJV) besagt:

> Es ist keine Furcht in der Liebe, sondern die vollkommene Liebe treibt die Furcht aus, denn Furcht bringt Qual. Wer sich aber fürchtet, ist nicht vollendet in der Liebe.

Satan sendet Angst, um uns derart unsicher und elend zu machen, dass wir nicht länger den Willen Gottes tun und nicht all das empfangen, was er für uns bereithält.

Wir können ohne Angst leben, indem wir unseren Glauben auf das bauen, was Gott in seinem Wort gesagt hat. Zum Beispiel:

> Denn Gott hat uns nicht einen Geist der Furchtsamkeit (der Feigheit, der kriecherischen, sich duckenden Angst) gegeben, sondern [er hat uns einen Geist] der Kraft und der Liebe und des ruhigen, wohl ausgewogenen Verstandes und der Disziplin und Selbstbeherrschung gegeben. (2. Timotheus 1,7)

> Seid stark, mutig und fest; fürchtet euch nicht und erschreckt nicht vor ihnen, denn der Herr dein Gott, er ist es, der mit dir geht; er wird dich nicht aufgeben oder dich verlassen. (5. Mose 31,6)

Römer 10,17 (KJV) lehrt uns: »Demnach kommt der Glaube aus dem Hören, und das Gehörte aus Gottes Wort.« Wir müssen Schriftstellen wie diese, sowie jene am Ende dieses Buches, auswendig lernen und sie laut bekennen, sie wie ein Glas Wasser trinken, wenn wir durstig sind. Wenn wir unseren Mund öffnen und das aussprechen, was der Herr zu uns und über uns sagt, wird uns Gottes Wort die Kraft geben, die Ängste, die uns quälen und behindern, zu überwinden.

> Und das ist die Zuversicht (die Gewissheit, das Vorrecht der Freimütigkeit), die wir in ihm haben: [wir sind sicher,] dass, wenn wir gemäß seinem Willen (in Übereinstimmung mit seinem Plan) um etwas bitten (irgendeinen Wunsch äußern), er uns anhört und hört. Und wenn (da) wir [eindeutig] wissen, dass er uns anhört, in allem, was wir auch bitten, so wissen wir auch [mit fester und absoluter Gewissheit], dass wir das Erbetene von ihm [als unseren jetzigen Besitz zugesprochen bekommen] haben. (1. Johannes 5,14-15)

Es liegt Kraft darin, das Wort Gottes, welches sein offenbarter Wille ist, zu beten und zu bekennen. Ich bin überzeugt, dass eines der wichtigsten Dinge, die wir in unserer Gebetszeit tun können, das Bekennen des Wortes ist.

Wenn wir feststellen, dass wir es vermeiden, bestimmte Dinge in unserem Leben anzugehen, weil wir Angst haben, uns fürchten oder mit Gedanken quälen, dann sollten wir beten und Gott bitten, dass er das tun möge, was er in seinem Wort verheißen hat - vor uns herzugehen und für uns den Weg zu ebnen. Jakobus lehrt uns, dass wir nicht haben, weil wir nicht bitten (Jakobus 4,2). Jesus fordert uns auf, zu bitten, zu suchen und anzuklopfen (Matthäus 7,7).

Wenn wir zum Beispiel vor einem Vorstellungsgespräch stehen, müssen wir, anstatt Angst davor zu haben, möglicherweise einen schlechten Eindruck zu machen und den Posten nicht zu bekommen, den Herrn bitten, bei uns zu sein, vor uns herzugehen und den Weg für uns zu bereiten, so dass wir uns im allerbesten Licht präsentieren können. Dann können wir darauf vertrauen, dass sich das, was immer geschieht, für uns in Übereinstimmung mit Gottes vollkommenem Willen und Plan zum Guten wenden wird.

Tun Sie es trotz Angst

> *Und [in Haran] sprach der Herr zu Abram: Geh allein [zu deinem eigenen Nutzen] aus deinem Land, von deiner Verwandtschaft und von deines Vaters Haus in das Land, das ich dir zeigen werde.*
>
> 1. Mose 12,1

Wie würden Sie sich fühlen, wenn Gott Sie auffordern würde, Ihr Zuhause, Ihre Familie und alles, was Ihnen vertraut und angenehm ist, zu verlassen und nach wer weiß wohin zu ziehen? Voller Angst?

Genau das ist die Herausforderung, der Abram in dem oben angeführten Abschnitt gegenüberstand - und es machte ihm Angst. Deswegen hörte Gott nicht auf, ihm immer und immer wieder zu sagen: »Fürchte dich nicht!«

Das ist dieselbe Botschaft, die er Josua gab, als er ihn dazu berief, die Kinder Israels anzuführen, um das Land einzunehmen, von dem er verheißen hatte, dass er es ihnen als ihr Erbe geben würde (Josua 1,6-7; 9).

Jeder, der irgendetwas für Gott tut, wird den Herrn regelmäßig sagen hören müssen: »Fürchte dich nicht.«

Elisabeth Elliot, deren Ehemann zusammen mit vier anderen Missionaren in Ecuador umgebracht wurde, berichtet, dass ihr Leben vollkommen von Angst beherrscht war. Jedes Mal, wenn sie dabei war, nach draußen zu gehen, wurde sie von Angst zurückgehalten. Eine Freundin wies sie auf etwas hin, das sie freisetzte. Sie sagte: »Warum tust du es nicht trotz deiner Angst?« Elisabeth Elliot und Rachel Saint, die Schwester eines der ermordeten Missionare, fuhren mit der Evangelisation der Indianerstämme fort, einschließlich der Menschen, die ihren Ehemann und ihren Bruder getötet hatten.

Oft denken wir, wir müssen mit unserem Vorhaben warten, bis wir keine Angst mehr haben. Wenn wir uns so verhalten, werden wir wahrscheinlich sehr wenig für Gott, für andere oder sogar für uns selbst erreichen. Beide, Abram und Josua, mussten im Glauben und im Gehorsam Gott gegenüber ausziehen und das tun, was er ihnen zu tun befohlen hatte - mit Angst.

Der Herr erinnerte mich an diese Geschichte über »Warum tust du es nicht trotz Angst?«, und begann mir dann einige Dinge über Angst zu zeigen.

»Fürchte dich nicht« bedeutet: »Laufe nicht davon!«

Fürchtet euch nicht; steht still (fest zuversichtlich, unerschrocken) und seht die Rettung des Herrn, die er heute für euch bewirken wird.

2. Mose 14,13

Ich hatte den Eindruck, dass Gott mir sagte, der Satz: »Fürchtet euch nicht«, bedeute einfach: »Lauft nicht davon!« Das macht die Lösung gegen Ängstlichkeit dann auch ganz einfach. Wenn wir Angst gegenüberstehen, müssen wir, anstatt unsere Knie zu beugen, ihr fest entgegentreten und das tun, wovor wir uns trotz allem fürchten.

Das ist genau das, was Gott uns in seinem Wort zu tun anweist. Selbst wenn unsere Knie zittern, unser Mund trocken ist und wir beinahe ohnmächtig werden, müssen wir weiterhin sagen: »Herr, stärke mich. Dies ist, was du mir zu tun aufgetragen hast, und mit deiner Hilfe werde ich es schaffen, denn es ist dein offenbarter Wille für mich. Ich bin fest entschlossen, dass mein Leben nicht von Angst, sondern von deinem Wort bestimmt wird!«

Konfrontieren Sie Angst mit Gottes Wort

Angst kann nicht weggewünscht oder weggehofft werden; sie muss mit Gottes Wort konfrontiert und behandelt werden.

Es gibt Zeiten, da Menschen auf wundersame Weise durch Gebet von Angst befreit werden. Daran gibt es keinen Zweifel, denn wir dienen einem Wunder wirkenden Gott. Ich habe für Menschen gebetet, damit sie von Angst befreit würden, und sie kamen später zu mir und sagten: »Nachdem du für mich gebetet hattest, hatte ich nie wieder ein Problem mit Angst.« Aber meistens konfrontieren und überwinden wir unsere Ängste, indem wir selbst über Gottes Wort nachsinnen, es aussprechen und der Angst in der Kraft des Geistes widerstehen.

In meinem eigenen Fall hatte ich schwere Probleme als Folge des Missbrauchs, den ich in meiner Kindheit erlitten hatte. Es gab viele Dinge in meinem Leben, von denen ich befreit werden musste. Außer einer kleinen Ausnahme befreite mich Gott von all diesem als Resultat davon, dass ich sein Wort anwandte. Gott befreit uns nicht immer »von« Dingen; oft führt er uns »durch« sie hindurch.

Angst ist Unwahrheit

> Der Teufel ... war ein Menschenmörder von Anfang an und steht nicht in der Wahrheit, denn es ist keine Wahrheit in ihm. Wenn er eine Unwahrheit redet, so redet er, was natürlich für ihn ist, denn er

> [selbst] ist ein Lügner und der Vater der Lügen und all dessen, was trügerisch ist.
>
> Johannes 8,44

Die Bibel sagt uns nicht: »Zittere nicht« oder »Schwitze nicht« oder »Bibbere nicht«; sie sagt uns: »Fürchte dich nicht!«

Das ist etwas ganz anderes.

Furcht ist hier gleichzusetzen mit Flucht oder Rückzug. Die Freundin von Elisabeth Elliot schlug ihr vor, das zu tun, wovor sie sich fürchtete, anstatt davor wegzulaufen.

Die Buchstaben des englischen Wortes für Angst, *fear*, werden manchmal als Akronym für *»False Evidence Appearing Real«* benutzt (»Falsche Beweise, die echt erscheinen«).

Jesus sagt, dass der Teufel ein Lügner und der Vater aller Lügen sei. Die Wahrheit ist nicht in ihm. Er versucht, Unwahrheit zu benutzen, um Gottes Volk durch Täuschung in Angst zu versetzen, damit sie nicht kühn genug sind, dem Herrn gehorsam zu sein und die Segnungen zu ernten, die er für sie bereithält.

Meistens ist die Angst vor einer Sache schlimmer als die Sache selbst. Gewöhnlich werden wir, wenn wir mutig und entschlossen genug sind, das zu tun, wovor auch immer wir uns fürchten mögen, herausfinden, dass es nicht annähernd so schlimm ist, wie wir gedacht hatten.

Im Wort Gottes sehen wir, wie der Herr immer wieder zu seinem Volk sagt: »Fürchtet euch nicht!« Ich glaube, dass er sie dadurch ermutigen wollte, damit sie Satan nicht erlauben würden, sie ihres Segens zu berauben.

In gleicher Weise - weil er sich unserer Angst bewusst ist -, ermahnt und ermutigt uns der Herr beständig, durchzuhalten und die Dinge zu tun, die er uns aufträgt. Warum? Weil er weiß, dass uns auf der anderen Seite große Segnungen erwarten.

Abram ist ein gutes Beispiel dafür.

Mut und Gehorsam bringen große Belohnungen hervor

> Nach diesen Dingen erging das Wort des Herrn an Abram in einer Vision: Fürchte dich nicht, Abram, ich bin dein Schild, deine überfließende Vergütung, und dein Lohn wird überaus groß sein.
>
> 1. Mose 15,1

Wie wir in 1. Mose 12,1 gesehen haben, verlangte Gott viel von Abram. Er sagte ohne Umschweife: »Packe deine Sachen und verlasse jeden, den du kennst und alles, womit du vertraut bist und ziehe an den Ort, den ich dir zeigen werde.«

Wenn Abram seine Knie vor seiner Angst gebeugt hätte, wäre der Rest der Geschichte nie zustande gekommen. Er hätte Gott niemals als sein Schild erlebt, als seine reiche Vergütung, und er hätte niemals seinen überaus großen Lohn empfangen.

Genauso war es bei Josua: Hätte er nicht seine Angst überwunden und Gottes Befehl gehorsam ausgeführt, sein Volk in das verheißene Land zu führen, hätten weder er noch das Volk sich jemals all dessen erfreuen können, was Gott für sie geplant und vorbereitet hatte.

In Gottes Wort liegt die nötige Kraft, um uns auszurüsten, damit wir nicht mehr länger in Angst unsere Knie vor den Begierden des Teufels beugen. Wir können das tun, was Gott von uns möchte, selbst wenn wir dabei immer noch Angst haben.

2

Beten Sie über alles und fürchten Sie nichts!

Das ernsthafte (von Herzen kommende, beständige) Gebet eines Gerechten setzt gewaltige Kraft frei [dynamisch in seiner Wirkung].

Jakobus 5,16

Vor einiger Zeit sprach der Herr diese Worte zu mir: »Bete über alles und fürchte nichts!« Er sagte das zu mir, als ich ein unbestimmtes Gefühl der Angst hatte, dass eine neue Friseuse, zu der ich gehen wollte, keine ordentliche Arbeit machen würde.

Der Heilige Geist teilte mir mit: »Habe keine Angst davor, bete darüber. Bete, dass der Herr diese Frau salben wird, damit sie fähig ist, das zu tun, was getan werden muss.«

Dann fuhr er während der nächsten paar Wochen fort, mir verschiedene Dinge über Gebet gegen Angst zu zeigen. Vieles davon handelte von kleinen Bereichen, in welchen Angst versuchte, sich in mein Leben einzuschleichen und mir Probleme zu machen. Er zeigte mir: Egal, wie groß oder klein, wie wichtig oder unwichtig eine Sache war, die Lösung war immer zu beten.

> Fürchte dich nicht [es gibt nichts zu befürchten], denn ich bin mit dir; schau nicht in Schrecken um dich und habe keine Angst, denn ich bin dein Gott. Ich stärke dich und härte dich gegen Schwierigkeiten, ja, ich helfe dir; ja, ich halte und bewahre dich mit meiner [siegreichen] rechten Hand der Gerechtigkeit und Rechtmäßigkeit ... Denn ich, der Herr, dein Gott halte deine rechte Hand; ich bin

der Herr, der zu dir spricht: Fürchte dich nicht; ich helfe dir! (Jesaja 41,10+13)

In diesem Abschnitt sagt der Herr seinem Volk, sie sollen sich nicht in Schrecken umschauen und keine Angst haben, weil er ihr Gott ist.

Manchmal bekommen wir nur deswegen Angst, weil wir auf unsere Umstände schauen. Das ist immer ein Fehler. Je mehr wir unsere Augen und unseren Mund auf das Problem richten, desto angstvoller werden wir. Stattdessen sollten wir unsere Augen und unseren Mund auf Gott richten. Er wird mit allen nur erdenklichen Lebenssituationen fertig.

Gott hat verheißen, uns zu stärken, uns gegen Schwierigkeiten abzuhärten, uns mit seiner siegreichen rechten Hand zu halten und zu bewahren. Er befiehlt uns auch, uns nicht zu fürchten. Aber bedenke, dass er uns nicht anweist, niemals Angst zu empfinden, sondern vielmehr uns nicht von ihr beherrschen zu lassen.

Der Herr sagt zu Ihnen und zu mir persönlich: »Fürchte dich nicht. Ich helfe dir.« Aber wir erfahren die Hilfe Gottes erst, wenn wir alles in die richtigen Wege leiten, wenn wir gehorsam genug sind, um im Glauben loszugehen.

Wissen Sie, wann ich die Salbung Gottes erlebe, um zu predigen? Wenn ich die Bühne betreten und zu sprechen begonnen habe - nicht vorher, sondern *nachdem* ich losgegangen bin.

Gott sagt heute zu uns: »Lasst euer Leben nicht länger von Angst beherrschen. Fangt an, das zu tun, was ich euch zu tun auftrage, denn was ich euch sage, ist zu eurem Nutzen. Ich kenne die Segnungen, die auf der anderen Seite sind, und der Teufel kennt sie genauso. Deswegen greift er euch mit Angst an und deswegen mache ich euch beständig darauf aufmerksam, dass ihr euch nicht fürchten sollt.«

Fürchte dich nicht, du bist mein!

So spricht der Herr, der dich, o Jakob geschaffen hat, und der dich gebildet hat, Israel: Fürchte dich nicht, denn ich habe dich erlöst [dich frei gekauft, indem ich einen Preis bezahlte, anstatt dich in Gefangenschaft zu lassen]; ich habe dich bei deinem Namen gerufen; du bist mein. Wenn du durch die Wasser gehst, werde ich bei dir sein, und durch die Ströme, sie werden dich nicht überfluten. Wenn du durchs Feuer gehst, wirst du nicht ver-

brannt oder versengt werden, noch wird sich die Flamme an dir entzünden.

Jesaja 43,1-2

Hier fordert uns der Herr auf, uns nicht zu fürchten, wenn wir durch Versuchungen verschiedener Art gehen. Das bedeutet, dass wir Sieg in unserem Leben erfahren werden, aber nur, wenn wir hindurchgehen. Wenn wir uns dann dazu anschicken, durchzugehen, dürfen wir auch nicht mehr weglaufen.

Der Herr hat verheißen, bei uns zu sein und uns sicher zu bewahren, wenn wir durch das Wasser gehen, das uns nicht überfluten wird und durch das Feuer, welches uns nicht verbrennen oder versengen wird.

Erinnern Sie sich an die Begebenheit mit den drei Hebräersöhnen namens Sadrach, Mesach und Abednego? Sie wurden in einen Feuerofen geworfen, kamen aber nicht nur unverletzt heraus, sondern rochen nicht einmal nach Rauch (Daniel 3,1-30)!

Es gibt große Ängste - wie zum Beispiel in einen Feuerofen oder eine ähnliche Drangsal geworfen zu werden - und es gibt auch kleine Ängste - wie etwa, dass unsere Frisur nicht gut aussehen würde!

Wir mögen vor etwas Großem Angst haben, wie Krebs oder einen Herzanfall oder den Tod eines geliebten Menschen, oder wir mögen uns vor etwas Kleinem ängstigen, wie etwa einem verregneten Picknick oder keinen Parkplatz zu finden.

Aber was immer das Ausmaß oder die Ursache davon sein mag, die Angst ist dieselbe, und es muss ihr auf dieselbe Art und Weise begegnet werden. Wie wir gesehen haben, muss ihr mit Gebet auf der Grundlage des Wortes Gottes begegnet werden. Und wenn wir beten, müssen wir glauben. Angst ist unser Feind. Als solchen sollten wir sie auch behandeln.

Glaube: das Gegenmittel für Angst

Wenn jemand von euch Weisheit mangelt, der erbitte sie vom gebenden Gott, der jedem gegenüber großzügig und bereitwillig (im Gebet) ist, ohne Vorwurf oder Krittelei, und sie wird ihm gegeben werden. Es muss nur im Glauben geschehen, dass er bitte ohne zu wanken (zu zögern, zu zweifeln). Denn derjenige, der wankt (zögert, zweifelt) ist wie eine wogende Brandung draußen auf dem Meer, die hin und her getrieben wird und vom

Wind gepeitscht wird. Denn wahrlich, eine solche Person bilde sich nicht ein, dass sie etwas [das sie erbittet] vom Herrn empfange.

Jakobus 1,5-7

Glaube ist das einzige Gegenmittel für Angst.

Wenn Sie oder ich irgendeine Art von Gift trinken würden, müssten wir ein Gegenmittel nehmen. Sonst würde das Gift ernsthaften Schaden hervorrufen oder sogar tödlich sein. Dasselbe gilt für das tödliche Gift der Angst. Es muss ein Gegenmittel dafür geben, und das einzige Gegenmittel für Angst ist Glaube.

Wenn Angst kommt und an unsere Tür klopft, dann müssen wir ihr mit Glauben antworten, denn nichts anderes ist dagegen wirksam. Und Gebet ist das Haupttransportmittel, das den Glauben befördert.

Glaube muss zum Problem befördert und auf irgendeine Weise freigesetzt werden. Es ist möglich, ohne Glauben zu beten (wir tun das ständig), aber es ist unmöglich, echten Glauben zu haben und *nicht* zu beten.

Jakobus sagt uns, dass, wenn es uns an etwas mangelt, wir beten und Gott darum in *einfachem, glaubenserfülltem* Gebet bitten sollten. Diese beiden Worte sind sehr wichtig. Die Art und Weise, wie wir das bewerkstelligen, ist die, dass wir in einfacher Weise beten und Glauben einsetzen und dabei vertrauen, dass wir das empfangen, worum wir Gott in Übereinstimmung mit seinem göttlichen Willen und Plan gebeten haben.

Daher ist der Schlüssel zur Überwindung von Angst, einfaches, von Glauben erfülltes, *beständiges* Gebet.

Betet allezeit!

Mit allem [mit jeder Art von] Gebet und Flehen betet allezeit (bei jeder Gelegenheit, zu jeder Zeit) im Geist. Seid hierzu auf der Hut und wachet mit starker Entschlossenheit und Ausdauer, indem ihr Fürbitte für alle Heiligen leistet (Gottes geweihtes Volk).

Epheser 6,18

In Epheser 6,10-17 spricht der Apostel Paulus von der Waffenrüstung Gottes und wie wir diese, sowie die Waffe des Wortes, einsetzen sollen, um geistliche Kriegsführung auszuüben. Nachdem er jedes Teil der

Waffenrüstung aufgezählt hat, fasst der Apostel Paulus in Vers 18 seine Botschaft zusammen, indem er sagt: »Betet allezeit.«

Wie oft sollen wir beten?

Allezeit.

Wie sollen wir beten?

Im Geist, mit jeder Art von Gebet.

Im nächsten Kapitel werden wir die verschiedenen Arten von Gebet untersuchen, aber zunächst möchte ich die Aufforderung: »Betet allezeit« betrachten.

Was bedeutet das? Heißt es, dass, wenn wir gerade unsere Lebensmitteleinkäufe erledigen und Gott es uns aufs Herz legt zu beten, wir mitten auf dem Gang zwischen den Supermarktregalen auf unsere Knie sinken sollen?

Ich knie oft neben meinem Bett und bete. Es gibt andere Zeiten, da ich mich von Gott geleitet fühle, mich vor ihm mit dem Gesicht nach unten auf den Boden zu legen und zu beten. Wir müssen darauf bedacht sein, Gebetshaltung nicht mit Gebet zu verwechseln. Wir können genauso gut leise beten, wenn wir die Gänge im Supermarkt entlanggehen.

Zu den verschiedenen Zeiten unseres Lebens können wir auf verschiedene Weise beten. Eine junge Mutter mit drei oder vier kleinen Kindern zum Beispiel wird ihr Gebetsleben anders einteilen müssen als eine Großmutter, deren ganze Familie erwachsen und aus dem Haus ist.

Wenn wir hinsichtlich Gebet zu »religiös« werden, indem wir denken, dass wir es auf diese oder andere Weise tun müssen, weil ein anderer so betet, werden wir Verdammnis auf uns bringen. Das Wichtige bei Gebet ist nicht die Haltung oder der Ort oder die Zeit, sondern dass wir lernen, im Glauben zu beten - allezeit, ohne Unterlass. Jedes Mal, wenn sich das Verlangen oder die Notwendigkeit ergibt - *beten Sie!*

Betet ohne Unterlass

Seid unablässig in Gebet [indem ihr beharrlich, ausdauernd betet].

1. Thessalonicher 5,17

Die *King James Version* der Bibel übersetzt diesen Vers mit »Betet ohne Unterlass«.

Ich pflegte diese Worte zu lesen und mich zu fragen: »Herr, wie kann ich es jemals schaffen, ohne Unterlass zu beten?« Für mich bedeutete der Ausdruck »ohne Unterlass«: ununterbrochen, ohne jemals aufzuhören.

Ich konnte mir nicht vorstellen, wie das möglich ist.

Jetzt habe ich ein besseres Verständnis davon, was Paulus sagte. Er meinte, dass Gebet wie Atmen sein sollte, etwas, das wir beständig, aber meist unbewusst tun, ohne es zu bemerken.

Sie und ich leben vom Atmen. Unser physischer Körper braucht das. Auf die gleiche Weise ist unser geistlicher Körper dazu geschaffen, durch Gebet ernährt und aufrechterhalten zu werden.

Leider sind wir infolge von religiösem Denken zu der falschen Vorstellung gelangt, dass wir unbedingt einen gewissen Gebetsplan einhalten müssen, sonst verfehlen wir das Ziel. Wir sind in Sachen Gebet zu sehr auf die Uhr fixiert worden.

Der Herr gab mir folgendes Beispiel, um zu veranschaulichen, wie wir beten sollen. So wie wir den ganzen Tag atmen, aber nie Zeit dafür aufbringen, unsere Atemzüge zu zählen, sollen wir genauso den ganzen Tag beten, ohne dabei unsere Gebete zu überwachen.

Ich habe niemals eine Uhr mit mir herumgetragen, um mich daran zu erinnern, alle so und so viele Sekunden zu atmen. Ich bin niemals abends von meiner Arbeit nach Hause gekommen und habe in einem Notizbuch niedergeschrieben, wie viele Male ich an jenem Tag geatmet habe. Ich atme einfach, wenn ich muss, ständig und gleichmäßig, ohne viele Gedanken darüber zu verlieren. Genauso sollten wir unsere Gebete handhaben.

Ich weiß nicht, wie oft am Tag ich bete; ich bete den ganzen Tag. Ich fange an zu beten, wenn ich morgens aufstehe, und ich bete bis ich abends schlafen gehe. Ich erfreue mich an speziellen Gebetszeiten genauso, wie ich es schätze, den ganzen Tag zu beten.

Heißt das, ich tue nie etwas anderes? Nein, es gibt Zeiten, da ich mich anderen Dingen widmen muss. Aber ich denke, wir werden durch das Betrachten der verschiedenen Arten von Gebet erkennen, dass wir allezeit, zu jeder Saison, bei jeder Gelegenheit, an jedem Ort beten können und Gott diese Gebete hören wird - die genauso geistlich und kraftvoll sind, wie jedes andere Gebet, das wir beten mögen.

Wissen Sie, warum der Teufel möchte, dass wir uns über unser Gebetsleben so schlecht fühlen? Weil er weiß: Wenn er uns überzeugen kann, dass wir nicht richtig beten, tun wir es nur noch aus einem

Pflichtgefühl heraus. Das setzt jedoch keinen Glauben frei und ist somit nutzlos.

Grundsätze für Gebet

Petrus und Johannes aber gingen zur Stunde des Gebets hinaus in den Tempel.

Apostelgeschichte 3,1

Viele Leute haben mit vagen Schuldgefühlen zu kämpfen, wenn es um ihr Gebetsleben geht. Dazu gibt es keinen Grund, denn jeder sollte sein eigenes, individuelles Gebetsleben haben; es muss nicht genauso wie das von einem anderen sein.

Natürlich gibt es bestimmte Gebetsprinzipien, die man befolgen sollte. Es ist zum Beispiel gut, uns dahingehend zu disziplinieren, eine bestimmt Zeit und eine gewissen Ort für Gebet zu haben.

Selbst im Neuen Testament, wie wir hier in der Apostelgeschichte sehen, planten die ersten Jünger gewisse Zeiten ein, um an einen bestimmten Ort zum Beten zu gehen. Das ist gute Selbstdisziplin und enthält nichts Falsches. Aber das sollte der Anfang von Gebet sein, nicht das Ende.

Das Entscheidende ist, dass wir uns dazu disziplinieren sollten, einen Gebetsplan aufzustellen, der speziell zu uns passt. Dann sollten wir so lange treu daran festhalten, bis er sich in unserem Leben dermaßen einbürgert, dass wir ihn praktizieren, ohne auch nur darüber nachzudenken.

Es gab eine Zeit, da ich mich dazu disziplinieren musste, mir die Zähne zu putzen. Aber ich habe es jetzt so lange praktiziert, dass ich nicht einmal mehr darüber nachdenke; ich tue es einfach. Ich putze meine Zähne, bevor ich abends zu Bett gehe, wenn ich morgens aufstehe und nach jeder Mahlzeit. Zähneputzen ist einfach ein normaler Teil meines täglichen Lebens.

Dasselbe gilt, wenn wir unseren Wandel mit dem Herrn beginnen. Zunächst mögen wir uns in manchen Bereichen disziplinieren müssen, weil wir in diesen Bereichen so undiszipliniert sind. Aber nach einer Weile sollten sie ein so normaler Teil unseres Lebens werden, dass wir sie praktizieren, ohne auch nur darüber nachzudenken.

Ich glaube, dass, wenn wir es ihm erlauben, uns der Heilige Geist in das Gebet ohne Unterlass führt, so dass es für uns wie Atmen ist. Wenn das geschieht, können wir beständig Gebet darbringen.

Wir können jeden Tag beim Aufstehen sagen: »Guten Morgen, Herr, ich liebe dich.« Wir können am Frühstückstisch sagen: »Vater, du bist so gut zu mir.« Wir können auf der Fahrt zur Arbeit sagen: »Danke, Gott, für all die guten Dinge, die du heute für mich tun wirst.«

Den ganzen Tag und Abend lang können wir damit fortfahren, mit dem Herrn zu kommunizieren, indem wir ihn loben und preisen, ihm für seine Gegenwart und seine Gemeinschaft mit uns danken und ihn in all unseren Problemen um seine Hilfe bitten. Dann, kurz bevor wir abends einschlafen, können wir ein letztes Gebet der Danksagung für die Segnungen des Tages darbringen und um einen friedvollen und erfrischenden Schlaf bitten.

Nun, der Teufel mag uns zu sagen versuchen, dass das kein Gebet ist, weil wir uns nicht in der richtigen Haltung befinden oder nicht im formellen »Kirchenjargon« beten. Bei solchen Gelegenheiten darf man mit dem Teufel nicht zimperlich umgehen! Denn Gebet ist keine Angelegenheit des Körpers oder gar des Mundes, sondern des Geistes, des Verstandes und des Herzens.

Und wo Gebet ist, da ist Kraft!

Gebet ist Kraft!

Das ernsthafte (von Herzen kommende, beständige) Gebet eines Gerechten macht gewaltige Kraft verfügbar [ist dynamisch in seiner Wirkung].

Jakobus 5,16

Einfaches, vom Glauben erfülltes Gebet ist kraftvoll! Es gibt in der Tat nichts Machtvolleres als von Herzen kommendes, beständiges Gebet!

Der Grund, warum uns der Teufel bezüglich unseres Gebetslebens quält und versucht, uns abzuhalten, treu damit zu sein, ist der, dass er uns in einer geschwächten Verfassung haben möchte. Er weiß, dass seine Werke eben gerade durch jenes beständige, glaubenserfüllte Gebet zerstört werden und der Wille Gottes auf dieser Erde eingeläutet wird.

Jedes Mal, wenn sich bei Ihnen und mir Schuldgefühle über unser Gebetsleben bemerkbar machen, verlieren wir die Fähigkeit, unseren Glauben durch unser Gebet freizusetzen.

Um Gottes Berufung für unser Leben zu erreichen, müssen wir uns sicher sein, dass er unsere Gebete wirklich hört und sie auch wirklich beantwortet. Das ist es, was sie so kraftvoll und so wirksam macht.

Deswegen müssen wir aufhören, uns zu ängstigen und anfangen, beständig im Glauben zu beten - und zwar jede Art von Gebet!

3

Arten des Gebets

Vor allen Dingen ermahne und fordere ich nun auf, dass Bitten, Gebete, Fürbitten und Danksagungen dargebracht werden für alle Menschen. Für Könige und alle, die in Positionen von Autorität oder hoher Verantwortung stehen, damit wir [nach außen hin] ein ruhiges und ungestörtes Leben führen können [und innerlich] ein friedliches, in aller Gottseligkeit, Ehrfurcht und Ernsthaftigkeit in jeder Hinsicht. Denn solches [Gebet] ist gut und richtig, und [es ist] wohlgefällig und angenehm vor Gott unserem Retter.

1. Timotheus 2,1-3

Wie wir in diesem Abschnitt sehen, sollen wir alle Arten des Gebets für uns selbst und für andere darbringen.

Ich lade Sie ein, zusammen mit mir einige dieser unterschiedlichen Gebetsarten zu betrachten, die wir in unserem beständigen, von Herzen kommenden Gebetsleben benutzen sollen.

Gebet der Übergabe

Übergib dem Herrn deinen Weg [wälze und lege jede Sorge deiner Last auf ihn]; vertraue (stütze dich, verlasse dich und zähle zuversichtlich) auf ihn und er wird es zustande bringen.

Psalm 37,5

Zuerst gibt es da das Gebet der Übergabe, bei welchem wir uns und unser Leben dem Herrn hingeben. Wir tun das, wenn wir unsere Sorgenlast auf ihn werfen, so wie es uns in 1. Petrus 5,7 aufgetragen wird: »Indem ihr all eure Sorge [all eure Ängste, all euren Kummer, all eure Belange ein für alle Mal] auf ihn werft, denn er sorgt liebevoll für euch und kümmert sich wachsam um euch.«

Wenn wir Ängsten und Problemen gegenüberstehen, die uns zu überwältigen und zu zerstören drohen, müssen wir beten: »Herr, ich werde diese Last der Sorge nicht mit mir herumtragen und ihr erlauben, mich zu quälen und davon abzuhalten, dir zu dienen.

Ich bete gerade jetzt, Vater, dass du mich stärkst und mich dazu befähigst, das zu tun, wozu du mich aufgefordert hast, selbst wenn ich dabei Angst habe.

Ich werfe diese Situation auf dich, Gott. Was immer an Schlechtem, Bösem, Verdorbenem der Teufel mir zu sagen versucht, dass es geschehen würde, es ist dein Problem und nicht meines, denn ich werde das tun, was du mir zu tun aufgetragen hast und den Rest dir überlassen.«

Wenn Sie und ich sofort beten, wenn wir Angst bekommen, werden wir die Angst früher oder später durch die Kraft Gottes überwinden

Das Problem ist, dass es oft nicht die großen Ängste sind, die uns die meisten Schwierigkeiten bereiten. So wie die kleinen Füchse die Weinberge verderben (Hohelied 2,15), sind es oftmals die kleinen lästigen Ängste, die uns Tag und Nacht plagen, die das Leben aus uns heraus saugen und uns die Freude stehlen.

Deswegen müssen wir uns beim allerersten Anzeichen von Angst, ganz gleich wie geringfügig sie sein mag, ihr entgegen stellen und beten: »Herr, ich werde nicht in Angst leben. Stattdessen übergebe ich dir diese Angelegenheit und nehme in Jesu Name Autorität über diesen Geist der Angst, der versucht, mich zu quälen und davon abzuhalten, das überfließende Leben, das du für mich haben möchtest, zu leben und deinen guten und vollkommenen Willen und Plan für mich zu erfüllen!«

Wenn wir das in einem gläubigen, von Herzen kommendem Gebet tun, wird der Herr unsere Bitte und Hingabe ehren und seinen Teil erfüllen, um uns freizuhalten.

Gebet der Weihe oder Hingabe

Ich ermahne euch deshalb, ihr Brüder, und bitte euch angesichts [all] der Barmherzigkeit Gottes, eine entschiedene Hingabe eurer Leiber zu machen, [all eure Glieder und Fähigkeit] als lebendiges Opfer darzubringen,

> *heilig (hingegeben, geweiht) und Gott wohlgefällig, was euer angemessener (vernünftiger, verständnisvoller) Gottesdienst und geistliche Anbetung sei.*
>
> Römer 12,1

Wenn wir im Gebet Gott etwas übergeben, ist das ein Gebet der Weihe oder Hingabe. Wir sagen dabei im Wesentlichen: »Hiermit, Herr, übergebe ich dir mein Geld, meine Zeit, meine Gedanken« - was immer es sein mag.

Der Apostel Paulus teilt uns hier in diesem Abschnitt mit, dass wir dem Herrn unsere Leiber, all unsere Glieder und Fähigkeiten übergeben, hingeben, weihen, sie ihm zur Verfügung stellen sollen, was unser angemessener Gottesdienst und unsere Anbetung ist.

Ebenso beten wir das Gebet der Weihe oder Hingabe, wenn wir unsere Kinder dem Herrn weihen, indem wir versprechen, »sie in der Zucht und Ermahnung des Herrn aufzuziehen« (Epheser 6,4; KJV).

Genauso wie wir unser Leben, unser Geld und unseren Besitz, unsere Gedanken und unseren Leib, uns selbst und unsere Kinder dem Herrn weihen und hingeben, sollten wir auch unseren Mund weihen und hingeben - was uns zur nächsten Art des Gebets führt.

Gebet des Lobpreises und der Anbetung

> *Durch ihn lasst uns deshalb unablässig und zu jeder Zeit Gott ein Opfer des Lobes darbringen, das ist die Frucht der Lippen, die dankbar seinen Namen anerkennen und bekennen und verherrlichen.*
>
> Hebräer 13,15

Ich denke, wir alle verstehen, was Lobpreis und Anbetung ist.

Lobpreis spiegelt wirklich die Güte Gottes wieder. Er erzählt die Geschichte von all den guten Dingen, die Gott für uns getan hat.

Anbetung betet einfach Gott an. Sie erkennt Seinen »Wert« an. Sie schenkt ihm Anerkennung dafür, wer und was er ist.

Deswegen sagt uns der Schreiber des Hebräerbriefes, dass wir Gott unablässig und zu jeder Zeit preisen und anbeten sollen.

Wie wir gesehen haben, sollten Lobpreis und Anbetung wie Atmen sein, ein und aus, Tag und Nacht, Augenblick für Augenblick.

Wir sollen Gott immer dankbar sein, unablässig seinen Namen anerkennen, bekennen und verherrlichen, in einem Gebet voller Lobpreis und Anbetung.

Gebet der Danksagung

Dankt [Gott] in allem [ungeachtet dessen, wie die Umstände sein mögen, seid dankbar und erweist Dank], denn dies ist der Wille Gottes für euch, [die] in Christus Jesus [sind], [dem Offenbarer und Vermittler dieses Willens].

1. Thessalonicher 5,18

Unmittelbar nachdem uns in 1. Thessalonicher 5,17 gesagt wird ohne Unterlass zu beten, beauftragt uns der Apostel Paulus in Vers 18, Gott in allem Dank zu erweisen, ungeachtet unserer Umstände, indem er erklärt, dass dies der Wille Gottes für uns sei.

Genauso wie Gebet ein Lebensstil für uns sein soll, sollte auch Danksagung ein Lebensstil für uns sein.

Gott Dank zu erweisen, sollte nicht etwas sein, das wir einmal am Tag darbringen, indem wir uns irgendwo hinsetzen und versuchen, über all die guten Dinge nachzudenken, die Gott für uns getan hat und dann lediglich sagen: »Danke, Herr.«

Das ist Religion, etwas, das wir einfach deswegen tun, weil wir denken, Gott würde es verlangen.

Wahre Danksagung fließt beständig aus einem Herzen, das voller Dankbarkeit und Lob für Gott ist, für seine Wesensart und sein Tun gleichermaßen. Es ist nicht etwas, das praktiziert wird, um eine Forderung zu erfüllen, Gunst zu gewinnen, einen Sieg zu erringen oder um sich für einen Segen zu qualifizieren.

Die Art von Danksagung, die Gott der Vater sich wünscht, ist diejenige, die von der Gegenwart des Heiligen Geistes in uns hervorgerufen wird. Der Geist ruft in uns die passenden Worte hervor, die Gott gegenüber unser geistliches Empfinden ausdrücken.

Wahre Danksagung erfolgt auf die Art und Weise, wie sie vom Psalmisten ausgedrückt wird, als er schrieb: »O dankt dem Herrn der Herren, denn seine Barmherzigkeit und liebende Güte währen ewig!« (Psalm 136,3).

Gebet im Geist

Ihr aber, Geliebte, erbaut euch selbst [gegründet] auf eurem allerheiligsten Glauben [macht Fortschritte, wachst wie ein Gebäude höher und höher], indem ihr im Heiligen Geist betet.

Judas 1,20

Wir haben in Epheser 6,18 bereits gesehen, dass wir nicht nur allezeit mit jeder Art von Gebet beten sollen, sondern wie uns hier von Judas gesagt wird, sollen wir »im Heiligen Geist« beten.

Es ist der Heilige Geist in uns, der uns zum Beten bewegt und anleitet. Statt etwas hinauszuschieben, müssen wir es lernen, uns der Führung des Geistes hinzugeben, sobald wir sie verspüren. Das ist Teil davon, zu lernen, allezeit jede Art von Gebet zu beten, wo immer wir sind, was immer wir tun mögen.

Unser Motto sollte dasjenige des alten geistlichen Liedes sein: »Jedes Mal, wenn ich den Heiligen Geist in meinem Herzen bewegen spüre, will ich beten.«

Wenn wir wissen, dass wir allezeit und überall beten können, werden wir nicht das Gefühl haben, erst auf den richtigen Moment oder Ort warten zu müssen, um zu beten.

Gebet der Übereinstimmung

Wiederum sage ich euch: Wenn zwei von euch auf Erden übereinstimmen (miteinander harmonieren, in Einklang kommen) über was immer [über irgendeine und jede Sache, die] sie erbitten mögen, wird es für sie zustande kommen und geschehen von meinem Vater im Himmel. Denn wo immer zwei oder drei in meinem Namen versammelt (miteinander als meine Nachfolger verbunden) sind, da bin ich mitten unter ihnen.

Matthäus 18,19-20

Es liegt Kraft in der Übereinstimmung

Die Bibel sagt uns, dass, wenn der Herr mit jemandem ist, einer Tausend jagen kann und zwei Zehntausend in die Flucht schlagen können (5. Mose 32,30). Aber diese Kraft steht nur denjenigen zur Verfügung, die in Übereinstimmung miteinander - und mit Gott - sind.

Offenbar können wir nicht die ganze Zeit miteinander streiten und kämpfen und dann im Gebet über eine Not übereinstimmen und erwarten, dass das »Gebet der Übereinstimmung« wirksam sein wird. Wie uns in 1. Petrus 3,7 mitgeteilt wird: »In gleicher Weise solltet ihr verheirateten Männer rücksichtsvoll [mit euren Ehefrauen] leben, mit einer verständnisvollen Anerkennung [der Ehebeziehung], indem ihr der Frau als dem [körperlich] schwächeren Teil Ehre erweist, und vielmehr [erkennt, dass ihr] Miterben der Gnade (Gottes unverdienter Gunst) des Lebens seid, damit eure Gebete nicht verhindert und abgeschnitten werden mögen. [Andernfalls könnt ihr nicht effektiv beten.]«

In gleicher Weise können wir nicht die ganze Woche lang über einen Prediger tratschen und uns über ihn beklagen, und ihn dann wegen Gebet für ein ernsthaftes persönliches Problem aufsuchen und von ihm erwarten, dass er das Gebet der Übereinstimmung mit uns betet.

Warum nicht? Weil wir bereits außerhalb der Übereinstimmung sind - miteinander und mit Gott.

Wissen Sie, warum Gott das Gebet der Übereinstimmung ehrt? Weil er weiß, was für eine Herausforderung es ist, in Übereinstimmung zu wandeln und zu leben. Er respektiert jeden, der das tut.

Wenn Sie und ich in Übereinstimmung miteinander und mit Gott kommen, dann wird eine zusätzliche Kraft hinter unseren Gebeten sein, um sie viel machtvoller und effektiver zu machen.

Einmütiges oder gemeinsames Gebet

Diese alle widmeten sich mit ihrer Gesinnung in voller Übereinstimmung standhaft dem Gebet.

Apostelgeschichte 1,14

Es liegt große Kraft im einmütigen oder gemeinsamen Gebet, welches, wie wir hier in diesem Vers sehen, eine Form des Gebets der Übereinstimmung ist.

Durch die ganze Apostelgeschichte hindurch lesen wir, dass das Volk Gottes »einmütig« zusammenkam (Apostelgeschichte 2,1+46; 4,24; 5,12; 15,25; KJV).

Weiterhin wird uns in Philipper 2,2 durch den Apostel Paulus mitgeteilt: »Erfüllt und macht meine Freude vollkommen, indem ihr in Harmonie lebt, dieselbe Gesinnung habt und eins seid in euren Vorhaben, indem ihr dieselbe Liebe habt, in voller Übereinstimmung und eines harmonischen Sinnes und einer Absicht seid.«

Wenn wir diese Worte beachten und in Harmonie und Übereinstimmung miteinander und mit Gott gelangen, werden wir dieselbe Art machtvoller Ergebnisse erleben, derer sich die Jünger des ersten Jahrhunderts in der Apostelgeschichte erfreuten.

Gebet der Fürbitte

Deshalb ermahne ich nun, dass vor allen Dingen Bitten, Gebete, Fürbitten und Danksagungen für alle Menschen getan werden.

1. Timotheus 2,1 (KJV)

Für jemanden Fürbitte zu leisten bedeutet, für ihn »in den Riss zu treten«, seinen Fall vor dem Thron Gottes zu vertreten.

In Römer 8,26-27 (KJV) wird uns vom Apostel Paul mitgeteilt, dass der Heilige Geist gemäß dem Willen des Herrn für uns Fürbitte leistet.

In Hebräer 7,25 lesen wir, dass Jesus »immer lebt, um Bittgesuche an Gott zu stellen und für uns Fürbitte zu leisten und einzutreten.«

Schließlich ermahnt uns Paulus hier in 1. Timotheus 2,1 (KJV), Fürbitte zu tun für »alle Menschen«, was bedeutet, dass wir überall für alle Menschen beten sollen.

Fürbitte ist eine der wichtigsten Methoden, den Dienst Jesu Christi weiterzuführen, den er auf dieser Erde begann.

Gebet der Stille

Der Herr ist in seinem heiligen Tempel; die ganze Erde soll vor ihm schweigen und still sein.

Habakuk 2,20

Ich nenne dieses Gebet auch »Harren auf den Herrn«.

David kannte das Warten auf den Herrn nur zu gut, wie wir in Psalm 27,4 sehen, wo er schrieb: »Eines habe ich vom Herrn erbeten, danach suche, frage und verlange ich [beharrlich]: Im Hause des Herrn [in seiner Gegenwart] zu wohnen, alle Tage meines Lebens, um anzuschauen und zu bestaunen die Schönheit [die süße Anmut und wunderbare

Lieblichkeit] des Herrn und nachzusinnen, zu betrachten und zu ergründen in seinem Tempel.«

Es ist sehr wichtig zu lernen, auf den Herrn zu warten, denn die meisten Menschen verstehen nicht, dass das Harren ein sehr wichtiger Teil von Gebet ist.

Gebet ist nicht nur eine Handlung, sondern beinhaltet auch eine Haltung des Wartens. Gebet heißt nicht, die ganze Zeit zu Gott zu sprechen - es bedeutet auch, ihm zuzuhören.

Bittgebet

Seid nicht besorgt und habt wegen nichts auch nur die geringste Angst, sondern fahrt in jeder Lebenslage und in allem fort, durch Gebet und Bitten (präzises Anfordern) mit Danksagung eure Anliegen vor Gott kundwerden zu lassen.

Philipper 4,6

Bitten bedeutet einfach einen Wunsch zu äußern, indem man Gott bittet, einer Not zu begegnen.

Ich sage immer: Keiner kann ein besseres Gebet sprechen, als jenes, das ich das »Hilf mir«-Gebet nenne. »Hilf mir, Gott, hilf mir, hilf mir! Oh, Gott, hilf mir!«

Ich bete dieses Gebet sehr oft.

Manchmal stehe ich mitten in der Nacht auf, um ins Badezimmer zu gehen, und es fehlt mir überhaupt nichts; dennoch bete ich: »Oh, Gott, hilf mir, hilf mir!«

Ich glaube, dass ich vom Heiligen Geist geführt werde, so zu beten.

Das »Hilf mir«-Gebet ist ein machtvolles Gebet. Wenn Sie und ich nichts anderes zu tun vermögen, können wir dennoch immer so beten.

Ein anderes wichtiges Bittgebet lautet einfach: »Gott, ich brauche dich.«

Sie und ich werden wichtige Veränderungen erleben, wenn wir nicht länger alles aus eigener Kraft bewerkstelligen wollen.

Sprüche 3,5-7 sagt uns: »Stütze dich, vertraue auf den Herrn und sei ihm gegenüber zuversichtlich mit deinem ganzen Herzen und Verstand und verlasse dich nicht auf deine eigene Einsicht oder dein Verständnis. Auf allen deinen Wegen kenne, erkenne und anerkenne ihn, und er wird dich leiten und deine Pfade gerade und eben machen. Sei nicht weise in deinen Augen; fürchte und bete den Herrn ehrfurchtsvoll an und wende dich [gänzlich] vom Bösen ab.«

Warten Sie nicht, bis alles zu Bruch geht und somit beweist, dass Sie Dinge nicht aus eigener Kraft bewältigen können, bevor Sie zu Gott um Hilfe rennen. Erkennen Sie im Voraus, dass Sie es nicht können, schon bevor Sie den Versuch starten. Seien Sie völlig abhängig von Gott.

Lernen Sie zu beten: »Herr, ich kann das nicht tun, aber du kannst es. Tue es durch mich. Ich stütze mich, vertraue auf dich und bin dir gegenüber zuversichtlich mit meinem ganzem Herzen und Verstand. Hilf mir, Herr, denn ich brauche dich.«

Dieses kleine Bittgebet reicht aus, um Ihnen durch die schlimmsten Situationen des Lebens hindurch zu helfen.

Gott anzuerkennen nimmt nur ein paar Minuten in Anspruch, aber es kann uns helfen, viele Fehler in unserem täglichen Leben zu vermeiden - besonders wenn wir erkennen, dass wir ohne Gott nichts tun können.

Wenn wir gesagt haben: »Herr, ich bin von dir abhängig, bitte hilf mir«, haben wir das Bittgebet gebetet - und es ist machtvoll.

Unter Bittgebeten versteht man auch jenes Bitten, das Bedürfnissen, Nöten oder Wünschen begegnet. Wir sollten mit dem Herrn vertraulich über alles reden, was uns betrifft. Vergessen Sie nicht: Er liebt uns sehr. Ihm liegt alles am Herzen, was uns am Herzen liegt.

Setzen Sie das Erste an die erste Stelle!

Es geschah aber, als sie ihres Weges zogen, dass Jesus in ein bestimmtes Dorf kam und eine Frau namens Marta ihn empfing und ihn in ihrem Haus willkommen hieß. Und diese hatte eine Schwester namens Maria, die sich zu den Füßen Jesu niedersetzte und seiner Lehre zuhörte. Marta aber [allzu sehr beansprucht und zu beschäftigt] war abgelenkt vom vielen Dienen; und sie kam zu ihm und sprach: Herr, kümmert es dich nicht, dass meine Schwester mich allein dienen lässt? Sage ihr doch, dass sie mir helfe [Hilfe leiste und ihren Teil mit mir tue]! Aber der Herr antwortete ihr, indem er sagte: »Marta, Marta, du bist besorgt und bemüht um viele Dinge; es ist nur Eines oder lediglich Weniges nötig. Maria hat das gute Teil erwählt [das, welches ihr zu ihrem Vorteil ist], das nicht von ihr genommen werden wird.«

Lukas 10,38-42

Jetzt beginnen Sie vielleicht zu erkennen, dass Sie ein besseres Gebetsleben haben könnten als Sie dachten. Sie haben gesehen, dass tatsächlich große Kraft darin liegt, die ganze Zeit im Gebet zu sein, obwohl es gut ist, eine bestimmte Zeit und einen speziellen Ort zu haben, um zum Herrn zu beten, besonders zu Tagesbeginn.

Wir entwickeln ein kraftvolles, effektives Gebetsleben, wenn wir einfach Zeit in der Gegenwart des Herrn verbringen. Als Nachfolger Christi sollte es das sein, worum sich unser Leben dreht.

Wenn Sie und ich, bevor wir unseren Tag beginnen, eine gewisse Zeit einfach nur in der Gegenwart des Herrn sitzen und dann den ganzen restlichen Tag über im Bewusstsein dieser Gegenwart bleiben, werden wir wunderbare Resultate in unserem Alltag erleben.

Wenn Sie denken, Sie hätten keine Zeit, dann beachten Sie diese Regel: »Je beschäftigter ich werde, desto mehr Zeit muss ich mit Gott verbringen.« Je mehr ich zu tun habe, desto mehr brauche ich schließlich seine Hilfe.

Wenn Sie - wie Marta - zu beschäftigt sind, um Zeit mit dem Herrn zu verbringen, dann tun sie zu viel. So einfach ist das. Sie müssen mehr wie Maria sein und es lernen, einige unbedeutende Dinge für eine Weile auf sich beruhen zu lassen, so dass Sie zu den Füßen des Herrn sitzen und von ihm lernen können.

Wenn Sie das tun, werden Sie von ihm die Schlüssel zum Reich Gottes empfangen!

4

Die Schlüssel zum Himmelreich

Ich werde dir die Schlüssel des Himmelreichs geben.

Matthäus 16,19

Als Jesus in die Gegend von Cäsarea Philippi kam, fragte er seine Jünger: Was sagen die Menschen, wer der Sohn des Menschen ist? Und sie antworteten: Einige sagen: Johannes der Täufer; andere sagen: Elia; und andere Jeremia oder einer der Propheten. Er sprach zu ihnen: Ihr aber, was sagt ihr [selbst], wer ich bin? Simon Petrus antwortete: Du bist der Christus, der Sohn des Lebendigen Gottes.

Matthäus 16,13-16

Als Petrus diese Aussage machte, dass Jesus der Christus sei, der Sohn des Lebendigen Gottes, setzte er mit seinem Mund den Glauben frei, der in seinem Herzen war.

Wir müssen verstehen, dass wir den Glauben, der in unserem Herzen ist, durch die Worte festigen, die wir mit unserem Mund sprechen, wie wir in Römer 10,10 lesen: »Denn mit dem Herzen glaubt man (hält man an Christus fest, vertraut ihm und verlässt sich auf ihn) und ist auf diese Weise gerechtfertigt (als gerecht, annehmbar vor Gott erklärt), und mit dem Mund bekennt man (erklärt man öffentlich und spricht freimütig seinen Glauben aus) und bestätigt man [seine] Errettung.«

Deswegen ist Gebet so wichtig. Denn wir festigen die Dinge, die wir im Inneren glauben, wenn wir über sie nach außen zu sprechen beginnen.

Deshalb ist es auch so wichtig, beim Beten Schriftstellen zu bekennen. Wenn wir das tun, gründen wir Dinge im geistlichen Bereich durch die Worte, die wir im physischen Bereich sprechen. Und schließlich wird sich physisch manifestieren, was geistlich gegründet ist.

Sie und ich sollten beständig das Wort Gottes bekennen. Wir sollten Dinge sagen wie:

»Vater, ich glaube an dich. Ich glaube, dass du mich so sehr liebst, dass du deinen Sohn Jesus für mich gesandt hast, damit er am Kreuz für mich sterben würde.

Ich glaube, dass du mich mit deinem Heiligen Geist erfüllt hast. Ich glaube, dass du einen guten Plan für mein Leben hast und mich befähigst, ihn zu erfüllen.

Ich glaube, dass deine Salbung auf mir ist, so dass ich den Kranken die Hände auflegen kann und sie gesund werden, und dass ich Dämonen austreiben werde und sie fliehen.

Ich glaube in Übereinstimmung mit deinem Wort, dass alles, woran ich meine Hand lege, gelingt und erfolgreich ist.«

Wir sollten beständig damit fortfahren, in unserem Herzen zu glauben und mit unserem Mund zu bekennen, was Gott über uns in seinem Wort gesagt hat.

Und eine Sache, die er über uns gesagt hat, ist, dass er uns nicht einen Geist der Angst, sondern der Kraft und der Liebe und des gesunden Menschenverstandes gegeben hat. Daher sollten wir beständig bekennen: »Ich werde mich nicht fürchten!«

Der Glaube wird überwinden

Dann antwortete Jesus ihm: Gesegnet (selig, glücklich und zu beneiden) bist du, Simon, Bar Jona. Denn Fleisch und Blut [Menschen] haben dir das nicht offenbart, sondern mein Vater, der im Himmel ist. Und ich sage dir, du bist Petrus [Griechisch Petros – ein großes Stück Fels], und auf diesen Felsen [Griechisch petra – ein riesiger Fels, vergleichbar mit Gibraltar] werde ich meine Gemeinde bauen, und die Pforten des Hades (die Mächte der Hölle) werden sie nicht überwältigen [oder ihr zum Schaden sein oder sich gegen sie behaupten].

Matthäus 16,17-18

Von welchem Felsen spricht Jesus in diesem Abschnitt? Er spricht vom Felsen des Glaubens. Er sagt Simon Petrus, dass er auf dem Glauben, den er gerade bewiesen hat, seine Gemeinde bauen würde, und (wie es die *King James Version* ausdrückt) »die Pforten der Hölle werden sie nicht überwinden« (Vers 18).

Das bedeutet, dass die Pforten der Hölle denjenigen nicht überwinden, der im Glauben wandelt.

Angst kommt aus der Hölle. Deswegen erklärt uns Johannes, dass »Angst quält« (1. Johannes 4,18; KJV). Aber wenn Angst durch Glauben konfrontiert wird, kann uns die Hölle nicht überwinden.

Die Schlüssel zum Himmelreich

Ich werde dir die Schlüssel des Himmelreichs geben; und was immer du auf Erden bindest (als falsch und unrechtmäßig erklärst), muss das sein, was bereits im Himmel gebunden ist; und was immer du auf Erden löst (als rechtmäßig erklärst), muss das sein, was bereits im Himmel gelöst ist.

Matthäus 16,19

Was Jesus hier sagte, bedeutet: »Was immer im Himmel stattfindet, dafür gebe ich dir die Macht und Autorität, es auf der Erde zustande zu bringen.«

Das ist die Erfüllung des Gebetes an den Vater, welches Jesus die Jünger gemäß Matthäus 6,10 gelehrt hatte: »Dein Reich komme, dein Wille geschehe, wie im Himmel, so auch auf Erden.«

Später in Matthäus 18,18 verlieh Jesus allen Jüngern dieselbe Macht, nämlich zu binden und zu lösen, als er sagte: »Wahrlich, ich sage euch, was immer ihr auf Erden verbietet und als falsch und unrechtmäßig erklärt, muss so sein wie das, was bereits im Himmel verboten ist, und was immer ihr auf Erden erlaubt und als richtig und rechtmäßig erklärt, muss sein wie das, was bereits im Himmel erlaubt ist.«

Jesus sagte ihnen damit, dass er ihnen die Macht und Autorität übertrug, um die von ihm gegebenen Schlüssel zu benutzen und durch sie den Willen Gottes, der im Himmel herrscht, auf Erden zustande zu bringen.

Ich glaube, dass die Schlüssel, die er Petrus und den anderen Aposteln - und uns - gab, ein Verweis auf die verschieden Arten von Gebet sein könnten, die wir studiert haben.

Das ernsthafte Gebet vermag viel

Das wirksame, ernsthafte Gebet eines Gerechten vermag viel. Elia war ein Mensch mit den gleichen Gemütsbewegungen wie wir, und er betete inständig, dass es nicht regnen möge; und es regnete nicht auf die Erde über einen Zeitraum von drei Jahren und sechs Monaten. Und wieder betete er, und der Himmel gab Regen, und die Erde brachte ihre Frucht hervor.

Jakobus 5,16-18 (KJV)

Wer hat in einer Organisation Macht und Autorität? Ist es nicht derjenige, der die Schlüssel hat? Was tun Schlüssel? Sie schließen und öffnen. Das ist, was Binden und Lösen bedeutet: schließen und öffnen.

Wenn Sie und ich zum Beispiel für jemanden Fürbitte leisten, öffnen wir einen Segen über dem Leben dieser Person. Wir schließen die Tür der Hölle, die ihn oder sie in Gebundenheit hält.

Auf gleiche Weise öffnen wir einen Segen in unserem eigenen Leben, wenn wir Gott ein Gebet der Danksagung darbringen.

Ihnen und mir sind also die Schlüssel zum Reich Gottes gegeben worden. Mit diesen Schlüsseln des Gebets haben wir die Autorität und Macht, den Willen Gottes zustande zu bringen, wie im Himmel, so auch auf Erden.

Was für ein Vorrecht!

Kein Wunder, dass der Teufel uns denken lassen möchte, unser Gebetsleben wäre nicht effektiv - so dass wir aufgeben und es bleiben lassen, statt damit fortzufahren, den Schlüsselring von Gebeten zu benutzen, um sein Reich der Finsternis zu überwinden.

Lassen Sie sich vom Teufel bezüglich Ihres Gebetslebens nicht heruntermachen. Fangen Sie an, Gott anzuerkennen, indem Sie ihn im Gebet anrufen - allen Arten von Gebet - und vertrauen Sie, dass Ihre ernsthaften, von Herzen kommenden Gebete wirksam sind, weil Ihr Glaube sich auf Gott gründet, nicht auf Ihre eigene Fähigkeit, heilig zu leben oder wortgewandt zu beten.

Gebet als Antrag

Seid nicht besorgt und habt wegen nichts auch nur die geringste Angst, sondern fahrt in jeder Lebenslage und in allem fort, durch Gebet und

Bitten (präzises Anfordern) mit Danksagung eure Anliegen vor Gott kundwerden zu lassen.

Philipper 4,6

Wir hatten uns diesen Abschnitt angesehen, als wir über das Bittgebet sprachen.

Was ist ein Gesuch? Gemäß dieses Verses ist es ein präzises Anfordern. Ein anderes Wort für ein präzises Anfordern heißt »Antrag«.

Was ist ein Antrag? Es ist eine Forderung oder eine Anforderung, die für etwas gestellt wird, worauf jemand rechtmäßigen Anspruch hat, aber noch nicht im Besitz davon ist, wie etwa beim Militär, wenn ein Offizier Ausrüstung oder Versorgung für seine Männer beantragt. Als ordnungsgemäßer Vertreter der Armee der Vereinigten Staaten hat er Anspruch auf dieses Material, aber um es zu empfangen, muss er dafür eine präzise Forderung einreichen.

Der Herr hat mir gezeigt, dass, wenn wir beten, wir dabei von ihm beantragen, was er bereits beiseite gelegt hat, um uns zu versorgen, wenn das Bedürfnis entsteht.

Ich möchte Ihnen ein Beispiel aus dem täglichen Leben geben. Sagen wir, Sie und ich haben Geld auf einer Bank. Aber damit wir von diesem Geld profitieren können, müssen wir es beantragen, indem wir einen Scheck ausstellen, welcher ein Antrag an die Bank ist, uns oder demjenigen, den wir angeben, eine bestimmte Summe Geld für einen bestimmten Zweck auszuzahlen.

Dasselbe geschieht, wenn die Abteilungsleiter zu meinem Mann kommen, der für die Finanzen in unserem Dienst verantwortlich ist, um Geld für ihre Abteilungen zu erbitten. Bevor er ihnen irgendwelche Mittel bewilligt, müssen sie, obwohl das Geld dafür bereitgestellt ist, einen schriftlichen Antrag dafür einreichen, der den angeforderten Betrag und dessen Zweck angibt.

Das ist, was Gebet darstellt - ein himmlischer Antrag, den wir bei Gott für das einreichen, was wir brauchen, um unser tägliches Leben und unseren Dienst fortsetzen zu können.

Bitten Sie in Jesu Namen

So habt auch ihr jetzt zwar Traurigkeit (Kummer, Niedergeschlagenheit); aber ich werde euch wieder sehen und euer Herz wird sich [dann] freuen, und niemand kann eure Freude (Fröhlichkeit, Seligkeit) von euch nehmen. Und wenn diese Zeit kommt, werdet ihr mich um nichts bitten [ihr werdet mir keine Fragen stellen müssen]. Ich versichere euch, wahrlich sage ich euch, dass mein Vater euch gewähren wird, was immer ihr in meinem Namen bitten werdet [indem ihr mein ganzes Sein darreicht].

Johannes 16,22-23

Die Bibel lehrt, dass Gott alles über uns weiß (Psalm 139,1-5). Er weiß, was wir benötigen, bevor wir ihn bitten (Matthäus 6,8+32). Dennoch hat er befohlen, dass wir bitten (Matthäus 7,7).

Ein einfacher Wunsch reicht nicht aus, um die von uns benötigten Dinge zu empfangen. Umherzugehen und zu sagen: »Ich wünschte, ich hätte mehr Geld«, oder: »Ich wünschte, ich könnte diese Kopfschmerzen loswerden«, oder: »Ich wünschte, ich könnte ohne Angst leben«, ist kein himmlischer Antrag.

Gemäß dem, was wir in Jakobus 1,5-8 gelesen haben, müssen wir das, was wir benötigen, im Glauben erbitten, und dabei glauben, dass wir empfangen, was wir erbeten haben, was wir von Gottes Vorratslager der Segnungen beantragt haben.

In obigem Abschnitt von Johannes 16, wo Jesus, kurz bevor er ans Kreuz ging, zu seinen Jüngern sprach, macht er deutlich, dass wir nicht nur glauben müssen, sondern auch in seinem Namen bitten müssen, wenn wir beten.

Nun, das bedeutet aber nicht, einfach die Worte »In Jesu Namen« an jedes Satzende anzuhängen. Wenn wir nicht Acht geben, können wir so religiös werden, dass jeder Satz, der aus unserem Mund kommt mit »Halleluja«, »Preis sei Gott« oder »In Jesu Namen« endet. Wenn das geschieht, verlieren diese Worte bald ihre Bedeutung.

Das ist es nicht, was Jesus meinte. Er sprach über den Gebrauch der Autorität seines Namens, wie er es uns zu tun befohlen hat, um den Willen Gottes auf Erden zustande zu bringen, wie er im Himmel bereits existiert. Er sprach darüber, bei Gott dem Vater durch die Unterschrift seines Sohnes einen Antrag für das einzureichen, was wir brauchen, um sein Reich kommen zu lassen.

In unserem Dienst verdienen unsere Mitarbeiter Urlaub. Es steht ihnen rechtmäßig zu. Aber obwohl er ihnen rechtmäßig gehört, bekommen sie keinen einzigen Tag dieses Urlaubs, bis sie einen Antrag dafür eingereicht haben.

Sie und ich haben ein Erbe, das für uns im Himmel bereitgestellt ist, erkauft und bezahlt durch das vergossene Blut Jesu Christi (Epheser 1,11-12). Es gehört rechtmäßig und gerechterweise uns. Unser Problem ist, dass wir oft nicht genug Anträge gestellt haben.

Wenn ein Mitarbeiter unseres Dienstes einen Antrag bei Dave, unserem Finanzverwalter, einreicht und diese Person nicht die Genehmigung bekommt, den verdienten Urlaub zu nehmen, wird sie bald zu Dave kommen und fragen: »Hast du meinen Antrag verloren? Wann bekomme ich, was mir rechtmäßig zusteht?«

Wenn Sie und ich bei Gott im Namen Jesu einen Antrag einreichen, und wir bekommen nicht, was wir im Glauben erbeten haben, dann haben wir das uneingeschränkte Recht, zum Herrn zu gehen und ihn zu fragen: »Vater, du hast doch meinen Antrag nicht vergessen, oder?« Das ist keine Unverschämtheit, sondern Glaube. In Wirklichkeit ehrt es den Herrn, denn es zeigt ihm, dass wir von ihm erwarten, sein Wort zu halten, weil er treu ist.

Benutzen Sie den Namen Jesu!

Bis jetzt habt ihr keine [einzige] Sache in meinem Namen erbeten [indem ihr mein ganzes Sein darreicht]; aber jetzt bittet und fahrt fort, zu bitten, damit eure Freude (Fröhlichkeit, Seligkeit) vollständig und vollkommen werde.

Johannes 16,24

Jesus gab uns den Auftrag, in seinem Namen zu bitten, damit wir empfangen und unsere Freude vollkommen werde.

Ich bin überzeugt, dass einer der Hauptgründe für den heutigen Mangel an Freude im Leben des Gläubigen der Mangel an Gebet ist. Und ein Grund für den Mangel an Gebet ist die Tatsache, dass Gottes Volk versucht, Dinge im Fleisch zu tun, für die sie beten sollten. Sie sollten Gott bitten, dass er die Dinge durch sie und für sie tue.

Jesus sagte seinen Jüngern, dass Dinge anders sein würden, wenn er von den Toten auferstanden ist. Er erklärte ihnen, dass sie neue Kraft und Autorität haben würden, die ihnen vor seinem Tod und seiner Auferstehung nicht zur Verfügung gestanden hatten.

»Wenn diese Zeit kommt«, sagte er ihnen, »werdet ihr mich um nichts bitten müssen, sondern ihr könnt direkt zum Vater gehen, und er wird euch gewähren, was immer ihr bittet - in meinem Namen.«

Was bedeutet das, in Jesu Namen zu bitten?

Gemäß Vers 24 bedeutet in Namen Jesu zu beten, Jesu ganzes Sein vor den Vater zu bringen.

Einer der Hauptgründe, warum wir in der Kraft des Gebets oft so schwach sind, ist der, dass wir zu Gott gehen, indem wir uns selbst vor ihn bringen. Das bringt einige Schwierigkeiten mit sich. Denn wenn wir ihn in irgendeiner Hinsicht enttäuscht haben, denken wir, wir hätten ihm nichts zu bieten, das ihn beeinflussen könnte, in unserem Interesse zu handeln.

Die Bibel sagt, dass aus der Sicht Gottes all unsere Gerechtigkeit wie schmutzige Lumpen ist (Jesaja 64,6; KJV). Also gibt es nichts, was Sie und ich vor Gott bringen können, nur das Blut Jesu.

Wenn Sie und ich vor den Thron von Gottes Gnade treten, bedeckt mit dem Blut Jesu und im Glauben gemäß seinem Wort und im Namen seines Sohnes Jesus bitten, können wir gewiss sein, dass wir das haben, was wir von ihm erbeten haben. Nicht, weil wir vollkommen oder aus uns selbst heraus würdig wären oder weil Gott uns irgendetwas schuldete, sondern weil er uns liebt und uns geben möchte, was wir brauchen, um die Arbeit tun zu können, zu der er uns berufen hat.

Im Namen Jesu liegt Kraft. Allein bei der Erwähnung seines Namens muss sich jedes Knie im Himmel, auf Erden und unter der Erde beugen (Philipper 2,10). In der Kraft dieses Namens sollen Sie und ich den Kranken die Hände auflegen und sie werden gesund werden, Dämonen austreiben und sie werden fliehen. Wir sollen dieselben Werke tun, die Jesus tat, und sogar größere als diese zur Verherrlichung Gottes (Markus 16,17-18; Johannes 14,12).

Jesus hat uns durch das Vergießen seines Blutes ein herrliches Erbe erkauft. Wir sind nun Miterben mit ihm (Römer 8,17; KJV). Alles, was er durch sein Opfer verdient hat, ist für uns in den himmlischen Regionen als Vorratslager angelegt. Wir haben die Schlüssel zu diesem Lagerhaus, und die Schlüssel sind Gebete.

Wir müssen nicht in Angst und Mangel leben. Lasst uns diese Schlüssel benutzen und jene Türen öffnen, damit himmlische Segnungen zur Verherrlichung Gottes auf uns herabregnen können und dadurch sein göttlicher Wille auf Erden geschehe wie im Himmel und unsere Freude vollkommen gemacht werde.

Schluss

Angst kommt nicht von Gott. Angst kommt von Satan.

Die einzig zulässige Einstellung (und das entsprechende Bekenntnis), die ein Christ gegenüber Angst haben sollte, ist folgende: »Angst kommt nicht von Gott, und ich werde mich nicht damit abfinden oder mein Leben davon beherrschen lassen! *Ich werde mich der Angst entgegenstellen*, denn sie ist ein Geist, der von der Hölle ausgesandt wurde, um mich zu quälen!«

Ich sage oft, dass Angst der Geist ist, den Satan benutzt, um zu versuchen, Gottes Volk davon abzuhalten, dass es unter die Leiterschaft des wahren Herrn, Jesus Christus, kommt.

Ich glaube, dass Gott in gewissen Bereichen sehr sanft an uns arbeitet, um uns aus Gebundenheit herauszuführen und in Freiheit zu bringen. Die Bibel ist voll mit der Anweisung: »Fürchte dich nicht!« Wie ich zuvor erwähnte, haben mich Ereignisse in meinem eigenen Leben zu dem Verständnis gebracht, dass »Fürchte dich nicht« bedeutet: »Laufe nicht davon«.

Ich ermutige Sie dazu, weiterzumachen und, falls notwendig, es »trotz Angst« zu tun. Laufen Sie nicht weg von der Angst, stellen Sie sich stattdessen mit Gebet und Glauben dagegen.

Bedenken Sie, Gott möchte Sie von all Ihrer Angst befreien:

F - False
E - Evidence
A - Appearing
R - Real

(ANGST = Falsche Beweise, die echt erscheinen)

Teil B

Schriftstellen zur Überwindung von Angst

Fürchtet euch nicht; steht still (fest, zuversichtlich, unerschrocken) und seht die Errettung des Herrn, die er heute für euch bewirken wird. (2. Mose 14,13)

Siehe, der Herr, dein Gott, hat dir das Land, das vor dir liegt, gegeben. Zieh hinauf, nimm es in Besitz, wie der Herr, der Gott deiner Väter, zu dir gesagt hat. Fürchte dich nicht und sei nicht bestürzt! (5. Mose 1,21)

Seid stark, mutig und fest; fürchtet euch nicht und erschreckt nicht vor ihnen, denn es ist der Herr, dein Gott, der mit dir geht; er wird dich nicht aufgeben noch dich verlassen. (5. Mose 31,6)

Habe ich dir nicht geboten: Sei stark, kraftvoll und sehr tapfer? Fürchte dich nicht, und sei nicht bestürzt, denn der Herr, dein Gott, ist mir dir, wo immer du gehst. (Josua 1,9)

Fürchte dich nicht [es gibt nichts zu befürchten], denn ich bin mit dir; sieh nicht in Schrecken um dich und habe keine Angst, denn ich bin dein Gott. Ich stärke dich und festige dich gegenüber Schwierigkeiten, ja, ich helfe dir; ja, ich halte dich und bewahre dich mit meiner [siegreichen] rechten Hand der Rechtschaffenheit und Gerechtigkeit ... Denn ich, der Herr, dein Gott, halte deine rechte Hand; ich bin der Herr, der zu dir spricht: Fürchte dich nicht; ich helfe dir! (Jesaja 41,10+13)

So spricht der Herr, er, der dich geschaffen hat, o Jakob, und er, der dich gebildet hat, o Israel: Fürchte dich nicht, denn ich habe dich erlöst [dich losgekauft, indem ich einen Preis bezahlte, statt dich in Gefangenschaft zu lassen]. Ich habe dich bei deinem Namen gerufen; du bist mein. Wenn du durchs Wasser gehst, bin ich bei dir, und durch Ströme, sie werden dich nicht überfluten. Wenn du durchs Feuer gehst, wirst du nicht verbrannt noch versengt werden, und die Flamme wird dich nicht entzünden. (Jesaja 43,1-2)

Denn der Geist, den ihr nun empfangen habt, ist nicht ein Geist der Sklaverei, um euch wiederum in Gebundenheit der Angst zu bringen, sondern ihr habt den Geist der Kindschaft [den Geist, der die Sohnschaft hervorbringt] empfangen, in dem [dessen Glückseligkeit] wir rufen: Abba (Vater)! Vater! (Römer 8,15)

Und seid in keiner Hinsicht [auch nur einen Augenblick] verängstigt oder eingeschüchtert durch eure Gegner und Widersacher, denn solches [solche Standfestigkeit und Furchtlosigkeit] wird für sie ein deutliches Zeichen (Beweis und Siegel) [ihrer bevorstehenden] Zerstörung sein, aber [ein sicheres Zeichen und ein Beweis] eurer Befreiung und eures Heils, und das von Gott. (Philipper 1,28)

Seid nicht besorgt und habt wegen nichts auch nur die geringste Angst, sondern fahrt in jeder Lebenslage und in allem fort, durch Gebet und Bitten (präzises Anfordern) mit Danksagung eure Anliegen vor Gott kundwerden zu lassen. Und der Friede Gottes [sei euer, jener gelassene Seelenzustand, der überzeugt ist vom Heil durch Christus und deshalb nichts von Gott befürchtet und zufrieden ist mit seinem irdischen Los, welcher Art es auch sei - dieser Friede], der allen Verstand übersteigt, wird eure Herzen und Sinne mit einer Garnison belegen und über sie Wache halten in Christus Jesus. (Philipper 4,6-7)

Denn Gott hat uns nicht einen Geist der Furchtsamkeit (der Feigheit, der kriecherischen, sich duckenden Angst) gegeben, sondern [er hat uns einen Geist] der Kraft, der Liebe und des ruhigen, wohl ausgewogenen Verstandes und der Disziplin und Selbstbeherrschung gegeben. (2. Timotheus 1,7)

Eurer Charakter oder moralischer Wandel sei frei von Geldliebe [einschließlich Gier, Habsucht, Lust und Verlangen nach irdischen Besitztümern]. Seid zufrieden mit dem Vorhandenen [der gegenwärtigen Lebenslage und mit dem, was ihr habt]; denn er [Gott] selbst hat gesagt: Ich will dich in keiner Hinsicht versäumen, noch dich aufgeben, noch dich ohne Unterstützung lassen. [Ich werde dich] keineswegs hilflos lassen, noch [dich] verlassen, noch fallen lassen (mein Festhalten an dir lockern)! [Ganz gewiss nicht!] So dass wir getröstet und ermutigt sind, und zuversichtlich und freimütig sagen: Der Herr ist mein Helfer; ich werde nicht von Sorge ergriffen sein [ich werde mich nicht ängstigen oder fürchten oder erschrecken]. Was können Menschen mir antun? (Hebräer 13,5-6)

In der Liebe ist keine Angst [Furcht existiert nicht in ihr], sondern die vollendete (völlige, vollkommene) Liebe treibt die Angst zur Tür hinaus und verjagt jede Spur von Schrecken! Denn Angst bringt den Gedanken von Bestrafung mit sich, und derjenige, der sich fürchtet, hat [daher] nicht die volle Reife der Liebe erreicht [ist noch nicht zur gänzlich vollendeten Liebe herangewachsen]. (1. Johannes 4,18)

Gebet, um Angst zu überwinden

O Herr,
befreie mich von Angst. Hilf mir mutig zu sein und eine heilige Kühnheit zu haben.

Hilf mir, »nicht zu fürchten«, sondern hinzugehen und all das, was du mir zugedacht hast, in Besitz zu nehmen.

Hilf mir zu erkennen, wie sehr du mich liebst, denn die vollkommene Liebe (deine Liebe zu mir) wird jegliche Furcht austreiben. In Jesu Namen. Amen.

Klartext über *Depression*

Inhaltsverzeichnis

Einleitung

Viele Menschen kämpfen gegen Depression. Es gibt viele Ursachen, die der Depression zugrunde liegen und eine Vielzahl von Behandlungsmethoden, die angeboten werden, um ihr zu begegnen. Manche davon sind wirkungsvoll, aber viele sind es nicht. Einige sind für eine gewisse Zeit hilfreich, können aber niemals dauerhaft die Qual der Depression beseitigen. Die gute Nachricht lautet, dass Jesus Depression heilen und uns auf dieselbe Weise davon befreien kann wie von jeder anderen Krankheit und jedem anderen Problem.

Als ich mich einmal darauf vorbereitete, über Depression zu predigen, erkannte ich sehr klar, dass uns Gott seine Freude gegeben hat, um Depression zu bekämpfen. Dies erschien mir so deutlich, als würde ich es auf einer Kinoleinwand sehen.

Wenn Sie ein Gläubiger in Christus Jesus sind, dann ist die Freude des Herrn in Ihnen. Viele Gläubige wissen das, haben aber nicht die leiseste Ahnung, wie sie zu dieser Freude kommen oder sie freisetzen können. Wir müssen das erleben, was uns als eine Folge unseres Glaubens an Jesus Christus gehört. *Es ist Gottes Wille, dass wir Freude erleben!*

Viele Menschen, Geist erfüllte Christen eingeschlossen, haben nicht nur zeitweilig mit Depressionen gekämpft, sondern schwerwiegende Probleme damit gehabt. Ich selbst hatte vor langer Zeit ebenfalls Probleme mit Depression gehabt. Aber, Dank sei Gott, habe ich gelernt, dass ich dem negativen Gefühl der Depression nicht erlauben muss, mich zu beherrschen. Ich habe gelernt, die Freude des Herrn in meinem Leben freizusetzen!

Die Botschaft dieses Buches ist sehr einfach, aber kraftvoll. Ganz gleich, was Sie im Leben bereits durchgemacht haben oder was Sie gerade durchmachen, wenn sie ein Gläubiger in Christus Jesus sind, dann haben Sie seine Freude in Ihnen und können lernen, sie freizusetzen, um Depression zu besiegen!

Teil A

Gottes Freude freisetzen

1

Phasen von Depression

Geduldig und voller Erwartung habe ich auf den Herrn geharrt; und er neigte sich zu mir und erhörte mein Schreien. Er zog mich aus einer schrecklichen Grube [einer Grube des Tumults und des Verderbens], aus schmutzigem Schlamm (Schaum und Schlick), und stellte meine Füße auf einen Felsen, meine Schritte hat er fest gemacht und meine Wege macht er gerade.

Psalm 40,2-3

Depression wird in Websters Wörterbuch von 1828 als »die Handlung des Hinunterdrückens ... als ein niedriger Zustand« umschrieben. »Bedrückung des Geistes; Niedergeschlagenheit;« oder »ein Zustand der Traurigkeit; ein Mangel an Mut ... ein niedriger Stand an Kraft[1].«

Wer leidet an Depression?

Menschen aus allen Schichten des Lebens können an Depression leiden: Akademiker - Ärzte, Rechtsanwälte, Lehrer; Arbeiter und Angestellte; Hausfrauen, Jugendliche, Kinder, alte Menschen, Alleinstehende, Verwitwete und sogar Prediger.

Die Bibel berichtet uns von Königen und Propheten, die depressiv wurden. König David, Jona und Elia sind drei gute Beispiele (siehe Psalm 40,2-4; Jona 2,7; 4,1-8; 1. Könige 19,5-8).

Ich glaube, es leiden deshalb so viele Menschen an Depressionen, weil jeder Mensch auf dieser Erde mit Enttäuschung umzugehen hat.

Wenn wir nicht wissen, wie wir in richtiger Weise damit zurechtkommen sollen, kann Enttäuschung zur Depression führen. Soweit ich es beobachtet habe, ist Enttäuschung die erste Phase von Depression.

Mit Enttäuschung umgehen

Jeder von uns muss sich zu verschiedenen Zeiten mit Enttäuschung auseinandersetzen. Bei keinem Menschen geschieht alles im Leben so, wie er es möchte und erwartet.

Wenn Dinge nicht so gelingen oder so erfolgreich sind, wie wir es geplant hatten, sind wir erst einmal enttäuscht. Das ist normal. Es ist nichts Falsches daran, Enttäuschung zu empfinden. Aber wir müssen wissen, wie wir mit diesem Gefühl umzugehen haben, sonst führt es zu etwas Ernsthafterem.

In der Welt können wir nicht ohne Enttäuschung leben, aber in Jesus kann Enttäuschung immer rückgängig gemacht werden!

In Philipper 3,13 lesen wir eine Aussage des Apostels Paulus:

> Eines aber tue ich [es ist mein einziges Bestreben]: Ich vergesse, was hinter mir liegt und strecke mich aus nach dem, was vor mir liegt.

Paulus erklärt, dass eine Sache von äußerster Wichtigkeit für ihn sei, nämlich das loszulassen, was hinter ihm liegt und auf die Dinge hinzudrängen, die vor ihm liegen! Wenn wir enttäuscht werden, dann sollten wir uns unverzüglich wieder neu ausrichten. Genau das tun wir damit. Wir lassen los, was zur Enttäuschung geführt hat und strecken uns aus nach dem, was Gott für uns hat. Wir ergreifen eine neue Vision, einen neuen Plan, eine neue Idee, neue Zukunftsaussichten, eine neue Einstellung, und konzentrieren uns darauf. *Wir entschließen uns, weiterzugehen!*

In Jesaja 43,18-19 wird dies so ausgedrückt:

> Denkt nicht [ernsthaft] and das Frühere; und auf das Vergangene achtet nicht! Siehe, ich wirke etwas Neues! Jetzt sprosst es auf; merkt und erkennt ihr es nicht und wollt ihr es nicht beachten? Ich mache sogar in der Wüste einen Weg und Ströme in der Einöde.

In Jesaja 42,9 heißt es:

> Siehe, das Frühere ist eingetroffen, und Neues verkündige ich; bevor es aufsprosst, lasse ich es euch hören.

Diese beiden Bibelstellen verdeutlichen, dass Gott etwas Neues in unserem Leben tun möchte. Er hat immer etwas Neues, aber wir scheinen an dem Alten hängen bleiben zu wollen. In unseren Gedanken und Gesprächen klammern wir uns an dem Alten fest. Es scheint, als wollen manche Leute lieber über die Enttäuschungen in ihrem Leben reden als über ihre Träume und Zukunftsvisionen.

Gottes Gnade ist jeden Tag neu. »Seine [liebevolle] Barmherzigkeit hört nicht auf. Sie ist jeden Morgen neu« (Klagelieder 3,22-23). Jeder Tag ist ein völlig neuer Anfang! Wir können die gestrigen Enttäuschungen loslassen und Gott die Möglichkeit geben, heute etwas Wunderbares für uns zu tun.

Sie mögen denken: »Joyce, ich bin so viele Male enttäuscht worden, ich habe Angst davor, zu hoffen.« Dieser Ort der Hoffnungslosigkeit ist genau der Ort, an dem der Teufel Sie haben möchte! Ich kenne jenen Ort, denn ich befand mich vor vielen Jahren dort, als Dave und ich heirateten. Ich war von so vielen Leuten missbraucht, im Stich gelassen und misshandelt worden, dass ich Angst davor hatte, auch nur zu hoffen, dass sich dies je ändern würde.

Aber durch das Studium des Wortes Gottes erkannte ich schließlich, dass Enttäuschung ein sehr trauriger Lebensraum ist. Ich würde lieber mein ganzes Leben lang hoffen und nichts bekommen, als andauernd mit einem Gefühl der Enttäuschung umgehen zu müssen.

Hoffen kostet nichts, und sie könnte sich reichlich auszahlen. Enttäuschung hingegen ist sehr teuer. Sie kostet Ihnen Ihre Freude und Ihre Träume von morgen.

Wir haben eine Verheißung von Gott, die besagt, dass diejenigen, die ihre Hoffnung auf den Herrn setzen, niemals enttäuscht oder zuschanden werden (Römer 5,5). Ich denke, daraus lässt sich aber nicht schließen, dass wir nie Enttäuschung erleben werden. Wie ich bereits dargelegt habe, kann niemand in dieser Welt leben, ohne enttäuscht zu werden. Ich glaube dieser Vers meint, dass wir nicht in Enttäuschung *leben* müssen. Vielmehr halten wir unsere Hoffnung auf Jesus gerichtet und bringen dadurch schließlich positive Resultate hervor.

Zerstörte Erwartungen

Zerstörte Erwartungen führen zu Enttäuschung. Wir haben täglich viele Erwartungen in verschiedenen Bereichen. Zum Beispiel mögen Sie sich in Erwartung eines guten Schlafes niederlegen und mitten in der Nacht klingelt das Telefon wegen einer falschen Verbindung. Nachdem Sie dann wach geworden sind, können Sie aus irgendeinem Grund nicht wieder einschlafen. Sie wälzen sich den Rest der Nacht in Ihrem Bett hin und her und stehen am nächsten Morgen erschöpft auf.

Wir mögen einen Tag mit Sonnenschein erwarten, aber stattdessen regnet es. Wir mögen eine Gehaltserhöhung erwarten, bekommen sie aber nicht.

Wir haben Erwartungen an andere Menschen. Wir erwarten nicht, dass gute Freunde über uns tratschen, aber manchmal finden wir heraus, dass sie es doch tun. Wir erwarten, dass unsere Freunde uns verstehen und unseren Bedürfnissen begegnen, wenn wir zu ihnen kommen, aber nicht immer geschieht das. Wir erwarten Dinge von uns selbst, die wir dann nicht erfüllen. Viele Male habe ich mich auf eine bestimmte Art und Weise verhalten, die ich selbst nicht erwartet hatte!

Ich glaube, dass wir alle mehr von uns selbst erwarten, als wir zu geben vermögen. So werden wir oftmals von uns selbst enttäuscht. Wir erwarten Dinge von Gott, die eigentlich gar nicht in seinen Plänen für uns enthalten sind. Ja, unser Leben ist mit Erwartungen erfüllt, und einige von ihnen werden zunichte gemacht.

Beim Zeitpunkt der Enttäuschung liegt es an uns zu entscheiden, was wir tun - wie wir reagieren. Ich habe festgestellt, dass ich, wenn ich zu lange enttäuscht bleibe, anfange, mich entmutigt zu fühlen. Entmutigung ist ein Problem, das noch tiefer geht als Enttäuschung.

Entmutigung

Websters Wörterbuch von 1828 definiert *entmutigt* teilweise als: »bedrückt, des Mutes oder der Zuversicht beraubt«, und *Entmutigung* als »das Abschrecken oder Abbringen von einem Unternehmen; das Niederdrücken von Zuversicht«, »das, was Zuversicht und Hoffnung niederdrückt[2]«. Eine Bedeutung von *entmutigen* lautet: »versuchen, etwas zu verhindern[3]«.

Entmutigung ist das Gegenteil von Mut. Wenn wir entmutigt sind, haben wir unseren Mut verloren. Ich bin überzeugt, dass Gott jedem, der an ihn glaubt, Mut verleiht; daher versucht Satan natürlich uns diesen wegzunehmen. Stark und mutig zu bleiben, ist eine der obersten Regeln, um bei jeder beliebigen Sache erfolgreich sein zu können.

Gott sagte zu Josua, dass er Josua dazu in die Lage versetzen würde, das Land in Besitz zu nehmen; dazu müsse er aber stark und sehr mutig bleiben (Josua 1,6). Ich glaube, Gott warnte Josua davor, dass der Feind versuchen würde, ihn zu entmutigen. Wir müssen hinsichtlich der Taktiken Satans geschult und bereit sein, jedem einzelnen Angriff auf Anhieb zu widerstehen (1. Petrus 5,9).

Sprüche 13,12 sagt uns, dass »langes Hoffen das Herz krank macht«. Wenn wir bezüglich einer Sache entmutigt werden, dann sind wir in dieser Sache auch ohne Hoffnung. Wir können nicht gleichzeitig entmutigt und voller Hoffnung sein. Sobald die Hoffnung zurückkommt, muss die Entmutigung gehen. Manchmal, wenn wir darum kämpfen, die richtige Haltung einzunehmen, mögen wir zwischen Hoffnung und Entmutigung schwanken. Der Heilige Geist führt uns dahin, hoffnungsvoll zu sein, und Satan attackiert uns mit Entmutigung.

An diesem Punkt ist es äußerst wichtig für den Gläubigen, den Sieg im geistlichen Bereich zu erlangen. Wenn es ihm nicht gelingt, wird sich seine Verfassung verschlechtern. Dann wird er beginnen, sich in eine Depression hineinzubewegen. Eine kurze Zeit der Entmutigung mag noch keine zerstörerische Auswirkung haben, eine Entmutigung über längere Zeit dagegen schon.

Um den Sieg zu erringen und unsere Einstellung der Hoffnung aufrechtzuerhalten, müssen wir unseren Sinn gemäß Gottes Verheißungen für unsere Situation erneuern. Wir müssen im Glauben stehen, indem wir erwarten, dass Gott tun wird, was sein Wort sagt.

Stufen von Depression

Ebenso wichtig für den Gläubigen ist es, den Sieg früh zu erlangen, denn eine Person, die depressiv geworden ist, kann sich in weitere Ebenen oder Tiefen begeben. Zum einen gibt es Depression, und dann gibt es noch zwei tiefere Ebenen, nämlich Verzagtheit und Verzweiflung. Eine leicht depressive Person wird keinen Selbstmord begehen, wird ihn nicht einmal in Betracht ziehen, umso mehr aber eine wirklich verzweifelte Person.

Leicht depressive Menschen mögen sich traurig fühlen und mit niemandem sprechen oder nicht ausgehen wollen. Sie fühlen sich so, als ob sie einfach alleine gelassen werden wollen. Ihre Gedanken sind negativ und ihre Einstellung ist voller Verdruss.

Die leicht depressive Person mag gelegentlich noch Zeiten der Hoffnung haben. Es ist jene Hoffnung, die dazu beiträgt, die Person schlussendlich aus der Depression herauszuziehen.

Eine verzagte Person hat ähnliche Symptome wie eine depressive Person, nur sind sie tiefergehend. Sie ist »niedergeworfen« oder »betrübt« (gemäß der Ausdrucksweise von Psalm 37,24; 42,6), niedergeschlagen in ihren Gedanken, schwach im Geist, hat allen Mut verloren und sinkt immer tiefer, weil sie die Hoffnung verliert.

Eine verzweifelte Person hat wiederum ähnliche Symptome wie jemand, der depressiv ist, aber auf einer noch tieferen Ebene als der Verzagte. Das englischsprachige Lexikon von E.W. Vine zur Erläuterung von Wörtern des Neuen Testaments (*An Expository Dictionary of New Testament Words*) übersetzt das griechische Wort für Verzweiflung zum Teil als »völlig ohne Richtung sein«, »nicht mehr weiter wissen, ohne Ausweg[4]«.

Verzweiflung unterscheidet sich von Verzagtheit dadurch, dass Verzweiflung von einem gänzlichen Verlust an Hoffnung gekennzeichnet ist, während das bei Verzagtheit nicht der Fall ist. Menschen, die verzagt sind, sind hoffnungslos, haben aber nicht *alle* Hoffnung verloren. Bedrückung wird von einem Aufgeben von Bemühungen oder dem Einstellen von Aktivität begleitet; Verzweiflung ist manchmal mit gewalttätigen Handlungen oder sogar Rage verbunden.

Menschen, die Schritte unternehmen, um Selbstmord, einen gewalttätigen Akt gegen sich selbst, zu begehen, sind Menschen, die in tiefer Verzweiflung stecken. Satans Taktik ist es, jemand bis zu diesem Punkt zu führen, sei es durch zunichte gemachte Erwartungen oder eine andere Art von Enttäuschung.

Um zu vermeiden, den Pfad der Verzweiflung einzuschlagen, ist es sehr wichtig, mit den ersten Phasen von Depression gleich zu Beginn fertig zu werden.

2

Die Kraft der Freude

Um Mitternacht aber als Paulus und Silas beteten und Gott Loblieder sangen ... entstand plötzlich ein großes Erdbeben, so dass selbst die Grundfesten des Gefängnisses erschüttert wurden; und sofort öffneten sich alle Türen und die Fesseln aller wurden gelöst.

Apostelgeschichte 16,25-26

Durch die ganze Bibel hindurch fordert Gott sein Volk auf, mit Freude und Jubel erfüllt zu sein. Zum Beispiel heißt es in Philipper 4,4:

> Freut euch im Herrn allezeit [vergnügt, erfreut euch in ihm]; abermals sage ich: Freut euch!

Immer, wenn uns der Herr etwas zweimal sagt - die Philipper wurden zweimal aufgefordert, sich zu freuen - müssen wir dem Gesagten genaue Beachtung schenken.

Der Apostel Paulus kannte die Kraft der Freude. Als er und Silas im Gefängnis von Philippi waren, heißt es:

> Um Mitternacht aber als Paulus und Silas beteten und Gott Loblieder sangen ... entstand plötzlich ein großes Erdbeben, so dass selbst die Grundfesten des Gefängnisses erschüttert wurden; und sofort öffneten sich alle Türen und die Fesseln aller wurden gelöst. (Apostelgeschichte 16,25-26)

Dieselbe Kraft, die die Türen öffnete und die Fesseln von Paulus und Silas und den anderen Gefangenen löste, steht nach wie vor allen Menschen zur Verfügung, die heute von Depressionen gefangen und durch sie gebunden sind.

Oftmals sehen oder hören Menschen den Ausdruck »sich freuen« und denken: »Das klingt gut, aber wie mache ich das?« Sie würden sich gerne freuen, wissen aber nicht wie!

Paulus und Silas, die geschlagen, ins Gefängnis geworfen und deren Füße in den Stock gelegt wurden, hatten einfach Freude daran, Gott Loblieder zu singen. Es ist uns oft nicht bewusst, dass das »Sichfreuen«, welches so viel Kraft freizusetzen vermag, so einfach wie das Lächeln oder Lachen sein kann oder wie eine gute Zeit und Spaß zu haben. Und das an sich lässt das Problem meist schon verschwinden!

Einmal, als ich mich darauf vorbereitete, über Depression zu predigen, hat mir der Herr etwas so deutlich gezeigt, als würde ich es auf einer Filmleinwand sehen. Er sagte: »Menschen suchen alle möglichen Arten von Seelsorge auf, weil sie deprimiert sind. Menschen nehmen alle möglichen Medikamente, weil sie deprimiert sind. Wenn die Menschen einfach nur lächeln würden, sobald die Depression beginnt, würde sie wieder verschwinden. Die meisten Menschen verstehen wirklich und wahrhaftig nicht, dass sie auf diese Weise ihre Umstände verändern können.

Veränderung ist oftmals das Resultat einer einfachen Korrektur von dem, wie wir in einer bestimmten Situation reagieren. Der Herr verdeutlichte mir: »Wenn sie nur lächeln oder mir ein Lied singen würden, würde die Depression verschwinden. Wenn sie nur ein wenig lachen würden, könnte die Depression nicht auf ihnen bleiben. Wenn sie unverzüglich auf diese Weise reagieren würden, sobald die Depression beginnt, würde die Depression weggehen.«

Die Schrift lehrt dies deutlich, auch wenn wir bisher die Lehre über Freude vielleicht nicht in diesem Licht gesehen haben!

Freude ist schlicht eine Frucht des Geistes.

> Die Frucht des [Heiligen] Geistes aber [das Werk, das seine innewohnende Gegenwart hervorbringt] ist Liebe, *Freude* (Fröhlichkeit), Friede, Geduld (Ausgeglichenheit, Nachsicht), Freundlichkeit, Güte (Wohlwollen), Treue, Sanftmut (Milde, Demut), Selbstbeherrschung (Disziplin, Enthaltsamkeit). Gegen solche Dinge gibt es kein Gesetz [das Anklage erheben kann]. (Galater 5,22-23)

Wenn Sie eine persönliche Beziehung zum Herrn haben - wenn Sie errettet sind - dann wohnt der Heilige Geist in Ihnen (Johannes 14,16-17; 1. Korinther 12,3). Wenn Freude eine Frucht des Geistes ist, und der Geist in Ihnen wohnt, dann ist Freude in Ihnen. Sie versuchen nicht, Freude zu bekommen oder sie zu erzeugen - sie ist bereits da, genauso wie die Fähigkeit zu lieben und die andere Frucht des Geistes da ist, weil der Geist da ist.

Es ist sehr wichtig zu begreifen, dass wir als Gläubige nicht versuchen sollen, Freude zu *bekommen* - wir *haben* Freude. Freude ist in unserem Geist. Wir müssen sie nur freizusetzen lernen.

Eine stille Freude

Aber keines dieser Dinge bewegt mich, noch halte ich mein Leben der Rede wert, wenn ich nur meinen Lauf mit Freude vollenden möge und den Dienst, den ich vom Herrn Jesus empfangen habe [der mir von ihm anvertraut wurde], nämlich die gute Nachricht (das Evangelium), von Gottes Gnade (seiner unverdienten Gunst, seinem geistlichen Segen und seiner Barmherzigkeit) treu zu bezeugen.

Apostelgeschichte 20,24

Gemäß Strongs Konkordanz ist die Grundbedeutung des griechischen Wortes, das in diesem Vers mit *Freude* übersetzt ist: »Fröhlichkeit, d. h. stille Freude«[1]. Andere Bedeutungen eines hebräischen Wortes für *Freude* sind »sich freuen«, »froh machen« oder »verbunden sein«[2]. Ein weiteres hebräisches Wort, das mit Freude übersetzt wird, kann »herumwirbeln«[3] bedeuten.

Eine der Bedeutungen des Begriffs »Freude« in Nehemia 8,10 - »denn die Freude am Herrn ist eure Stärke und eure Festung« - lautet »verbunden sein«. Sie können somit Folgendes erkennen: Damit die Freude des Herrn Ihre Stärke sein kann, müssen Sie mit Gott verbunden sein. Die Verbindung zu Gott bringt Freude in Ihr Leben!

Wir können die Freude des Herrn auch auf andere Weise zeigen, wie man aus der Bedeutung von »herumwirbeln« schließen kann, nämlich durch gewisse überschwängliche körperliche Aktivität. Das heißt aber nicht, dass wir überall herumspringen und vierundzwanzig Stunden am Tag im Kreis herumwirbeln müssen!

Manchmal, wenn Menschen eine Botschaft hören, die sie als Wahrheit erkennen, möchten sie diese so sehr in die Tat umsetzen, dass sie in eigene Anstrengungen verfallen. Sie versuchen sie in ihrer eigenen Kraft zustande zu bringen, anstatt Gott zu erlauben, diese in ihrem Leben als Resultat von Gebet, Gottes Kraft und in seinem Zeitplan zu verwirklichen. Wenn ich sage, dass wir manchmal die Freude des Herrn durch überschwängliche körperliche Aktivität ausdrücken, dann möchte ich damit niemand unter Druck setzen, dies im Fleisch zu tun.

Wenn wir uns nicht fröhlich fühlen, dann müssen wir etwas unternehmen, um Freude freizusetzen, bevor wir beginnen, in Depressionen abzugleiten. Manchmal müssen wir im Fleisch anfangen, uns zu freuen, ob uns nun danach zumute ist oder nicht. Es ist so, als würde man eine Pumpe durch wiederholtes Auf- und Abbewegen des Schwengels dazu bringen, sich zu füllen, bis die Pumpe gänzlich gefüllt ist und das Wasser zu fließen beginnt.

Ich erinnere mich, dass meine Großeltern eine Pumpe alten Stils besaßen. Dort wo sie lebten, hatten die Leute damals kein fließendes Wasser in der Küche. Ich kann mich entsinnen, wie ich als kleines Kind am Spülbecken stehend den Pumpenschwengel auf- und ab bewegte und es mir manchmal so vorkam, als würde sie nie anschlagen und Wasser spenden. Eigentlich schien es mir so, als ob sie mit nichts verbunden wäre und ich nur Luft pumpte.

Aber wenn ich nicht aufgab, dann wurde das Auf- und Abbewegen des Schwengels immer schwerer. Das war ein Zeichen dafür, dass das Wasser in Kürze zu fließen beginnen würde.

Genauso verhält es sich mit der Freude. Wir haben eine Quelle mit Wasser im Inneren unseres Geistes. Der Pumpenschwengel, der es hervorbringt, besteht aus körperlicher Aktivität: Lächeln, Singen, Lachen und so fort. Zunächst mögen die körperlichen Ausdrucksweisen scheinbar nichts nutzen. Und nach einer Weile wird es sogar noch schwerer, aber wenn wir nicht nachlassen, werden wir bald eine »sprudelnde Quelle« der Freude erhalten.

Ich denke nicht, dass »voller Freude« bedeutet, dass wir die ganze Zeit übermütig lachend umhergehen sollen, indem wir herumwirbeln und auf- und abhüpfen mit einem künstlichen, eingefrorenen Lächeln auf dem Gesicht. Wir brauchen Weisheit. Ich habe Erfahrungen mit angeblich freudvollen Christen gemacht, die in Wirklichkeit meine Gefühle verletzten, weil sie unsensibel waren.

Ich erinnere mich daran, wie ich einer Freundin etwas anvertraute, das ich gerade durchmachte. Es war etwas, das meine Gefühle sehr verletzt hatte. Ihre Erwiderung war ein breites Lächeln und ein lautes: »Nun, trotzdem: Preis sei dem Herrn!« Dies war für mich wie ein Schlag ins Gesicht.

Wenn sie mich gebührend getröstet hätte, indem sie Verständnis und Anteilnahme gezeigt hätte, dann hätte sie durch ihr Dienen wahre Freude in meinem Leben freisetzen können. Aber ihre fleischliche und unechte Reaktion verletzte mich und machte meine Situation noch schlimmer.

Als ich zu ihr ging, fühlte ich mich nur traurig. Nachdem sie mich abgefertigt hatte, war ich wirklich deprimiert!

Wir müssen immer Weisheit einsetzen. Es mag Zeiten geben, da wir uns vor Freude vor dem Herrn im Kreis drehen möchten. Möglicherweise ist etwas wirklich Aufregendes geschehen und wir fühlen uns so, als könnten wir es kaum für uns behalten. Aber wenn wir uns in einem Restaurant oder beim Einkaufen befänden, wäre es weise, auf die Gefühle und das Verhalten der Menschen um uns herum Rücksicht zu nehmen. Wir wollen unserem Zeugnis als Christen nicht schaden, indem wir Dinge tun, aufgrund derer uns andere für gefühlsmäßige Fanatiker halten.

Es gab Begebenheiten, da ich zu meiner Familie im Restaurant sagte: »Ich würde am liebsten auf den Tisch springen und ›Preis den Herrn!‹ rufen.«

Es gibt Zeiten, da eine Äußerung wie diese aus Ihrem inneren Menschen herauskommt und sie dem nachgeben sollten. Aber wenn Sie in einem Restaurant, einem Geschäft oder an einem anderen öffentlichen Ort sind könnte es sein, dass Sie warten müssen, bis Sie wieder in Ihrem Auto sitzen.

Obwohl wir uns gelegentlich übermäßig freuen können, freuen wir uns die meiste Zeit auf eine frohe und stille, glückliche Weise. Und, wie mir der Herr zeigte, bedeutet dies, zu lächeln oder einfach nur in einem Zustand der stillen Freude zu leben.

3

Lächeln ist eine ernste Angelegenheit!

Am Morgen kommt Freude.
Psalm 30,5 (KJV)

Ich neige dazu, eine sehr ernste, geradlinige Person zu sein. Aber ich habe gelernt, es auch mit dem Lächeln ernst zu meinen!

Ich wurde unter schlimmen Umständen erzogen und hatte eine schwere Last in meinem Leben. Ich hatte praktisch keine Kindheit; ich war der Freude meiner Jugend beraubt worden. Soweit ich zurückdenken kann, lebte ich wie eine Erwachsene, weil alles in meinem Leben ernst war. Ich dachte, wenn ich ernst bleiben würde, könnte ich vielleicht überleben. Mit dieser Art von Hintergrund entwickelt man keine sprudelnde, ausgelassene Art von Persönlichkeit. Ich nahm eine ernsthafte Haltung mir gegenüber ein, die gelegentlich von Menschen missverstanden werden kann.

Einmal sagte ich zu einer meiner Mitarbeiterinnen, dass ich mit ihr reden müsse, bevor sie nach Hause ginge. Sie dachte, dass ich sie wegen etwas tadeln würde. Alles, was ich wollte, war, mit ihr über die nötigen Vorbereitungen für eine bevorstehende Veranstaltung zu sprechen. Ich war in so ernsthafter Weise an sie herangetreten, dass sie den Eindruck bekam, sie wäre in ernsthaften Schwierigkeiten!

Ich begann den Herrn zu suchen, wie ich von dieser anhaftenden Ernsthaftigkeit frei werden könnte. Der Herr vermittelte mir, dass ich mehr von der Freude in meinem Herzen zum Ausdruck bringen müsse. Er weiß, dass sie da ist, aber er möchte, dass sie aus uns herauskommt, damit jeder sie erleben kann und sie jedem zugute kommt.

Er teilte mir das mit, während ich eines Morgens unter der Dusche stand. Ich begann mit ihm zu reden, wie ich es immer tue, als er zu meinem Herzen sprach und sagte: »Ich wünschte, du würdest lächeln, wenn du mit mir redest.«

Mein Gesicht wollte nicht lächeln. Um 6.00 Uhr früh war es starr vor Schlaf. Aber ich fing an zu lächeln! Ich kam mir reichlich dumm vor, in der Dusche zu lächeln. Ich dachte: »Ich bin froh, dass mich niemand dabei sehen kann!«

Psalm 30,5 (KJV) sagt uns: »Am Morgen kommt Freude.« Wenn Sie morgens Ihre Augen öffnen, dann ist die Freude bereits bei Ihnen. Sie können Freude nicht immer fühlen, es sei denn, Sie aktivieren sie, indem Sie ganz bewusst in ihr wandeln. Oftmals kommt zuerst die Entscheidung, dann folgen die Gefühle nach.

Wenn Freude in Ihrem Leben offensichtlich ist, dann färbt sie auf andere ab. Aber wenn sie nur in Ihnen schlummert, ohne für andere sichtbar zu sein, können Sie um sich herum eine Atmosphäre schaffen, die so ernst ist, dass sie eine Schwere bewirkt.

Eines Abends, als Dave und ich miteinander redeten, sagte er: »Ich habe das Gefühl, dass zu viel Ernsthaftigkeit in unserem Haus ist.«

Ich begann darüber nachzudenken. Ich fragte den Herrn: »Gott, es gibt nichts in meinem Leben, von dem ich weiß, dass es falsch wäre. Ich verbringe meine ganze Zeit damit, zu beten, zu studieren, dich zu lieben und mich um meine Familie zu kümmern. Was ist das, was Dave empfindet?«

Der Herr zeigte mir, dass es möglich ist, eine ernste Hingabe in unserem Herzen zu haben, ohne dabei nach außen hin derart ernsthaft zu sein, dass niemand recht weiß, wie er mit uns umgehen soll.

Es begann mir bewusst zu werden, dass ich als Hausfrau das Klima bei uns zu Hause in der Hand hatte. Freude gehört zum Licht, Trauer zur Finsternis. Die beiden können nicht beieinander wohnen. Wenn ich mein Heim voller Licht haben wollte, musste ich alles »leichter« nehmen. Ich erkannte, dass ich die Leute in meinem Zuhause mehr anlächeln musste und nicht nur den Kindern Anweisungen bezüglich ihrer Hausaufgaben und ihrer Pflichten zu geben hatte. Ich sollte auch lächeln und meine Anweisungen mit einem freundlichen Gesichtsausdruck weitergeben. Ich musste mir Zeit nehmen, um mit ihnen und mit Dave zu lachen.

Ich glaube, unser Zuhause sollte ein glücklicher Ort sein. Wir sollten in der Freude des Herrn wandeln. Wenn eine Frau voller Freude ist, dann wird ihr Ehemann gerne nach Hause kommen. Jeder geht gerne an einen fröhlichen Ort. Wenn er einen griesgrämigen Chef und nörgelnde Kollegen hat, möchte er nicht nach Hause kommen, um noch mehr davon zu haben.

Natürlich sollten der Ehemann und die Kinder auch ihren Anteil beisteuern, um das Zuhause zu einem glücklichen Ort zu machen. Freude ist ansteckend. Einer wird von ihr ergriffen, dann der andere, und dann der Nächste, und bevor man sich versieht, ist jeder fröhlich!

Freude verändert unsere Umstände

Manchmal kommen Sie in Ihrem Wandel mit Gott in verschiedenen Bereichen zu einem bestimmten Punkt, wo Sie das Gefühl haben, dass Sie feststecken. Sie wissen, dass es noch mehr gibt, aber Sie können spüren, dass Sie blockiert sind, all das Ihnen Zugedachte zu bekommen.

Dave und ich erreichten diesen Punkt im Hinblick auf Wohlstand. Wir waren aus der Situation gekommen, wo wir praktisch nichts hatten und in einen Bereich eingetreten, wo wir zumindest nicht darüber besorgt sein mussten, wie wir unsere Rechnung bezahlen würden. Gott war im Begriff, uns zu segnen. Aber ich wusste, dass er so viel mehr für uns hatte.

Gott möchte uns so sehr segnen. Er möchte, dass wir in einem schönen Zuhause wohnen, schöne Autos fahren und schöne Kleidung tragen können. Wir sind seine Kinder und er möchte sich gut um uns kümmern. Ungläubige sollten nicht all die schönen Dinge haben, während Gläubige in der »Komme-kaum-über-die-Runden-Straße« wohnen.

Es gibt gewisse Dinge, die wir tun, die uns Wohlstand bringen, weil sie biblische Prinzipien in Aktion setzen. Wenn wir geben, weil wir den Herrn lieben und das Evangelium unterstützen möchten, werden wir empfangen (Lukas 6,38). Wenn wir den Zehnten geben, dann bedroht Gott den Fresser für uns (Maleachi 3,10-11).

Dave und ich erlebten den Wohlstand, der aus dem Geben und dem Zehntengeben resultiert. Aber weil ich in meinem Geist empfand, dass es Zeit wäre, auf eine neue Ebene zu gehen, bat ich den Herrn, mir zu zeigen, was uns blockierte. Eines der Dinge, die mir der Herr zeigte, war, dass Freude ein Teil des Gefäßes ist, um von ihm zu empfangen. Keine Freude in unserem Leben nach außen zu zeigen, hält den Segen des Wohlstands von uns fern.

Wenn die Freude des Herrn in Ihnen ist, Sie aber nicht lächeln und die dazugehörige Heiterkeit nicht nach außen hin zeigen, dann sehen Sie wie ein Miesepeter aus. Vom natürlichen Standpunkt aus hat die Bereitwilligkeit der Leute Ihnen gegenüber in weiten Bereichen sehr viel damit zu tun, wie sie Sie sehen. Menschen wollen normalerweise niemanden segnen und keinem behilflich sein, der so aussieht, als wolle er ihnen den Kopf abbeißen, weil er so ernst dreinschaut!

Jeder von uns weiß, wie man lächelt. Es ist eine der größten Gaben, die Gott uns gegeben hat. Ein Lächeln ermuntert den anderen, und Menschen sehen so wunderschön aus, wenn sie lächeln.

Ich hätte nie gedacht, dass Lächeln eine so ernste Sache ist, aber Gott verbrachte mehrere Monate damit, zu versuchen, mir dies beizubringen. Viele Male, wenn Gott uns etwas mitteilen möchte und wir dem keine Beachtung schenken, bringen wir uns selbst in Schwierigkeiten, bevor wir erkennen, wie ernst es ist. Freude auszudrücken durch das stille Vergnügen des Lächelns wird gute Dinge in Ihr Leben bringen und außerdem anderen das Licht Jesu zeigen.

In der Bibel forderte der Herr sein Volk auf, sich zu freuen, wenn sie ihren Feinden gegenüberstanden. Er wies sie an, sich zu freuen, wenn sie in den Kampf zogen oder wenn es so aussah, als würden sie sterben. Er legte ihnen nahe, sich zu freuen, egal was passierte - zu singen und mit lauter Stimme zu preisen (2. Chronik 20).

Wenn wir durch schwierige Zeiten gehen, sollten wir diese als lauter Freude betrachten. Die Übersetzung der *King James Bibel* sagt, dass wir »es *alles* als lauter Freude erachten« sollen (Jakobus 1,1-5).

Gott sprach zu meinem Herzen: »Die meisten Menschen verstehen wirklich und wahrhaftig nicht, wie sehr das Ausdrücken von Freude ihre Umstände verändern würde«. Sich in der Freude des Herrn zu bewegen, wird solche Umstände, die nicht göttlich sind, förmlich verjagen, weil sie voll des Teufels sind. Der Teufel kann Gottes Freude nicht ertragen; wenn wir daher in dieser Freude agieren, werden sich der Teufel und seine Umstände aus dem Staub machen.

Den Geist der Freude am Morgen freizusetzen, stoppt die Umstände, die Satan vorbereitet hat, bevor sie an diesem Tag überhaupt wirksam werden können.

4

Singen Sie und jubeln Sie vor Freude

Freut euch im Herrn und frohlockt, ihr [kompromisslos] Gerechten, [die ihr aufrichtig und in gerechtem Stand vor ihm seid]; jubelt vor Freude, alle, die ihr aufrichtigen Herzens seid!

Psalm 32,11

Lass das Wort [gesprochen von] Christus (dem Messias) in euch [in euren Herzen und eurem Sinn] wohnen und in [seinem ganzen] Reichtum in euch leben, wenn ihr euch gegenseitig lehrt und ermahnt und trainiert in aller Einsicht und Intelligenz und Weisheit [in geistlichen Dingen, und wenn ihr singt] mit Psalmen, Lobliedern und geistlichen Liedern, und Gott eine Melodie spielt mit [seiner] Gnade in euren Herzen. Und was immer ihr tut [egal was es ist] in Wort oder Werk, das tut im Namen des Herrn Jesus und in [Abhängigkeit von] seiner Person, und preist Gott, den Vater, durch ihn.

Kolosser 3,16-17

Singen Sie dem Herrn

Wir haben bereits die Kraft der Freude und des sich Freuens kennen gelernt, um Sieg über Depression zu erringen.

In dem obigen Vers legt uns der Apostel Paulus dar, dass wir, in Übereinstimmung mit dem Wort Gottes, jene Freude und das sich Freuen unter anderem durch Singen von Psalmen, Lobliedern und geistlichen Liedern ausdrücken können.

Im Epheserbrief, Kapitel 5, Vers 19 und 20, fährt Paulus fort, uns zu unterweisen: »Redet zueinander in Psalmen, Lobliedern und geistlichen Liedern, bringt Lobpreis mit Stimmen [und Instrumenten] dar und spielt dem Herrn von ganzem Herzen eine Melodie, sagt allezeit Gott, dem Vater, Dank für alles, im Namen unseres Herrn Jesus Christus.« Die Übersetzung der *King James*-Bibel von Epheser 5,19 lautet: »Sprecht zu euch selbst mit Psalmen, Lobliedern und geistlichen Liedern und spielt dem Herrn in eurem Herzen eine Melodie.«

Lasst uns freudige Gespräche mit anderen führen sowie zu uns selbst reden, was das Wort sagt.

Singen Sie und rufen Sie Befreiung aus!

Du bist ein Schutzort für mich; du Herr, behütest mich vor Bedrängnis, du umgibst mich mit Gesang and Jubelrufen der Befreiung.

Psalm 32,7

Freut euch im Herrn und frohlockt, ihr [kompromisslos] Gerechten, [ihr, die ihr aufrichtig und in gerechtem Stand vor ihm seid]; jubelt vor Freude, alle, die ihr aufrichtigen Herzens seid!

Psalm 32,11

In Psalm 5,12 sagt David zum Herrn: »Mögen sich freuen alle, die bei dir Zuflucht suchen und auf dich vertrauen; ewiglich mögen sie singen und jubeln, denn du beschirmst und beschützt sie; darum mögen die, die deinen Namen lieben, in dir sich freuen und voll Geistes sein.«

Vor ein paar Jahren wurde bei uns im Fernsehen für ein Waschmittel namens »*Shout*« (Schrei) mit dem Motto: »Schrei starken Schmutz raus!« geworben. Dieser Spruch veranlasste mich dazu, eine Botschaft mit dem Titel: »Rufe es heraus!« zu predigen. In dieser Botschaft ermutigte ich die Gläubigen, dass sie, wenn Satan kommt, um sie zu belästigen und zu stören, ihn aus ihrem Leben hinausrufen sollten.

Ich bin stets ein Schreihals gewesen, aber nie ein Ausrufer. Das ist nicht das Gleiche. Schließlich kam der Herr zu mir und sagte: »Joyce, entweder lernst du es, auszurufen oder du wirst letztendlich immer schreien. Was möchtest du?«

Wenn also nun Dinge in meinem Leben schief zu laufen beginnen, habe ich gelernt, statt aus vollem Hals zu brüllen und zu kreischen, Gott Preis und Lob zuzurufen. Ich »rufe es raus«. Sie sollten es auch versuchen – das überbietet das Schreien infolge von Ärger und Frustration bei weitem.

Wie David umgebe ich mich mit Singen und Jubeln. Ich habe herausgefunden, dass ich mich dadurch besser fühle. Denn, wie David es ausdrückte, wirkt das Singen und Jubeln wie ein Wall, der mich von allen Seiten umgibt.

Aber Singen und Jubeln kann auch Mauern und Festungen niederreißen! Wir lesen in Josua 6,20 einen Bericht darüber, wie der Herr das Volk anweist, ein Kriegsgeschrei zu erheben und eine Mauer niederzureißen: »Da erhob das Volk das Geschrei und die Hörner wurden geblasen. Als nun das Volk den Schall der Hörner hörte, erhob es ein großes Geschrei, und die Mauer [von Jericho] fiel in sich zusammen, so dass das Volk [Israel] in die Stadt stieg, ein jeder gerade vor sich hin, und sie nahmen die Stadt ein«.

Das soll nicht heißen, dass Sie und ich überall in der Stadt herumrennen und aus Leibeskräften schreien sollen, wo immer wir hinkommen! Aber zu Hause soll uns nichts davon abhalten, am Morgen mit einem Lied auf unseren Lippen und einem Lobgesang zum Herrn, unserem Gott, aufzustehen, als ein Mittel zur Vertreibung von Depression.

Früher mochte ich gerne eine möglichst stille Atmosphäre - besonders am Morgen. Ich wollte nachdenken! In Wirklichkeit aber, anstatt produktiv nachzudenken, endete ich damit, mir intensiv Sorgen zu machen und ausgiebig zu grübeln - über Dinge, für die ich niemals eine Lösung hätte finden können. Was ich tun musste, war, über diese Angelegenheiten zu beten und Gott dafür zu vertrauen.

Innerhalb von fünf oder zehn Minuten nach dem morgendlichen Aufstehen fing mein Mann zu singen oder zu summen an. Er hätte auch gerne Musik gehört, aber ich beschwerte mich, wenn er sie anstellte und sagte ihm, dass ich es ruhig haben wolle.

Seit dieser Zeit habe ich gelernt, den Tag mit Musik zu beginnen. Als Teil meiner Gebetszeit und Gemeinschaft mit dem Herrn höre ich mittlerweile oft Musik.

Gott sprach sogar mehrere Male sehr klar zu meinem Herzen und machte mich darauf aufmerksam, dass ich nicht genug Musik höre. Ich musste mir diese Angewohnheit zu Eigen machen. Zunächst befolgte ich dies aus Gehorsam. Ich war so sehr an Stille gewöhnt, dass ich diese Atmosphäre auch dann wollte, wenn es nicht unbedingt immer die beste Art und Weise war, den Tag zu beginnen.

Ich möchte damit nicht sagen, dass wir keine Stille benötigen, denn wir brauchen sie sehr wohl. Gott spricht in den stillen, ruhigen Zeiten, und diese sind kostbar. Aber ich hatte nicht die richtige Ausgeglichenheit. Ich sollte meinen Tag fröhlich beginnen, und Musik half mir dabei.

Sogar der Glaubensriese David hatte mit Depression zu kämpfen. Wir haben gesehen, dass David sagte, es ei gut, immer »zu singen und zu jubeln vor Freude«. Um diese bedrückenden Gefühle und Gemütszustände zu überwinden, benutzte er Lieder und Jubelrufe der Befreiung. Deswegen sind so viele seiner Psalmen Lobgesänge an Gott, die mitten in beunruhigenden und verwirrenden Situationen gesungen werden sollten.

Wenn ich niedergeschlagen bin, gehe ich oftmals durch die Psalmen und lese sie laut, denn ich weiß, dass die Verheißungen des Wortes Gottes sich erfüllen - sofern wir sie nicht nur lesen und bekennen, sondern auch danach handeln, egal wie wir uns momentan fühlen.

Das meinte auch Paulus, als er an die Korinther schrieb: »Denn ihr seid noch [ungeistlich, vom Wesen her] fleischlich [unter der Kontrolle von gewöhnlichen Impulsen]. Denn solange [es] Neid und Eifersucht und Streit und Parteiungen unter euch [gibt], seid ihr da nicht ungeistlich und fleischlich, indem ihr euch nach menschlichem Maßstab und lediglich wie (unveränderte) Menschen verhaltet?« (1. Korinther 3,3).

Mit anderen Worten, diese Menschen taten nicht das, was das Wort ihnen auftrug, sondern das, worauf sie Lust hatten. Paulus sagte, dass sie mit ihrem Verhalten nicht im Geist Gottes agierten, sondern im Fleisch. In Galater 6,8 warnte er: »Wer auf sein Fleisch (niedrigere Natur, Sinnlichkeit) sät, wird vom Fleisch Verderben, Ruin und Zerstörung ernten, wer aber auf den Geist sät, wird vom Geist ewiges Leben ernten.«

Deswegen müssen wir das lernen, was David tat und zu unserer Seele, zu unserem inneren Selbst, sprechen; andernfalls wird es die Kontrolle über uns ergreifen und uns in Verderben, Ruin und Zerstörung führen.

Harren Sie voller Erwartung auf Gott

Warum bist du niedergeschlagen, o mein Inneres? Und warum solltest du über mich stöhnen und beunruhigt sein in mir? Hoffe auf Gott und harre erwartungsvoll auf ihn, denn ich werde ihn dennoch preisen, meine Hilfe und meinen Gott.

Psalm 42,6

Fühlt sich Ihr innerer Mensch gelegentlich niedergeschlagen? Meiner manchmal schon. Auch bei David war es so.

Wenn er sich so fühlte, wenn seine Seele in ihm stöhnte und beunruhigt war, setzte David seine Hoffnung auf Gott und harrte erwartungsvoll auf ihn, pries ihn als seine Hilfe und seinen Gott.

Dies muss eine wichtige Angelegenheit für David gewesen sein, denn in Vers 12 desselben Psalms wiederholt er beinahe dieselben Worte: »Warum bist du niedergeschlagen, o mein Inneres? Und warum solltest du über mich stöhnen und beunruhigt sein in mir? Hoffe auf Gott und harre erwartungsvoll auf ihn, denn ich werde ihn dennoch preisen, der die Hilfe meines Angesichts ist und mein Gott«.

David wusste: Wenn seine Gemütsverfassung nach unten ging, dann ging auch sein Gesichtsausdruck nach unten. Deswegen sprach er zu sich selbst, zu seiner Seele (Verstand, Wille und Gefühle) und ermutigte und stärkte sich im Herrn (1. Samuel 30,6).

Wenn wir uns in derselben deprimierten Verfassung befinden, dann sollten wir voller Erwartung auf den Herrn harren, ihn preisen, der unsere Hilfe und unser Gott ist, und uns in ihm ermutigen und stärken.

Wir, die wir gerecht sind - in rechtmäßigem Stand vor Gott durch unseren Glauben an Jesus Christus - wir, die wir Zuflucht nehmen und unser Vertrauen auf den Herrn setzen, können singen und vor Freude jubeln! Der Herr beschirmt und beschützt uns. Er kämpft unsere Schlachten für uns, wenn wir ihn preisen! (2. Chronik 20,17-21).

5

Widerstehen Sie dem Teufel beim ersten Anschlag

Widerstehet ihm; seid fest im Glauben [gegen seinen Anschlag].
1. Petrus 5,9

Es gibt viele Ursachen für Depression, aber nur eine Quelle: Satan. Er möchte uns niedergedrückt halten und bewirken, dass wir uns schlecht über uns selbst fühlen, damit wir nicht all das empfangen, wofür Jesus gestorben ist, um es uns zu geben. Eines seiner Hauptwerkzeuge, die er einsetzt, damit wir uns schlecht über uns selbst fühlen, ist Verdammnis.

Verdammnis kann mit Sicherheit eine Ursache für Depression sein. Satan benutzt sie, um unsere Freude zu stehlen. Er weiß, dass »die Freude am Herrn« unsere »Kraft« gegen ihn ist (Nehemia 8,10). Satan möchte, dass wir schwach und unfähig sind, irgendetwas zu tun, außer uns mit dem abzufinden, was immer er nach seinem Gutdünken auf uns wirft.

Menschen können auch deprimiert sein, weil körperlich bei ihnen etwas nicht in Ordnung ist. Kranke Menschen sind häufig deprimiert; ein chemisches Ungleichgewicht im Körper oder übermäßige Müdigkeit und Erschöpfung können eine Depression hervorrufen. Wenn der Körper aufgrund von Stress oder Mangel an Ruhepausen erschöpft ist, kann die betroffene Person wiederhergestellt werden, einfach indem sie Weisheit anwendet und sich die nötige Ruhe und Ernährung verschafft. Wenn die Depression eine medizinische Depression ist, eine, die durch eine Stoffwechselstörung oder andere körperliche Probleme verursacht wird, ist angemessene medizinische Hilfe das Klügste.

Mit anderen Worten: Musik zu spielen oder zu singen und zu jubeln, wird Menschen nicht wieder in Ordnung bringen, die einem Zusammenbruch aufgrund von Überarbeitung nahe sind, die deprimiert sind, weil ihr Körper wegen einer hormonellen oder biochemischen Unausgewogenheit nicht einwandfrei funktioniert. Wir müssen auch den körperlichen Bedürfnissen unsere Beachtung schenken.

Depression kann körperliche, verstandesmäßige, gefühlsbedingte oder geistliche Ursachen haben. König David war deprimiert, weil Sünde in seinem Leben war, die er nicht bekannt hatte (siehe Psalm 51). Jona war deprimiert, weil er vor dem Ruf Gottes davonlief und in Ungehorsam lebte (siehe Jona 1 und 2). Elia war deprimiert, weil er müde war. 1. Könige 19,5-8 berichtet uns, wie der Engel des Herrn ihn mit zwei reichhaltigen Mahlzeiten versorgte und ihm einigen Schlaf zukommen ließ.

Wir dürfen nicht immer alle Ursachen eines Problems in eine Schachtel stecken und eine einzige richtige Antwort herausziehen. Jesus jedoch ist immer die richtige Antwort, ganz gleich, was Satan benutzt hat, um eine Depression auszulösen. Jesus wird uns zum Sieg führen, wenn wir ihm folgen. Er wird jedem von uns zeigen, was wir tun müssen, um ein von Freude erfülltes Leben zu führen.

Ganz gleich, was die Ursache sein mag, sobald wir bemerken, dass eine Depression im Anzug ist, müssen wir ihr unverzüglich widerstehen und die Maßnahme ergreifen, welche auch immer der Herr uns zeigt.

Flirten Sie nicht mit dem Teufel

Spielen Sie nicht mit Depression herum. Sobald wir uns enttäuscht fühlen, müssen wir zu uns selbst sagen: »Ich sollte besser etwas dagegen unternehmen, bevor es schlimmer wird.« Wenn wir dies nicht tun, werden wir schließlich entmutigt werden, dann deprimiert. Jesus gab uns »ein Lobpreisgewand statt eines schwermütigen Geistes« anzuziehen (Jesaja 61,3). Wenn wir das von ihm Gegebene nicht einsetzen, werden wir tiefer und tiefer in die Grube der Depression sinken und möglicherweise in wirklichen Schwierigkeiten enden.

Wenn wir wissen, was richtig ist, es aber nicht tun, dann bezeichne ich das als »Flirten mit dem Teufel«. In der Welt mögen ein Mann oder eine Frau mit jemandem im Büro flirten und sich dennoch nicht in eine ausgewachsene ehebrecherische Affäre stürzen. Aber mit dem Teufel können wir auf diese Weise nicht flirten. Wenn wir erst einmal die Tür geöffnet haben, bekommt er seinen Fuß hinein. Und wenn er einmal Fuß gefasst hat, kann er eine Festung errichten. Er ist vorwärtsstrebend und aggressiv in seiner Vorgehensweise gegen uns, und wir müssen aggressiv sein gegen ihn.

Ich erinnere mich, als Gott mir zeigte, wie falsch Selbstmitleid ist. Er verdeutlichte mir, dass ich nicht voller Selbstmitleid und gleichzeitig voller Kraft sein kann. Ich hatte die meiste Zeit über in Selbstmitleid gelebt. Zu diesem Zeitpunkt traf ich die feste Entscheidung, diesem negativen Gefühl nicht länger zu erlauben, mein Leben zu beherrschen. Wenn etwas nicht nach meinen Vorstellungen ablief und ich mir am liebsten Leid getan hätte, dann widerstand ich diesem Gefühl auf Anhieb. Wenn ich dem nachgegeben hätte, wäre ich tiefer und tiefer hineingeraten.

Ich kann mich an eine Begebenheit erinnern, da ich mich bewusst einen Moment so fühlen wollte, um mich danach wieder herauszuziehen. Ich saß in dem Stuhl, wo ich immer bete, und trank meinen Morgenkaffee. Dave hatte mich gekränkt, deshalb wollte ich mir Leid tun. Ich wusste, dass ich nicht so bleiben konnte, war aber nicht bereit, jetzt gleich davon abzulassen. Der Herr zeigte mir, dass ich mich durch meinen Widerwillen, dieses Gefühl unmittelbar aufzugeben, so verhalten würde, als wollte ich mit »Herrn Selbstmitleid« eine Tasse Kaffee trinken. Das mag sich nicht sehr schlimm anhören, aber es könnte genau die Zeit sein, die der Teufel braucht, um eine Festung aufzurichten, die dann nicht mehr so leicht niedergerissen werden kann.

Gott beschützt uns in einem größeren Maße, wenn wir unwissend sind und wirklich keine Ahnung haben, was wir tun. Aber wenn wir einmal wissen, was richtig ist und uns bewusst für das Falsche entscheiden, ist das eine andere Geschichte. Gott liebt uns und möchte uns immer noch helfen, aber wir haben ein größeres Maß an Verantwortlichkeit. Erkenntnis gibt uns Verantwortung.

Während einer Konferenz, bei der ich über den Umgang mit Sünde lehrte, überreichte mir jemand folgende Geschichte. Sie verdeutlicht wirklich den Punkt, den ich hier machen möchte.

> Ein junges Mädchen ging auf einem Bergpfad. Auf ihrem Weg den Berg hinauf wurde es sehr kalt. Unterwegs begegnete ihr eine Schlange. Die Schlange sagte: »Bitte, hebe mich auf, mir ist kalt.« Das Mädchen entgegnete: »Ich kann das nicht tun.« Die Schlange

sagte: »Oh, bitte, wärme mich.« Das Mädchen gab nach und sagte: »Du kannst dich in meinem Mantel bergen.« Die Schlange ringelte sich und wurde warm. Das Mädchen dachte, alles wäre in Ordnung. Plötzlich wurde es von der Schlange gebissen. Es ließ die Schlange fallen und sagte: »Ich habe dir vertraut, warum hast du mich gebissen?« Die Schlange erwiderte: »Du wusstest, wer ich bin, als du mich aufhobst.«

Wenn wir mit dem Teufel flirten, werden wir immer verletzt werden. Es ist gefährlich, sich das Lobpreisgewand nicht anziehen zu wollen, nur, weil uns nicht danach ist oder wir es einfach nicht wollen. Es öffnet die Tür für tiefere Probleme, die ernsthafte Folgen nach sich ziehen können.

Widerstehen Sie der Depression augenblicklich

Seid wohl ausgeglichen (maßvoll, besonnen), seid wachsam und allezeit auf der Hut; denn dieser euer Feind, der Teufel, streift umher wie ein brüllender Löwe [mit wildem Hunger], und sucht jemanden, um ihn zu überfallen und zu verschlingen. Widersteht ihm; seid fest im Glauben [gegen seine Anschläge – verwurzelt, gegründet, stark, unbeweglich und entschlossen], wissend, dass dieselben (identischen) Leiden eurer Bruderschaft (dem ganzen Leib der Christen) in der Welt widerfahren.

1. Petrus 5,9

Satan beim ersten Anschlag zu widerstehen stoppt ausgeprägte Anfälle von Depression.

Wir widerstehen dem Teufel, indem wir uns Gott unterordnen und das Schwert des Geistes schwingen, welches sein Wort ist (siehe Epheser 6,17).

Als Jesus in der Wüste dreimal von Satan versucht wurde, wurde er nicht wütend und emotional. Er sagte einfach: »Es steht geschrieben ... Es steht geschrieben ... Es steht geschrieben ...« (Lukas 4,4+8+10). Das ist die Art und Weise, wie wir Satan widerstehen sollen, wenn er kommt und versucht, uns in Verdammnis, Depression oder jede andere falsche Sache, die er uns zufügen möchte, zu führen.

Sie und ich müssen erkennen und uns in Erinnerung rufen, dass Depression nicht Teil unseres Erbes in Jesus Christus ist. Dies gehört nicht zum Willen Gottes für seine Kinder. Jedes Mal, wenn wir etwas wahrnehmen, das nicht Teil des Willens Gottes für uns ist, müssen wir beginnen, das scharfe, zweischneidige Schwert des Wortes zu schwingen (siehe Hebräer 4,13).

Wenn wir das tun, wenn wir Satan beim ersten Anschlag fest widerstehen, verheißt die Bibel, dass er von uns fliehen wird (siehe Jakobus 4,7; 1. Petrus 5,8-9).

In dem Moment, da wir irgendwelche Gefühle von Depression erleben, die durch Verdammnis oder Schuld oder Gewissensbisse oder Bereuen ausgelöst werden, müssen wir auf dem Wort Gottes stehen und dürfen uns von jenen negativen Gefühlen auf keinen Fall belasten und deprimieren lassen.

In Jesaja 61,1-3 sehen wir, dass Jesus von Gott gesalbt und gesandt wurde, um das Evangelium der frohen Botschaft den Armen im Geiste zu predigen, zu verbinden und zu heilen, die gebrochenen Herzens sind, den Gefangenen Befreiung auszurufen, die Gefängnistüren und die Augen derer zu öffnen, die gebunden sind, und Trost und Freude den Trauernden zuzusprechen - um ihnen Schmuck statt Asche zu geben, Freudenöl statt Trauer, und ein Feierkleid statt eines schweren, belasteten und schwachen Geistes.

In Christus gibt es keine Verdammnis

> *Deshalb [gibt es] nun keine Verdammnis (keine falsche Schuldigsprechung) für die, welche in Christus Jesus sind, die nicht nach den Vorschriften des Fleisches leben und wandeln, sondern nach den Vorschriften des Geistes.*
>
> Römer 8,1

Gemäß dieser Schriftstelle sind wir, die wir in Christus Jesus sind, nicht mehr verdammt, nicht mehr fälschlicherweise schuldig gesprochen. Dennoch richten und verdammen wir uns so oft selbst.

Bei mir war das so: Bis ich das Wort Gottes kennen und verstehen lernte, verbrachte ich einen Großteil meines Lebens damit, mich schuldig zu fühlen. Wenn mich jemand gefragt hätte, weswegen ich mich schuldig fühlte, hätte ich nicht antworten können. Alles, war mir bewusst war, war ein unbestimmtes Schuldgefühl, das mir ununterbrochen überallhin folgte. Glücklicherweise war ich, als ich das Wort des

Herrn besser verstand, in der Lage, diese quälenden Gefühle zu überwinden.

Aber vor nicht allzu langer Zeit durchlebte ich eine kurze Zeitspanne, in der ich jenes alte Schuldgefühl wieder verspürte. Ich brauchte ein paar Tage, um zu erkennen, was geschehen war, denn ich hatte seit langem kein solches Problem mehr gehabt.

Durch diese Erfahrung gab mir Gott eine wirkliche Offenbarung darüber, wie man frei von Schuld und Verdammnis leben kann. Er zeigte mir, dass Sie und ich nicht nur Vergebung von ihm empfangen müssen, sondern uns auch selbst zu vergeben haben. Wir müssen aufhören, uns selbst für etwas auf den Kopf zu schlagen, das er vergeben und vergessen hat (siehe Jeremia 31,34; Apostelgeschichte 10,15).

Das bedeutet nicht, dass wir nun vollkommen oder frei von Fehlern wären. Es bedeutet einfach, dass wir unser Leben weiterleben können, ohne von einer ständigen Last der Schuld und Verdammnis für etwas niedergedrückt zu werden, das vergangen ist.

Solange wir unser Bestes geben, für unsere Sünden Buße tun und unser Herz vor Gott rein ist, kommen wir nicht unter die Last der Schuld und Verdammnis.

Gott sieht nicht nur darauf, was wir tun; er schaut auf unser Herz. Er weiß, dass letztendlich auch unsere Handlungen mit unserem Herzen in Einklang kommen werden, wenn unser Herz richtig ist.

Während jener Zeit, da ich diese Gefühle der Schuld und Verdammnis verspürte, machte mir alles zu schaffen. Ich fühlte mich schuldig und verdammt für jeden kleinen Fehler, den ich beging. Schließlich sagte ich zu meinem Mann: »Dave, ich glaube, ich werde von einem Geist der Verdammnis angegriffen.«

Das passiert von Zeit zu Zeit jedem von uns. Wir mögen eines Morgens aufwachen und aus keinem ersichtlichen Grund plötzlich das Empfinden haben, dass wir etwas falsch gemacht haben. Wenn dieses Empfinden anhält, kann es sein, dass wir uns zu fragen beginnen: »Was stimmt nicht mit mir?«

Das ist der Moment, in dem wir die geistliche Autorität, die uns im Namen und durch das Blut Jesu gegeben worden ist, über die dämonischen Kräfte ausüben müssen. Das ist der Zeitpunkt, da wir das Wort Gottes einsetzen müssen, um die Mächte zu überwinden, die uns unseren Frieden und unsere Freude im Herrn zu rauben versuchen.

Gott möchte Ihnen helfen

Einige Menschen, die scheinbar auf der Sonnenseite des Lebens geboren wurden, haben keine Probleme mit Depression. Aber es gibt viele andere - wiedergeborene, geisterfüllte Christen mit eingeschlossen -, die regelmäßig darunter leiden.

Wenn Sie an einer Depression leiden, dann sollen Sie wissen, dass Gott Sie mehr liebt, als Sie sich vorstellen können und dass er sich um Ihr Problem kümmert. Er möchte nicht, dass Sie noch länger darunter leiden müssen. Aber wenn Sie tatsächlich wieder depressiv werden, was durchaus geschehen kann, dann müssen Sie sich deswegen nicht schuldig oder verdammt fühlen.

Ich wende die Prinzipien dieses Buches in meinem Leben regelmäßig an. Wenn ich es nicht täte, wäre ich womöglich vier oder fünf Tage die Woche deprimiert.

Ich glaube, dass es beinahe unmöglich ist, in Depression zu verfallen, wenn der Verstand unter strenger Kontrolle gehalten wird. Deswegen wird uns in Jesaja 26,3 gesagt, dass Gott uns in vollkommenem und andauerndem Frieden beschützen und bewahren wird - wenn wir unseren Sinn fortwährend auf Ihn gerichtet halten.

Wenn wir uns in vollkommenem und beständigem Frieden befinden, dann werden wir nicht deprimiert sein. 99,9 Prozent unserer Probleme beginnen in unserem Denken.

> Du wirst den beschützen und in vollkommenem und andauerndem Frieden bewahren, dessen Sinn [seine Zuneigung wie auch seine Persönlichkeit] dir zugewendet bleibt, weil er sich dir hingibt, sich auf dich stützt und zuversichtlich auf dich hofft. Vertraut auf den Herrn (gebt euch ihm hin, stützt euch auf ihn, hofft zuversichtlich auf ihn) für immer; denn Gott, der Herr, ist ein ewiger Fels [der Fels der Ewigkeit]. (Jesaja 26,3-4)

6

Ablehnung, Versagen und unangebrachte Vergleiche

Obgleich mein Vater und meine Mutter mich im Stich gelassen haben, der Herr nimmt mich auf [adoptiert mich als sein Kind].

Psalm 27,10

Ablehnung verursacht Depression. Abgelehnt zu werden bedeutet, weggeworfen zu werden, als wäre man wertlos oder unerwünscht. Wir wurden für Annahme geschaffen, nicht für Ablehnung. Der seelische Schmerz der Ablehnung ist einer der tiefsten, die es gibt. Besonders, wenn die Ablehnung von jemand kommt, den wir lieben oder von dem wir erwarten, dass er uns liebt, wie zum Beispiel den Eltern oder dem Ehepartner.

Ich kannte einmal eine Frau, die die meiste Zeit zutiefst deprimiert war, obwohl sie Christin war und eine nette Familie hatte. Ihre Depression schien von der Tatsache herzurühren, dass sie ein Adoptivkind war. Sie sagte, sie hätte ein tiefes Empfinden, dass etwas mit ihr nicht stimme und sie deswegen unerwünscht sei. Sie beschrieb es als ein tiefes Loch in ihrem Herzen, das scheinbar mit nichts gefüllt werden konnte.

Sie musste dringend die Liebe Gottes *annehmen*. Ich betone »annehmen«, weil viele zwar verstandesmäßig übereinstimmen, dass Gott sie liebt, und es sogar bezeugen, aber es keine Realität in ihrem Leben ist.

Psalm 27, Vers 10, besagt: »Obgleich mein Vater und meine Mutter mich im Stich gelassen haben, der Herr nimmt mich dennoch auf [adoptiert mich als sein Kind].«

Gott hatte die genannte Frau angenommen und liebte sie sehr, aber sie ruinierte ihr Leben, indem sie versuchte, etwas zu bekommen, das sie nie würde haben können: die Liebe ihrer leiblichen Eltern.

Diese Sehnsucht machte sie depressiv. Satan hatte durch diese offene Tür ihre Gefühle bereits früh in ihrem Leben ausgenutzt. Depression wurde zur Gewohnheit. Sie war derart daran gewöhnt, sich so zu fühlen, dass es leicht war, sich einfach in denselben alten negativen Gefühlen dahintreiben zu lassen.

Wenn wir durch Jesus von unseren Sünden gerettet werden, sind unsere Gefühle nicht errettet. Es kann sein, dass wir immer noch viele negative Dinge »fühlen«. Aber im Moment oder zur Zeit der Errettung – dem Zeitpunkt, wenn wir Jesus Christus als unseren Herrn und Erlöser annehmen und an ihn glauben –, empfangen wir die Frucht des Heiligen Geistes.

Zu den Früchten gehört auch die Frucht der Selbstbeherrschung (siehe Galater 5,23). Es ist diese Frucht, die uns von all den negativen Gefühlen bewahren wird. Wir lernen, was Gottes Wort über Gefühle sagt, dann beginnen wir die negativen Gefühle mit Hilfe des Heiligen Geistes zu beherrschen und uns zu bemühen, ihnen keinen Ausdruck durch unseren Körper zu verleihen, der nun Jesus Christus gehört.

Diese junge Frau lebte, obwohl sie Christin war, im Bereich des Fleisches. Sie folgte gewöhnlichen Impulsen. Sie musste aber beginnen, ihr Selbstwertgefühl aus der Tatsache abzuleiten, dass Jesus sie genug liebte, um für sie zu sterben, und sie musste damit aufhören, sich ungeliebt und wertlos zu fühlen, weil ihre Eltern sie weggegeben hatten. Sie erlangte schließlich den Sieg, aber es war ein langer, harter Kampf.

Wenn Sie depressiv sind, kann das aus einer Wurzel der Ablehnung in Ihrem Leben resultieren. Ablehnung zu überwinden, ist sicherlich nicht einfach, aber wir können sie durch die Liebe Jesu Christi bewältigen.

In Epheser 3,18-19 betete Paulus für die Gemeinde, dass sie »die Breite, die Länge, die Höhe und die Tiefe« der Liebe, die Gott für sie hatte, erkennen und für sich selbst erleben würde. Er sagte, dieses Erleben würde die bloße Erkenntnis weit übersteigen.

Halten Sie auf all Ihren Wegen danach Ausschau, wie Gott seine Liebe für Sie zeigt. Dadurch bezwingen Sie die Ablehnung, die Sie vielleicht von anderen Menschen erfahren haben.

Während ich an diesem Buchkapitel arbeitete, erhielt ich einen Anruf, durch den ich erfuhr, dass ein gewisser, sehr bekannter Pastor angerufen hatte. Er hält viele wunderbare Veranstaltungen in seiner Gemeinde ab, wollte aber sein Gemeindegebäude nie anderen Diensten zur Verfügung stellen. Dieser Pastor hatte niemals zuvor anderen Diensten wie meinem erlaubt, seinen Gemeindesaal zu benutzen, um eine Konferenz abzuhalten. Aber nun rief er an, um zu erklären, dass Gott ihm aufs Herz gelegt hätte, uns das Gebäude benutzen zu lassen!

Wir waren aus dem Gemeindegebäude hinausgewachsen, das wir zuvor genutzt hatten und an den Punkt gelangt, wo wir dieses Gebäude verlassen mussten, weil wir nicht mehr hineinpassten. Die einzige Möglichkeit, die wir sahen, war, eine Stadthalle zu mieten, was sehr teuer sein kann und viele Formalitäten mit sich bringt.

So oft lassen wir solche Begebenheiten, die uns auf diese Weise widerfahren, einfach an uns vorübergehen, ohne zu bemerken, dass sie von Gott stammen, der uns seine Liebe demonstriert. Jedes Mal, wenn Gott uns Gunst gibt, möchte er uns zeigen, dass er uns liebt. Es gibt viele, viele Arten, wie er uns die ganze Zeit über seine Liebe zeigt; wir müssen einfach nur anfangen, danach Ausschau zu halten. Eine tiefe Offenbarung über Gottes Liebe zu uns wird uns vor Depression bewahren.

Wenn Menschen uns ablehnen, nimmt Jesus das persönlich.

Lukas 10,16 sagt: »Wer euch [Jünger] hört und beachtet, hört und beachtet mich; und wer euch beleidigt und ablehnt, beleidigt und lehnt mich ab; und wer mich beleidigt und ablehnt, beleidigt und lehnt den ab, der mich gesandt hat.«

Denken Sie darüber nach: Selbst wenn jemand uns beleidigt, nimmt Jesus das persönlich. Es ist eine böse Sache für jemanden, einen anderen abzulehnen. Der Jakobusbrief, Kapitel 2, Verse 8-9, lehrt, dass Liebe das neue Gesetz ist. Weiterhin heißt es dort: »Wenn ihr unterwürfig Rücksicht auf Menschen nehmt (Voreingenommenheit, Bevorzugung zeigt), so sündigt ihr und werdet vom Gesetz als Gesetzesübertreter und Straftäter zurechtgewiesen und überführt.« Wir brechen das Gesetz der Liebe.

Auch wenn Ablehnung eine schlimme Sache ist, dürfen wir dem Bösen nicht erlauben, unsere Gefühle zu beherrschen und uns zu deprimieren. Römer 12,21 besagt: »Lass dich nicht vom Bösen überwinden, sondern überwinde (meistere) das Böse mit Gutem!«

Bewusst ein Lächeln auf den Lippen zu zeigen und fröhlich zu sein, ist eine gute Sache, und sie wird das Böse der Ablehnung und deren Resultat, nämlich die Depression, überwinden.

Versagen

Wir sind von unserer Gesellschaft so programmiert, dass Gewinnen alles bedeutet und dass Erfolg heißt, ohne Versagen zu leben. Ich persönlich glaube: Versagen gehört zum wahren Erfolg dazu.

Was ich damit meine, ist Folgendes: Jeder hat auf seinem Weg nach oben einige Dinge zu lernen. Eines davon ist Demut. Menschen sind nicht von Haus aus demütig, wir alle haben mit einer reichlichen Portion an Stolz umzugehen. Wiederholte Verfehlungen werden sehr schnell Demut in unseren Charakter einarbeiten!

Petrus war ein mächtiger Apostel. Wir können sagen, dass er ein Erfolg war und es bis ganz nach oben schaffte – er gehorchte dem Herrn und erlaubte ihm, große Dinge für das Reich Gottes durch ihn zustande zu bringen. Aber Petrus versagte kläglich, als er dreimal leugnete, Jesus auch nur zu kennen.

Paulus war ebenfalls ein mächtiger Mann Gottes, dennoch gestand er ein, Schwächen zu haben. David war ein gewaltiger König, Psalmist und Prophet, aber er versagte, als er mit Batseba Ehebruch beging und veranlasste, dass ihr Ehemann Uria getötet wurde.

Ich habe jetzt einen sehr erfolgreichen Dienst, aber ich habe auf meinem Weg zu der Position, die ich jetzt innehabe, gewiss viele Fehler gemacht und zu verschiedenen Zeiten versagt. Ich dachte bisweilen, ich würde von Gott hören, um dann herauszufinden, dass es nicht so war.

Ich habe Wege beschritten, die nicht der Wille Gottes für mich waren und musste manchmal sehr beschämt wieder davon lassen. Ich habe darin versagt, Menschen immer mit der Liebe und Barmherzigkeit zu behandeln, die Jesus für sie gehabt hätte.

Meine Misserfolge enttäuschten mich, manchmal entmutigten oder deprimierten sie mich sogar. Das war meine normale Reaktion, bis ich erkannte, dass Gott meine Schwächen benutzte, indem er sie zum Guten wendete, um meinen Charakter zu entwickeln und mich zu einem besseren Menschen zu machen.

Niemand hat wirklich versagt, solange er nicht endgültig aufgibt. Ich habe die Einstellung, dass Satan mich vielleicht niederwerfen wird, aber mich nicht wird K.o. schlagen können. Zu versagen ist etwas völlig anderes, als ein Versager zu sein. Wir müssen lernen, das »Wer« und das »Tun« auseinander zu halten. Ich mag etwas tun, bei dem *ich* versage, aber *ich* bin kein Versager. Ich bin ein Kind Gottes, das immer noch in sein Ebenbild verwandelt wird, von Herrlichkeit zu Herrlichkeit (siehe 2. Korinther 3,18).

Es ist wirklich nicht das Versagen, das Depression hervorruft; es ist unsere Einstellung dazu. Wenn wir glauben, dass Gott größer ist als unsere Verfehlungen, dann haben sie keine Macht über uns! Unsere Schwächen sind eine Gelegenheit für ihn, uns seine Stärke zu zeigen.

In Römer 5, Vers 20 (KJV), heißt es: »Wo aber das Maß der Sünde voll war, ist die Gnade überfließend geworden.« Wie kann jemand da versagen, wenn seinetwegen ein solches Prinzip eingesetzt wurde?

Seien Sie aufgrund von Schwächen und Misserfolgen nicht deprimiert. Freuen Sie sich in dem Bewusstsein, dass Sie wegen Jesus nicht so bleiben müssen. Menschen ohne Jesus können sich, wenn sie versagen, eigentlich nur der Depression hingeben, wir hingegen können zu Jesus gehen. Das sollte uns glücklich machen, nicht traurig!

Bedenken Sie, Sie sind keine Überraschung für Gott. Er wusste, was er bekommen würde, als er Sie erwählte, genauso wie er wusste, was er bekommen würde, als er mich erwählte. Epheser 1, Vers 4, verdeutlicht dies: »Er erwählte uns [in seiner Liebe] in Christus [hat uns tatsächlich für sich auserwählt als sein Eigentum] vor Grundlegung der Welt.« Er kannte bereits jede Schwäche, jeden Fehler, jeden Zeitpunkt, zu dem wir je versagen würden, und er sagte immer noch: »Ich will dich.« Epheser 1,5 erklärt, dass er uns vorherbestimmt hat, um als seine eigenen Kinder angenommen zu werden.

Ich denke, ich werde glücklich sein, ist Gott doch immerhin mein Papa! Mit Gott an unserer Seite müssen Dinge am Ende zwangsläufig gut ausgehen. Freuen wir uns also und verschwenden wir nicht soviel Zeit mit Traurigkeit.

Ungerechte Vergleiche

Uns mit anderen Leuten zu vergleichen ruft häufig Depression hervor. Wir können uns andere Menschen ansehen und uns fragen, warum wir nicht so aussehen, wie sie aussehen, nicht das wissen, was sie wissen, nicht das besitzen, was sie besitzen oder nicht das tun, was sie tun. Aber es ist interessant zur Kenntnis zu nehmen, dass Satan nie darauf aufmerksam macht, was sie nicht haben, sondern nur darauf, was sie haben, das wir nicht haben.

Andere mögen einige Dinge haben, die wir nicht haben, aber wir haben auch einiges, das ihnen fehlt. Wir müssen glauben, dass Gott jeden von uns mit genau dem Notwendigen ausgerüstet hat, um Gottes Ruf auf seinem Leben zu erfüllen. Wenn ich etwas nicht habe, dann brauche ich es auch nicht, oder es ist einfach noch nicht die Zeit für mich, es zu haben.

Ich verbrachte viele unglückliche, depressive Tage, indem ich mich mit anderen Menschen verglich. Warum konnte ich nicht meine Sorge auf den Herrn werfen wie Dave? Warum konnte ich nicht so süß und barmherzig sein und mich so unterordnen wie die Frau meines Pastors? Warum konnte ich nicht so nähen wie meine Nachbarin? Warum konnte mein Stoffwechsel nur nicht schneller sein, so dass ich mehr essen kann, ohne zuzunehmen? Warum? Warum? Warum?

Gott beantwortete mir diese Fragen nie, außer mit derselben Antwort, die er Petrus gab, als dieser sich mit Johannes verglich. In Johannes 21,18-22 hatte Jesus Petrus mitgeteilt, dass dieser eine Zeit des Leidens vor sich haben würde. Er sprach von der Art des Todes, den Petrus sterben und durch den er den Herrn verherrlichen würde.

Petrus' unmittelbare Reaktion war, zu fragen, was mit Johannes geschehen würde. Jesus erwiderte prompt: »Wenn ich will, dass er bleibt (überlebt, lebt) bis ich komme, was hat das mit dir zu tun? [Was geht es dich an?] Folge du mir nach!« (Vers 22).

Das hört sich für mich so an, als würde Jesus Petrus höflich darauf hinweisen, sich um seine eigenen Angelegenheiten zu kümmern und sich nicht mit Johannes zu vergleichen. Der Herr hat einen einzigartigen Plan für jeden von uns, aber oft können wir nicht verstehen, was er tut oder warum er es tut.

Wir schauen auf andere Menschen und nehmen sie als Maßstab dafür, was mit uns geschehen sollte. Aber sie können nicht die Richtschnur sein, denn Gott setzt mit jedem Menschen einen neuen Maßstab. Dass jeder von uns einen anderen Fingerabdruck hat, ist Beweis genug, dass wir uns nicht gegenseitig Konkurrenz machen und nicht mit ungerechten Vergleichen anderen gegenüber leben sollten.

Es ist ungerecht, uns mit anderen zu vergleichen. Es ist ungerecht uns, ihnen und Gott gegenüber. Es übt Druck auf Beziehungen aus und sagt Gott: »Ich möchte dich auf das begrenzen und sonst nichts.« Was ist, wenn Gott Ihnen letztendlich etwas viel Größeres gibt als jedem, den Sie kennen? Wir wären zufrieden mit dem, was wir bei anderen sehen, aber Gott kann weit darüber hinausgehen, und zwar bei demjenigen, der ihm vertaut. Galater 5,26 lehrt uns, aufeinander nicht »neidisch« und »eifersüchtig« und in diesem Zusammenhang nicht »wetteifernd« zu sein.

Sprüche 14,30 sagt: »Neid, Eifersucht und Zorn sind wie Knochenfraß«. Depression fühlt sich fast genauso an - wie »Knochenfraß«. Alles kommt einem so vor, als würde es sich gleich auflösen.

Galater 6,4 weist uns an, »etwas [in sich] Lobenswertes ohne [Anwendung] prahlerische[r] Vergleiche mit seinem Nachbarn« zu tun. Mit anderen Worten, unser Ziel sollte sein, »das beste Ich zu sein, das ich sein kann«, einfach das zu tun, was wir glauben, dass wir tun sollten, ohne danach zu trachten, etwas Größeres als jemand anders zu tun, damit wir uns besser fühlen können.

Wenn unser Selbstwertgefühl als Einzelner fest in Christus gegründet ist, sind wir frei von der Qual des Vergleichens und des Konkurrenzdenkens. Diese Art von Freiheit setzt Freude frei. Depression ist das Resultat davon, auf das zu schauen, was wir nicht haben und nicht tun können. Freude ist das Resultat davon, dankbar für jede kleine Sache zu sein, die wir haben, und uns selbst als gesegnet zu sehen, einfach nur deshalb, weil wir am Leben sind und Jesus als unseren Herrn kennen.

Depression erzeugt noch mehr Depression

Unsere Beziehungen sind sehr wichtig, denn wir können leicht genauso werden wie diejenigen, mit denen wir zusammen sind, wer auch immer es sein mag. Daniel war ein großartiger Mann, ein Mann von Integrität und Vortrefflichkeit, aber mir ist aufgefallen, dass seine Freunde genauso waren. Daniel pflegte keine Kompromisse zu machen, und Sarach, Mesach und Abednego ebenso wenig.

Es ist sehr unangenehm, mit einer deprimierten, trübsinnigen, negativen Person zusammen zu sein. Wenn diejenigen, die um diese Person herum sind, nicht aufpassen, werden sie feststellen, dass sie anfangen, sich genauso zu fühlen wie der Deprimierte.

Wenn Sie regelmäßig mit jemandem zusammen sein müssen, der depressiv ist, dann halten Sie sich als Schutz gegen den Geist der Depression beständig im Glauben mit dem Blut Jesu bedeckt. Gehen Sie sicher, dass Sie aggressiver gegen Depression vorgehen, als sie gegen Sie.

Psalm 1,1 weist uns an, nicht untätig auf dem Pfad der Sünder zu sitzen. Ich glaube fest daran, dass man versuchen sollte, Leuten zu helfen, und dies schließt deprimierte Menschen mit ein, aber manchmal wollen sie keine Hilfe, sie wollen einfach deprimiert sein.

Ich habe mich mit Personen befasst, die so negativ waren, dass, ganz gleich auf welche Art von guten Dingen ich hinzuweisen versuchte, sie immer verdrießlich und negativ reagierten. Ich selbst war über mehrere Jahre hinweg ganz genauso. Es machte mich beinahe wütend, wenn mich jemand aufzumuntern versuchte.

Ich kann mich gut daran erinnern, wie Dave unbeirrt damit fortfuhr, fröhlich zu sein, egal wie trübsinnig ich war. Seine Freude brachte mich richtig in Rage!

Deprimierte Menschen wollen, dass andere deprimiert sind. Freude ärgert sie. In Wirklichkeit reizt es den bösen Geist, der sie belastet. Ich behaupte nicht, dass Leute, die deprimiert sind, alle vom Teufel besessen sind. Ich sage aber, dass Depression das Resultat eines bedrückenden Geistes ist.

Wir wissen, dass alle gottlosen und bösen Dinge von Satan und seinen Dämonen kommen. Lasst uns daher dieser Tatsache ins Auge blicken und daran keinen Anstoß nehmen.

Wenn Sie zu denen gehören, die von Depressionsanfällen attackiert werden und Sie diese ernsthaft überwinden möchten, dann verbringen Sie doch Zeit mit fröhlichen Menschen. Daves Freude ärgerte mich während meiner depressiven Tage, aber seine Ausgeglichenheit und seine Freude machten mich auch begierig nach dem, was er hatte.

Durch das Zusammensein mit ihm lernte ich, wie man mit Situationen umgeht. Ich sah, wie anders er gewisse Dinge im Vergleich zu mir handhabte, und ich begann zu erkennen, dass seine Freude nichts mit fehlenden Herausforderungen im Leben zu tun hatte. Vielmehr beruhte sie auf seiner Handhabung der Herausforderungen, auf seiner Einstellung ihnen gegenüber.

Geister und Salbungen sind übertragbar. Deswegen legen wir Menschen die Hände auf, was der biblischen Lehre entspricht. Siebzig Männer waren erwählt worden, um Mose im Dienst zu unterstützen, zu dem ihn Gott berufen hatte. Zunächst ordnete Gott an, sie zum Zelt der Begegnung zu bringen und sie dort bei Mose stehen zu lassen. Dann beabsichtigte er zu kommen und von dem Geist, der auf Mose war, zu nehmen und ihn auf sie zu legen.

Zuerst mussten sie sich einfach um Mose versammeln - einfach bei ihm stehen. Gott wollte dafür sorgen, dass der Geist, der auf ihm war, auf sie kommen würde. Ein machtvolles Prinzip!

Ich brauchte eine Menge Veränderung an meiner Persönlichkeit. Eines der Dinge, die ich am meisten benötigte, war ein ausgeglicheneres Gemüt. Gott verstand, warum ich so war, wie ich war. Es gab vieles, das mir im Laufe der Jahre widerfahren war und jene Launenhaftigkeit in meinem Gefühlsleben hervorgebracht hatte. Aber er sorgte auch für meine Heilung. Er umgab mich in meinem persönlichen Lebensbereich mit Menschen, die außerordentlich gefestigt waren.

Mein Ehemann war einer davon, desgleichen ein Ehepaar, das seit elf Jahren mit Dave und mir lebt und sich um unser Zuhause und unseren Dienst kümmert, wenn wir auf Reisen sind. Paul und Roxane sind beide sehr ausgeglichen.

Alle Drei sind Menschen, mit denen ich fast täglich spreche, mit denen ich fast alle meine Mahlzeiten einnehme, mit denen ich Filme anschaue, mit denen ich einkaufe, zur Gemeinde gehe, Pläne mache und so weiter. Ich war von glücklichen, stabilen Menschen umgeben, im Vergleich zu denen ich wie ein Fleck oder Makel aussah, bis ich mich veränderte. Ihre Freude und Ausgeglichenheit überführten mich, und ich bin froh darüber. Das ist es, was glückliche, von Freude erfüllte, ausgeglichene Menschen für einen tun können.

Wenn Sie also gegen Depression kämpfen, dann bedenken Sie, dass Ihre Beziehungen sehr wichtig sind. Umgeben Sie sich nicht mit deprimierten Menschen, wenn Sie selbst Depression überwinden müssen!

Das Letzte, was wir brauchen, wenn wir Depressionsanfälle erleben, ist, mit anderen entmutigten, deprimierten Menschen zusammenzukommen und über all unsere Probleme zu reden. Wir sollten lachen, singen, uns freuen, gelegentlich jubeln und über freudige Dinge nachdenken.

7

Hören Sie auf das, was Gott über Sie sagt

Zum Preis der Herrlichkeit seiner Gnade, durch die er uns annehmbar gemacht hat in dem Geliebten.

Epheser 1,6 (KJV)

Gott möchte nicht, dass wir uns frustriert und verdammt fühlen. Er möchte, dass wir erkennen, dass wir ihm wohlgefällig sind, genauso wie wir sind.

Der Teufel versucht uns ständig zu sagen, was wir nicht sind. Gott dagegen versucht uns fortwährend mitzuteilen, wer und was wir sind: seine geliebten Kinder, die ihm wohlgefällig sind.

Gott erinnert uns niemals daran, wie tief wir gefallen sind. Er weist uns stets darauf hin, wie weit wir aufgestiegen sind. Er erinnert uns daran, wie sehr wir überwunden haben, wie gut wir es machen, wie kostbar wir in seinen Augen sind, wir sehr er uns liebt.

Der Teufel sagt uns, dass wir unmöglich bei Gott annehmbar sein können, weil wir nicht vollkommen sind. Gott aber erklärt uns, dass wir angenommen sind in dem Geliebten, aufgrund dessen, was er bereits für uns getan hat (Epheser 1,6; KJV).

Gott möchte, dass wir uns seiner Hand auf uns bewusst sind. Seine Engel wachen über uns, sein Heiliger Geist wirkt direkt in uns und mit uns, um uns in all unseren Unternehmungen zu helfen. Er möchte, dass wir wissen, dass Jesus unser Freund ist. Gute Dinge werden in unserem Leben stattfinden, wenn wir Tag für Tag mit ihm wandeln.

Wenn Sie und ich auf Gott hören statt auf den Teufel, wird Gott uns aufmuntern und dafür sorgen, dass wir uns gut fühlen. Er wird uns Frieden über die Vergangenheit, Freude für die Gegenwart und Hoffnung für die Zukunft geben.

Denken Sie daran: Die Freude des Herrn ist unsere Stärke und unsere Festung.

Schluss

Lebensverändernde Prinzipien sind normalerweise nicht kompliziert. Indem Sie gleich zu Beginn das Prinzip der Freude anwenden, wenn etwas bei Ihnen Depression verursachen will, wird sich Ihre Situation ändern.

Teil B

Schriftstellen zur Überwindung von Depression

Wenn die Gerechten um Hilfe rufen, hört der Herr und rettet sie aus all ihrer Not und Bedrängnis. (Psalm 34,18)

Geduldig und voller Erwartung habe ich auf den Herrn geharrt; und er neigte sich zu mir und erhörte mein Schreien. Er zog mich aus einer schrecklichen Grube [einer Grube des Tumults und des Verderbens], aus schmutzigem Schlamm (Schaum und Schlick), und stellte meine Füße auf einen Felsen, meine Schritte hat er fest gemacht und meine Wege machte er gerade. Und in meinen Mund hat er ein neues Lied gelegt, einen Lobgesang auf unseren Gott. (Psalm 40,2-4)

Mein ganzes Wesen hängt an dir und klammert sich fest an dich; deine Rechte hält mich aufrecht. (Psalm 63,9)

Ich harre auf den Herrn, ich warte gespannt, und auf sein Wort hoffe ich. (Psalm 130,5)

Eine sanfte Zunge [mit ihrer Heilungskraft] ist ein Baum des Lebens, aber gewollte Widerspenstigkeit in ihr zerbricht den Geist. (Sprüche 15,4)

Steht auf [aus der Bedrückung und Niedergeschlagenheit, in der Umstände dich gefangen hielten - erhebe dich zu neuem Leben]! Leuchte (strahle mit der Herrlichkeit des Herrn), denn dein Licht ist gekommen, und die Herrlichkeit des Herrn ist über dir aufgegangen! (Jesaja 60,1)

Der Geist Gottes, des Herrn, ist auf mir, weil der Herr mich gesalbt und befähigt hat, das Evangelium der frohen Botschaft den Elenden, den Armen und den Leidenden zu verkünden; er hat mich gesandt, zu verbinden und zu heilen, die gebrochenen Herzens sind, den [körperlich und geistlich] Gefangenen Befreiung auszurufen und die Gefängnistüren und die Augen derer zu öffnen, die gebunden sind, auszurufen das Gnadenjahr des Herrn [das Jahr seiner Gunst] und den Tag der Vergeltung unseres Gottes, zu trösten alle Trauernden, den Trauernden Zions [Trost und Freude] zuzusprechen - ihnen einen Schmuck (einen Kranz oder ein Diadem) der Schönheit statt Asche zu geben, Freudenöl statt Trauer, und das Kleid [als Ausdruck] der Freude statt eines schweren, belasteten und schwachen Geistes. (Jesaja 61,1-3)

Denn Gott, der sagte, lass Licht aus der Finsternis leuchten, hat es auch in unseren Herzen Licht werden lassen, so wie das Licht [hervorstrahlt] zur Erleuchtung der Erkenntnis der Majestät und der Herrlichkeit Gottes [wie sie sich darstellt in der Person und geoffenbart wird] im Angesicht Jesu Christi (des Messias). (2. Korinther 4,6)

Seid nicht besorgt und habt wegen nichts auch nur die geringste Angst, sondern fahrt in jeder Lebenslage und in allem fort, durch Gebet und Bitten (präzises Ansuchen) mit Danksagung eure Anliegen vor Gott kundwerden zu lassen. Und der Friede Gottes [sei euer, jener gelassene Zustand einer Seele, die überzeugt ist von ihrem Heil durch Christus und deshalb nichts von Gott befürchtet und zufrieden ist mit ihrem irdischen Los, welcher Art es auch sei - dieser Friede], der allen Verstand übersteigt, wird eure Herzen und Sinne mit einer Garnison belegen und über sie Wache halten in Christus Jesus. Im übrigen, Brüder, alles, was wahr ist, alles, was der Verehrung wert und ehrbar und geziemend ist, alles, was gerecht ist, alles, was rein ist, alles, was lieblich und liebenswert ist, alles, was freundlich und wohlgefällig und gütig ist, wenn es irgendeine Tugend und Vortrefflichkeit gibt, wenn etwas lobenswert ist, daran denkt und das erwägt und zieht in Betracht [darauf richtet euren Sinn]. (Philipper 4,6-8)

Gebet zur Überwindung von Depression

Vater,
im Namen Jesu, komme ich zu dir, die Last der Depression tragend. Es ist eine Last, die ich nicht brauche, und ich lege sie jetzt zu deinen Füßen, o Herr.

Ersetze diese bedrückenden Gefühle mit deiner Freude. Deine Gnade genügt mir.

Ich stimme jetzt mit Deinem Wort überein. Ich brauche Deine Gegenwart. In dir lebe, bewege und bin ich!

Danke!

Klartext über *Entmutigung*

Inhaltsverzeichnis

Einleitung

Wir sind alle schon das eine oder andere Mal enttäuscht worden. Es wäre sogar verwunderlich, wenn wir einmal eine Woche erleben würden, ohne dabei nicht irgendeiner Art von Enttäuschung zu begegnen. Wir sind darauf eingestellt, dass etwas auf bestimmte Art und Weise zu geschehen hat, und wenn es dann nicht so abläuft, sind wir enttäuscht.

Enttäuschung, die man nicht bewältigt, verwandelt sich in Entmutigung. Wenn wir längere Zeit entmutigt bleiben, laufen wir Gefahr, innerlich zu zerbrechen, und diese Zerbrochenheit wird uns unfähig machen, irgendetwas zustande zu bringen.

Viele auf diese Weise zerbrochene Christen liegen entlang dem Straßenrand des Lebens, weil sie es nicht gelernt haben, wie man mit Enttäuschung umgeht. Ihr Seelenbruch begann aller Wahrscheinlichkeit nach mit einer kleineren Enttäuschung, die nicht bewältigt wurde.

Jesus heilte alle, die vom Teufel unterdrückt waren (Apostelgeschichte 10,38; KJV). Es ist nicht Gottes Wille für uns, in Enttäuschung, Zerbrochenheit oder Bedrückung zu leben! Wenn wir enttäuscht werden, müssen wir lernen, uns wieder auszurichten, um uns vor Entmutigung und dem darauffolgenden Bruch zu bewahren.

Wenn wir lernen, unsere Hoffnung und unsere Zuversicht auf Jesus, den Fels (siehe 1. Korinther 10,4), zu setzen und dem Teufel im Ansatz zu widerstehen, können wir in der Freude und dem Frieden des Herrn leben, frei von Entmutigung.

Teil A

Frei von Bedrückung

1

Der Größere wohnt in uns

... wie Gott Jesus von Nazareth mit dem [Heiligen] Geist und mit Stärke und Fähigkeit und Kraft gesalbt und geweiht hat; wie er umherging und wohl tat und insbesondere alle heilte, die vom Teufel [durch dessen Kraft] geplagt und unterdrückt waren, denn Gott war mit ihm.

Apostelgeschichte 10,38

Während seines Dienstes auf Erden war es Jesu Ruf - wir könnten sogar sagen: »sein Job« - in der Salbung des Heiligen Geistes umherzugehen und all jene zu befreien, die vom Teufel unterdrückt waren. Dieselbe Kraft ist für uns heute verfügbar. Es ist nicht Gottes Wille für seine Kinder, geplagt und unterdrückt zu sein. Jesu Kraft steht uns zur Verfügung, um uns heute von Unterdrückung zu befreien.

Gemäß einem Wörterbuch von Webster[1] bedeutet *unterdrücken*, »schwer auf etwas lasten«, besonders »auch den Verstand oder Geist bedrücken«. Andere Bedeutungen sind »zerdrücken oder überwältigen«, »niederdrücken«.

Ich glaube, dass der Feind, Satan, nicht nur unseren Verstand oder unseren Geist unterdrücken kann, sondern jeden Teil unseres Seins, einschließlich unseres Körpers und unserer Seele. Manchmal tut er das sogar, ohne dass wir wissen, was uns speziell zu schaffen macht.

Von Zeit zu Zeit lastet auf jedem von uns etwas Schweres. Die meisten von uns haben Bedrückung bis zu dem Punkt erlebt, dass wir kaum fähig waren, zu denken und Entscheidungen zu treffen. Zu anderen Zeiten sind wir körperlich belastet gewesen.

Wir müssen uns dessen bewusst sein, dass Satan zu unterschiedlichen Zeiten verschiedene Teile unseres Seins auf verschiedene Art und Weise aus unterschiedlichen Gründen zu unterdrücken versucht. Wir haben die uns durch Jesus verfügbar gemachte Kraft, um aggressiv gegen den Teufel vorzugehen. Wenn wir dem Teufel gegenüber nicht aggressiv auftreten, wird er sich aggressiv gegen uns verhalten.

Obwohl der Teufel die Wurzel alles Bösen ist, gibt es Dinge, die wir im Fleisch tun und die uns dann ebenfalls überwältigt fühlen lassen oder eine Schwere auf uns bringen. Wir können uns von kleinen Problemen überwältigt fühlen, weil wir nicht mit ihnen umgehen, wenn sie auftauchen. Leute, die tratschen, sich beklagen, lästern und richten, können ein Gefühl der Schwere erleben.

Damit wir uns erbaut fühlen, so, als ob eine Quelle lebendigen Wassers aus uns fließen würde, müssen wir dem Teufel, der uns zu bedrücken versucht, sowie allen seinen Wegen widerstehen. Aber wir müssen uns auch weigern, Bedrückung und Depression auf uns selber zu bringen. Und was das Wichtigste ist, wir müssen in aggressiver Weise die Dinge in Angriff nehmen, die Gott uns zu tun aufträgt. Wenn wir Gott gehorchen, werden wir einige herausfordernde Projekte durchleben. Aber der Herr gibt uns seinen Geist, um auf mächtige Weise in uns zu wirken, damit wir seinen Auftrag ausführen können.

Wieder gemäß Webster bedeutet *aggressiv sein*, eine kraftvolle Handlung in Gang zu setzen, »energisch« oder »in kühner Weise entschlossen« zu sein - »unternehmerisch zu sein«, womit Einfallsreichtum gemeint ist[2].

So wie sie ursprünglich von Gott geschaffen wurde, ist die Vorstellungskraft des Menschen nicht als etwas Gottloses oder Böses zu verstehen. Es ist die schöpferische Phantasie des Menschen, die beständig neue Ideen entwickelt und durch erneuerte Gedanken neue Prozesse hervorbringt. Bedenken Sie, wie schöpferisch Adam in seinem heiligen Stand gewesen sein muss, um all die Tiere zu benennen, bevor er in Sünde fiel. Einige von uns haben Schwierigkeiten, einen Namen für unseren Hund zu finden!

Vom Geist geführt

Indem wir der Führung des Heiligen Geistes folgen und der Frucht des Geistes (siehe Galater 5,22-23) erlauben, in unserem Leben offenbar zu werden, sind wir Schöpfer und Erneuerer. Wir können in zielstrebiger Weise die schöpferische Kraft Gottes, die in uns ist, hervorbringen. Viele Leute sind gelangweilt, weil sie sich in einem »unterdrückten«

anstatt einem »göttlich aggressiven« Zustand befinden. Unsere gottgegebene Kreativität auszuüben, schaltet Langeweile aus!

Einige von uns sind von Natur aus schöpferischer, phantasiebegabter, erneuernder und aggressiver als andere. Aber jeder von uns kann die Kreativität, Vorstellungskraft und Aggressivität, die Gott in uns gelegt hat, einsetzen, um sein Leben befriedigender, produktiver und erfüllender zu machen.

Anstatt darauf zu warten, dass etwas zu uns kommt, können wir die Initiative ergreifen. Statt zum Beispiel auf andere zu warten, dass sie freundlich zu uns sind, können wir selber Freundschaften bauen.

Halten Sie den Teufel am Laufen

Der Teufel belügt uns (siehe Johannes 8,44). Wenn wir nicht aggressiv gegen ihn vorgehen und aufhören, seinen Lügen zuzuhören, wird er unser Leben bestimmen. Er geht umher *wie* ein brüllender Löwe (siehe 1. Petrus 5,8), aber wir haben den Löwen von Juda, Jesus, in uns. Wir sind diejenigen, die brüllen sollten!

Wenn sich der Teufel einen Schritt auf uns zu bewegt, sollten wir geistlich so eingestellt bleiben, dass wir genau erfassen, was er zu tun versucht, und ihn zurückdrängen. Dies sollte nur einige Sekunden in Anspruch nehmen.

Der Teufel versucht immer gegen uns anzukommen. Solange wir nachgeben, wird er beständig weiter gegen uns vorgehen. Wenn wir ihm in der Autorität, die Jesus uns verfügbar gemacht hat, einen Schritt entgegentreten, muss der Teufel nachgeben.

Wir dürfen nicht aufhören, in unserer Autorität gegen ihn standzuhalten. Wenn wir aber davon keinen Gebrauch machen, wird er sich auf uns zu bewegen und uns zurückdrängen. Der Teufel ist ein Lügner, ein Tyrann, ein Irreführer, ein Betrüger. Er kommt *wie* ein Löwe, ist aber kein Löwe. Wir Gläubige in Christus Jesus haben die Kraft des Größeren, der in uns ist. »Der in euch ist größer als der in der Welt« (1. Johannes 4,4; KJV).

Sie sollten Gottes Wort gut genug kennen, um in dem Moment, da Ihnen ein Gedanke in den Kopf kommt, der nicht mit dem Wort Gottes übereinstimmt, zum Teufel sagen zu können: »*Lügner*! Nein, ich werde dir nicht zuhören!«

Sie können Ihr Leben damit verbringen, sich zurückzuziehen und sich vor dem Teufel zu verstecken - oder ihn zum Rückzug zu zwingen.

Wählen Sie das Leben

Ich rufe den Himmel und die Erde heute gegen euch, um zu bezeugen, dass ich das Leben und den Tod vor euch gesetzt habe, die Segnungen und die Flüche; so wähle das Leben, dass du und deine Nachkommen leben mögen.

5. Mose 30,19

Glückseligkeit und Freude kommen nicht von außen. Sie kommen von innen. Sie entspringen einer bewussten Entscheidung, einer wohlüberlegten Wahl, die wir jeden Tag unseres Lebens treffen.

In unserem Dienst arbeitet eine junge Frau, die gerne viele Dinge in ihrem Leben geändert haben möchte. Aber trotz dieser Herausforderungen ist sie glücklich und voller Freude.

Diese junge Frau ist nicht deswegen von Glück und Freude erfüllt, weil sie keine Probleme hat, sondern aufgrund der Entscheidung, die sie getroffen hat, nämlich ihr Leben zu genießen und inmitten von Widrigkeiten zu arbeiten.

Jeden Tag kann sie wählen, von Kummer erfüllt zu sein oder mit der Freude des Herrn erfüllt zu sein.

Dies ist dieselbe Entscheidung, der jeder von uns jeden Tag seines Lebens gegenübersteht.

Entweder wählen wir, dem Teufel widerstandslos zuzuhören und ihm zu erlauben, unser Leben zu ruinieren und uns unglücklich zu machen oder wir wählen es, ihm aggressiv zu widerstehen, so dass wir in der Fülle des Lebens, das Gott für uns durch seinen Sohn Jesus Christus bereitet hat, leben können.

Auf beiden Wegen kommen wir in den Himmel. Doch wollen wir dorthin gelangen, nur um zu entdecken, wie viel Spaß wir auf dem Weg dorthin hätten haben können? Lassen Sie uns jetzt das Leben wählen und es auf eine Gott gefällige Weise genießen.

2

Wachet und betet

Jeder von euch muss wach bleiben (äußerst aufmerksam, vorsichtig und rege sein) und geistlich wachsam sein und beten, damit er nicht in Versuchung falle. Der Geist ist durchaus willig, aber das Fleisch ist schwach.

Matthäus 26,41

Angenommen, Sie wüssten, dass Ihr Haus von feindlichen Agenten umstellt wäre und dass sie jeden Moment die Tür aufbrechen und Sie angreifen könnten: Denken Sie, dass Sie bereit wären, wach zu bleiben und aufmerksam die Tür zu beobachten?

Was würden Sie tun, wenn Sie aus irgendeinem Grund nicht wach bleiben und aufpassen könnten? Würden Sie nicht dafür sorgen, dass ein anderer aus der Familie wachsam ist und auf die Gefahr achtet?

In jenem Vers fordert uns Jesus auf, wach zu bleiben, äußerst aufmerksam, vorsichtig, rege und wachsam zu sein und zu beten.

Als Gläubige müssen wir beständig auf der Hut, rege und wachsam sein. Dann, wenn nötig, müssen wir bereit sein, die Waffen gegen den Angriff des Feindes zu ergreifen.

Seien Sie ein Kämpfer

Kämpfe den guten Kampf des Glaubens.

1. Timotheus 6,12

Aggressiv sein heißt, ein Kämpfer zu sein.

Genauso wie der Apostel Paulus von sich sagte, dass er den guten Kampf des Glaubens gekämpft hätte (siehe 2. Timotheus 4,7), wies er seinen jungen Schüler Timotheus an, den guten Kampf des Glaubens zu kämpfen.

Desgleichen sollen Sie und ich in unserem täglichen Leben den guten Kampf des Glaubens kämpfen, indem wir gegen die geistlichen Feinde in den himmlischen Regionen und in unseren eigenen Gedanken und Herzen angehen.

Ein Teil des guten Glaubenskampfes besteht darin, in der Lage zu sein, den Feind zu erkennen, zu wissen, wann Dinge normal und wann sie falsch sind. Ich möchte es Ihnen an einem Beispiel verdeutlichen.

Vor einiger Zeit war ich in ein Gespräch mit einer gewissen Person verwickelt. Als ich ihr zuhörte, kam Verwirrung auf. Ich bemerkte, dass dies jedes Mal der Fall war, wenn ich mit dieser Person sprach,.

Immer wenn wir auseinander gingen, dachte ich: »Ich frage mich, was nicht in Ordnung ist. Ich verstehe nicht, warum dies geschieht.« Mir war bezüglich dieser Person einfach nicht wohl.

Je mehr ich darüber nachdachte, desto mehr erkannte ich, was das Problem war. Jedes Mal, wenn wir uns trafen und uns zu unterhalten pflegten, begann ich, mir darüber Sorgen zu machen, ob diese Person etwas, was ich getan hatte, missverstehen würde.

Das nächste Mal, als wir uns sahen, stieg dasselbe Gefühl in mir hoch. Doch diesmal ging ich etwas aggressiver an die Sache heran. Ich hielt einfach inne und betete: »Im Namen Jesu, ich nehme Autorität über diesen Geist. Ich werde mir keine Sorgen machen. Wenn dieser Person nicht gefällt, was ich getan habe, dann ist es eine Sache zwischen ihr und Gott.

Ich muss frei sein. Ich kann nicht mein ganzes Leben lang meine Entscheidungen von der Meinung anderer abhängig machen. Satan, ich werde diese Sorge nicht annehmen. Im Namen Jesu, es ist erledigt!«

Ich behauptete meinen Stand, und augenblicklich wurde ich frei. Solange ich passiv blieb, plagte mich Satan.

Das ist unser Problem. Wir sind zu passiv. Zu oft kämpfen wir nicht gegen den Feind, wenn er mit Sorge, Angst, Zweifel oder Verdammnis gegen uns kommt. Wir ziehen uns in irgendeine Ecke zurück und lassen uns von ihm zusammenschlagen.

Sie und ich sollen keine Sandsäcke für den Teufel sein, sondern Kämpfer.

Der Teufel ist darauf bedacht, dass wir im Natürlichen gegen jeden um uns herum kämpfen. Aber Gott will, dass wir all das Zeug vergessen, das Satan in uns schürt, um uns gegen andere Menschen aufzuhetzen.

Er möchte, dass wir gegen die geistlichen Feinde kämpfen, die versuchen, unser Leben zu bekriegen, um uns unseren Frieden und unsere Freude zu stehlen.

Was ist normal?

Denn wo immer Eifersucht (Neid) und Streit (Rivalität und selbstsüchtiger Ehrgeiz) ist, da werden auch immer Verwirrung (Unruhe, Unstimmigkeit, Rebellion) und alle Arten von bösen und üblen Gewohnheiten sein. Die Weisheit von oben aber ist erstens vor allem rein (unbefleckt); sodann ist sie friedliebend, höflich (rücksichtsvoll, milde). [Sie ist] bereit, sich der Vernunft zu beugen, ist voller Barmherzigkeit und guter Früchte; sie ist aufrichtig und offen, unparteiisch und ungeheuchelt (frei von Zweifel, Wankelmütigkeit und Falschheit).

Jakobus 3,16-17

Verwirrung ist nicht der normale Zustand für einen wiedergeborenen Gläubigen, zumindest nicht aus Gottes Sicht. Daher müssen wir jedes Mal, wenn Verwirrung in uns aufsteigt, dagegen ankämpfen.

Aber zu oft denken wir einfach, etwas stimme nicht mit uns, als vielmehr das Problem zu erkennen, dass wir nämlich unter geistlichem Angriff stehen.

Außerdem machen wir den Fehler, zu versuchen alles zu begreifen, anstatt zu wachen und zu beten, wie Jesus es uns aufgetragen hat.

Jedes Mal, wenn Sie sich unnormal zu fühlen beginnen, jedes Mal, wenn Sie sich bedrückt oder eine Schwere im Geist zu fühlen beginnen, dann wachen und beten Sie. Auf diese Weise gelangen Sie dahin, ohne Unterlass zu beten (1. Thessalonicher 5,17). Sie sind zu jeder Zeit bereit zu beten, wenn Sie ein Verlangen danach verspüren.

Aber was ist für den Gläubigen normal? Um diese Frage zu beantworten, sollten wir uns zuerst ansehen, was nicht normal ist.

Es ist nicht normal, sich zu sorgen. Es ist nicht normal, von verstandesmäßigen Überlegungen geplagt zu sein, Dinge ausklügeln zu wollen, für die wir keine Antworten haben. Es ist nicht normal, von Gedanken darüber gequält zu sein, was andere von uns denken könnten. Es ist nicht normal, deprimiert zu sein, sich bedrückt zu fühlen, sich für nichts tauglich zu halten. Es ist nicht normal, sich als Versager zu fühlen.

Diese Dinge mögen für einige Leute normal geworden sein, aber das war nie Gottes Absicht. Ein derartiges Leben entsprach nie seinem Willen: Wir sollen nicht in einem Zustand immerwährender Unruhe und Qual infolge unserer Gedanken leben.

Wenn solche Gedanken über uns kommen, sollten wir ihren wahren Charakter erkennen können, nämlich als Lügen des Feindes.

In seinem Buch »Der geistliche Christ«, in dem Abschnitt »Belastungen des Geistes«, schrieb Watchman Nee über solche Situationen: »Der Geist muss in einem Zustand vollkommener Freiheit sein. Er sollte immer leicht sein, so, als würde er in der Luft schweben ... Ein Christ sollte erkennen können, welche Belastungen es sind, die auf seinen Geist gelegt sind. Oftmals fühlt er sich einer derartigen Bedrückung ausgesetzt, als würden tausend Pfund Gewicht auf seinem Herzen lasten ... Dies wird vom Feind hervorgerufen, um den geistlichen Menschen zu schikanieren, um ihm die Freude und die Leichtigkeit zu entziehen, des Weiteren, um ihn unfähig zu machen, mit dem Heiligen Geist zusammenzuarbeiten ... Ein freier Geist ist die Vorraussetzung für Sieg ... Wann immer der Geist unter Bedrückung leidet, kann der Verstand nicht einwandfrei arbeiten[1].«

Alle Teile in uns arbeiten zusammen. Wir müssen uns einen Zustand der Freiheit und Normalität bewahren. Um das verwirklichen zu können, müssen wir unter der Leiterschaft des Herrn Jesus Christus bleiben.

Die Herrschaft Christi

[Insofern wir] Argumente, Theorien und Vernunftschlüsse und jedes stolze und hohe Ding widerlegen, das sich gegen die [wahre] Erkenntnis Gottes erhebt; und wir führen jeden Gedanken und jede Absicht gefangen hinweg in den Gehorsam Christi (des Messias, des Gesalbten).

2. Korinther 10,5

Der Herr wird uns den Sieg über den Teufel geben, aber er wird das nur tun, wenn wir ihn anrufen und bitten, sich in unsere Probleme einzuschalten.

An unserer Situation wird sich nichts ändern, wenn wir nur dasitzen und uns wünschen, dass die Lage anders wäre. Wir müssen in Aktion treten.

Der Herr ist bereit, willig und fähig, etwas für sein Volk zu tun in den Bereichen Passivität, Gleichgültigkeit, Faulheit, Trägheit und Unentschlossenheit - alles Dinge, die uns umschlingen wollen, um uns in Depression, Entmutigung und Verzweiflung zu ziehen. Aber wir haben auch einen Teil beizutragen.

Wir sind kein Volk, das dazu berufen ist, uns von unseren Gefühlen bestimmen zu lassen. Wir sind ein Volk, das dazu berufen ist, das Wort Gottes zu ergreifen und es tagtäglich in unserem Leben anzuwenden. Um das umsetzen zu können, müssen wir geistlich wachsam bleiben - zu jeder Zeit.

3

Sechs Dinge, die wir aggressiv tun sollen

Aber von den Tagen Johannes des Täufers an bis jetzt leidet das Himmelreich Gewalt, und die, welche Gewalt anwenden, reißen es an sich (als einen kostbaren Preis - ein Anteil im Reich Gottes wird mit glühendstem Eifer und intensiver Bemühung gesucht).

Matthäus 11,12

Wir müssen das Reich Gottes - Gerechtigkeit, Frieden und Freude (siehe Römer 14,17) - mit Gewalt einnehmen. Sobald Sie sich enttäuscht fühlen, müssen Sie den Teufel in aggressiver Weise bereits im Ansatz stoppen.

Während meiner Jahre im Dienst, wie auch durch meinen persönlichen christlichen Wandel, habe ich gelernt, dass es sechs Dinge gibt, die wir in aggressiver Weise tun sollten:

1. Denken Sie aggressiv

Welcher König, der auszieht, um sich mit einem anderen König in einen Krieg einzulassen, wird sich nicht vorher hinsetzen und überlegen und sich Rat holen, ob er mit zehntausend [Mann] imstande sei, dem entgegenzutreten, der mit zwanzigtausend gegen ihn anrückt?

Lukas 14,31

Ein General, der sich für eine Schlacht vorbereitet, denkt nach. Er plant und überlegt, wie er den Feind mit dem geringsten Risiko für sich und seine Armee angreifen und besiegen kann.

Sie und ich müssen dasselbe tun, sowohl bei unserer christlichen Kriegsführung wie auch in unserem täglichen Leben.

Wir müssen denken: »Wie kann ich schuldenfrei werden? Wie kann ich mein Haus in Ordnung bringen? Wie kann ich besser für meine Familie sorgen?«

Aber wir müssen auch denken: »Wie kann ich in meinem Dienst noch mehr Menschen erreichen? Wie kann ich meine Nachbarschaft positiv beeinflussen? Wie kann ich ein Segen für die Armen sein? Wie kann ich Gott mehr geben?«

Denken Sie darüber nach. Fragen Sie sich, wie Sie mehr einbezogen und aktiver im Werk des Herrn werden können.

Natürlich muss die Familie, sofern sie eine haben, Ihre erste Priorität und Verantwortung sein. Sie sollten Ihre Prioritäten nicht durcheinander bringen, wenn Sie kleine Kinder haben. Sie sollten viel Zeit mit ihnen verbringen, besonders in den entscheidenden Jahren.

Aber manchmal ist es möglich, beides, eine Familie und einen Dienst, im Griff zu haben. Ich habe das über Jahre hinweg praktiziert. Ich begann meinen Dienst, *Life In The Word* (Leben im Wort), als mein Sohn gerade ein Jahr alt war.

Sie werden merken, dass Sie alles bewerkstelligen können, was zunächst unmöglich aussieht, *wenn* Sie von Gott dazu berufen sind und *wenn* Sie es ernsthaft genug tun wollen.

Denken Sie kreativ. Sitzen Sie nicht einfach nur herum, indem Sie sich wünschen, dass Sie mehr schaffen könnten. Ergreifen Sie die Initiative und fangen Sie an.

Denken Sie aggressiv!

2. Beten Sie aggressiv

Lasst uns nun furchtlos und zuversichtlich und kühn zum Thron der Gnade hinzutreten (dem Thron von Gottes unverdienter Gunst gegenüber uns Sündern), damit wir Barmherzigkeit empfangen [für unsere Fehltritte] und Gnade finden zur rechtzeitigen Hilfe für jede Not [angemessene Hilfe und Hilfe zur angenehmen Zeit, die gerade dann kommt, wenn wir sie brauchen].

Hebräer 4,16

Wie sollen wir vor den Thron Gottes kommen? Furchtlos, zuversichtlich und kühn.

Das bedeutet aggressiv!

Sie und ich brauchen Gott gegenüber nicht schüchtern oder ängstlich sein. Wir können mit Zuversicht hinzutreten und ihm sagen, was wir brauchen. Wir können ihn wissen lassen, dass wir von ihm erwarten, die Dinge für uns zu tun, die er in seinem Wort verheißen hat.

In Epheser 3,20 wird uns mitgeteilt, dass Gott »überreichlich, weit mehr und über alles hinaus ... zu tun vermag, als wir [zu] erbitten oder erdenken [wagen] [unendlich weit über unsere kühnsten Gebete, Wünsche, Gedanken, Hoffnungen oder Träume hinaus].«

Beachten Sie das Wort *wagen.* Sie und ich müssen zuversichtliche, kühne, aggressive, wagemutige Christen sein.

Wenn Sie vor den Thron Gottes treten, dann tun Sie es aggressiv!

3. Reden Sie aggressiv

Wenn jemand redet, [so rede er es als] Aussprüche Gottes.

1. Petrus 4,11

Als Kinder Gottes sollten Sie und ich eine aggressive Stimme haben.

Wenn ich davon spreche, aggressiv zu reden, meine ich damit nicht, aggressiv im Fleisch zu sein. Ich meine damit geistliche Aggressivität gegen die Mächte des Bösen.

Ich möchte Ihnen ein Beispiel geben:

An einer Stelle der Bibel heißt es, dass wir so sanft wie Tauben sein sollen (siehe Matthäus 10,16), aber an anderer Stelle wird gelehrt, dass wir so kühn sein sollen wie Löwen (Sprüche 28,1). Mir fiel es einst schwer, diese beiden Bilder miteinander in Einklang zu bringen.

Dann dachte ich an eine Person, die am Arbeitsplatz von ihrem Chef, der kein Christ ist, zu ihm zitiert und von ihm zu Unrecht zur Schnecke gemacht wird. Der Angestellte weiß, dass er, falls er widerspricht, gefeuert wird, daher steht er einfach da und sagt nichts, sondern wartet auf die Vergeltung Gottes.

Obwohl er nach außen hin sanft ist wie eine Taube, ist er inwendig kühn wie ein Löwe.

Genauso könnte es passieren, dass wir im Fleisch passiv bleiben müssen, aber im Geist aggressiv reagieren sollen. Wir können harte Worte gegen uns ertragen, sie dabei jedoch im Geist nicht annehmen.

Wir können uns weigern, uns unter Verdammnis bringen zu lassen. Wir können im Geist beten, während wir im Fleisch angegriffen werden.

Wenn wir dann diese Situation hinter uns haben, können wir in aggressiver Weise aus unserem eigenen Mund die Autorität über die geistlichen Feinde ergreifen, die dieses Unrecht gegen uns verüben.

Wann immer jemand im Fleisch gegen mich ankommt, fange ich unverzüglich an, im Geist zu beten. Ich weiß, dass ich all diese Beleidigungen nicht hinunterschlucken muss, daher schütze ich mich geistlich.

Über Jahre hinweg ließ ich andere Leute all ihren Müll auf mich abladen. Später versuchte ich dann, im Fleisch gegen sie anzugehen. Schließlich erkannte ich, dass keine dieser Vorgehensweisen funktionierten. Seitdem habe ich entdeckt, was wirklich funktioniert.

Ich fand auf die harte Tour heraus, dass wir nicht gegen Fleisch und Blut kämpfen, sondern gegen die Herrschaften, Gewalten und geistlichen Mächte der Bosheit in den himmlischen Regionen. So habe ich gelernt, wie man geistliche Kriegsführung ausübt.

Es kann sein, dass Sie dieselbe Erfahrung machen müssen. Seien Sie sanft wie eine Taube und kühn wie ein Löwe. Entwickeln Sie eine aggressive Stimme.

Wenn Sie mit Menschen sprechen, dann lassen Sie Ihren Kopf nicht hängen. Murmeln, nuscheln oder jammern Sie nicht. Stellen Sie sich gerade hin, sehen Sie ihnen in die Augen und sprechen Sie positiv, bestimmt und eindeutig. Drücken Sie sich klar und deutlich aus. Machen Sie sich verständlich!

Verhalten Sie sich nicht heuchlerisch, unsicher oder unruhig. Seien Sie kühn genug, um Ihren Mund aufzumachen und sagen Sie das, was Sie zu sagen haben, mit Zuversicht und Vertrauen.

Wenn Sie zu Gott singen und Ihn preisen, dann tun Sie es aggressiv.

Wann immer Sie Ihren Mund öffnen, um irgendetwas zu sagen, tun Sie es so, als wenn Sie die Botschaft Gottes aussprechen würden. Tun Sie es begeistert, freudig, wohlwollend - und aggressiv!

4. Geben Sie aggressiv

Gebt, und man wird euch [Gaben] geben; ein gutes, gedrücktes, gerütteltes und überfließendes Maß werden sie in den [Beutel, geformt durch den] Busen [eures Gewandes, welcher als Gefäß dient] schütten. Denn mit dem Maß, mit dem ihr austeilt [mit dem Maß, das ihr einsetzt, wenn ihr anderen Segnungen zuteilt], wird euch wieder gemessen werden.

Lukas 6,38

Wenn Sie und ich geben, sollten wir großzügig und aggressiv geben. Denn die Art und Weise, wie wir geben, ist die Art und Weise, wie wir empfangen.

Wenn wir in unsere Brieftasche oder Geldbörse schauen, sollten wir nicht den kleinsten Schein herausziehen, den wir finden. Stattdessen sollten wir wie Gott geben - reichlich.

Mir ist bewusst, dass keine Opfergabe zu klein oder zu groß ist. Aber gleichzeitig müssen wir lernen, genauso aggressiv in unserem Geben zu sein, wie wir es in jedem anderen Bereich unseres christlichen Lebens sein sollten.

Ich trachte danach, ein Geber zu sein. Mich verlangt danach, die ganze Zeit zu geben.

Einmal war ich in einem christlichen Buchladen und sah eine kleine Opferbüchse für einen jener Dienste, die für hungernde Kinder sammeln. Daneben war ein Schild angebracht, auf dem es hieß: »Für 50 Cents können zwei Kinder zwei Tage lang essen.«

Ich begann, meine Geldbörse zu öffnen um eine Spende zu geben, als eine innere Stimme zu mir sagte: »Du brauchst das nicht zu tun; du gibst die ganze Zeit.«

Ich wurde augenblicklich gewalttätig - geistlich gewalttätig! Niemand hätte äußerlich etwas feststellen können, aber innerlich war ich erregt. Ich fasste in mein Portmonee, nahm etwas Geld heraus und steckte es in die Büchse, nur um zu beweisen, dass ich aus freier Willensentscheidung geben könne!

Sie können dasselbe tun. Wann immer Sie versucht sind zurückzuhalten, geben Sie mehr! Zeigen Sie dem Teufel, dass Sie ein aggressiver Geber sind!

5. Arbeiten Sie aggressiv

Alles, was deine Hand zu tun findet, tue mit deiner ganzen Kraft.

Prediger 9,10

Woran immer wir unsere Hand legen, sollten wir es in aggressiver Weise tun.

Packen Sie nichts in Ihrem Leben furchtsam an, so, als würden Sie lieber in die andere Richtung rennen. Feuern Sie sich stattdessen selber im Heiligen Geist an und erklären Sie kühn: »Dies ist die Arbeit, die der

Herr mir zu tun aufgetragen hat, und mit der Hilfe des Heiligen Geistes werde ich sie mit meiner ganzen Kraft zur Verherrlichung Gottes tun!«

6. Lieben Sie aggressiv

> *Dies ist mein Gebot, dass ihr einander liebt, [geradeso] wie ich euch geliebt habe. Niemand hat größere Liebe [niemand hat größere Zuneigung gezeigt], als die, dass er sein eigenes Leben opfert (aufgibt) für seine Freunde.*
>
> Johannes 15,12-13

Als Kinder Gottes müssen wir andere so lieben, wie Gott uns liebt. Und das heißt aggressiv - und aufopfernd. Liebe erfordert Mühe. Wir werden niemals jemanden lieben, wenn wir nicht bereit sind, den Preis dafür zu bezahlen.

Einmal schenkte ich einer Frau ein schönes Paar Ohrringe. Mein Fleisch wollte sie eigentlich für mich selbst behalten, aber mein Geist wies mich an, dem Herrn gehorsam zu sein und sie wegzugeben.

Später stand jene Freu in einer Versammlung auf und erzählte, wie ihr die Ohrringe, die sie trug, »geschenkt« worden waren.

Der Herr sprach zu mir, indem er sagte: »Ja, für sie war es ein Geschenk, aber dich hat es etwas gekostet, genauso wie die Errettung ein Geschenk an dich ist, sie Jesus aber das Leben gekostet hat.«

Die Liebe ist das größte Geschenk von allen. Wenn Sie die Liebe Gottes demonstrieren, tun Sie es großzügig, aufopfernd - und aggressiv!

4

Mit Enttäuschung umgehen

Gemäß Websters Wörterbuch bedeutet, jemanden zu *enttäuschen*, »es versäumen, die Hoffnung, den Wunsch oder die Erwartung von jemandem zu erfüllen[1]«.

Mit anderen Worten, wenn wir uns auf eine Hoffnung oder Wunsch fixieren, oder eine bestimmte Erwartung schüren, und dieser Hoffnung, diesem Wunsch oder dieser Erwartung wird nicht entsprochen, dann sind wir enttäuscht.

Niemand von uns wird jemals an den Punkt gelangen, wo er keine Enttäuschungen mehr erlebt. Keiner von uns hat so viel Glauben. Enttäuschung ist ein Bestandteil des Lebens; einer, mit dem wir rechnen und umgehen müssen, denn er führt zu Entmutigung, die einen zum Schluss innerlich zerbrechen lässt, wenn nicht dagegen angegangen wird.

Allzu oft enden Menschen in Zerstörung und verstehen nicht warum. Sie erkennen nicht, dass das Problem vor langer Zeit mit simpler Enttäuschung begann, was ein Anzeichen von weiteren ernsthaften Problemen sein kann.

Beachten Sie die Warnsignale

Wenn ich des Morgens niesend, mit einem etwas rauen Hals und leichten Kopfschmerzen aufwache, ist mir klar, dass eine Erkältung im Anmarsch ist. Ich habe festgestellt, dass ich, wenn ich bete, noch zusätzliches Vitamin C und A nehme und mir mehr Ruhe gönne, die Krankheit abwehren kann.

Krankheit wird oftmals durch frühzeitige Symptome angezeigt: Vorzeichen, die besagen, dass etwas nicht in Ordnung ist und behandelt werden müssen, bevor es schlimmer wird.

Mit Enttäuschung ist es ebenso. Sie wird gleichfalls durch vielsagende Anzeichen eingeleitet, so dass wir definitive Schritte zur Behebung der Dinge machen müssen, die wir gegen uns kommen spüren.

Wie gesagt, sobald wir die ersten Anzeichen dafür entdecken, dass wir einem Angriff des Teufels ausgesetzt sind, müssen wir ihm im Ansatz widerstehen. Es ist viel wirkungsvoller, gleich zu Beginn des Auftauchens einer Enttäuschung die Stellung zu behaupten, als zu warten, bis wir uns in den Tiefen von Depression und Verzweiflung befinden.

Wir alle wissen, dass es viel leichter ist, jemandem, der uns Unrecht getan hat, unmittelbar nach dem Angriff zu vergeben, als jener Person erst zu vergeben, nachdem wir dem Teufel Zeit gegeben haben, auf uns einzuwirken und zu veranlassen, dass wir verärgert, bitter und hart werden.

Genauso verhält es sich mit der Enttäuschung. Es ist leichter und effektiver, gleich mit ihr umzugehen, als zu warten, bis sie in Entmutigung, Bedrückung und Zerbrochenheit ausartet.

Ursachen für Enttäuschung

Nehmen wir an, Sie planen ein Picknick, ein Grillfest oder eine andere Aktivität im Freien, wie zum Beispiel eine Hochzeit, und es regnet.

Sie haben Ihre ganze Familie und alle Freunde eingeladen, haben sorgfältige Vorbereitungen getroffen, eine Menge Zeit und Geld aufgewendet, um dafür zu sorgen, dass alles perfekt ist. Dann endet alles damit, dass es in Strömen gießt und Sie mit einem triefnassen Schlamassel dastehen.

Das ist eine Enttäuschung. Doch es ist eine unbedeutende Enttäuschung, eine, die man überleben kann.

Ich habe gelernt, dass ich in Zeiten wie diesen, statt ganz aufgeregt zu werden, einfach zu sagen habe: »Nun gut, das ist enttäuschend, aber es ist nicht das Ende der Welt. Ich muss einfach das Beste daraus machen.«

Andere Enttäuschungen sind ernsthafter und möglicherweise schädlich – besonders wenn Menschen einbezogen sind, nicht leblose Dinge, wie das Wetter.

Vertrauen Sie wenigen

Jesus aber [für seinen Teil] vertraute sich ihnen nicht an, weil er alle [Menschen] kannte.

Johannes 2,24

Neben den Enttäuschungen, die wir alle hinnehmen müssen, weil das Leben nicht gerade vollkommen ist, gibt es auch noch Enttäuschungen, die wir ertragen müssen, weil die Menschen an sich unvollkommen sind.

Letztendlich werden uns alle Menschen, egal, wer sie sind, enttäuschen, wenn wir zu viel Vertrauen in sie setzen. Das ist nicht Zynismus oder Richten, sondern ein Tatbestand des Lebens. Darum sollte man sich am Besten nicht übermäßig auf andere verlassen, auch nicht auf jene, die uns am nächsten stehen.

Es mag seltsam klingen, besonders wenn es von jemand kommt, der jahrelang versucht hat zu lernen, den Menschen zu vertrauen.

Doch wie wir aus dem Leben Jesu ersehen, ist es möglich, den Menschen bis zu einem gewissen Grad zu vertrauen, ohne sich ihnen auf unvernünftige, unweise Art zu öffnen.

Wie Jesus, sollten Sie und ich jedermann lieben, aber es wird nicht von uns verlangt, jedem hundertprozentig zu vertrauen. Nur ein Tor tut dies. Warum? Weil uns Menschen früher oder später enttäuschen werden, genauso wie wir irgendwann andere enttäuschen werden.

Fehlbarkeit ist ein Teil des Menschseins. Wer weise ist, schützt sich dagegen - im Hinblick auf sich selbst und anderen gegenüber.

In vielerlei Hinsicht ist die beste Lösung jene, Enttäuschungen so gut es geht zu vermeiden. Und das geht am Besten, indem wir mit Wünschen und Erwartungen realistisch umgehen, besonders, wenn es dabei um Menschen geht, einschließlich um uns selbst.

Ein weiser Sohn erfreut den Vater, aber ein törichter Sohn ist der Kummer seiner Mutter. (Sprüche 10,1)

Manchmal sind Kinder eine Enttäuschung für ihre Eltern. Heutzutage kommt es vielen Müttern und Vätern so vor, als würden ihre Kinder nicht auf ein einziges Wort hören, das sie ihnen sagen, so, als würde alles in das eine Ohr hinein- und zum anderen hinausgehen.

Ich kenn das selbst. Als mein Sohn Danny aufwuchs, war er genauso.

Ich versuchte, über etwas Wichtiges mit ihm zu reden und er sah mich nur mit leerem Blick an, als würde er nicht ein Wort von dem wahrnehmen, was ich sprach.

In seiner Schulzeit musste er einmal wegen einer Dummheit, die er begangen hatte, während der Mittagszeit im Klassenzimmer bleiben. Als ich ihn fragte, warum er das getan hatte, zuckte er einfach mit den Schultern.

»Das ist keine Antwort«, erwiderte ich. »Nun sage mir, warum hast du das getan?«

»Weiß ich nicht«, murmelte er.

Egal, wie oft ich ihn befragte, warum er sich in eine so törichte Sache eingelassen hatte, war seine Antwort immer dieselbe: »Weiß ich nicht.«

So erteilte ich ihm eine kleine Predigt über die Wichtigkeit von richtigem Verhalten, dass er in Vorbereitung auf sein zukünftiges Leben aufmerksam sein und alles lernen solle, wozu ihm die Möglichkeit geboten wurde.

Am nächsten Tag schickte ich ihn zur Schule in der Erwartung, eine große Veränderung in seiner Einstellung und seinem Verhalten zu erleben. Stattdessen kam er mit einem Brief vom Lehrer nach Hause, der besagte, dass Danny den schlimmsten Tag seit Schulbeginn geliefert hätte.

So etwas ist für Eltern enttäuschend. Und oftmals wird es schlimmer, je älter das Kind wird, weil man dann mehr von ihm erwartet.

Je größer die Hoffnung, der Wunsch und die Erwartung sind, desto größer ist die Enttäuschung. Aber selbst kleine Vorfälle können Frustration und bittere Enttäuschung auslösen, die zu ernsthafteren Problemen werden, wenn man nicht unverzüglich und richtig mit ihnen umgeht.

Die kleinen Füchse, welche die Weinberge verderben

Fangt uns die Füchse, die kleinen Füchse, welche die Weinberge verderben.
Hohelied 2,15 (KJV)

Kleine Enttäuschungen können Frustration verursachen, die wiederum zu größeren Problemen führen und eine große Menge Schaden erzeugen können.

Neben den großen Enttäuschungen, die auftauchen, wenn es uns nicht gelingt, die Arbeit, die Beförderung oder das Haus zu bekommen, das wir uns gewünscht haben, können wir ebenso durch eine Reihe von kleinen Ärgernissen aus der Fassung geraten.

Nehmen wir zum Beispiel an, Sie erwarten jemanden zum Mittagessen und er erscheint nicht. Oder Sie fahren eigens in die Stadt zum Einkaufen, um einen bestimmten Artikel zu besorgen, der günstig angeboten wird, und dann, wenn Sie ankommen, ist alles ausverkauft. Oder Sie ziehen Sich für einen besonderen Anlass ganz fein an und in letzter Minute bemerken Sie plötzlich einen hässlichen Riss in Ihrer Kleidung.

Alle diese Dinge sind an sich unbedeutend, aber sie können sich summieren und eine Menge Verdruss verursachen. Deshalb müssen wir wissen, wie man mit ihnen umgeht und sie in der richtigen Perspektive hält. Andernfalls können sie außer Kontrolle geraten und über das normale Maß hinaus aufgebauscht werden. Dies wiederum kann uns für ernsthafte Probleme öffnen, sobald wir einer echten Herausforderung gegenüberstehen.

Ich möchte es Ihnen an einem Beispiel verdeutlichen.

Stellen Sie sich vor, Sie beginnen den Tag mit einer Verspätung, so dass Sie dadurch bereits frustriert sind. Auf dem Weg zum Büro verursacht der Straßenverkehr, dass es noch später wird, als Sie gewollt haben.

Dann, als Sie endlich am Arbeitsplatz ankommen, stellen Sie fest, dass jemand hinter Ihrem Rücken über Sie getratscht hat.

Sie gehen sich etwas Kaffee holen, um sich zu beruhigen und sich beherrschen zu können, dann verschütten Sie ihn und bekleckern sich von oben bis unten damit – und Sie haben eine wichtige Unterredung mit dem Chef und keine Zeit, sich umzuziehen!

All diese Dinge häufen sich eins nach dem anderen an, bis Sie wirklich aufgeregt sind.

Dann ruft Ihr Arzt just in diesem Moment an und teilt Ihnen etwas mit, das nicht Ihrer Hoffnung und Ihren Gebeten entspricht. Und um die Sache zu krönen, ruft Sie Ihr Verlobter ebenfalls an und droht Ihnen, die Verlobung, die der ganzen Welt bekannt gegeben wurde, aufzulösen.

Wie werden Sie voraussichtlich reagieren: mit Glauben oder mit Wut?

Alle diese kleinen Frustrationen mit dem Straßenverkehr, dem Tratsch und dem Kaffee haben schon ordentlich am Ast gesägt, der dann gänzlich abbricht, wenn Sie einem wirklich ernsthaften Problem wie einer Krankheit oder einer gescheiterten Beziehung gegenüberstehen.

Deshalb müssen wir auf die kleinen Füchse aufpassen, welche die Weinstöcke zerstören, weil sie alle zusammen ebenso viel Unheil anrichten können, wie die ernsthaften Enttäuschungen, die sie oftmals begleiten oder ihnen folgen.

Wir müssen lernen, so zu handeln wie der Apostel Paulus in der Apostelgeschichte, als sich die Schlange an seiner Hand festbiss. Er schleuderte sie einfach ab (Apostelgeschichte 28,1-5). Wenn wir mit Enttäuschungen so schnell umgehen, wie sie kommen, werden sie sich nicht zu einem Berg von Verwüstung aufhäufen.

5

Vertrauen Sie auf Jesus

Warum bist du niedergeschlagen, o mein Inneres? Und warum solltest du über mich stöhnen und beunruhigt sein in mir? Harre auf Gott und warte hoffnungsvoll auf ihn, denn ich werde ihn noch preisen, meine Hilfe und meinen Gott.

Psalm 42,6

Sie und ich müssen unsere Hoffnung auf Gott setzen, weil wir nie wissen, was in diesem Leben auf uns zukommen wird.

An verschiedenen Stellen der Bibel, wie zum Beispiel in 1. Korinther 10,4, wird Jesus als der Fels bezeichnet. Weiterhin sagt uns der Apostel Paulus in Kolosser 2,7, dass wir in ihm verwurzelt und gegründet sein sollen.

Nirgendwo werden wir gelehrt, in anderen Menschen verwurzelt und gegründet zu sein oder in unserer Arbeit oder in unserer Gemeinde oder in unseren Freunden oder sogar in uns selbst.

Wenn wir unsere Wurzeln um den Felsen Jesus Christus geschlungen haben, sind wir in guter Verfassung. Wenn wir sie dagegen um etwas anderes oder jemand anderen schlingen, geraten wir in Schwierigkeiten.

Nichts und niemand wird so stabil, verlässig und unveränderlich sein wie Jesus. Deshalb möchte ich nicht, dass sich Menschen auf mich oder meinen Dienst stützen. Ich möchte den Leuten Jesus zeigen. Genauso wie ich weiß, dass ich sie letztendlich auf irgendeine Weise enttäuschen würde, weiß ich auch, dass sie letztendlich mich enttäuschen würden.

Das ist das Problem mit uns Menschen; wir haben immer die Tendenz zu versagen.

Aber nicht Jesus Christus.

Seien Sie in Jesus verwurzelt und gegründet! Setzen Sie Ihre Hoffnung völlig und unwandelbar auf Ihn - nicht auf einen Menschen, nicht auf Umstände, nicht auf Ihr Bankkonto, nicht in Ihre Arbeit, nicht auf irgendetwas sonst oder irgendjemand anderen.

Wenn Sie Ihre Hoffnung und Ihren Glauben nicht auf den Felsen Ihres Heils setzen, werden Sie enttäuscht werden, was zu Entmutigung und Zerstörung führt.

Menschen sind fehlbar

Wie ein zerbrochener Zahn oder ein ausgerenkter Fuß, so ist das Vertrauen auf einen treulosen Menschen zur Zeit der Not.

Sprüche 25,19

Vor einiger Zeit verlobte sich meine Tochter. Der Verlobungsring war bereits ausgewählt, das Geld für die Hochzeit gespart und die Hochzeitspläne gemacht.

Dann, kurz nach Bekanntgabe der Verlobung, wurde die ganze Sache wegen der Untreue und Unehrlichkeit des Bräutigams abgeblasen.

Es war wirklich eine traurige Situation, besonders für die wunderschöne, wunderbare, süße, junge Braut, die bereits viele andere schwere Enttäuschungen in ihrem kurzen Leben erfahren hatte.

Doch diesmal lief sie dem Teufel den Rang ab. Statt sich aus der Fassung bringen zu lassen und sich betrübt zu fühlen, sagte sie: »Nun, Dank sei Gott, ich habe noch vor der Hochzeit herausgefunden, was für ein Mann er ist und nicht erst im Laufe der Zeit, wenn es zu spät gewesen wäre, um etwas zu ändern.«

Ich war so stolz auf sie und so erfreut über die Art und Weise, wie sie mit der schrecklich enttäuschenden Situation verfuhr.

Obwohl sie wusste, dass es das Beste war, dass dies vor der Hochzeit geschah und nicht erst hinterher, war sie dennoch verletzt. Deshalb ermutigten sie ihr Vater und ich, beratschlagten sie und beteten mit ihr.

Außerdem begann sie, sich einige meiner Lehrkassetten anzuhören und Bücher zu lesen, die den Geist stärken und erheben.

Sie schaffte es durch diese schwierige, unangenehme Zeit hindurch, weil ihr Glaube und ihr Vertrauen nicht auf einen fehlbaren Menschen, sondern auf den unfehlbaren Jesus gerichtet waren. Sie schaute stets auf ihn als ihr Vorbild der Ausdauer im Angesicht von Enttäuschung und Entmutigung. Dasselbe hat jeder von uns zu lernen.

Heute ist sie mit einem wunderbaren Mann verheiratet, und sie und ihr Ehemann arbeiten beide zusammen mit uns im Dienst.

Wenden Sie Ihren Blick nicht von Jesus ab

Lasst uns mit geduldiger Ausdauer und gleichbleibender und reger Beharrlichkeit die festgelegte Bahn des Rennens laufen, welche vor uns gesetzt ist, indem wir wegschauen [von allem, das ablenken will] auf Jesus, welcher der Anführer und die Quelle unseres Glaubens ist [den ersten Ansporn für unseren Glauben gibt] und auch dessen Vollender ist [ihn zur Reife und zur Vollkommenheit bringt]. Er, der für die vor ihn gesetzte Freude [der Erlangung des Preises] das Kreuz erduldete, die Schande nicht achtete und sie ignorierte und nun zur Rechten des Thrones Gottes sitzt. Denkt einfach an ihn, der von den Sündern solch schmerzlichen Widerstand und bittere Feindseligkeit gegen sich erduldete [schätzt es ein und betrachtet es im Vergleich mit euren Versuchungen], damit ihr nicht ermüdet oder ermattet, das Herz verliert und nachlasst und schwach werdet in euren Seelen.

Hebräer 12,1-3

Man braucht keine besondere Begabung, um aufzugeben, sich an den Straßenrand des Lebens zu legen und zu sagen: »Ich gebe auf.« Jeder Ungläubige kann dies tun.

Sie müssen kein Christ sein, um jemand zu sein, der gleich aufgibt.

Doch wenn sie einmal Jesus ergreifen, oder besser gesagt, wenn er Sie ergreift, beginnt er Stärke, Energie und Mut in Sie zu pumpen. Etwas Merkwürdiges und Wunderbares beginnt. Er lässt nicht zu, dass Sie aufgeben.

Sie mögen sagen: »O Herr, lass mich einfach allein. Ich möchte nicht mehr weitergehen.« Aber er wird Sie nicht aufgeben lassen, auch wenn Sie es möchten.

Ich wollte immer wieder aufgeben und Schluss machen. Doch jetzt steige ich aus dem Bett und fange jeden Tag von vorne und von neuem an. Ich beginne meinen Tag, indem ich Gott durch Gebet, Bibellesen und dem Sprechen des Wortes suche.

Der Teufel mag in mein Ohr brüllen: »Das bringt dir überhaupt nichts. Du hast das jahrelang getan und schau, was es bewirkt hat! Du hast immer noch Schwierigkeiten.«

Genau dann sage ich: »Halt den Mund, Teufel! Die Bibel sagt, dass ich auf Jesus zu schauen und seinem Beispiel zu folgen habe. Er ist mein Leiter, die Quelle und der Vollender meines Glaubens.«

Das tat meine Tochter, um ihren Lebensmut aufrecht zu halten und weitergehen zu können, trotz allem, was ihr widerfahren war. Sie hätte auf ihre Vergangenheit sehen und sagen können: »Nun, es ist mir wieder passiert - wiederum eine Ablehnung. Es geschah einmal, zweimal, und es ist ein drittes Mal passiert.« Stattdessen hielt sie an, auf Jesus zu schauen.

Sie und ich müssen heute die Entscheidung treffen, dass wir, komme was wolle, nicht aufhören, vorwärts zu drängen.

Richten Sie sich neu aus

Lebt in Harmonie miteinander, seid nicht überheblich (eingebildet, hochmütig, ausgrenzend), sondern stellt euch bereitwillig [auf Menschen, Dinge] ein und widmet euch bescheidenen Aufgaben. Überschätzt euch niemals selbst und seid nicht weise in euren eigenen Augen.

Römer 12,16

Vor kurzem habe ich darüber nachgedacht, was der Herr im Laufe meines Lebens und Dienstes alles für mich getan hat. Es ist erstaunlich, dass ich nun darauf zurückblicke. Doch es war nicht immer leicht. Oft wollte ich nichts sehnlicher, als das Handtuch zu schmeißen.

Ich habe Ihnen schon erzählt, wie der Herr, wenn ich niedergeschlagen und entmutigt war, zu mir sagte: »Joyce, wenn Enttäuschung kommt, musst du neu ausgerichtet werden, sonst wirst du entmutigt werden und dadurch innerlich zerbrechen.«

Deshalb müssen wir lernen, uns anzupassen und einzufügen und die Richtung zu ändern. Das tat meine Tochter, und es hat sie in ein völlig neues und anderes Leben geführt.

Es wird natürlich nicht immer leicht sein. Es ist viel schwieriger, sich auf eine in die Brüche gegangene Verlobung einzustellen, als auf ein verregnetes Picknick. Aber die Antwort ist immer die gleiche, unabhängig von den Umständen, denen man entgegenzutreten hat und mit welchen man sich auseinandersetzen muss.

Bis wir nicht lernen, uns neu auszurichten, uns anzupassen und zu fügen sowie eine neue Richtung einzuschlagen, werden wir nie das wunderbare, neue und aufregende Leben entdecken, dass Gott für uns bereithält.

6

Sinnen Sie über die Dinge Gottes nach

Seid nicht besorgt und habt wegen nichts auch nur die geringste Angst, sondern fahrt in jeder Lebenslage und in allem fort, durch Gebet und Bitten (präzises Ersuchen) mit Danksagung eure Bedürfnisse vor Gott kundwerden zu lassen. Und der Friede Gottes [sei euer, jener gelassene Zustand einer Seele, die überzeugt ist von ihrem Heil durch Christus und deshalb nichts von Gott befürchtet und zufrieden ist mit ihrem irdischen Los, welcher Art es auch sei – dieser Friede], der allen Verstand übersteigt, wird eure Herzen und Sinne mit einer Garnison belegen und über sie Wache halten in Christus Jesus.

Philipper 4,6-7

Wenn Sie nicht aufgrund von Entmutigung innerlich zerbrechen möchten, dann sinnen Sie nicht über Ihre Enttäuschungen nach.

Wussten Sie, dass Ihre Gefühle mit Ihrem Denken zusammenhängen? Wenn Sie das nicht glauben, dann denken Sie einfach mal zwanzig Minuten über nichts anderes als Ihre Probleme nach. Ich kann Ihnen versichern, dass sich Ihre Gefühle, möglicherweise sogar Ihr Gesichtsausdruck, am Ende dieser Zeit verändert haben werden. Sie werden niedergeschlagen, verärgert oder bestürzt sein. Dabei hat sich Ihre Situation doch nicht im Geringsten geändert.

Deshalb können Sie in die Gemeinde gehen, Lieder singen, Predigten hören und dann mit derselben negativen Einstellung und demselben negativen Aussehen weggehen, die sie vor dem Gottesdienst hatten. Der Grund: Sie haben in der Gemeinde gesessen und hauptsächlich über Ihre Probleme nachgedacht, anstatt Ihre Gedanken und Ihren Geist auf den Herrn auszurichten.

Mit wem haben Sie Gemeinschaft?

In einer Ausgabe meiner Monatszeitschrift stellte ich die Frage: »Haben Sie Gemeinschaft mit Gott oder mit Ihrem Problem?«

Ich stellte diese Frage deshalb an meine Leser, weil mich Gott eines Morgens danach gefragt hatte.

Als ich an jenem Tag aufstand, beschäftigte ich mich gedanklich mit einem Problem. Plötzlich sprach der Geist des Herrn zu mir. Ich konnte seinem Ton entnehmen, dass er ein wenig verärgert mit mir war.

Er sagte: »Joyce, wirst du mit deinem Problem Gemeinschaft haben oder mit mir?« Dann fuhr er fort, mir zu sagen, was ich auch Ihnen ans Herz lege: »Sinne nicht über deine Enttäuschungen nach!«

Wenn Sie enttäuscht sind, dann sitzen Sie nicht herum und bedauern sich selbst, ergeht es anderen doch genauso, auch wenn Ihre Gefühle das nicht wahrhaben wollen.

Manchmal fällt es uns ein wenig schwer, dies einzusehen, weil der Teufel unbedingt möchte, dass wir denken, wir seien die Einzigen, bei denen je etwas schief gegangen ist.

Das stimmt jedoch nicht.

Einmal konnte ich meine Tochter sehr ermutigen, weil ich mich zu ihr setzte und ihr erzählte, wie mein Leben vom achtzehnten bis zum dreiundzwanzigsten Lebensjahr aussah. Nachdem ich fertig war, fühlte sie sich bezüglich ihres eigenen Lebens wirklich gesegnet.

Wie jedem anderen auch, wiederfuhren ihr von Zeit zu Zeit einige bedauerliche Dinge, doch mein Leben war über Jahre eine einzige langwierige, schreckliche Katastrophe.

Ich erzählte ihr zum Beispiel, wie ich im Alter von achtzehn oder neunzehn Jahren in einem einfachen Mietshaus in Oakland, Kalifornien, saß, fast fünftausend Kilometer von meiner Heimat entfernt, ohne Auto, ohne Fernsehen, ohne Telefon und niemand, der sich um mich gekümmert hätte. Ich schilderte ihr, wie ich jeden Abend dort saß, traurige Gedichte schrieb und mich bedauerte und dann am nächsten Morgen aufstand und zur Arbeit ging.

»Gott sei Dank hast du eine gute Familie, eine gute Arbeit, ein gutes Zuhause und ein gutes Auto«, sagte ich ihr, »weil ich nichts von alledem hatte.«

Als ich meine Lebensgeschichte fertig erzählt hatte, freute sie sich über ihre gegenwärtige Situation und ihre Zukunftsaussichten.

Das ist die Wahl, die jeder von uns hat. Wir können begeistert sein, wenn wir darüber nachdenken, was wir alles haben und was uns zur Verfügung steht, oder wir können uns entmutigen lassen, wenn wir an all das denken, was wir nicht haben.

Tatsache ist, dass, wenn wir etwas nicht haben, wir es eben nicht haben. Herumzusitzen und es uns herbei zu wünschen, ändert nichts. Wir mögen uns wünschen, dass es sich ändert, aber es wird nicht geschehen.

Wenn wir Enttäuschung überwinden und der Entmutigung und dem Bruch, den sie zur Folge hat, entgehen möchten, müssen wir realistisch sein und uns mit den Tatsachen auseinandersetzen.

Tatsache ist auch, dass wir immer noch eine Wahl haben, mögen die Dinge noch so schlimm aussehen. Wir können uns entscheiden, mit unseren Problemen Gemeinschaft zu haben oder Gemeinschaft mit Gott zu haben.

Egal, was wir verloren haben oder wie schlecht wir uns fühlen, wir können unsere Gedanken immer noch vom Negativen abwenden und zum Positiven hinwenden.

Denken Sie an diese Dinge!

Übrigens, Brüder, was wahr ist, was verehrungswürdig und ehrbar und geziemend ist, was gerecht ist, was rein ist, was lieblich und liebenswert ist, was gütig und gewinnend und wohlwollend ist, wenn es irgendeine Tugend und Vortrefflichkeit gibt, wenn etwas lobenswert ist, daran denkt, das erwägt und zieht in Betracht [darauf richtet eure Gedanken].

Philipper 4,8

In den Versen 6 und 7 dieses Abschnittes wird uns gesagt, dass wir uns keine Gedanken machen oder uns sorgen sollen, wenn wir ein Problem haben, sondern es im Gebet vor Gott bringen sollen. Uns wird versichert, dass uns dann der Friede Gottes von Angst und Besorgnis bewahren und über unsere Gedanken und unser Herz wachen wird.

Aber hier in Vers 8 sehen wir, dass wir noch ein Weiteres tun müssen, um die wunderbare Freude und den Frieden des Herrn zu empfangen. Wir müssen unser Gedankenleben unter Kontrolle bringen. Wir müssen unsere Gedanken vom Negativen auf das Positive lenken.

Sie haben vielleicht bemerkt, dass wir in erster Linie an das denken sollen, was wahr ist. Das bedeutet aber nicht, dass wir an die schlimmen

Dinge denken sollen, die uns in der Vergangenheit widerfahren sind, nur, weil sie tatsächlich geschehen sind.

Es gibt einen Unterschied zwischen der Wahrheit und einer Tatsache. Dinge, die sich in der Vergangenheit ereignet haben, sind Tatsachen, aber Jesus und das Wort sind die Wahrheit und damit größer als eine Tatsache.

Ich möchte es Ihnen anhand eines Beispiels erklären, bei dem es um eine Bekannte von uns geht.

Vor einiger Zeit starb der Ehemann dieser Bekannten und ging zum Herrn. Er ist nun im Himmel, und sie wird ihn nicht wieder sehen, bis sie ebenfalls dorthin gelangt.

Das ist eine Tatsache.

Aber die Wahrheit ist nicht, dass ihr Leben vorbei ist und sie nun nichts hätte, wofür sie existieren könnte. Der Teufel möchte, dass sie das glaubt, aber es ist nicht wahr.

Fakt ist, dass der junge Mann, mit dem meine Tochter verlobt war, sie ebenfalls zutiefst verletzte. Aber die Wahrheit ist, dass ihr Leben nicht mit dieser Enttäuschung endete. Es ist wahr, dass sie immer noch ihr ganzes Leben vor sich hatte - ein Leben voller Segnungen.

Tatsache ist, dass sie ihren Verlobten verlor, aber die Wahrheit ist, dass sie immer noch eine Zukunft hatte, ein wunderbares christliches Zuhause und eine Familie, ihr eigenes Auto, eine gute Arbeit, fürsorgliche Freunde und die Liebe Gottes.

Dieser Verlust ereignete sich unmittelbar vor ihrem neunzehnten Geburtstag. Das ist ein nettes Geburtstagsgeschenk, nicht wahr? Doch statt betrübt und bitter zu werden, entschied sie sich, eine andere Betrachtungs- und Verhaltensweise anzunehmen.

Sie sagte: »Morgen ist mein neunzehnter Geburtstag, und so weit es mich betrifft, ist es der erste Tag vom Rest meines Lebens.«

Ich war so beeindruckt von dieser Einstellung, dass ich ihr ein kleines Tagebuch kaufte und vorschlug: »Schreibe alle Wunder, die Gott in diesem kommenden Jahr für dich tut, in dieses kleine Buch. An deinem zwanzigsten Geburtstag wollen wir sie lesen und zusammen feiern.

Und genau das taten wir auch.

Das sollten auch Sie und ich tun. Obschon wir nicht immer die Macht haben, Enttäuschungen aus dem Weg zu gehen, haben wir die Fähigkeit, uns zu entscheiden, wie wir auf sie reagieren.

Wir können uns in Gedanken darin versenken, bis wir völlig entmutigt sind, oder wir können unsere Aufmerksamkeit auf all die guten

Dinge richten, die uns in unserem Leben widerfahren sind - sowie auf all die guten Dinge, die Gott in der kommenden Zeit noch für uns bereithält.

7

Hoffnung und Erwartung

[Denn es ist meine feste Absicht], ihn zu kennen [damit ich nach und nach tiefer und inniger mit ihm vertraut werde, die Wunder seiner Person intensiver und klarer wahrnehme und erkenne und verstehe], und damit ich gleicherweise dahin gelange, die Kraft, die aus seiner Auferstehung fließt, zu kennen [welche sich auf Gläubige auswirkt], und dass ich so an seinen Leiden teilhabe, um fortwährend [im Geist in sein Bild, sogar] in seinen Tod umgestaltet zu werden.

Philipper 3,10

In diesem Vers sagt Paulus, das er etwas getan hat, wovon ich denke, dass wir es alle tun sollten: Er hat sich ein Ziel gesetzt.

Sie und ich brauchen ein Ziel. Wir müssen Hoffnung und Orientierung und eine Erwartungshaltung im Leben haben.

Manchmal verlieren Menschen die Richtung und ihre Zuversicht, wenn sie immer und immer und immer wieder enttäuscht werden. Sie fürchten sich davor, ihre Hoffnung auf irgendetwas oder irgendjemanden zu setzen, aus Angst davor, dass sie abermals enttäuscht werden. Sie verabscheuen die Qual der Enttäuschung so sehr, dass sie lieber gar nicht mehr glauben wollen, als das Risiko einzugehen, verletzt zu werden.

Leider sind sie im Spiel des Lebens die Verlierer und nicht die Gewinner, weil Sieg nur in Verbindung mit Risiko kommt.

Verletzung erzeugt Misstrauen

Damit ich, wenn möglich, zur [geistlichen und moralischen] Auferstehung [die mich] aus den Toten [erweckt] gelangen möge [selbst während ich im Leib bin].

Philipper 3,11

Wenn ein Mädchen zwei- oder dreimal von einem Jungen, den sie mag, verletzt wurde, denkt es: »Ich vertraue nie wieder einem.«

Und genau das möchte der Teufel uns allen antun.

Wenn Sie und ich von Freunden enttäuscht oder fallen gelassen werden, möchte Satan, dass wir sagen: »Das war's; ich werde nie wieder jemandem trauen.«

Wenn wir dies tun, spielen wir uns direkt in die Hände des Teufels.

Jemand hat einmal gesagt: »Wenn dich jemand verletzt, dann wirst du misstrauisch«.

Das mag wahr sein, aber es ist nur eine weitere Erfindung des Teufels, um uns zu verführen und uns davon abzuhalten, das von Gott gegebene Ziel im Leben zu erreichen.

Satan möchte uns glauben lassen, dass alle so seien wie diejenigen, die uns enttäuscht haben.

Aber sie sind es nicht.

Der Teufel versucht immer, einige schlimme Erfahrungen zu nehmen und sie zu benutzen, um uns davon zu überzeugen, dass wir im Leben niemals jemandem trauen sollten.

Wenn Sie verletzt wurden, dann fangen Sie nicht an zu denken, dass Sie niemandem mehr vertrauen könnten. Wenn Sie das tun, werden Sie sich viele der größten Segnungen Gottes von Satan rauben lassen.

Der Apostel Paulus hatte ein Ziel, einen geistlichen Traum. Ihm schwebte ein Zustand vor, in dem nichts im Leben ihn aus der Bahn werfen würde, in dem ihn nichts davon würde abhalten können, dieses irdische Leben in der Erfüllung seiner von Gott gegebenen Bestimmung bis zum Vollmaß auszuleben.

Um an dieses Ziel zu gelangen, musste er Risiken eingehen. Er musste nicht nur Gott vertrauen, sondern auch anderen Menschen. Er musste das Risiko eingehen, verletzt zu werden oder einen Verlust zu erleiden.

Genauso müssen Sie und ich das tun. Wir müssen weitergehen trotz allem, was der Feind uns an entmutigenden Dingen in den Weg legt. Er möchte uns nämlich zum Aufgeben bewegen, damit wir kurz vor dem Erreichen unseres Ziels Schluss machen.

Drängen Sie vorwärts!

Nicht dass ich es [dieses Wunschziel] nun erlangt habe oder schon vollendet sei, ich dränge aber vorwärts, um zu ergreifen (an mich zu reißen) und mir zu Eigen zu machen, wofür mich Christus ergriffen und zu seinem Eigen gemacht hat. Ich halte mich selbst nicht dafür, Brüder, dass ich es [schon] ergriffen und mir zu Eigen gemacht hätte, aber eines tue ich [es ist mein einziges Bestreben], zu vergessen, was dahinten ist und mich auszustrecken nach dem, was vorne ist; ich dränge vorwärts nach dem Ziel, um den [höchsten und himmlischen] Preis zu gewinnen, zu welchem uns Gott in Christus Jesus nach oben ruft.

Philipper 3,12-14

In Vers 12 erklärt der Apostel Paulus, dass er, obwohl er sein Ziel noch nicht erreicht und sein Wunschziel noch nicht erlangt habe, nicht aufgeben würde. Stattdessen drängt er vorwärts.

Dann in Vers 13 fährt er fort und sagt, dass er eines tue.

Dieses Eine sollte für uns von Interesse und Bedeutung sein, da es von dem Mann kommt, der durch die Inspiration des Heiligen Geistes zwei Drittel des Neuen Testaments geschrieben hat.

Was war dieser eine Grundsatz, nach dem der große Apostel Paulus sein Leben ausrichtete und von dem er glaubte, dass er ihn zur Erfüllung seiner Träume und Ziele bringen würde?

Dieser Grundsatz hat zwei Teile: Der erste ist der, zu vergessen, was in der Vergangenheit dahinten liegt, und der zweite besteht darin, nach vorne zu drängen, auf das zu, was in der Zukunft liegt.

Das ist eine wichtige Lektion, die wir alle lernen müssen.

Ein Beispiel: Erinnern wir uns an die Frau, die ihren Ehemann verloren hatte. Wenn wir sagen, dass sie vergessen sollte, was in der Vergangenheit geschah und das anstreben sollte, was vor ihr in der Zukunft lag, meinen wir damit nicht, dass sie alles, was ihren Ehemann betrifft, vergessen und nie mehr an ihn denken sollte. Wir sagen nur, dass es sie in Schwierigkeiten bringen wird, wenn sie sich zu sehr auf ihr altes Leben fixiert. Sie würde mehr in der Vergangenheit leben, als nach vorne auf die Zukunft hinzudrängen.

Ich erinnere mich an eine Frau in unserer Gemeinde, deren Sohn im Alter von sechzehn Jahren an Leukämie starb. Wir hatten alle für ihn gebetet und Gott für seine Heilung geglaubt, doch sie trat nicht ein; er ging zum Herrn. Trotz dieses tragischen Verlustes stützte der Herr diese junge Mutter.

Einen Tag nach dem Gedenkgottesdienst wusch sie die Wäsche und entdeckte dabei ein Hemd ihres Sohnes. Als sie es aufhob und umarmte, fing sie hemmungslos an zu weinen. Später sagte sie, dass sie es förmlich spüren konnte, wie sie von Trauer ergriffen wurde.

Als sie erkannte, was mit ihr geschah, sprach sie plötzlich den Namen Jesu aus. Indem sie eines der Hemden ihres Sohnes in die Hand nahm, erklärte sie kühn: »Satan, sieh dir das an. Ich werde es als Gewand des Lobpreises benutzen. Ich werde nicht in Kummer versinken, sondern mich mit Lobpreis erheben!«

Es ist ganz natürlich, sich darüber zu grämen, was in der Vergangenheit geschehen ist, aber nur bis zu einem gewissen Punkt und nur für eine bestimmte Zeit. Früher oder später müssen wir uns mit unserem Kummer und Verlust auseinandersetzen und uns dazu entscheiden, ihn hinter uns zu lassen und mit unserem Leben fortzufahren.

Der Apostel Paulus spricht von unseren Unvollkommenheiten, wenn er davon redet, dass wir vergessen sollen, was dahinten ist und auf das zustreben sollen, was vor uns liegt, doch können wir dieses Prinzip auf jeden Lebensbereich anwenden.

Wenn wir in unserem Leben das vollbringen und erreichen wollen, wozu Gott uns berufen, gesalbt und beauftragt hat, dann müssen wir - wie Paulus - ein Ziel haben und ständig auf dieses zustreben.

8

Etwas Neues

Denkt nicht [ernstlich] an das Frühere; und das Vergangene erwägt nicht! Siehe, ich wirke Neues! Jetzt sprosst es auf; merkt und erkennt ihr es nicht und wollt ihr es nicht beachten?

Jesaja 43,18-19

Im Umgang mit der Vergangenheit müssen wir uns davor hüten, uns von ihr im Kummer über das Gewesene halten zu lassen, anstatt dankbar für die Gegenwart und freudig über das Zukünftige zu sein.

Um meinen eigenen Dienst starten zu können, musste ich die Stelle einer Co-Pastorin in einer Gemeinde aufgeben. Dies fiel mir sehr schwer, und ich trauerte lange Zeit über den Verlust der Gemeinschaft mit den Leuten jener Gemeinde. Ich musste an unsere gemeinsamen Aktivitäten denken, an denen ich nun nicht mehr beteiligt war.

Ich musste die Vergangenheit los lassen, um weiter zu gehen, aber mein Verstand und meine Gefühle wollten an ihr festzuhalten. Schließlich errang ich den Sieg. Ich konnte mich über die Zukunft freuen, doch gleichzeitig war ich immer noch enttäuscht, dass ich diese Stelle und die enge Gemeinschaft mit jenen Menschen verloren hatte.

Die Enttäuschung beeinträchtigte die Freude über meinen neuen Dienst. Es war eine verworrene Zeit für mich, aber ich lernte dabei eine Menge darüber, wie man Vergangenes hinter sich lässt und auf das zustrebt, was vorne liegt.

Immer und immer wieder muss Gott mich erinnern: »Du musst das Gestern hinter dir lassen. Die Vergangenheit ist nicht mehr dein Leben. Jetzt wirke ich Neues!«

ICH BIN!

Und Gott sprach zu Mose ... Du sollst zu den Israeliten also sagen: »ICH BIN« hat mich zu euch gesandt. Weiter sprach Gott zu Mose: Also sollst du zu den Israeliten sagen: Der Herr, der Gott eurer Väter, der Gott Abrahams, Isaaks und Jakobs hat mich zu euch gesandt. Das ist mein Name ewiglich, und mit diesem Namen soll ich allen Generationen im Gedächtnis bleiben.

2. Mose 3,14-15

Wenn Sie und ich uns zu lange mit der Vergangenheit beschäftigen, wird uns dies in Schwierigkeiten bringen. Deshalb muss uns der Herr, wie er es bei Mose tat, von Zeit zu Zeit daran erinnern, dass er der »ICH BIN« ist und nicht der »ICH WAR«.

Wir sollten an all die guten Dinge denken, die Gott für uns in der Vergangenheit getan hat, genau wie er sie für Abraham und Isaak und Jakob und all die anderen treuen Männer und Frauen der Bibel getan hat. Doch wir dürfen den vergangenen Freuden und Siegen nicht so sehr nachhängen, dass wir es versäumen, das zu schätzen und zu genießen, was Gott für uns jetzt tut - und was er in der Zukunft für uns bereithält.

In Johannes 8,58 lesen wir: »Jesus erwiderte: Ich versichere euch, feierlichst sage ich euch: Ehe Abraham geboren ward, bin ich.« Hebräer 13,8 sagt uns, dass »Jesus Christus (der Messias) [stets] derselbe ist, gestern, heute, [ja] und für immer (bis in Ewigkeit).«

So sollte unser Glaube sein - stetig, ewig, zeitlos und unveränderlich - jetzt!

Schauen Sie nicht zurück!

Jesus sprach zu ihm: Niemand, der seine Hand auf den Pflug legt und zurückblickt [auf das Vergangene], ist tauglich für das Reich Gottes.

Lukas 9,62

Gott möchte nicht, dass wir in der Vergangenheit leben. Er weiß: Selbst wenn wir zurückgehen und alles wiederholen könnten, was in der Vergangenheit war, wäre es doch nicht dasselbe. Wissen Sie, warum? Weil das Vergangene damals war und die Gegenwart jetzt ist.

Das Gestern ist vorbei; es ist in den Nischen der Zeit verloren gegangen. Nun ist jetzt.

Wir haben einen Jetzt-Gott, wir sind ein Jetzt-Volk und wir müssen ein Jetzt-Leben führen - einen Tag nach dem anderen.

Sehr oft verlieren Menschen ihre Freude, weil es in der Vergangenheit etwas gab, das sie freudig gestimmt hatte, das nun aber vorbei ist. Viele grämen sich wegen der Bewegung Gottes, die stattgefunden hat, jetzt aber nicht mehr wirksam ist.

Es ist schade, dass sie nicht mehr existiert, aber das ist nun einmal so, und es gibt nichts, was Sie oder ich dagegen tun können. Stattdessen müssen wir lernen, in der Gegenwart zu leben. Gott bewegt sich jetzt - genießen wir das Jetzt!

Wir müssen die Vergangenheit hinter uns lassen und mit dem fortfahren, was Gott in unserem Leben tut, dort, wo wir jetzt sind.

Gott sei Dank können wir auf das zustreben, was er für uns bereithält, aber in der Zwischenzeit sollten wir unsere Hand am Pflug lassen und aufhören, auf das zurückzublicken, was einst war und nie wieder sein wird.

Zurückschauen oder vorwärts drängen?

Jene nun, die so reden wie sie es taten, zeigen deutlich, dass sie auf der Suche nach einem Vaterland sind (ihrem rechtmäßigen Land). Wenn sie sich an jenes Land, von welchem sie ausgegangen waren, [mit Heimweh] erinnert hätten, hätten sie unaufhörlich Gelegenheit gefunden, zurückzukehren. Aber in Wirklichkeit sehnten sie sich und trachteten sie nach einem besseren, begehrenswerteren Land, nämlich nach einem himmlischen. Darum schämt sich Gott nicht, ihr Gott genannt zu werden [sogar mit Zunamen ihr Gott genannt zu werden - der Gott Abrahams, Isaaks und Jakobs], denn er hat ihnen eine Stadt bereitet.

Hebräer 11,14-16

Dieser Abschnitt spricht von den Israeliten, die aus ihrer vormaligen Heimat geführt wurden, aber durch einige schwierige, unangenehme Zeiten gehen mussten, um zu ihrer neuen Heimat zu gelangen.

Es heißt, dass sie, wenn sie mit Heimweh an jenes Land gedacht hätten, das sie soeben verlassen hatten, reichlich Gelegenheit gehabt hätten, dahin zurückzukehren. Stattdessen hielten sie nach einem besseren Heimatland Ausschau, nach einem, das von Gott für sie bereitet worden war. Deshalb hörten sie nicht auf, vorwärts zu drängen, trotz Hindernissen und Mühseligkeiten.

Genau das ist die Entscheidung, die Sie und ich zu treffen haben. Wir können uns entscheiden, voller Heimweh zurückzublicken, oder wir können uns entscheiden, mit freudiger Erwartung nach vorne zu sehen.

Das heißt nicht, dass wir uns niemals an die guten Zeiten der Vergangenheit erinnern oder nie an unsere verstorbenen Angehörigen denken dürfen - darum geht es in dieser Passage nicht. Sie besagt nur, dass wir unsere Gedanken und unser Herz nicht ständig auf die Vergangenheit gerichtet haben dürfen, denn sonst versäumen wir die Dinge, die Gott für unsere Zukunft vorbereitet hat.

Deshalb sollten wir ein Versprechen ablegen, dass wir unser Leben nicht vergeuden werden, indem wir rückwärts blicken, sondern dass wir nach vorne drängen wollen, auf das zu, was vor uns liegt.

Dies ist die Botschaft von *Heute*. Es ist etwas, das wir heute tun können und müssen, und an jedem neuen Tag unseres Lebens.

Ich dachte immer, dass sich dieses Wort über das Vergessen der Vergangenheit nur auf ehemalige Fehler und früheres Versagen beziehen würde. Eines Tages erkannte ich, dass ich mich auch unglücklich fühlte, wenn ich andauernd meine vormaligen Siege und Erfolge durchlebte.

Wenn eine Sache beendet ist, sollten wir den Vorhang herunterlassen und zur nächsten übergehen, ohne Vergleiche zu ziehen. Wir sollten nicht gegenwärtige Fehler oder Siege mit früher begangenen Fehlern oder früher errungenen Siegen vergleichen. Wenn wir dies tun, öffnen wir uns entweder der Entmutigung oder dem Stolz.

Wir sollten unsere Tage völlig genießen, und zwar so, wie wir sie momentan erleben. Dies ist uns möglich, indem wir keine Vergleiche mit Erlebnissen oder Abschnitten der Vergangenheit ziehen.

Aus diesem Grund hat uns der Herr in Jesaja 43,18-19 aufgefordert, dass wir uns nicht an das Frühere erinnern, das Gewesene nicht einmal beachten sollen. Warum? Weil es vorbei ist und Gott etwas Neues wirkt. Es sprosst unmittelbar vor unseren Augen auf. Wir sollten es annehmen und uns auf das Neue konzentrieren, wenn wir daran Anteil haben möchten und dadurch gesegnet werden wollen.

Säen Sie mit Tränen, ernten Sie mit Freuden

Die mit Tränen säen, werden mit Freuden und Singen ernten.
Psalm 126,5

Ganz gleich, was uns in der Vergangenheit widerfahren sein mag oder was jetzt geschieht, unser Leben ist nicht vorbei. Und wir müssen uns vom Teufel nicht vom Gegenteil überzeugen lassen.

Unser Feind wird versuchen, uns einzureden, dass wir einen Fehler zu viel gemacht hätten und dass es nun zu spät für uns sei.

Wir dürfen nicht auf ihn hören. Stattdessen sollten wir ihm sagen: »Satan, du bist ein Lügner und der Vater aller Lüge. Dies ist ein neuer Tag und ich erwarte ein Wunder.«

Wir sollten durchs Leben gehen und jederzeit ein Wunder erwarten, weil wir nie wissen, wann es geschehen wird. Wir wissen nie, wann Gott unseren Weg kreuzen wird. Das macht unser Leben so spannend.

Der Teufel möchte, dass wir denken, unsere Zeit würde nie kommen und unser Wunder niemals geschehen. Doch wenn wir in Jesus verwurzelt und gegründet bleiben, *wird* unsere Zeit letztendlich kommen und unser Wunder *wird* geschehen.

Aber wir müssen darauf vorbereitet sein. Und wir müssen alles tun, um Satan davon abzuhalten, uns dermaßen zu entmutigen, dass wir Schluss machen und aufgeben. Wenn wir dies tun, dann wird das, was auch immer Gott für uns geplant hat, nicht eintreffen.

Deswegen fordert uns Gott durch die ganze Bibel hindurch eindringlich auf, nicht zu erschrecken oder entmutigt zu werden oder aufzugeben, denn er weiß, dass »Weinen eine Nacht lang währen mag, ... am Morgen die Freude einkehrt« (Psalm 30,5).

Gott wird sein Werk vollenden

Ich bin davon überzeugt und mir dessen ganz sicher, dass der, welcher ein gutes Werk in euch angefangen hat, es fortsetzen wird bis auf den Tag Jesu Christi [genau bis zum Tag seiner Wiederkunft], es [jenes gute Werk] in euch entwickeln und vervollkommnen und zur Vollendung bringen wird.
Philipper 1,6

Gott fängt nie etwas an, das er nicht zu Ende zu führen beabsichtigt. Er ist der Anfänger und Vollender (Hebräer 12,2).

Zu oft ist nicht Gott das Problem, sondern wir. Wir bleiben in der Vergangenheit, in der gestrigen Sache stecken, und deshalb versäumen wir es, das Neue wahrzunehmen und zu beachten, was Gott hier und jetzt tut. Der Grund, warum wir das Neue nicht wahrnehmen, ist der, dass wir noch am Alten hängen - war es damals doch so schön gewesen.

Was Gott gestern für uns getan hat, ist wunderbar, aber er kann heute und morgen doppelt so viel tun. Die Frage, die wir uns stellen müssen, lautet: Was wollen wir? Das Alte oder das Neue?

9

Neuer Wein, neue Schläuche

Er sagte auch ein Gleichnis zu ihnen: Niemand setzt einen Flicken von einem neuen Kleid auf ein altes Kleid; wenn er das tut, wird er sowohl den neuen zerreißen, und der Flicken vom neuen wird sich dem alten [Kleid] nicht anpassen. Und niemand gießt neuen Wein in alte Schläuche; wenn er das tut, wird der junge Wein die Schläuche zerreißen und er wird verschüttet werden und die Schläuche werden verderben (zerstört werden), sondern neuer Wein muss in neue Schläuche gefüllt werden.

Lukas 5,36-38

In den letzten Jahren hat mir der Herr ein ganz neues Verständnis über diesen Abschnitt gegeben.

Ich dachte immer, hier gehe es nur um die Errettung aus Gnade im Vergleich zur Errettung durch das Einhalten des Gesetzes. Jetzt sehe ich, dass es auch mit dem neuen Lebensstil und der Haltung derer zu tun hat, die zu einer neuen Schöpfung in Christus Jesus gemacht worden sind.

Sie und ich wollen immer das Neue bekommen, halten jedoch am Alten fest. Aber Jesus sagt, dass dies nicht möglich sei. Als Veranschaulichung erzählt er ein Gleichnis, das besagt, dass man nicht einen neuen Flicken auf ein altes Kleid nähen oder neuen Wein in alte Schläuche füllen könne.

Das Sprichwort übers Nähen

Jeder, der etwas vom Nähen versteht, weiß: Man kann keinen neuen Flicken auf ein altes Kleid setzen. Wenn Sie ein altes Kleid haben, das gewaschen wurde und eingelaufen und ausgebleicht ist und Sie versuchen, ein Loch darin zu flicken, indem Sie ein Stück neues Material benutzen, wird der neue Stoff mit der Zeit einlaufen und zerreißen. Selbst wenn er dies nicht tut, wird das neue Stück nicht auf das alte Kleid passen, weil der neue Fleck noch nicht getragen wurde und durch wiederholtes Waschen und Anziehen noch nicht verblasst ist.

In diesem Teil des Gleichnisses sagt uns Jesus, dass wir nicht versuchen sollen, das neue Leben zu nehmen und es in das alte zu flicken. Es würde nicht funktionieren.

Genauso wenig würde es funktionieren, wenn man versuchte, neuen Wein in alte Schläuche zu füllen.

Welcher ist besser?

Und niemand begehrt neuen Wein, nachdem er alten Wein getrunken hat, denn er spricht: Der alte ist gut oder besser.

Lukas 5,39

Wissen sie, warum Leute behaupten, der alte Wein sei besser als der neue? Sie sagen es aus demselben Grund, aus dem Sie und ich das alte Leben dem neuen vorziehen: weil das alte bequemer ist.

Die meisten von uns ziehen das alte Leben dem neuen vor, weil sie es gewohnt sind. Auch wenn ein Teil von uns den neuen Wein, die neue Sache, den neuen Tag, die neue Bewegung haben möchte, gibt es einen anderen Teil in uns, der dem Alten anhängen möchte, weil es so am bequemsten für uns ist.

Statt mit dem Herrn nach vorne zu gehen, bleiben wir lieber da, wo wir sind, weil es so viel leichter ist.

Nach vorne zu gehen ist schwer.

Es ist schwer, in eine neue Stadt zu ziehen, neue Freunde zu finden, einen neuen Arzt, eine neue Schule und eine neue Gemeinde zu finden. (Manchmal fällt es mir sogar schwer, ein Möbelstück an einen anderen Platz zu stellen.) Es ist viel reizvoller, einfach da zu bleiben, wo wir sind und das zu genießen, was wir haben und kennen.

Doch was wir so leicht vergessen, ist die Tatsache, dass wir als Christen selbst neu gemacht wurden.

Das Neue ist da!

Wenn also jemand in Christus (den Messias) [eingepfropft] ist, so ist er eine neue Kreatur (eine neue Kreatur insgesamt); das Alte [der frühere moralische und geistliche Zustand] ist vergangen. Siehe, das Frische und Neue ist gekommen.

2. Korinther 5,17

Sie und ich müssen erkennen und verstehen, dass wir neue Kreaturen in Christus sind. Wir sind zu einem ganz neuen Leben in ihm gerufen worden. Wir dürfen uns nicht dermaßen davor ängstigen, das aufzugeben, was wir in unserem alten Leben waren und hatten, so dass wir nicht ungehindert empfangen und genießen können, was Gott für uns im neuen Leben bereithält.

Ich habe das erkannt, als der Herr zu mir sprach und sagte: »Erkennst du nicht, Joyce, dass dies die Grundlage für die Realität der Neuen Schöpfung ist, nämlich dass das Alte vergangen und alles brandneu geworden ist?«

Dies gilt nicht nur bei einem Altarruf und einer Entscheidung für Christus; es ist ein immer währendes Lebensprinzip der Neuen Schöpfung.

Hinaus mit dem Alten, herein mit dem Neuen!

Weil Gott unser gedachte und etwas Besseres und Größeres für uns vorgesehen hatte.

Hebräer 11,40

Haben Sie inzwischen eingesehen, dass die Dinge, die sie momentan haben, gar nicht so schlimm wären, wenn Sie einfach aufhören würden, sie mit dem zu vergleichen, was Sie einst hatten?

Wenn wir nach Indien reisen um dort zu dienen, wo die Armut und die Lebensbedingungen wirklich erschreckend sind, beunruhigt uns der Zustand der Menschen mehr als sie selbst. Warum? Sie haben nichts, das sie mit ihrer Lebensweise vergleichen könnten.

Was die Menschen in Indien heute haben, das hatten sie immer. Wir haben hingegen immer in Amerika gelebt, einem Land des Überflusses. Deshalb sehen wir, wenn wir nach Indien reisen, überall, wohin wir blicken, Zustände, die unsagbar abscheulich sind, *verglichen* mit den uns bekannten Umständen.

Was hat es für einen Sinn, wegen Ihres alten Lebens, das nicht mehr existiert, Tag für Tag entmutigt und deprimiert zu sein und sich bedrücken zu lassen?

Sitzen Sie nicht herum und betrachten Sie die alten Dinge. Denken Sie nicht mehr an das Frühere. Das ist nun alles vorbei und durch etwas Neues und Besseres ersetzt. Sie müssen es nur erkennen.

Strecken Sie sich aus nach jenen Dingen, die vor Ihnen liegen.

Was sollten Sie tun, wenn Enttäuschung kommt - was sicherlich geschehen wird, weil es ein Bestandteil des Lebens ist? Es kann eine kleine Sache sein oder eine große. Es kann so geringfügig sein wie ein verregnetes Picknick oder so bedeutsam wie eine zerbrochene Verlobung.

Welcher Art sie auch sein mag, Enttäuschung wird kommen. Wenn sie wie ein Stein auf Ihnen lastet, dann können Sie sich entweder niederdrücken lassen, so dass Sie entmutigt und sogar vernichtet werden, oder Sie können sie als Trittstein zu höheren und besseren Dingen benutzen. Man kann unmöglich herumsitzen und negativ denken und dabei ein positives Leben haben. Es wird nicht funktionieren. Je mehr Sie über Ihre Enttäuschungen nachdenken, desto entmutigter werden Sie sein. Und wenn Sie lange genug entmutigt sind, werden Sie innerlich zerbrechen. Und wenn Sie innerlich zerbrechen, haben Sie wahrhaftig große Schwierigkeiten.

Gott jedoch hat etwas Besseres für Sie!

Dies ist ein neuer Tag. Wenn also das nächste Mal Enttäuschung Ihres Weges kommt, dann richten Sie sich neu aus, passen Sie sich an und fügen Sie sich ein. Vergessen Sie, was dahinten ist und streben Sie auf das zu, was vor Ihnen liegt.

Denken Sie daran, dass der Herr in Ihrem Leben etwas Neues tut. Darum begraben Sie die Vergangenheit und leben Sie in der Fülle und Freude des neuen Lebens, das er für Sie geplant und vorbereitet hat.

Schluss

Möge Christus durch euren Glauben [tatsächlich] in euren Herzen wohnen (sich niederlassen, bleiben, seine feste Wohnstatt einnehmen)! Möget ihr tief in Liebe verwurzelt und sicher auf Liebe gegründet sein.

Epheser 3,17

Ich ermutige Sie, darauf Acht zu haben, worauf Sie Ihre Hoffnung und Ihre Zuversicht setzen.

In Epheser 3,17 heißt es, dass wir in Liebe verwurzelt und gegründet sein sollen. Wir sollten in der Liebe Jesu Christi verwurzelt und gegründet sein - in Jesus -, nicht in anderen Menschen, unseren Kindern, unseren Freunden, unserer Arbeit usw.

Jesus wird der Fels genannt. Er ist ein Fels, der sich niemals bewegen wird.

Wenn Sie Ihre Wurzeln um den Felsen schlingen, dann werden Sie, wenn kleine Enttäuschungen des Weges kommen, fähig sein zu sagen: »Na ja«, und sie werden mit dem Leben fortfahren. Wenn sich große Enttäuschungen einstellen, können Sie Heilung vom Herrn empfangen und sich durch seine Kraft entscheiden, weiterzugehen.

Wenn Sie in alles andere verwurzelt und gegründet sind, werden Sie enttäuscht, entmutigt, niedergeschlagen und zerbrochen werden, weil nichts und niemand anderes felsenfest ist - einzig Jesus!

Lernen Sie sich anzupassen und einzufügen. Sie können es! Warum sollten Sie das tun? Ihretwegen!

Betrachten Sie es als Vorrecht, sich anderen Leuten und Situationen anzupassen und zu fügen.

Sinnen Sie nicht über die Enttäuschung nach, die in Ihr Leben kommt. Lassen Sie los und erlauben Sie Gott, dass er sich um Sie kümmert. Widersetzen Sie sich gleich zu Beginn der Enttäuschung und schicken Sie sich an, jede erforderliche Anstrengung zu machen, um die Situation in Ordnung zu bringen.

Richten Sie Ihre Aufmerksamkeit auf Gott, statt sich auf Ihr Problem zu konzentrieren und entmutigt zu werden. Sinnen Sie über seine Verheißungen nach. Bekennen Sie sein Wort und unterwerfen Sie sich und Ihre Situation ihm im Gebet.

Machen Sie eine Bestandsaufnahme von dem, was Sie hinter sich gelassen und nicht nur von dem, was Sie verloren haben. Dies hält Ihren Sinn auf die Gegenwart gerichtet, dahin, wo Gott ist. Denken Sie daran, dass sich Jesus »ICH BIN«, nicht »ICH WAR« oder »ICH WERDE SEIN« genannt hat. Er ist gerade jetzt für Sie da. Sie können heute damit beginnen, das Leben zu genießen!

Teil B

Schriftstellen zur Überwindung von Entmutigung

[Was, ja, was wäre aus mir geworden] hätte ich nicht geglaubt, dass ich die Güte des Herrn sehen würde im Land der Lebendigen! Erwarte und hoffe und harre auf den Herrn; sei tapfer und guten Mutes und dein Herz sei zäh und ausdauernd. Ja, erwarte und hoffe und harre auf den Herrn! (Psalm 27,13-14)

Ich habe gesehen, dass alles [Menschliche] seine Grenzen und ein Ende hat [ganz gleich, wie ausgedehnt, erhaben und vortrefflich]; aber dein Gebot ist überaus weitreichend und erstreckt sich ohne Grenzen [in die Ewigkeit]. (Psalm 119,96)

Wie ein zerbrochener Zahn oder ein ausgerenkter Fuß, so ist das Vertrauen auf einen treulosen Menschen zur Zeit der Not. (Sprüche 25,19)

Denn ich kenne die Gedanken und Pläne, die ich für euch habe, spricht der Herr, Gedanken und Pläne des Wohlergehens und des Friedens, nicht des Unheils, um euch Hoffnung für eure Zukunft zu geben. (Jeremia 29,11)

Ich aber will auf den Herrn schauen, und im Vertrauen auf ihn will ich wachen; ich will mit Hoffnung und Zuversicht auf den Gott meines Heils harren, mein Gott wird mich hören. (Micha 7,7)

Lebt in Harmonie miteinander, seid nicht überheblich (eingebildet, hochgesinnt, ausgrenzend), sondern stellt euch bereitwillig [auf Menschen, Dinge] ein und widmet euch bescheidenen Aufgaben. Überschätzt euch niemals und seid nicht weise in euren eigenen Augen. (Römer 12,16)

Rächt euch nicht selbst, Geliebte, sondern gebt Raum dem Zorn [Gottes]; denn es steht geschrieben: Mein ist die Rache; ich will heimzahlen (vergelten), spricht der Herr. (Römer 12,19)

Gott ist treu (zuverlässig, vertrauenswürdig und deshalb treu gegenüber seiner Verheißung, und auf ihn kann man sich verlassen); durch ihn seid ihr berufen zur Gemeinschaft und Teilhaberschaft seines Sohnes Jesus Christus, unseres Herrn. (1. Korinther 1,9)

Was kein Auge gesehen und kein Ohr gehört hat und in keines Menschen Herz gekommen ist, [all das] hat Gott denen bereitet (gemacht und ist jenen verfügbar), die ihn lieben [die ihm liebevolle Ehrerbietung erweisen, ihm unverzüglich gehorchen und die Segnungen, die er geschenkt hat, dankbar anerkennen]. (1. Korinther 2,9)

Gott aber sei Dank, der uns in Christus allezeit im Triumphzug umherführt [als Siegeszeichen von Christi Sieg] und den Wohlgeruch der Erkenntnis Gottes durch uns an jedem Orte verbreitet und offenbar macht. (2. Korinther 2,14)

Lasst uns nicht verzagen, nicht müde werden und nicht ermatten in vortrefflichem Handeln und im Gutes tun, denn zur angemessenen und festgesetzten Zeit werden wir ernten, wenn wir unseren Mut nicht verlieren und nicht nachlassen und nicht ermatten. (Galater 6,9)

Denn er hat uns vorherbestimmt (uns vorgesehen, in Liebe geplant), als seine Kinder angenommen (offenbart) zu werden, durch Jesus Christus, in Übereinstimmung mit dem Vorsatz seines Willens [denn es gefiel ihm und war seine gütige Absicht] – [so dass wir] zum Preise und zum Lob der Herrlichkeit seiner

Gnade (Gunst und Barmherzigkeit) dienen mögen, die er uns so freimütig gewährt hat in dem Geliebten. (Epheser 1,5-6)

Dem aber, der gemäß (infolge) der [Erweisung seiner] Kraft, die in uns wirkt, überreichlich, weit mehr und über alles hinaus [seine Absicht auszuführen und] zu tun vermag, als wir [zu] erbitten oder erdenken [wagen] [unendlich weit über unsere kühnsten Gebete, Wünsche, Gedanken, Hoffnungen oder Träume hinaus]. (Epheser 3,20)

Ihr aber, Brüder, werdet nicht müde, verliert nicht den Mut, das Rechte zu tun, [sondern fahrt fort im Gutes tun, ohne schwach zu werden]. (2. Thessalonicher 3,13)

Gebet zur Überwindung von Entmutigung

Vater,
dein Wort ist eine Leuchte für meine Füße und ein Licht auf meinem Pfad.

Ich bitte dich, bewahre mich davor, meine Hoffnungen und Erwartungen auf Menschen wie mich zu setzen, da wir alle uns einander nur zu schnell enttäuschen können.

Hilf mir, jenen gegenüber Vergebung freizusetzen, die mich in der Vergangenheit enttäuscht haben. Hilf mir, die schmerzlichen Erinnerungen an diese Enttäuschungen loszulassen.

Nimm in mir zu, Herr, so dass ich dir immer ähnlicher und immer weniger wie ich werde.

Dies erbitte ich in Jesu heiligem Namen. Amen.

Klartext über *Unsicherheit*

Inhaltsverzeichnis

Einleitung

Haben Sie es satt, Spiele zu spielen, Masken zu tragen, zu versuchen, jemand anders zu sein, als Sie sind? Möchten Sie nicht lieber frei sein, so akzeptiert werden, wie Sie sind, ohne dem Druck zu unterliegen, etwas vorgeben zu müssen, das gar nicht ihrem wirklichen Ich entspricht?

Würden Sie gerne erfahren, wie Sie auf erfolgreiche Weise Sie selbst sein können?

Gott möchte, dass wir uns selbst annehmen, uns lieben, wie wir sind und lernen, mit unseren Schwächen umzugehen, denn wir haben alle genügend davon. Er möchte nicht, dass wir uns ihretwegen ablehnen.

Jesus versteht unsere Schwächen (siehe Hebräer 4,15).

Der Heilige Geist nimmt sich unserer Schwachheiten an (siehe Römer 8,26).

Gott erwählt das Schwache und Törichte der Welt, um das Weise zuschanden zu machen (siehe 1. Korinther 1,27).

Wenn ich meine Schwächen anschaue und dir sagen würde, was ich meiner Meinung nach wert bin, dann wäre es weniger als nichts. Aber unser Wert gründet sich nicht auf das, was wir tun, sondern darauf, was Gott bereits getan hat.

Gott akzeptiert uns so, wie wir sind, aber der Teufel versucht, uns mit allen Mitteln davon abzuhalten, das wirklich zu verstehen. Er übt in vielerlei Hinsicht Druck auf uns aus, um zu versuchen, uns beständig das Gefühl zu vermitteln, dass wir nicht an den Standard herankämen, den wir haben sollten. Er möchte nicht, dass wir herausfinden, dass wir uns so annehmen und lieben können, wie wir sind, weil er weiß, dass wir dann etwas ganz Wunderbares erleben werden.

Unsere Selbsteinschätzung beeinflusst alle unsere Beziehungen - zu Menschen und zu Gott. Und weil sie unsere Beziehung zu Gott beeinflusst, hat sie eine Auswirkung auf unser Gebetsleben.

Wir können beten und beten, indem wir unsere Gebete auf die Verheißungen stützen, die Gott uns in der Bibel gibt, und dabei alle richtigen Worte benutzen, ohne dass das Gebet wirksam wird. Ein Grund für diesen Mangel an Frucht in unseren Gebeten ist unser schlechtes

Selbstwertgefühl. Wir glauben nicht, dass Gott die Bitten von Leuten wie uns erfüllen wird. Wir tun uns schwer zu beten und zu glauben, dass Gott die große Sache tut, für die wir beten, weil wir nicht erwarten, dass er es tut! Wir gründen unseren Wert auf unsere eigene Leistung, indem wir unseren Schwächen, Unzulänglichkeiten und Fehlern erlauben, die Meinung über uns selbst in negativer Hinsicht zu beeinflussen.

Menschen sind extrem leistungsorientiert. Wir lernen von klein auf, dass der Grad der Liebe uns gegenüber vom Grad unserer Leistung abhängig ist. Dieses Schema setzt sich in unserer Beziehung zu Gott oftmals fort. Wir denken, Gott würde uns mehr lieben und segnen, wenn wir mehr leisten. Aber weil wir nicht in der Lage sind, uns die ganze Zeit richtig zu verhalten, beginnen wir zu arbeiten und zu kämpfen, und versuchen damit alle unsere Schwächen zu überwinden. Wir denken, dass Gott uns dann genügend lieben würde, um das für uns bereitzustellen, was wir brauchen.

Unser Wert beruht nicht auf *unser* Tun, sondern auf das, wozu Gott uns durch *sein* Tun gemacht hat. Jeder Christ kennt dieses Prinzip - es ist die Grundlage der Erlösung. Wir sind gerecht gemacht oder in einen gerechten Stand vor Gott versetzt durch das, was Jesus getan hat, als er am Kreuz starb. Wir können uns die Erlösung nicht durch *unsere* Werke verdienen - sie ist ein Geschenk Gottes, dargebracht durch Jesu Werk (siehe 1. Korinther 1,30; Epheser 2,8). Wir brauchen sie nur anzunehmen.

Aber obwohl jeder Christ die Erlösung durch seinen Glauben daran empfangen hat, dass wir mit Gott versöhnt wurden aufgrund von Jesu Werk, fahren für gewöhnlich nur sehr reife Christen in dieser Wahrheit fort und lernen es, sich allen Dingen des Lebens auf derselben Grundlage zu nähern (siehe Galater 3,3). Wie wir gesehen haben, steht diese Art des Denkens im Gegensatz dazu, wie die meisten Menschen hinsichtlich ihres Denkens erzogen wurden. Wir müssen unser Denken durch die Erneuerung unseres Sinnes verändern, und zwar mit Hilfe der Schriftstellen, die unseren gerechten Stand vor Gott durch Jesus - nicht durch unsere eigenen Werke - lehren.

Unser Wert gründet sich nicht darauf, wie annehmbar wir uns selbst vor Gott machen. Gott sucht nach Menschen mit der richtigen Herzenshaltung ihm gegenüber, nicht nach perfekten Leistungen. 2. Chronik, Kapitel 16, Vers 9, besagt: »Denn die Augen des Herrn durchstreifen die ganze Erde, um sich mächtig an denen zu erweisen, die ihm von ganzem Herzen ergeben sind« (KJV).

»Die ihm von ganzem Herzen ergeben sind« bedeutet, eine richtige Herzenseinstellung vor Gott zu haben, Gott so sehr zu lieben, wie wir ihn zu lieben vermögen; zu wollen, was er will; seinen Willen kennen zu wollen; seinen Willen tun zu wollen.

Gott hat für uns die Voraussetzungen geschaffen, um vor ihm in einem gerechten Stand stehen zu können (wenn wir es denn annehmen). Er liebt uns und sucht nach Menschen, die offen für seinen Willen sind, so dass er sich mächtig an ihnen erweisen und sie segnen kann.

Wir verdienen Gottes Liebe nicht; wir verdienen seine Segnungen nicht. Wir können jederzeit zu ihm gehen und unsere Bedürfnisse erfüllt bekommen. Im Hebräerbrief, Kapitel 4, Vers 16, heißt es: »Lasst uns nun furchtlos und zuversichtlich und freimütig hinzutreten zum Thron der Gnade (dem Thron von Gottes unverdienter Gunst gegenüber uns Sündern), damit wir Barmherzigkeit [für unsere Fehltritte] empfangen und zur rechten Zeit Gnade zur Hilfe finden für jedes Bedürfnis [angemessene und rechtzeitige Hilfe, die genau dann kommt, wenn wir sie brauchen].«

Den Lebensstil, den wir wählen, beeinflusst jedoch unsere Fähigkeit, all das zu empfangen, was Gott für uns vorgesehen hat. Ein Leben des Dienens und des Gehorsams Gott gegenüber ermöglicht es ihm, uns in eine Position zu bringen, aus der heraus er uns verschiedene Wege öffnen kann, um uns beständig zu segnen. Treue setzt Segnungen frei (siehe Sprüche 28,20).

Ein Lebensstil des Ungehorsams wird zweifelsohne beeinträchtigen, was Gott in unserem Leben zu tun in der Lage ist, lehrt die Bibel doch, dass wir eine schlechte Ernte bekommen werden, wenn wir schlechten Samen säen (siehe Galater 6,8).

Menschen, die in bewusstem Ungehorsam leben und wandeln, von Gott aber trotzdem gesegnet werden wollen, mögen denken, dass wir keine Anstrengungen zur Überwindung unserer Schwächen unternehmen bräuchten, um Gottes Anerkennung zu gewinnen. Sie glauben, dass wir eine Entschuldigung für Sünde hätten, wenn wir in einem Bereich schwach sind. Die Wahrheit ist: Gott wird uns trotz unserer Schwächen benutzen und uns helfen, sie zu überwinden; wir brauchen nicht kämpfen, um sie aus uns selbst heraus zu bezwingen, aber wir müssen Fortschritte dahingehend machen, sie schließlich zu bewältigen.

Der Herr sagte zu Paulus: »Meine Stärke und Kraft wird vollendet (erfüllt und vervollständigt) und erweist sich am wirkungsvollsten in [deiner] Schwachheit« (2. Korinther 12,9). Der 2. Korintherbrief 13, Vers 4 (KJV) teilt uns mit: »Wir sind schwach in ihm, doch werden wir mit ihm leben aus der Kraft Gottes.«

Als Paulus die Römer über die Gnade Gottes lehrte, sagte er: »Sollen wir in der Sünde verharren, damit Gottes Gnade (Gunst und Barmherzigkeit) zunehme und überfließe? Sicherlich nicht! Wie können wir, die wir der Sünde gestorben sind, noch länger in ihr leben?« (Römer 6,1-2).

Mit anderen Worten: Sollen wir danach trachten, so viel wie möglich zu sündigen, weil das Sündigen Gott die Möglichkeit gibt, ihnen Gnade zu erweisen? Paulus' Antwort war im Grunde folgende: »Das kann doch nicht wahr sein! Wie kann man sündigen, wenn man der Sünde gegenüber tot ist?«

Worauf Paulus hinaus wollte, war, ihnen ihre Stellung in Christus zu lehren. Sie und ich sind angenommen, weil Gott uns angenommen hat (siehe Römer 6,5-16).

Gott möchte, dass wir mit uns selbst ins Reine kommen und begreifen, dass unser Wert nicht darauf beruht, was wir tun, sondern wer wir sind. Er möchte, dass wir willig sind, zu sein, wer wir sind, unsere Schwächen und alles andere mit eingeschlossen.

Es ist wunderbar, den Tag nicht damit zu beginnen, aufzuwachen und sich eine halbe Stunde lang zu hassen, bevor man überhaupt aufsteht! Oder aufzuwachen und den Teufel zu hören, wie er in Ihren Ohren eine Liste herunterrattert über all die Fehler, die Sie am Tag zuvor begangen haben, und Ihnen sagt, dass Sie ein Versager sind und nicht erwarten können, dass Gott irgendetwas Gutes für Sie tun würde. Viele Leute sind schon niedergeschmettert, bevor sie am Morgen ihre Füße auf den Boden bekommen!

Der Teufel möchte uns derart täuschen, dass wir unseren Selbstwert weiterhin auf unsere Leistung gründen und dabei unseren Blick auf unsere Fehler und Unzulänglichkeiten gerichtet halten. Satan möchte, dass wir eine geringschätzige Meinung von uns selbst haben und unsicher sind, so dass wir ineffektiv für Gott leben, unglücklich und unempfänglich für seine Segnungen sind, weil wir denken, dass wir sie nicht verdient hätten.

Wenn wir Frieden mit uns selbst schließen können, werden wir auch Frieden mit anderen Menschen erlangen. Wenn wir lernen, uns selbst zu akzeptieren und zu mögen, werden wir auch beginnen, andere zu akzeptieren und zu mögen. Ich weiß aus persönlicher Erfahrung, dass, je mehr ich mich selbst trotz meiner Schwächen und Fehler annehme und mag, desto mehr kann ich auch andere trotz ihrer Schwächen akzeptieren und mögen.

Jeder von uns ist unvollkommen, und Gott liebt uns genauso wie wir sind.

Indem Sie die biblischen Prinzipien dieses Buches anwenden, werden Sie Ihr Gefühl der Unsicherheit überwinden und sich anschicken, Gottes großartigen Plan für Ihr Leben zu erfüllen.

Teil A

Angenommen

1

Schalten Sie das Negative aus

Wenn Sie Ihre Selbstannahme und -einschätzung verbessern möchten, dann entscheiden Sie sich gerade hier und jetzt, dass nichts Negatives über Sie selbst je wieder aus Ihrem Mund kommen wird.

Erkennen Sie das Gute an

Damit die Gemeinschaft deines Glaubens wirksam werde durch die Anerkennung all des Guten, das in dir ist in Christus Jesus.

Philemon 1,6 (KJV)

Die Gemeinschaft unseres Glaubens wird durch Anerkennung all des *Guten* wirksam, das in uns ist *in Christus Jesus*, nicht durch die Anerkennung all dessen, was *falsch* an *uns* ist.

Der Teufel möchte, dass wir alles Schlechte, das wir an uns sehen, anerkennen, weil er nicht will, dass die Gemeinschaft unseres Glaubens wirksam wird. Er möchte, dass wir jeden wachen Moment damit verbringen, in unseren Gedanken und durch unseren Mund anzuerkennen, wie schrecklich wir sind, denn als Verkläger der Brüder (siehe Offenbarung 12,9-10) versucht er beständig unsere Aufmerksamkeit von unserer Identität in Christus abzulenken und sie stattdessen auf unsere Unzulänglichkeiten zurückzulenken.

Der Teufel möchte uns mit Gelegenheiten bombardieren, damit wir negative Gedanken über uns selbst hegen und zu dem Denkschema zurückkehren, mit dem die meisten von uns aufgewachsen sind. Dann fallen wir wieder auf die Täuschung herein, dass unser Wert auf unserer Leistung beruhe und wir wegen unserer Fehler wertlos seien.

Nicht negativ über uns selbst zu sprechen ist unter anderem deshalb so wichtig, weil wir unseren eigenen Worten mehr Glauben schenken als denen von einem anderen. Wenn wir jedoch einmal wirklich verstanden haben, wer wir in Christus sind und erkennen, wie viel er für uns durch die Ausgießung seines Blutes getan hat, um uns würdig zu machen, werden wir begreifen, dass wir unseren Himmlischen Vater eigentlich beleidigen, wenn wir übermäßig viel über unsere Fehler, Schwächen und unser Versagen nachsinnen. In Apostelgeschichte, Kapitel 10, Vers 15 heißt es: »Was Gott gereinigt und als rein erklärt hat, das verunreinige und entweihe du nicht, indem du es als gewöhnlich und unheilig oder unrein betrachtest und bezeichnest.«

In gerechtem Stand vor Gott

Eine der ersten Offenbarungen, die mir Gott aus dem Wort gab, hatte mit Gerechtigkeit zu tun. Mit »Offenbarung« meine ich, dass man eines Tages plötzlich etwas so sehr versteht, dass es ein Teil von einem wird. Die Erkenntnis ist nicht einfach verstandesmäßig; man muss seinen Sinn diesbezüglich nicht mehr erneuern, denn man fragt oder hofft nicht mehr, dass es wahr ist - man *weiß* es.

Ich wusste, dass ich gerecht in Christus bin, denn Gott gab mir ein Verständnis über 2. Korinther 5,21:

> Denn er [Gott] hat Christus, der die Sünde nicht kannte, unsretwegen [sozusagen] zur Sünde gemacht, so dass wir in ihm und durch ihn die Gerechtigkeit Gottes [ausgestattet mit, angesehen als, und Beispiele derselben] würden [was wir sein sollten, anerkannt und annehmbar und in richtiger Beziehung zu ihm, durch seine Güte].

Gerechtigkeit ist Gottes Gabe

Der Römerbrief, Kapitel 4, Vers 24, teilt uns mit: »[Gerechtigkeit, annehmbar vor Gott zu stehen] wird auch uns gewährt und zugerechnet, die wir an Gott, der Jesus, unseren Herrn, von den Toten auferweckt hat, glauben (festhalten, auf ihn vertrauen und uns verlassen).«

Ich verstand, dass Gerechtigkeit etwas ist, das uns gegeben ist. Sie ist uns »zugeschrieben« (KJV) - »gewährt und zugerechnet« aufgrund unseres Glaubens an das, was Gott durch seinen Sohn Jesus Christus für uns getan hat. Jesus, der die Sünde nicht kannte, wurde zur Sünde, so dass wir in Jesus die Gerechtigkeit Gottes würden.

Am allerwenigsten will der Teufel, dass wir uns der Tatsache unseres gerechten Standes vor Gott bewusst sind. Er möchte uns ständig darüber nachsinnen lassen, was an uns falsch ist, anstatt darüber, was durch das Blut Jesu richtig an uns ist.

Ich hatte ein paar Jahre in dieser Offenbarung über Gerechtigkeit gelebt und das Wort schon über eine gewisse Zeit gelehrt, als etwas geschah, das mir zeigte, wie wichtig es ist, nicht negativ über uns selbst zu reden. Wenn wir eine Offenbarung empfangen, haben wir dafür Verantwortung zu übernehmen, und ich hatte mich dafür zu verantworten, dass ich negative Dinge über mich selbst sagte.

Die Wichtigkeit, in Übereinstimmung mit Gottes Wort zu sprechen

Dave und ich planten es und beteten darüber, unseren Sohn Daniel zu bekommen. Er war kein Zufall - wir wollten ihn. Aber nachdem er geboren war, ließ ich es zu, dass die Veränderung meines Lebensstils mich negativ beeinflusste.

Ich war nicht daran gewöhnt, soviel Zeit zu Hause zu verbringen. Ich hatte ein paar Pfund zugenommen und meine Haut hatte einige Veränderungen durchgemacht, was ganz normal ist, wenn man ein Baby bekommt. Aber ich dachte, ich wäre hässlich und fett und würde immer so bleiben. Ich verfiel in eine anhaltend miserable Stimmung.

Eines Morgens versuchte Dave, bevor er zur Arbeit ging, mich zu ermutigen und aufzumuntern. Dabei forderte er mich zu einer Verhaltensänderung auf und meinte, dass ich es eigentlich besser wissen müsse. Ich wurde zornig auf ihn. Dann sagte er noch etwas, und ich sagte noch etwas, und schließlich hatte ich die Gelegenheit, das zu tun, was ich seit Tagen tun wollte - zu explodieren.

Ich hatte einen sehr negativen Hintergrund. Ich hatte ein negatives Mundwerk und eine sehr negative Einstellung allem und jedem gegenüber, einschließlich zu mir selbst. Wenn ich Fehler beging oder Dinge falsch machte, war es normal für mich, zu denken: »Ich mache nie etwas richtig. Ich bin einfach ein großer Trottel. Alles, was ich mache, ist immer verkehrt.«

Nachdem Dave gegangen und ich allein im Haus war und Daniel am Küchentisch stillte, dachte ich darüber nach, was gerade geschehen war. Ich begann, schlechte Dinge über mich selbst zu sagen: »Das stimmt, Joyce, du bist einfach ein großer Versager. Du bist eine Katastrophe. Du denkst, das Studium des Wortes würde dir helfen? Nichts wird dir helfen. Du bist eine Katastrophe seit du hier auf dieser Erde bist, und du wirst immer eine Katastrophe bleiben. Vergiss es einfach; du wirst es nie auf die Reihe bringen.«

Mit einem Mal spürte ich, wie eine bösartige, drückende Gegenwart durch den Raum auf mich zukam. Sie war so stark, ich konnte sie beinahe sehen. Durch meine Kenntnis aus dem Wort Gottes wusste ich unverzüglich, dass aufgrund dessen, was ich über mich selbst gesagt hatte, eine dämonische Macht dabei war, sich an mich zu klammern.

Dank sei Gott für das Wort, das wir in uns pflanzen, denn ohne auch nur nachzudenken, begann ich automatisch auszusprechen: »*Ich* bin die Gerechtigkeit Gottes in Christus. Ich *bin* die Gerechtigkeit Gottes in Christus. Ich bin die *Gerechtigkeit* Gottes in Christus. Ich bin die Gerechtigkeit Gottes in *Christus*. Sein Blut schützt mich.«

Genau wie es hereingekommen war, wich das Böse, und die Atmosphäre des Raumes wurde wieder rein. Ich muss wohl kaum erwähnen, dass diese Erfahrung eine heilige Ehrfurcht in mir hervorrief bezüglich der Wichtigkeit, mein Reden in Übereinstimmung mit Gottes Wort zu bringen - besonders über mich selbst!

Der Mensch hat eine natürliche Tendenz, negativ zu denken. »Das Sinnen (das starke Verlangen) des menschlichen Herzens ist böse und gottlos von Jugend an« (1. Mose 8,21). Diese negative Tendenz wird solange bestehen, bis wir den Prozess in unserem Leben umdrehen.

Gott hat an mir gearbeitet, seit ich im Wort bin, um mich von Negativität und andauernden negativen Gedanken über mich selbst dahingehend zu verändern, dass ich nicht mehr in dieser Weise denke oder rede.

Denn wie er [ein Mensch] in seinem Herzen denkt, so ist er.

Sprüche 23,7

Ich fordere Sie auf, niemals etwas Schlechtes über sich selbst zu denken oder zu sagen. Ihre Meinung über sich wird den ausschlaggebenden

Unterschied ausmachen - was beantwortetes Gebet betrifft, sowie hinsichtlich dessen, was sie von Gott empfangen werden und wie sehr er Sie gebrauchen kann. Gott ist fähig, Sie zu benutzen, aber Sie müssen es ihm erlauben. Erlauben Sie es ihm, indem Sie glauben, dass er Sie würdig gemacht hat, die guten Dinge zu empfangen, die er Ihnen geben möchte. Erlauben Sie es ihm, indem Sie glauben, dass Sie seine Aufträge ausführen können, weil er Sie dazu befähigt. Und vergessen Sie nicht, nur in Übereinstimmung mit jenen Glaubensaussagen über sich selbst zu sprechen.

Gottes Liebe treibt die Unsicherheit aus

»Wir lieben ihn, weil er uns zuerst geliebt hat« (1. Johannes 4,19). Wenn wir uns von Gott nicht lieben lassen, dann werden wir kaum in der Lage sein, ihn zurückzulieben. Wenn wir nicht in irgendeine Art und Weise Frieden mit uns selbst finden, dann werden wir nicht fähig sein, auszugehen und andere Menschen zu lieben, wie es uns die Bibel zu tun aufträgt: »Du sollst deinen Nächsten lieben, wie dich selbst!« (Markus 12,31).

Mehr als alles andere brauchen die Menschen eine Offenbarung über Gottes ganz persönliche Liebe für sie. Gottes Liebe zu uns ist die Grundlage für unseren Glauben, für unser Freisein von Sünde und für unser Vermögen, uns im Dienst ohne Furcht - in Form von Unsicherheit - nach anderen auszustrecken.

Gott hat uns alle den Wunsch, ein Verlangen und eine Sehnsucht in unsere Herzen gegeben, geliebt zu werden. Und das Wort lehrt uns, dass Gott uns genauso liebt wie Jesus (siehe Johannes 17,23)!

Menschen, die der Meinung sind, dass ihr gerechter Stand vor Gott sich auf ihre Fortschritte in der Überwindung ihrer Fehler gründet, denken, sie hätten Gott mit ihren Fehlern und ihrem Versagen erschöpft. Dabei können wir Gott nicht erschöpfen. Liebe kann nicht erschöpft werden, und wir können Gott nicht dazu bringen, uns nicht zu lieben. Liebe ist nicht etwas, was er hervorbringt; er *ist* Liebe (siehe 1. Johannes 4,8)!

Viele Leute entwickeln ein ausgeprägtes Schamgefühl, weil sie von anderen lieblos und ungerecht behandelt wurden - von Eltern, Lehrern, Freunden oder Fremden. Unsere Einstellung und unsere Meinung gegenüber uns selbst ist uns über eine gewisse Zeit einprogrammiert worden. Wenn wir nicht wissen, dass wir in Christus geliebt sind, können wir unsicher werden. Lassen Sie nicht zu, dass Ihr Wert von der Art und Weise, wie andere Sie behandeln, bestimmt wird.

Menschen, denen es an Vertrauen mangelt, befinden sich die meiste Zeit in einem kleinen Privatkrieg mit sich selbst und über sich selbst. Wenn wir unser Augenmerk auf die äußere Welt richten, dann ist es nicht schwer, jeden Tag aufzustehen und all die Dinge aufzulisten, die falsch an uns sind. Der Teufel setzt Lügen in unsere Köpfe, damit wir sie benutzen, um ein Bild von uns zu prägen, das sich darauf gründet, was andere Leute über uns sagen.

Satan möchte seine Selbstsucht gerne mit Ihnen teilen

Es gibt eine auf Selbstabhängigkeit ausgerichtete Einstellung, von der Satan möchte, dass wir sie auch haben. Sie äußert sich in zwei gleichermaßen unangenehmen Formen. Ich glaube, dass es ihm egal ist, welche der beiden von Menschen gewählt wird, denn beide Einstellungen halten uns vom Willen Gottes ab und hindern uns daran, in der von uns als Gottes Kinder verfügbaren Kraft zu wirken. Beide Einstellungen entspringen dem Glauben, unser Wert sei auf das Selbst gegründet - auf uns und nicht auf Gott.

Eine hochmütige, stolze, selbstständige, selbstbewusste, unabhängige Einstellung sagt zum Beispiel: »Ganz gleich, was kommt, ich kann damit umgehen; ich brauche Gott nicht.« Vielen von uns ist es nicht bewusst, dass wir diese Einstellung haben. Wir sagen zwar, dass wir Gott bräuchten, aber jene Einstellung offenbart sich fast unbemerkt in unseren Handlungen. Wir verhalten uns nicht so, als würden wir Gott brauchen.

Als Gläubige sollten wir nicht selbstbewusst, sondern Gott-bewusst sein. Die Bibel hält wiederholt fest, dass wir unser Vertrauen nicht auf uns *selbst* setzen sollten. Stattdessen sollten wir Vertrauen in Gott haben, dass er *durch* uns wirken wird.

Menschen mit der anderen Art von Einstellung, von der der Teufel möchte, dass wir sie annehmen sollen, verdammen sich selbst. Sie sind böse auf sich selbst wegen ihrer Fehler und Schwächen. Sie hassen sich selbst und meinen, sie seien zu nichts nütze, wertlos und hässlich. Manche Menschen denken zu hoch von sich, andere zu niedrig.

Viele Menschen mögen ihr Aussehen nicht. Sie halten sich für unattraktiv oder sind überzeugt, dass sie hässlich sind, obwohl sie eigentlich gut aussehen. Der Teufel ist ein Lügner (siehe Johannes 8,44). Die Waffe, die er einsetzt, um zu versuchen, uns von der Erkenntnis abzulenken, wer wir sind und was Gott für uns bereithält, heißt Täuschung. Er möchte uns davon abhalten, das Leben, das Gott für uns vorgesehen hat, völlig zu genießen. Er möchte unsere Wirksamkeit für Gott mindern oder zerstören.

Als ich einmal eine Versammlung hielt, ließ mich der Herr einen Gebetsaufruf für all diejenigen machen, die sich hässlich fühlten! Ich war wirklich überrascht, dass er mich anwies, dies zu tun. In all meinen Jahren im vollzeitlichen Dienst war es das einzige Mal, dass ich das tat.

Ich sagte: »Jeder, der denkt, er wäre hässlich, komme hier nach vorne.« Die Reaktion war enorm!

Ein Mädchen in der Reihe sah aus wie ein Mannequin. Sie war hinreißend. Ich ging zuerst zu ihr, denn ich dachte, sie hätte den Altarruf missverstanden.

»Haben Sie verstanden, dass die Einladung denjenigen galt, die glauben, sie seien hässlich?«, fragte ich.

Tränen begannen ihr über das Gesicht zu laufen, als sie antwortete: »Mein ganzes Leben lang habe ich gedacht, ich sähe schrecklich aus.« Wenn so etwas geschieht, dann denkt man sich: »Brauchen Sie eine Brille oder was?« Dies ist ein perfektes Beispiel für die Art und Weise, wie Satan betrügt. Wenn der Teufel Sie nicht genügend damit beschäftigt halten kann, dass Sie sich selbst wegen Ihrer Schwächen fertig machen, wird er die guten Dinge an Ihnen schlecht machen wollen - Dinge, die überhaupt nicht falsch sind.

Gott nimmt Sie an

Ehe ich dich im Mutterschoß bildete, kannte ich dich und nahm ich dich an [als mein auserwähltes Instrument], und ehe du geboren wurdest, habe ich dich abgesondert und abgetrennt, um dich zu heiligen.

Jeremia 1,5

Gott hat Sie und mich nicht geschaffen, um dann zu sagen: »Ich denke, ich sollte dich jetzt kennen lernen.« Die Bibel sagt, dass er uns kannte und uns *annahm*, bevor er uns je im Mutterschoß bildete.

In Epheser 1,6 (KJV) wird uns mitgeteilt, dass Gott uns annehmbar gemacht hat in dem Geliebten. Das bedeutet, dass wir durch das Opfer Jesu Christi für Gott annehmbar gemacht wurden.

Gott hat uns angenommen, bevor irgendjemand je die Möglichkeit hatte, uns abzulehnen. Wenn Gott uns so annimmt und akzeptiert, wie wir sind, warum sollten wir uns darüber Sorgen machen, was irgendjemand über uns denkt? Wenn Gott für uns ist, was macht es aus, wenn jemand gegen uns ist? (siehe Römer 8,31).

Vollkommenheit: Ein unmögliches Unterfangen

Keine üble oder schmutzige Rede, noch böses Wort, noch verderbliches oder unnützes Geschwätz gehe [jemals] aus eurem Mund, sondern nur solches [Reden], das gut und dem geistlichen Fortschritt anderer nützlich ist, das der Not und der Gegebenheit entspricht, dass es ein Segen sei und Gnade (Gottes Gunst) gebe denen, die es hören.

Epheser 4,29

Mein Sohn Danny spielte bereits mit neun Jahren mit meinem Mann Dave und mir Golf.

Er war für sein Alter bereits ein guter Golfspieler, aber er hatte ein ernsthaftes Problem. Er war geneigt, zufrieden zu sein, wenn er wirklich gut spielte, aber wenn er einen schlechten Schlag gemacht hatte, wurde er ärgerlich und begann, sich selbst zu beschimpfen. Er sagte dann etwa Folgendes: »Oh, dummer Danny, du machst alles verkehrt!«

Wenn er nicht alles vollkommen richtig machte, hatte er das Empfinden, dass er überhaupt nichts gut machen konnte. Wenn ihm nicht alles wirklich gelang, fing er an, negative Bemerkungen über sich selbst zu machen. Der Teufel versuchte, Danny bereits im frühen Alter die Einstellung der Selbstverdammnis anzuheften!

Dave und ich begannen auf ihn einzuwirken, indem wir ihn lehrten, dass dies eine gefährliche Angewohnheit sei.

»Danny«, sagten wir, »wenn du solche Dinge über dich selbst sagst, tust du dir nichts Gutes. Außerdem nützt es niemandem etwas, mit dem du zusammen bist, wenn du so etwas sagst.«

Das gilt für uns alle. Nicht nur, dass wir uns selbst schlecht fühlen, wenn wir negativ über uns sprechen; es fühlen sich auch andere Leute schlecht, wenn sie jemand negativ über sich selbst reden hören. Im Anschluss an den Vers, in welchem Paulus uns warnt, es nicht zu erlauben, dass schmutzige Rede oder unnützes Geschwätz aus unserem Mund hervorkommen, weist er auf Folgendes hin: »Und betrübt nicht den Heiligen Geist Gottes« (Epheser 4,30). Offenbar betrübt eine derartige Negativität den Heiligen Geist. Sie betrübt auch unseren eigenen Geist. Gott hat uns nicht geschaffen, um Negatives zu sprechen oder zu empfangen. Deswegen möchte niemand von uns mit jemandem zusammen sein, der immer negativ ist.

Wenn eine Person, die einen Fehler gemacht hat, sagt: »Ich bin nicht glücklich darüber, den Fehler begangen zu haben, aber ich bin am Lernen; das nächste Mal werde ich es besser machen; Dank sei Gott, ich mache es, so gut ich kann«, dann ist jeder erbaut. Die Person fühlt sich gut dabei, genau wie ihre Mitmenschen. Sie übernimmt die Verantwortung für ihre falsche Handlung, ohne negativ zu sein oder sich verdammt zu fühlen. Das ist die Einstellung und Vorgehensweise, die wir annehmen sollten.

Um Danny zu zeigen, dass er keine negativen Dinge über sich selbst sagen sollte, dachte ich mir beim nächsten Mal, als ich einen schlechten Schlag machte: »Gut, jetzt werde ich mich genauso verhalten, wie er es tat und abwarten, ob er erkennen wird, wie töricht es ist, sich so zu benehmen.«

Ich begann zu sagen: »Oh, dumme Joyce, weißt du, du machst einfach nie etwas richtig.« Danny hörte mich nicht einmal. Ich versuchte es noch einmal zu sagen, aber es war unangenehm für mich, wenngleich ich es nicht wirklich so gemeint hatte. Allein diese Worte mit meinem Mund zu sprechen und sie mit meinen Ohren zu hören, betrübte meinen Geist.

Die Kraft ist in unserem Mund

Denn nach deinen Worten wirst du gerechtfertigt und freigesprochen, und nach deinen Worten wirst du verdammt und verurteilt werden.

Matthäus 12,37

Wenn wir schlecht über uns selbst sprechen, werden wir uns verdammt fühlen. Lasst uns bewusst das praktizieren, was Jesus gemäß der obigen Schriftstelle lehrte und positiv über uns selbst reden, als ersten Schritt zur Überwindung von Unsicherheit; lasst uns *niemals in negativer Weise über uns selbst sprechen*. Sprechen Sie Worte, die Sie stärken - nicht Worte, die Sie schwächen!

Jagen Sie dem Ziel nach

> *Ich halte mich nicht dafür, Brüder, dass ich es ergriffen und mir [schon] zu Eigen gemacht hätte; eines aber tue ich [es ist mein einziges Bestreben]: Ich vergesse, was hinter mir liegt und strecke mich aus nach dem, was vor mir liegt, und jage dem Ziel nach, um den [höchsten und himmlischen] Preis zu gewinnen, zu welchem uns Gott in Christus Jesus nach oben ruft.*
>
> Philipper 3,13-14

Gott geht es nicht darum, dass wir Vollkommenheit erlangen, sondern dass wir dem Ziel der Vollkommenheit nachjagen. Sprechen Sie und handeln Sie gemäß der Erkenntnis, dass Jesus in Ihrem Leben lebendig und wirksam ist. Ganz gleich, welch großen Fehler Sie machen, das vergossene Blut Jesu deckt ihn zu.

2

Feiern Sie das Positive

Der zweite Schlüssel zur Überwindung von Unsicherheit steht in Beziehung zum ersten: *Sinnen Sie in positiver Weise über sich selbst nach und reden Sie dementsprechend*!

Wir haben gelernt, wie zerstörerisch es sein kann, Negatives über uns zu denken und zu sprechen. Nun sollten wir uns die positiven Dinge über uns selbst, die in Übereinstimmung mit dem Wort sind, ansehen.

Wie wir erkannt haben, sind die Gedanken und Worte über uns selbst äußerst wichtig. Wir müssen gute Dinge über uns denken – ganz bewusst. Wir müssen nach guten Dingen über uns suchen, über diese nachdenken und sie zu uns sprechen.

Wenn wir in negativer Weise über uns reden, fangen wir an, uns in negativer Weise zu sehen. Bald beginnen wir diese Negativität auf unsere Mitmenschen zu übertragen. Es ist tatsächlich wahr, dass die Meinung der anderen über uns niemals höher ist als die Meinung, die wir von uns selbst haben.

Wenn ich mit Menschen zusammen bin, die zuversichtlich sind und diese Zuversicht verbreiten, bemerke ich, dass ich automatisch Zuversicht in sie setze. Aber wenn sie mir vermitteln, dass sie nicht an sich selbst glauben, stelle ich fest, dass es sehr schwer ist, Vertrauen in sie zu setzen.

Dasselbe Prinzip trifft auf uns zu. Wenn wir möchten, dass andere Zuversicht in uns setzen, müssen wir ihnen zeigen, dass wir Vertrauen zu uns selbst haben.

Riesen oder Heuschrecken?

Dort sahen wir die Nephilim [oder Riesen], die Söhne Enaks, die von den Riesen abstammen; und wir waren in unseren Augen wie Heuschrecken, und so waren wir auch in ihren Augen.

4. Mose 13,33

Im 4. Buch Mose gibt es eine Schilderung von zwölf Kundschaftern, die in das Verheißene Land ausgesandt werden, um es zu erkunden. Zehn kamen mit einem schlechten Bericht zurück und zwei mit einem guten. Die zehn, die mit dem schlechten Bericht zurückkehrten, hatten Riesen im Land gesehen und waren voller Angst: »Wir waren in unseren Augen wie Heuschrecken, und so waren wir auch in ihren Augen.« Mit anderen Worten: Der Feind sah sie genauso, wie sie sich selbst sahen.

Diese zehn Kundschafter eilten besiegt nach Hause. Warum? Weil sie nicht die Fähigkeit besaßen, die Riesen des Landes zu überwinden? Nein. Sie liefen besiegt nach Hause aufgrund der Art und Weise, wie sie sich selbst sahen - wegen ihrer negativen Einstellung sich selbst gegenüber.

Die Kraft des positiven Bekenntnisses

Kaleb beruhigte das Volk gegenüber Mose und sagte: Lasst uns unverzüglich hinaufziehen und es in Besitz nehmen; wir sind wohl in der Lage, es zu erobern.

4. Mose 13,30

Hier sehen wir die Antwort einer der zwei positiv eingestellten Kundschafter, nämlich die Kalebs. Angesichts einer scheinbar überwältigenden Übermacht lautete sein Bericht: »Wir sind dazu sehr wohl in der Lage.« Er konnte es deshalb sagen, weil er wusste, dass Gott sie aufgefordert hatte, in das Land zu ziehen und es in Besitz zu nehmen.

Um das negative Denken und Sprechen zu überwinden, die für uns lange Zeit so ein selbstverständlicher Bestandteil unseres Lebensstils gewesen ist, müssen wir uns bewusst anstrengen, durch positive Bekenntnisse gute Dinge über uns selbst zu uns selbst zu sprechen.

Vielleicht denken Sie, Sie möchten lieber nicht herumgehen und mit sich selbst sprechen, dabei tun Sie es doch schon. Selbst wenn Sie nicht laut reden, halten Sie ständig »Selbstgespräche« mit sich selbst.

Ich ermutige Sie, damit zu beginnen, auf positive Weise sich selbst gegenüber Bekenntnisse auszusprechen, zum Beispiel beim Duschen oder wenn Sie allein mit dem Auto unterwegs sind.

Bekennen Sie in Übereinstimmung mit Gottes Wort

Wir aber haben den Sinn Christi (des Messias) und verfügen wahrhaftig über die Gedanken (Gefühle und Absichten) seines Herzens.

1. Korinther 2,16

Wenn ich sage, dass wir positive Bekenntnisse über uns selbst machen sollen, meine ich, dass wir unseren Mund in Übereinstimmung damit bringen sollen, was das Wort über uns verkündet. Zum Beispiel erklärt das Wort Gottes, dass wir den Sinn Christi haben. Also sollten wir dies über uns aussprechen.

Die Bibel erklärt auch, dass wir Christen einen Ruf zum Dienst der Versöhnung und der Fürbitte auf unserem Leben haben (siehe 2. Korinther 5,18-20; 1. Timontheus 2,1-3). Das heißt nicht, dass wir alle im Amt eines Fürbitters stehen, aber wir sind dazu auserwählt, von Gott benutzt zu werden - und wir sollten dementsprechend reden.

Reden Sie schriftgemäße Bekenntnisse

Das Wort Gottes ohne Furcht zu reden und kundzutun.

Philipper 1,14

Vor vielen Jahren legte mir der Herr aufs Herz, eine Liste von Bekenntnissen hinsichtlich meines Lebens zu machen. Als ich damit fertig war, waren es über hundert.

Ich fand Schriftstellen, die jedes Bekenntnis, das ich auf meine Liste setzte, untermauerten. Es kostete mich Zeit, das zu tun. Aber wenn Sie sich die Mühe machen, im Wort für sich herumzugraben, werden Sie Gold darin finden.

Als ich anfing, diese Bekenntnisse zu proklamieren, stellten sich die Dinge, die ich auszusprechen begann, nicht ein. Sie waren zu diesem Zeitpunkt keine Realität in meinem Leben.

Ich lebte zum Beispiel zu jener Zeit unter einer Wolke der Schuld und Verdammnis. Aber mehrere Male am Tag pflegte ich zu sagen: »Ich bin die Gerechtigkeit Gottes in Christus Jesus. Ich bin abgesondert und geheiligt durch das Lamm. Es gibt einen Ruf auf meinem Leben und Gott wird mich benutzen.«

Ich hatte eine so schlechte Meinung von mir, dass ich mich erst selbst überzeugen musste, dass ich in Ordnung war, bevor Gott überhaupt etwas durch mich tun konnte.

Ein halbes Jahr lang las ich sorgfältig jene Liste, mindestens ein- oder zweimal jeden Tag, Ich erinnere mich noch an einen großen Teil dieser positiven Bekenntnisse. Diese Worte sind nun in mir verankert.

Glauben Sie an sich selbst – an das, was Gott durch Sie tun kann

Wir können nicht gegen das Volk [von Kanaan] hinaufziehen, denn es ist stärker als wir.

4. Mose 13,31

Gott braucht Sie. Aber wenn Sie nicht an sich selbst glauben, wenn Sie nicht an die Fähigkeit glauben, die Gott in Sie gelegt hat, schließen Sie sich selbst aus. Sie werden im Abseits sitzen und dabei zusehen, wie andere an Ihrer Stelle von Gott eingesetzt werden.

Gott erwählt bewusst das Schwache und Törichte der Welt, um sein Werk zu vollbringen, um das Weise zuschanden zu machen, so dass kein Sterblicher je einen Grund haben wird, sich in seinem Fleisch zu rühmen oder zu prahlen (siehe 1. Korinther 1,27-9).

Gott ist nicht so sehr über Ihre Schwächen beunruhigt, wie Sie es sind. Das Problem mit den Kundschaftern in 4. Mose 13 war, dass sie auf die Riesen anstatt auf Gott sahen. Ja, es waren Riesen in dem Land, aber die Israeliten sollten auf Gott und nicht auf die Riesen schauen.

Es gibt einige Riesen in meinem Leben. Aber ich muss nicht auf diese Riesen starren. Ich sollte auf Gott starren. Ich sollte meinen Blick fest auf Gott gerichtet halten und glauben, dass er tun kann, was er zu tun verspricht.

Dasselbe gilt für Sie. Ihr Geist möchte gewaltige Dinge in Ihrem Leben hervorbringen. Aber wenn Sie diesen geistlichen Mensch fortwährend durch negative Einstellungen, Gedanken und Worte niederhalten, wird er sich nie erheben, um Sie an den Ort zu bringen, von dem Gott möchte, dass Sie ihn einnehmen, nämlich das Land, das Sie seiner Meinung nach besitzen sollten.

Gott macht die Toten lebendig

Wie geschrieben steht: Ich habe dich zum Vater vieler Nationen gesetzt. [Er wurde zu unserem Vater ernannt] vor Gott, an den er glaubte, der die Toten lebendig macht und der von dem Nichtvorhandenen spricht, [das er vorhergesagt und verheißen hat], als ob es [schon] existieren würde.

Römer 4,17

Abraham wusste, dass es keine Sünde wäre, etwas zu tun oder zu sein, wenn es sich in Übereinstimmung mit dem Wort Gottes befindet.

Bevor Abraham je ein Kind hatte, sagte ihm Gott, dass er der Vater vieler Nationen sein würde. Aber wie sollte das geschehen? Abraham war ein alter Mann und seine Frau Sarah war unfruchtbar.

Aber Gott »macht die Toten lebendig«. Er bewies dies, indem er Sarahs abgestorbenen Mutterleib belebte und Abrahams toten Körper auferweckte. Und Gott »spricht von dem Nichtvorhandenen, [das er vorhergesagt und verheißen hat], als ob es [schon] existieren würde«.

Auf der Grundlage dieser Schriftstelle sollten wir unseren Mund in Übereinstimmung mit allem bringen, was Gott in seinem Wort verheißen hat. Das heißt nicht, dass wir umhergehen und alles freiweg sprechen sollten, was wir möchten. Wir sollten nur solche Dinge bekennen, die uns im Wort Gottes verheißen sind.

Das Wort zu bekennen bringt Resultate

So wirst du Gunst, viel Verständnis und Hochachtung in den Augen [oder dem Urteil] Gottes und der Menschen erlangen.

Sprüche 3,4

Ich hatte früher große Probleme in meinem Leben. Jetzt wandle ich aufgrund des Wortes Gottes, das in meinem Leben wirksam wurde, im Sieg. Aber ich bin nicht einfach eines Morgens aus dem Bett gefallen und begann augenblicklich einen vollkommenen Sieg zu erleben. Auch schaute ich nicht einfach nur alle drei Wochen bei einer Versammlung vorbei und hörte gelegentlich eine Kassette. Ich hatte meine Nase im Wort, seit ich mit dem Heiligen Geist erfüllt war. Ich fing an, den Sieg zu erleben, indem ich beständig das Wort Gottes in einem Leben erhob.

Ich erwarte Gunst, weil ich eine sehr lange Zeit Schriftstellen über Gunst zitiert habe. Die Bibel sagt wiederholt, dass wir Gunst bei Gott haben und dass Gott uns Gunst bei den Menschen geben wird. Ich erwarte es, Gunst bei Menschen zu haben. Das ist keine schlechte oder stolze Haltung; es ist nicht unehrenhaft. Warum? Weil es eine biblische Verheißung für mich ist.

Wenn Sie über sich sprechen, was das Wort Gottes von Ihnen sagt, werden Sie positive Resultate erhalten, aber es wird Zeit und Mühe kosten.

Als Gott mich erstmals die Dinge lehrte, die ich Ihnen in diesem Buch mitteile, hatte ich ein Gewichtsproblem. Ich hatte beständig ein Übergewicht von ungefähr 20 bis 25 Pfund. Ich erinnere mich daran, wie ich vor einem hohen Spiegel stand, mich ansah und sagte: »Ich ernähre mich richtig, ich sehe gut aus, ich fühle mich gut und ich wiege 135 Pfund.«

Zu diesem Zeitpunkt war *nichts* davon wahr. Ich ernährte mich nicht richtig, ich sah nicht gut aus, ich fühlte mich nicht gut und ich wog *mit Sicherheit* keine 135 Pfund. Aber ich empfand, dass es ein angemessenes Gewicht für mich wäre, also begann ich es über mich zu bekennen.

Ich ging nicht zu anderen Menschen, tippte ihnen auf die Schulter und sagte: »Hey! Ich sehe gut aus, ich fühle mich gut, ich ernähre mich richtig und ich wiege 135 Pfund.« Dies waren persönliche Bekenntnisse, die ich über mich selbst machte.

Das Leben wird vom Mund gesteuert

Denn wir alle straucheln und fallen und fehlen oft in vielerlei Hinsicht. Und wenn jemand in der Rede nicht fehlt [niemals etwas Falsches sagt], der ist eine vollständig entwickelte Persönlichkeit und ein vollkommener

Mann, fähig, seinen ganzen Leib im Zaum zu halten und sein ganzes Wesen zu zügeln.

Jakobus 3,2

Das positive Bekenntnis des Wortes Gottes sollte eine fest verwurzelte Angewohnheit jedes Gläubigen sein. Wenn Sie noch nicht begonnen haben, diese wichtige Gewohnheit zu entwickeln, dann fangen Sie heute damit an! Denken Sie und sagen Sie Gutes über sich selbst: »Ich bin die Gerechtigkeit Gottes in Christus Jesus. Alles, woran ich meine Hand lege, gelingt. Ich habe Gaben und Talente und Gott gebraucht mich. Ich wandle in der Frucht des Geistes. Ich wandle in Liebe. Freude fließt durch mich. Ich ernähre mich richtig, ich fühle mich gut, ich wiege genauso viel, wie ich wiegen soll.«

Obwohl Gott uns helfen will, lehrt die Bibel, dass wir unser Leben in Ordnung bringen, indem wir unseren Mund in Ordnung bringen. Sie legt dar, dass wir uns die Segnungen Gottes in unserem Leben aneignen können, indem wir die positiven Dinge, die Gott über uns in seinem Wort sagt, glauben und bekennen.

3

Vermeiden Sie Vergleiche

Der nächste Schritt zur Überwindung von Unsicherheit ist einfach: *Vergleichen Sie sich niemals mit irgendjemand anderem!*

Wenn es Ihnen an Selbstsicherheit mangelt, ist dies ein wichtiger Punkt. Sie mögen denken, Sie seien rundherum in Ordnung, bis Sie sich umsehen und jemand anderen entdecken, der das, was Sie tun, ein bisschen besser zu tun scheint.

Nehmen wir als Beispiel das Gebet. Oftmals kann die persönliche Kommunikation mit Gott eine Quelle der Verdammnis sein. Verglichen mit jemand anderem könnten Sie das Gefühl bekommen, dass Sie nicht lange genug, gut genug oder »geistlich« genug beten.

Vergleiche führen zu Verdammnis

> *Hast du Glauben? Habe ihn für dich selbst vor Gott. Glückselig, wer sich selbst nicht verdammt in dem, was er billigt.*
>
> Römer 14,22 (NKJV)

Es gab eine Zeit in meinem Leben, da ich ungefähr eine halbe Stunde pro Tag betete. Ich war dabei so glücklich, denn es war eine Salbung auf mir, dreißig Minuten jeden Tag zu beten. Ich war vollkommen zufrieden mit meiner täglichen halbstündigen Gemeinschaft mit dem Herrn.

Dann, eines Tages, hörte ich einen Prediger, der bezeugte, dass er vier Stunden am Tag betete und dazu zu einer schrecklichen Uhrzeit aufstand. (Zumindest erschien es mir schrecklich - ich glaube, er fing um vier oder fünf Uhr morgens damit an.) Als ich mich mit ihm verglich, fühlte ich mich wie ein armer Wicht, obwohl ich bis dahin wahrhaft glücklich über mein Gebetsleben gewesen war. Nachdem ich jene Botschaft gehört hatte, kam ich mir so vor, als würde ich Gott kaum lieben.

Manchmal hörte ich jemand darüber predigen, wie Gott ihn in der Nacht aufweckte, damit er bete. Ich dachte dann: »Herr, was ist los mit mir? Ich gehe zu Bett und schlafe!«

Warum wurde ich unter Verdammnis gebracht? Weil ich nicht wirklich sicher war, wer ich in Christus bin.

Als Predigerin habe ich gelernt, darauf zu achten, was ich sage, denn viele, denen ich predige, sind unsicher. Es besteht die Gefahr, dass sie mein Zeugnis nehmen und sich mit mir vergleichen. Daher behalte ich es meistens für mich, wie lange ich bete, wie ich bete und was ich bete.

Wir sind alle einzigartig

Denn wer darin Christus dient, ist Gott wohlgefällig und auch vor den Menschen bewährt.

Römer 14,18 (NKJV)

Wir können uns vollkommen wohl fühlen, bis wir uns mit jemandem zu vergleichen beginnen. Dann denken wir mit einem Mal, wir seien schreckliche Versager.

Ich möchte Sie wirklich ermutigen, damit aufzuhören, sich mit anderen Leuten zu vergleichen: Ihr Aussehen mit dem Aussehen anderer zu vergleichen, welche Position Sie im Vergleich zu anderen innehaben, wie lange Sie im Vergleich zu anderen beten, wie oft Sie prophetische Eindrücke haben im Vergleich zu den prophetischen Eindrücken anderer.

Genauso wenig sind deine Probleme mit denen anderer vergleichbar. Sie können nicht Ihre Leiden den Leiden eines anderen gegenüberstellen. Einige Gegebenheiten mögen Ihnen hart erscheinen, aber Sie können nicht auf jemand anderen sehen und sagen: »Warum passiert mir das alles und du bist wie auf Rosen gebettet?«

Nehmen wir als Beispiel: Zwei benachbarte junge Frauen werden von Neuem geboren. Zehn Jahre vergehen und beide glauben noch für die Bekehrung ihrer Ehemänner, aber noch keiner wurde errettet. Dann wird eine Frau von Gegenüber von neuem geboren. Sie glaubt Gott dafür, dass ihr Mann errettet wird, und tatsächlich, zwei Wochen später ist er wiedergeboren, erfüllt mit dem Heiligen Geist und bereit, um die ganze Welt zu reisen und zu predigen.

Gott weiß, was er tut

Denn ich weiß, was für Gedanken und Pläne ich über euch habe, spricht der Herr, Gedanken und Pläne des Wohlergehens und des Friedens und nicht des Unheils, um euch Hoffnung und eine Zukunft zu geben.

Jeremia 29,11

Wenn Sie nicht verstehen, dass Gott einen ganz persönlichen Plan für Ihr Leben hat, werden Sie sich umsehen und mit anderen Leuten vergleichen und sagen: »Was stimmt nicht bei mir? Ich habe zehn Jahre lang gebetet und keine Antwort bekommen; du hast zwei Wochen gebetet und schau, was Gott für dich getan hat!«

Menschen erzählen mir die ganze Zeit, wie sie in der Gemeinde arbeiten, den Zehnten geben, Gott lieben und ihr Bestes geben. Dennoch sieht es so aus, als ob nichts bei ihnen funktionieren würde, während andere alles zu bekommen scheinen, was sie sich wünschen. Warum ist das so?

Ich habe keine Patentantwort auf diese Frage, aber eins weiß ich: Wir müssen ganz fest glauben, dass Gott weiß, was er tut. Es ist erstaunlich, welcher Friede mit diesem Glauben einhergeht.

Im Glauben wandeln, nicht im Schauen

Denn wir wandeln im Glauben – nicht im Schauen oder nach dem äußeren Anschein.

2. Korinther 5,7

Manchmal machen Menschen, die einen Ruf auf ihrem Leben haben, Dinge mit, durch die andere nie hindurchgehen.

Aufgrund dessen, was ich besonders über einen Zeitraum von vier oder fünf Jahren durchmachte, habe ich ein tiefes, herzliches Verständnis und Mitgefühl für verletzte Menschen, wenn sie zu mir in den Dienst kommen. Es gibt einiges, das nicht durch Händeauflegen empfangen werden kann. Es entwickelt sich nur durch persönliche Erfahrung. Die Erlebnisse, die ich hatte, ermöglichten es mir, mich auf meinen Dienst vorzubereiten.

Zu Beginn meines Dienstes rief ich oft: »Warum, Gott, warum? Ich glaube doch an dich. Ich verstehe nicht, warum mir dies alles widerfährt!«

Viele Male verstehen wir etwas nicht, bis wir alles durchgestanden haben, es vorbei ist und wir uns des Sieges erfreuen. Vielleicht werden unsere Augen erst ein Jahr oder später nach dem Ereignis geöffnet und wir können sagen: »Jetzt verstehe ich.«

Oder wir werden vielleicht nie verstehen. Aber wenn wir lernen, Gott zu vertrauen, selbst wenn wir etwas nicht begreifen, wird unser Glaube wachsen.

Nicht Vergleichen, einfach folgen!

Dies aber sagte er, um anzudeuten, durch welchen Tod Petrus Gott verherrlichen würde. Und danach sagte er zu ihm: Folge mir nach! Petrus aber wandte sich um und sah den Jünger nachfolgen, den Jesus liebte – den einen, der sich auch bei dem Abendessen an seine Brust gelehnt und gesagt hatte: Herr, wer ist es, der dich verraten wird? Als nun Petrus diesen sah, sprach er zu Jesus: Herr, was ist mit ihm?

Johannes 21,19-21

Genauso wie wir uns davor hüten müssen, unsere Gaben und Talente mit den Gaben und Talenten anderer zu vergleichen, dürfen wir unsere Prüfungen und Trübsale nicht den Prüfungen und Trübsalen anderer gegenüberstellen.

Jesus offenbarte Petrus im Voraus einige Leiden, die er durchmachen würde. Petrus wollte daraufhin seine Leiden und das Los seines Leben augenblicklich mit jemand anderem vergleichen, indem er sagte: »Was ist mit ihm?

»Jesus sprach zu ihm: Wenn ich will, dass er bleibe (weiterlebe, lebe), bis ich komme, was geht es dich an? [Ist es deine Angelegenheit?] Folge du mir nach!« (Johannes 21,22).

Das ist auch seine Antwort an uns. Wir sind nicht berufen zu vergleichen, sondern nur zu folgen.

Begehren Sie nicht die Segnungen anderer

Du sollst nicht begehren.
2. Mose 20,17

Wenn Sie schwere Zeiten erleben, dann schauen Sie niemals auf andere und sagen: »Gott, ich verstehe es nicht. Warum mache ich so schwere Zeiten durch, während diese einfach so gesegnet zu sein scheinen?« Derartige Fragen bringen nur Qual. Warum? Weil sie ein Zeichen von widergöttlichem Begehren sind.

Wenn Ihre Glaubensgeschwister gesegnet sind, freuen Sie sich für sie. Wenn andere Schmerz erleiden, teilen Sie den Schmerz mit ihnen (siehe Römer 12,15). Aber vergleichen Sie sich nicht mit anderen. Vertrauen Sie stattdessen auf Gott. Glauben Sie, dass er einen persönlichen, speziellen Plan für Ihr Leben hat. Fühlen Sie sich sicher in dem Bewusstsein, dass, ganz gleich was Ihnen widerfährt oder wie die Dinge im Moment aussehen mögen, er sich sehr um Sie kümmert und in allem zum Besten für Sie wirkt (siehe 1. Petrus 5,7; Römer 8,28).

4

Konzentrieren Sie sich auf Ihre Fähigkeiten, nicht auf Ihre Begrenzungen

Dies ist der vierte Punkt, den Sie berücksichtigen müssen, um erfolgreich Sie selbst zu sein, um Selbstvertrauen zu entwickeln und Unsicherheit zu überwinden: *Konzentrieren Sie sich auf Ihre Fähigkeiten, nicht auf Ihre Begrenzungen.* Mit anderen Worten, konzentrieren Sie sich auf Ihre Stärken, nicht auf Ihre Schwächen.

Konzentrieren Sie sich auf Ihre Fähigkeiten

> *Da wir verschiedene Gaben (Fähigkeiten, Talente, Eigenschaften) haben, die sich unterscheiden, nach der uns gegebenen Gnade, so lasst sie uns gebrauchen.*
>
> Römer 12,6

Die bekannte Schauspielerin Helen Hays war nur 1,50 Meter groß. In der Anfangszeit ihrer Karriere wurde ihr gesagt, dass, wenn sie nur zehn Zentimeter größer wäre, sie ein berühmter Bühnenstar werden könnte. Obwohl es ihr nicht möglich war zu wachsen, um an Körpergröße zuzunehmen, arbeitete sie daran, ihre Haltung und ihr Auftreten zu verbessern, um hochgewachsen dazustehen und auf der Bühne größer zu erscheinen[1].

Anstatt ihre Aufmerksamkeit auf die Tatsache zu richten, dass sie nur 1,50 Meter groß war, begann sie sich auf ihre großen schauspielerischen Fähigkeiten zu konzentrieren, und sie gab nicht auf. In ihrem späteren Leben wurde sie dazu erwählt, Königin Maria von Schottland darzustellen, eine der körperlich größten Königinnen, die je gelebt haben[2].

Konzentrieren Sie sich auf Ihre Fähigkeiten, anstatt auf Ihre Begrenzungen.

Sie können vollbringen, wozu Gott Sie berufen hat

Ich vermag alles, wozu Gott mich bittet, mit der Hilfe Christi, der mir Stärke und Kraft gibt.

Philipper 4,13 (TLB)

Vor kurzem sah ich ein Schild an einem Gemeindegebäude, auf dem zu lesen war: »Vertraue Gott, glaube an dich selbst, und du vermagst alles zu tun.« Das ist nicht korrekt.

Es gab eine Zeit in meinem Leben, da hätte ich beim Anblick dieses Schildes »Amen!« gesagt. Aber nun nicht mehr. Sie und ich können nicht wirklich *alles* tun, was wir tun wollen. Wir können nicht alles oder irgendetwas vollbringen, was jeder andere tut. Aber wir können alles vollbringen, *wozu uns Gott berufen hat.* Und wir können alles sein, *was Gott sagt, dass wir sein können.*

Wir müssen eine Ausgewogenheit in diesen Bereich hineinbringen. Wir können Motivationsseminare besuchen und uns mit viel emotionalem Nachdruck sagen lassen: »Du kannst alles tun. Denke, dass du es kannst. Glaube, dass du es kannst. Sage, dass du es kannst – und du kannst es!« Das ist nur bis zu einem gewissen Grad richtig. Wenn es zu weit geht, driftet es in Humanismus ab. Wir müssen über uns sprechen, was das *Wort* über uns sagt.

Wir können das tun, wozu wir berufen, wozu wir begabt sind. Es gibt Möglichkeiten, die Gnadengaben, die auf unserem Leben sind, zu erkennen.

Ich habe das in Bezug auf mich selbst gelernt: Wenn ich anfange, frustriert zu werden, dann weiß ich, dass dies ein Zeichen dafür ist, das ich entweder in eigene Werke abgeglitten bin und ich nicht länger Gottes Gnade empfange, oder ich versuche, etwas zu tun, wozu von Anfang an keine Gnade vorhanden war.

Machen Sie die Gnade Gottes nicht unwirksam

Ich mache die Gnade Gottes nicht unwirksam.

Galater 2,21 (KJV)

Gott hat uns nicht zur Frustration berufen.

Jeder von uns hat eine Fülle von Begabungen, Talenten, Veranlagungen und Fähigkeiten. Wenn wir beginnen, wirklich mit Gott zusammenzuarbeiten, können wir uns nach dem Besten ausstrecken, das Gott für uns bereitgestellt hat. Aber wenn wir hochtrabende Ideen haben und uns Ziele setzen, die über unsere Fähigkeiten und Gnadengaben, die auf unserem Leben sind, hinausgehen, werden wir frustriert werden. Wir werden diese Dinge nicht erreichen und möglicherweise am Ende Gott für unser Scheitern beschuldigen.

Kraft für alle Dinge in Christus

Ich habe Kraft, alles zu tun in Christus, der mich stärkt und dazu ermächtigt [ich bin zu allem bereit und jeder Sache gewachsen durch ihn, der mich mit innerer Kraft erfüllt; ich bin selbstgenügsam in Christi Genügsamkeit].

Philipper 4,13

Wenn wir diese Schriftstelle einfach aus dem Zusammenhang reißen, sieht es so aus, als ob wir zu allem, was wir möchten, fähig wären, oder nicht? Wenn wir Verse einfach nur so herauspicken, können wir die Bibel alles aussagen lassen, was uns gefällt. Aber lesen wir diesen Abschnitt im Zusammenhang und sehen, was er wirklich aussagt. Fangen wir bei Vers 10 an:

> Ich bin hoch erfreut worden im Herrn, dass ihr euer Interesse an meinem Wohlergehen nach so langer Zeit wieder aufleben habt lassen; ihr habt in der Tat an mich gedacht, aber ihr hattet keine Gelegenheit, es zu zeigen.

Die Gläubigen der Gemeinde in Philippi hatten Paulus ein Opfer gesandt, das ihn erfreute. Er schrieb an sie, um ihnen mitzuteilen: »Freunde, ich bin glücklich, dass ihr euer Interesse an mir nach so langer Zeit wieder aufleben habt lassen.« Dann fährt er fort, um hinzuzufügen, was wir in Vers 11 und 12 lesen:

> Nicht, dass ich damit sagen möchte, dass ich irgendeinen persönlichen Mangel hatte, denn ich habe es gelernt, mich zu begnügen (soweit zufrieden zu sein, dass ich nicht beeinträchtigt oder beunruhigt bin), in welcher Lage ich mich auch immer befinde. Ich bin damit vertraut, erniedrigt zu sein und demütig unter bescheidenen Umständen zu leben.

(Das bedeutet, dass es Zeiten gab, da Paulus nicht alles hatte, was er haben wollte, Zeiten, da seine Umstände nicht so waren, wie er sie gerne vorgefunden hätte.)

> ... und ich bin damit vertraut, die Fülle zu genießen und im Überfluss zu leben. Ich habe in allen nur denkbaren Umständen das Geheimnis gelernt, jeder Situation gegenüberzutreten, sowohl satt zu sein oder zu hungern, ausreichend zu besitzen und genügend übrig zu haben, als auch nichts zu haben und Mangel zu leiden.

Die Botschaft des Apostels Paulus lautete nicht, dass er alles tun könne, wonach ihm der Sinn stand, sondern dass er das Geheimnis gelernt hatte, das Beste aus jeder Situation zu machen, in der er sich befand. Dies ist der Zusammenhang, in welchem er die Aussage macht, die wir so oft bezüglich der Fähigkeit zitiert hören, »in Christus alles tun zu können«.

Die Wahrheit über »alles zu tun«

> *Ich habe Kraft, alles zu tun in Christus, der mich stärkt und dazu ermächtigt [ich bin zu allem bereit und jeder Sache gewachsen durch ihn, der mich mit innerer Kraft erfüllt; ich bin selbstgenügsam in Christi Genügsamkeit].*
>
> Philipper 4,13

Wenn wir Vers 13 im Zusammenhang lesen, erkennen wir, dass Paulus eigentlich Folgendes darlegen möchte: »Gott hat ein Werk in meinem Leben getan. Ich habe das Geheimnis gelernt, im Frieden zu bleiben, egal ob ich alles habe, was ich haben möchte, oder nicht. Wenn meine Umstände großartig sind, weiß ich, mit der Situation umzugehen und demütig zu bleiben. Wenn meine Umstände nicht so gut aussehen, habe ich die innere Stärke, ebenfalls in richtiger Weise mit der Situation umzugehen. Ich bin in der Lage, in Christus, der mir die Kraft gibt, all die sich verändernden Situationen des Lebens zu bewältigen.«

Wenn Philipper 4,13 aus dem Zusammenhang gerissen wird, glauben wir möglicherweise, dass wir alles tun können, wonach wir uns fühlen, jederzeit, wenn wir es möchten, überall, wo wir es möchten. Das stimmt nicht. Wir müssen in der Salbung bleiben, die wir nur erfahren, wenn wir im Willen Gottes sind.

Bleiben Sie in der Salbung

Es ist aber Gott, der uns stärkt und uns standhaft macht und uns festigt [in vereinter Gemeinschaft] ... in Christus, und uns geweiht und gesalbt hat [indem er uns mit den Gaben des Heiligen Geistes ausgestattet hat].

2. Korinther 1,21

Sie mögen in Ihrem Leben zeitweise große Verwirrung erlebt haben, als Sie versuchten, etwas zu tun, wozu Gott Sie nicht geweiht und gesalbt hat. Sie dachten zunächst, es sei der Wille Gottes, doch dann fanden Sie heraus, dass dies nicht der Fall war. Wenn dem so ist, sind Sie nicht der Einzige, dem das widerfahren ist. Mir erging es genauso, desgleichen vielen anderen. Aber wie können Sie dann jemals wissen, dass etwas wirklich von Gott ist?

Wenn Sie glauben, dass Gott zu Ihnen gesprochen hat - vorausgesetzt, es hat eine schriftgemäße Grundlage und Sie haben wirklich Frieden darüber -, dann bewegen Sie sich darauf zu. Aber wenn Sie merken, dass, egal was Sie tun, nichts funktioniert, dann vergeuden Sie nicht Ihre Zeit damit, mit dem Kopf gegen die Wand zu schlagen um etwas zu erzwingen, bei dem Ihnen Gott nicht hilft. Wenn keine Salbung da ist, wird es nicht gelingen.

Manche Menschen verbringen ihr ganzes Leben damit, ein totes Pferd zu reiten. Ich hörte kürzlich jemand sagen: »Das Pferd ist schon sieben Jahre tot - es ist Zeit, abzusteigen.«

Erfüllen Sie Ihren Teil. Tun Sie das, wovon Sie glauben, dass es richtig ist, folgen Sie Gottes Führung nach Ihrem besten Vermögen, und dann legen Sie den Ausgang der Angelegenheit in seine Hände. Auf diese Weise tun Sie alles, was Sie können, aber Sie vergeuden Ihr Leben nicht damit, etwas zu tun, wozu Sie nicht imstande sind, weil nur Gott es tun kann.

Lassen Sie es in Gottes Händen

Und, nachdem ihr alles wohl ausgerichtet habt, ... steht.

Epheser 6,13 (KJV)

Denken Sie also daran, wenn Gott Sie berufen hat, etwas zu tun, dann erfüllen Sie Ihren Teil und stehen Sie fest. Wenn Sie alles Ihnen Mögliche getan haben, dann legen Sie die Situation in Gottes Hände und fahren Sie mit Ihren Angelegenheiten fort. Wenn er seinen Teil nicht erfüllt, dann ist es entweder nicht die richtige Zeit, es ist allgemein nicht richtig oder es ist für Sie nicht richtig.

Leute fragen mich oft: »Wie kann ich das tun, was du tust? Gott hat mich berufen, so zu predigen wie du. Sage mir, wie du angefangen hast.« Ich erkläre ihnen dann: »Es ist nicht so leicht. Ich kann dir nicht einfach drei simple Lektionen geben, wie man einen Dienst beginnt. Aber wenn Gott dich beruft, dann öffnet er die Türen. Er ruft dich, bereitet dich zu, er stellt das Geld zur Verfügung, gibt dir Gunst und bringt es zustande.«

Es ist in Ordnung, zu bekennen, dass Sie einen Dienst haben werden, der demjenigen einer anderen Person ähnlich ist, wenn Sie glauben, dass Gott Sie dazu berufen hat. Nur gehen Sie dabei sicher, dass Sie dieses Bekenntnis in der Privatsphäre zu Hause machen und nicht in der Öffentlichkeit. Bewahren Sie es hauptsächlich zwischen sich und Gott, bis er es bekannt macht. Wenn dieser Wunsch von ihm ist, dann werden Sie es zustande kommen sehen. Aber wenn es nicht von Gott ist und nichts geschieht, sollte dies Ihr Selbstwertgefühl nicht beeinträchtigen.

Sie müssen an sich glauben. Es ist nichts Verkehrtes daran, jemand zu sehen, der erfolgreich im Dienst oder Beruf ist, und zu sagen: »Wenn Gott mich in dieser Position haben möchte, glaube ich, dass er mich auch dazu in die Lage versetzen wird. Ich habe Gaben und Fähigkeiten.« Vergewissern Sie sich nur, dass es Gottes Wille für Sie ist und nicht Ihr eigener selbstsüchtiger Wunsch. Wenn es Gottes Wille ist, werden Sie Freude daran finden.

Tun Sie, was Sie lieben und lieben Sie das, was Sie tun!

Wenn Gott Sie berufen hat, etwas zu tun, werden Sie feststellen, dass Sie es trotz möglicher Widerstände lieben werden.

Manchmal müssen Dave und ich einen Ort um drei Uhr morgens nach nur drei Stunden Schlaf verlassen. Manchmal musste ich auf dem Rücksitz des Wagens schlafen. Dabei hat man das Gefühl, als würde man zu schlafen versuchen, während man auf einem Pferd reitet. Einige der Badezimmer, die wir unterwegs benutzen müssen, sind nicht sehr schön. Einige der Restaurants, in denen wir essen, sind nicht sehr gut. Einige unserer Hotelzimmer sind schrecklich, und ich wache dann am Morgen auf und fühle mich so, als wäre ich hundert Jahre alt. Manchmal muss ich auf dem Bett studieren, weil es keinen Tisch gibt.

Wie Paulus, finden mein Mann und ich immer wieder unerwünschte Bedingungen vor. Aber ich liebe das, was ich tue. Wie könnte ich es lieben, wenn es nicht von Gott wäre? Trotz all der Entbehrungen und Unannehmlichkeiten genießen wir es wirklich, im ganzen Land herumzureisen und das Werk des Herrn zu vollbringen.

Wenn Gott Sie berufen hat, etwas zu tun, dann befähigt er Sie auch dazu. Wenn Sie immer nur am kämpfen sind und die ganze Zeit sagen: »Ich hasse das«, ist etwas verkehrt!

Beförderung kommt von Gott

Denn nicht von Osten, noch von Westen, noch von Süden kommt Beförderung und Erhöhung. Denn Gott ist der Richter! Den einen erniedrigt er, den anderen erhöht er.

Psalm 75,7-8

Oft fragen wir andere Leute: »Was machen Sie beruflich?« Auf ihre Antwort reagieren wir manchmal so, dass wir den Anschein erwecken, sie müssten eine höhere Position anstreben als jene, die sie momentan innehaben.

Es ist in Ordnung, Gott für eine höhere Position oder Verantwortung zu glauben, aber es ist genauso anerkennenswert, in der Position, die wir haben, zu bleiben, wenn es diejenige ist, in der Gott uns nach unserem Empfinden haben möchte.

Gott kann uns befähigen, einen Posten auszufüllen und eine Arbeit zu tun, für die wir in der natürlichen Welt nicht qualifiziert sind. Es gibt aber einige unsichere Menschen, die denken, dass sie durch eine höhere Stellung an Selbstwert und Bedeutsamkeit gewinnen würden. Ohne Gottes Führung ziehen Sie auf eigene Faust los, dabei ist ihr Motiv falsch und deshalb fallen sie auf die Nase.

Ich habe herausgefunden, dass es unweise ist, zu versuchen, eine Position zu bekommen, die Gott uns nicht zugedacht hat. Wir können uns im Fleisch abmühen und Dinge zustande bringen, aber über die Ergebnisse werden wir niemals Frieden haben.

> Demütigt euch nun [degradiert, erniedrigt euch in eurer eigenen Einschätzung] unter die mächtige Hand Gottes, damit er euch zur rechten Zeit erhöhe. (1. Petrus 5,6)

Gott vollbringt Dinge in unserem Leben, wenn er weiß, dass wir wirklich dazu bereit sind.

Setzen Sie sich hohe Ziele, aber konzentrieren Sie sich darauf, da wo Sie sind das Beste zu geben, in dem Bewusstsein, dass Gott in der Lage ist, sie zu befördern, wann immer er es möchte.

Konzentrieren Sie sich auf Ihre Fähigkeiten

> *Alle diese [Gaben, Talente, Fähigkeiten] werden eingegeben und zustande gebracht durch ein und denselben [Heiligen] Geist, der jedem persönlich zuteilt, [genau] wie er es will.*
>
> 1. Korinther 12,11

Gaben und Talente werden vom Heiligen Geist gemäß der Gnade zugeteilt, die auf jeder Person ruht, um mit diesen umzugehen. Wir missfallen Gott nicht, wenn wir nur über eine Gabe verfügen, während ein anderer fünf besitzt. Aber er ist nicht erfreut, wenn wir die eine Gabe, die uns zugeteilt ist, nicht vermehren (siehe Matthäus 25,14-30).

Im 4. Buch Mose sahen wir, dass zwölf Kundschafter ausgesandt wurden, um das Verheißene Land zu erkunden, das Gott ihnen als Besitz anbefohlen hatte. Zehn von ihnen kamen zurück und verkündeten: »Es gibt Riesen in jenem Land, deshalb können wir es nicht einnehmen.« Aber zwei von ihnen sagten: »Ja, es sind Riesen dort, aber wir sind wohl in der Lage, es einzunehmen, denn *Gott* hat uns aufgetragen, dies zu tun.«

Zehn der hebräischen Kundschafter schauten auf ihre Begrenzungen; zwei sahen auf ihre Fähigkeiten. Zehn blickten auf die Riesen; zwei schauten auf Gott.

Wenn Sie sich selbst leiden wollen, wenn Sie dahin gelangen möchten, Sie selbst zu sein, werden Sie sich auf Ihre Fähigkeiten konzentrieren müssen - das zu sein, wozu Gott Sie geschaffen hat -, nicht auf Ihre Begrenzungen.

5

Setzen Sie Ihre Gabe ein

Hier ist der fünfte Punkt zur Überwindung von Unsicherheit: *Finden Sie etwas, was Sie gerne und gut tun, dann tun Sie es immer und immer wieder.* Wissen Sie, was geschehen wird? Sie werden beginnen, erfolgreich zu sein, denn Sie werden das tun, wozu Sie begabt sind. Und Sie werden sich besser fühlen, denn Sie werden nicht ständig versagen.

Finden Sie Ihre Gabe

> *[Der, dessen Gabe es ist] praktisch zu dienen, der gebe sich dem Dienen hin; derjenige, der lehrt, dem Lehren.*
>
> Römer 12,7

Diese Schriftstelle sagt nicht: »Wenn Sie ein Lehrer sind, lehren Sie, aber versuchen Sie gleichzeitig mit aller Kraft, ein Lobpreisleiter zu sein.«

Es gab eine Zeit in meinem Leben, da ich wirklich zornig auf mich war, weil ich nichts als lehren konnte. Ich wollte all die Dinge tun, die ich die anderen tun sah. Ich mühte mich ab und betete und »riss geistliche Bollwerke ab«. Ich sagte dem Teufel: »Ich werde mehr schaffen!« Aber ich kam zu dem Punkt, wo ich zufrieden sein musste, das Wort zu predigen.

Ich verbrachte ein Jahr damit, zu versuchen, Tomaten anzupflanzen und Kleider für meinen Mann zu nähen, weil meine Nachbarin das auch tat. Ich verglich mich mit ihr und dachte, etwas stimme mit mir nicht, weil ich mich nicht wie eine »normale« Hausfrau verhielt. Offen gesagt, wollte ich keine Tomaten züchten, und ich wollte die Kleidung meines Mannes *wirklich* nicht selber nähen. Aber ich verfranste mich vollkommen damit, zu versuchen, das zu tun, was andere taten.

Tun Sie nicht beständig das, was Sie nicht gut können

Wenn der Herr nicht das Haus baut, da arbeiten umsonst, die daran bauen.

Psalm 127,1

Ich verbrachte ein Jahr damit, etwas zu tun, was ich nicht gut konnte. Tagein, tagaus erlebte ich andauernde Niederlagen. Ich war so entmutigt. Es kam vor, dass ich den ganzen Tag an einem Hemd nähte, es dabei auf der falschen Seite säumte und es mich Stunden kostete, den Saum wieder aufzutrennen. Ich fühlte mich andauernd besiegt.

Verbringen Sie nicht Ihre ganze Zeit damit, etwas zu tun, worin Sie nicht gut sind. Lassen Sie sich stattdessen von Gott zeigen, worin Sie gut sind. Im Allgemeinen sind die Dinge, die Sie gut machen, diejenigen, die Sie genießen werden.

Gott würde uns nie etwas tun lassen, was wir unser Leben lang hassen würden. Warum versuchen wir immer etwas zu tun, was wir nicht können? Warum finden wir nicht einfach etwas, was wir gut tun und widmen uns dem? Es ist erstaunlich, um wie viel besser wir uns fühlen werden.

Streben Sie nach der Salbung

Aber was euch betrifft, bleibt die Salbung [die heilige Ausstattung, die Ölung], die ihr von ihm empfangen habt, [beständig] in euch; [so] dass ihr es nicht nötig habt, dass euch irgendjemand belehre.

1. Johannes 2,27

Viele Menschen, die im vollzeitlichen Dienst stehen, versuchen Dinge zu tun, für die sie nicht gesalbt sind, nur weil andere sie tun.

Auf meinen Reisen begegne ich überall im Land Dienern Gottes, die sich vergebens abmühen. Oft ist der Grund der, dass sie versuchen, das nachzuahmen, was eine andere Gemeinde oder ein anderer Dienst tut, obwohl Gott sie nicht dazu gesalbt hat. Wenn sie nicht das tun können, was jemand anders tut, meinen sie, sie wären nicht so gut wie jene Person.

Wir können nur das bewerkstelligen, wozu Gott uns begabt und gesalbt hat. Wenn wir etwas anderes zu tun versuchen, werden wir uns beständig unter Druck fühlen.

Gehen Sie nicht über Gottes Gnade hinaus

Johannes antwortete: Ein Mensch kann nichts empfangen [er kann nichts beanspruchen, er kann sich nichts nehmen], außer es ist ihm vom Himmel gewährt. [Ein Mensch muss damit zufrieden sein, die Gabe zu empfangen, die ihm vom Himmel gegeben ist; es gibt keine andere Quelle].

Johannes 3,27

Wie viel kann ein Mensch empfangen? Wie viel kann ein Mensch beanspruchen? Wie viel kann er für sich nehmen? Nur so viel, wie ihm vom Himmel gewährt wird.

Als Christen müssen wir zufrieden sein. Wenn ich nicht so gut predigen kann wie ein anderer Prediger, muss ich einfach damit zufrieden sein, so gut zu predigen, wie ich kann. Wenn mein Dienst nie so groß wie derjenige von Bruder Soundso oder Schwester Soundso wird, muss ich mit dem zufrieden sein, was ich habe.

Sie und ich können in unserem Leben nicht über die Gnade Gottes hinausgehen. Wir empfangen von Gott eine Gabe nicht einfach deshalb, weil wir eine haben wollen. Der Heilige Geist gibt uns Gaben gemäß seinem Willen, und wir müssen uns mit dem zufrieden geben, was wir von ihm empfangen.

Obwohl uns Gott eine Gabe verleihen möchte, ist es manchmal noch nicht an der Zeit, sie auszuteilen. Bis Gott sich nicht über das Geländer des Himmels lehnt und sagt: »Jetzt«, können wir uns abmühen und wütend sein und uns aufregen und kämpfen und uns beklagen und streiten, aber wir werden sie immer noch nicht bekommen.

Wissen Sie, wann wir das erhalten werden, was Gott möchte, dass wir haben sollen? Wenn er bereit ist, es uns zu geben. Wir werden es nicht eher bekommen, daher können wir genauso gut lernen, mit den Dingen zufrieden zu sein, die wir haben (siehe Hebräer 13,5). Wir sollten daran denken: »Papa weiß es am Besten!«

Setzen Sie Ihre Gabe ein

Da wir verschiedene Gaben (Fähigkeiten, Talente, Veranlagungen) haben, die sich nach der uns verliehenen Gnade unterscheiden, so lasst sie uns gebrauchen: [Der, dessen Gabe es ist] zu weissagen [der weissage] nach dem Maß seines Glaubens; [Der, dessen Gabe es ist] praktisch zu dienen, der gebe sich dem Dienen hin; derjenige, der lehrt, dem Lehren; Derjenige, der ermahnt (ermutigt), dem Ermahnen; derjenige, der gibt, der gebe in Einfalt und Großzügigkeit.

Römer 12,6-8

Vergeuden Sie nicht Ihre Zeit damit, herauszufinden, was Ihre Gabe ist. Machen Sie einfach die Dinge, in denen Sie gut sind.

Ich erinnere mich an eine Frau, die den Lobpreis in einer Gemeinde leitete, die wir in Maine besuchten. Ihre Gabe war das Anfeuern. Nachdem ich gepredigt hatte, jagte sie mir über die Hintertreppe nach: »Oh, komm, bleib hier«, sagte sie und begann für mich zu beten.

Dann fing sie an, zu mir zu sprechen: »Oh Liebes, das war wundervoll, das war fabelhaft. Du bist so gesalbt!«

Ihr Redeschwall hörte gar nicht auf! Als ich schließlich ging, fühlte ich mich *großartig*, als sei ich im siebten Himmel.

Manchmal arbeite ich wirklich hart und fühle mich hinterher wie ausgelaugt. Dann aber tritt die Anfeuer-Bande der Gemeinde in Aktion. Je länger diese Leute zu mir sprechen, desto mehr schöpfe ich wieder Glauben, dass ich in der Lage bin, neu anzufangen.

Was jedoch sagt der Teufel zu diesen Anfeuer-Begabten? »Das ist gar nichts, Leute einfach nur aufheitern zu können.« Er möchte diese Leute bloß nicht wissen lassen, dass ermutigende Anfeuerung ein wichtiger Dienst in der Gemeinde ist.

Wenn Sie die Gabe der Ermutigung haben, wird Ihnen Satan weiszumachen versuchen, dass Sie predigen oder lehren oder ein Pastor werden oder eine Gemeinde bauen sollten! Aber die Bibel verdeutlicht, dass Sie beginnen sollten zu ermutigen, wenn Ihre Gabe die der Ermutigung ist. Wenn Sie lehren sollen, dann fangen Sie an, zu lehren. Wenn Sie sich dem Dienen hingeben sollen, dann dienen Sie. Wenn Sie anderen helfen sollen, dann machen Sie sich ans Helfen!

Der Dienst der Hilfeleistung

Derjenige, der Hilfe leistet und vorsteht, tue es mit Eifer und Zielstrebigkeit.

Römer 12,8

Wenn Sie im Leib Christi dazu berufen sind, Hilfe zu leisten, dann machen Sie das Helfen zu Ihrer Angelegenheit. Wenn Gott Sie dazu auffordert, ein Geber zu sein, dann wird er Sie offensichtlich auch mit den Mitteln zum Geben versorgen.

Der Satz: »Derjenige, der Hilfe leistet«, bezieht sich auf den Dienst der Hilfeleistung. Es gibt viele, die im Leib Christi als Diener, als Helfer, als solche berufen sind, deren Aufgabe es ist, einen Dienst zu unterstützen.

Gott beruft starke Leiter, Menschen, denen er eine starke Salbung zur Ausübung von Leiterschaft verleiht. Es ist eine Gabe, eine große Zahl von Menschen zu führen und dabei alles in guter Ordnung zu halten. Wenn eine Person nicht die Gabe dazu hat, wird sie sich selbst bald in große Schwierigkeiten bringen.

Aber selbst wenn der Leiter für diese Position begabt ist, kann er nicht alles alleine tun, daher salbt Gott auch andere Menschen, um ihm zu helfen, um seine Hände zu stützen, um für ihn zu beten. Niemand kann einen erfolgreichen Dienst ohne berufene und gesalbte Hilfe-Leistende ausüben.

Wenn das Ihre Berufung und Ihre Salbung ist, dann tun Sie es mit all Ihrer Kraft, denn diese Aufgabe ist sehr wichtig.

Manche Leute sagen: »Nun, ich bin ja nur im Dienst der Hilfeleistung.« Nein, sie sind nicht *nur* im Dienst der Hilfeleistung. Sie sind gemäß der Bibel in einem der größten Dienste. Es gibt mehr Menschen im Dienst der Hilfeleistung, als in jedem anderen Dienst der Gemeinde.

Wenn Sie glauben, dass Sie zum Dienen berufen sind, dann hoffe ich, dass Sie sich niemals wieder minderwertig fühlen werden, weil Sie »nur im Dienst der Hilfeleistung« sind. Immerhin ist es der Dienst des Heiligen Geistes.

Der Heilige Geist ist der Helfer

Und ich werde den Vater bitten, und er wird euch einen anderen Beistand (Ratgeber, Helfer, Fürbitter, Fürsprecher, Kraftgeber, Tröster) geben, dass er bei euch bleibe in Ewigkeit.

Johannes 14,16

Der Dienst der Hilfeleistung ist ein großartiger, fabelhafter, wunderbarer, mächtiger Dienst. Der Heilige Geist steht im Dienst der Hilfeleistung. Er leitet ihn. Er ist der Helfer. Er ist derjenige, der neben jedem Gläubigen einhergeht und darauf wartet, jegliche Unterstützung zu leisten, die benötigt wird.

Einige Christen sind gekränkt, weil sie in den Dienst der Hilfeleistung berufen worden sind.

Sie kämpfen mit sich selbst, indem sie versuchen, etwas anderes zu sein. Sie erkennen einfach nicht, dass sie denselben Dienst innehaben, den der Heilige Geist ausübt.

Seien Sie ein Segen, wo Sie sind

Derjenige, der Werke der Barmherzigkeit übt [tue es] mit aufrichtiger Freude und fröhlichem Eifer.

Römer 12,8

Es gibt gewisse Dinge, die Sie und ich aufgrund unserer von Gott verliehenen Gaben gerne tun. Wir mögen diese Dinge nicht als wichtig erachten. Dabei sind sie sehr wohl wichtig, wie wir erkennen werden, wenn wir nur anfangen, sie einzusetzen.

Sie können ein Segen für Menschen sein, ganz gleich, wie einfach Ihre Gaben sein mögen. Wenn Sie eine gute Köchin oder ein guter Koch sind oder liebend gerne backen, dann setzen Sie Ihre Gaben und Talente ein, um jemand anderen zu segnen, nicht nur sich selbst.

Eines Abends brachte eine Freundin meinem Mann und mir einen Topf Suppe. Es war die beste Suppe, die ich je in meinem Leben gegessen hatte; sie war einfach köstlich. Wir sprachen noch tagelang darüber, wie wunderbar diese Suppe schmeckte.

Später erzählte uns unsere Freundin, dass sie, während sie die Suppe zubereitete, andauernd dachte: »Ich muss Joyce etwas davon bringen.« Aber sie ließ die Idee ständig wieder fallen, da sie meinte, es wäre Unsinn. »Sie wird meine Suppe nicht wollen.«

Wie oft hält uns der Teufel betrügerisch davon ab, ein Segen zu sein? Wissen Sie, dass es nichts Größeres gibt, als ein Segen zu sein? Hören Sie damit auf, herauszufinden, was Ihre Gabe ist und fangen Sie an, in den Dingen zu fungieren, die Sie gerne tun. Werden Sie einfach aktiv und tun Sie es.

Wenn Sie gerne Menschen aufheitern, machen Sie es zu Ihrer Angelegenheit, sie aufzuheitern. Wenn Sie es lieben zu geben, finden Sie etwas und geben es weg. Wenn Sie gerne helfen, dann helfen Sie jedem, dem Sie helfen können. Segnen Sie Menschen ganz einfach.

Wir müssen nicht immer eine *große* geistliche Sache tun. Eigentlich ist einiges, was wir für nicht wirklich geistig halten, wichtiger für Gott als das, was wir für so wichtig halten.

Entfachen Sie Ihre Gabe

Aus diesem Grund erinnere ich dich daran, die Gabe Gottes anzufachen, die ... in dir ist.

2\. Timotheus 1,6 (KJV)

So oft suchen wir nach einer großen »geistlichen« Erfahrung. Wir gehen abends zu Bett und der Teufel sagt: »Na, du hast heute nichts Lohnenswertes zustande gebracht.« Aber wenn wir das Leben eines anderen berührt haben, wenn wir einen anderen glücklich gemacht haben, wenn wir jemanden zum Lächeln gebracht haben, *haben* wir etwas wirklich Lohnendes getan. Diese Fähigkeit ist eine Gabe von Gott.

Der große Apostel Paulus weist seinen jungen Schüler Timotheus darauf hin, die Gaben in sich anzufachen. Das ist ein guter Ratschlag für uns alle. Manchmal werden wir hinsichtlich unserer Gaben träge. Wir müssen diese Gaben ganz bewusst anfachen. Wir müssen uns wieder »auf das Programm einstellen«.

Wenn Sie ein Bewusstsein von Wertlosigkeit und Unsicherheit überwinden möchten, dann entfachen Sie Ihre Gabe. Beginnen Sie das einzusetzen, was Gott in Sie gelegt hat. Werden Sie aktiv und tun Sie das, was Sie können, mit dem, was Sie haben.

Tun Sie das, was Sie gerne tun. Und dann tun Sie es immer und immer wieder.

6

Haben Sie den Mut, anders zu sein

Wenn Sie Unsicherheit überwinden und die Person sein möchten, zu der Sie in Christus berufen sind, *müssen Sie den Mut haben, anders zu sein.*

Obwohl jeder von uns anders ist, wollen wir häufig wie alle anderen sein. Aber das ist genau das, was Unglücklichsein verursacht.

Seien Sie nicht wie jeder andere

Versuche ich jetzt die Gunst von Menschen zu erlangen oder von Gott? Oder suche ich Menschen zu gefallen? Wenn ich das Ansehen immer noch bei Menschen suchen würde, so wäre ich kein Knecht Christi (des Messias).

Galater 1,10

Wenn Sie es schaffen wollen, ganz und gar Sie selbst zu sein, müssen Sie es wagen, nicht wie jeder andere zu sein.

Warum stellen Sie sich nicht die Frage, die Paulus hier anführt? Versuchen Sie die Gunst von Menschen oder die von Gott zu gewinnen?

Menschengefällig oder Gottgefällig?

Nicht mit Augendienerei als Menschengefällige, sondern als Knechte Christi, die den Willen Gottes von Herzen tun.

Epheser 6,6 (KJV)

Es ist ganz leicht, menschengefällig zu werden, macht uns letztendlich aber sehr unglücklich. Wenn wir anderen Menschen zu gefallen beginnen, werden wir Kommentare über uns hören, die uns ein gutes Gefühl vermitteln. Das ist in Ordnung, solange wir nicht unser Selbstwertgefühl daraus beziehen. Als Gläubige sollte unser Selbstwertgefühl nicht auf die Meinung der Menschen gegründet und gewurzelt sein, sondern in der Liebe Gottes.

Wir sind etwas wert, weil Gott seinen einzigen Sohn sandte, um für uns zu sterben. Wir sind etwas wert, weil Gott uns liebt, nicht aufgrund dessen, was andere über uns denken oder sagen.

Wir werden zu »Menschengefälligen«, wenn wir nicht mehr das tun, was wir wollen, sondern was jeder andere von uns will, weil wir denken, dass wir damit Annahme und Anerkennung gewinnen werden.

Das war nicht die Einstellung, die der Apostel Paulus hatte oder befürwortete.

Lassen Sie sich nicht von anderen manipulieren

Im Übrigen wird von Verwaltern [im Wesentlichen] verlangt, dass einer treu erfunden werde [indem er sich als vertrauenswürdig erweist]. Mir [persönlich] aber macht es sehr wenig aus, dass ich von euch [in dieser Hinsicht] einer Beurteilung unterworfen werden soll, und dass ihr oder irgendein anderes menschliches Gericht mich überprüfen und befragen und verhören soll. Ich beurteile mich nicht einmal selbst und richte mich nicht.

1. Korinther 4,2-3

Das ist eine sehr befreiende Einstellung - weder durch die öffentliche Meinung noch durch die Meinung über sich selbst beunruhigt zu werden.

Wie weit, meinen Sie, wäre Jesus gekommen, wenn er darüber besorgt gewesen wäre, was die Leute dachten? Philipper 2,7 (KJV) besagt, dass Jesus es bewusst »nicht auf einen ehrenhaften Ruf abzielte«. Als ich einmal über diesen Vers nachdachte, sagte Jesus: »Ich habe das unverzüglich beiseite gelegt.« Schließlich tat ich es ebenfalls. Jetzt habe ich nicht mehr das Gefühl, die ganze Zeit herumlaufen und allen Leuten gefallen zu müssen.

Ich muss zugeben, dass ich es nicht mag, wenn Menschen unzufrieden mit mir sind. Ich mag es nicht einmal, wenn eines meiner Kinder sich über mich aufregt. Aber ich weiß, dass ich mich nicht von Leuten mit ihren Forderungen manipulieren lassen kann.

Als Nachfolger Christi sollten wir vom Heiligen Geist geleitet sein, nicht von Menschen kontrolliert werden. Desgleichen sollten wir andere nicht kontrollieren, sondern ihnen erlauben, vom Heiligen Geist geführt zu sein, genauso wie wir es sind.

Wandeln Sie in der Liebe

Und wandelt in Liebe ... gleichwie Christus uns geliebt und sich selbst für uns hingegeben hat.

Epheser 5,2

Der Punkt ist: Wenn wir wissen, dass wir unser Bestes geben, dann sollten wir uns von der Meinung anderer nicht beunruhigen lassen.

Trotzdem müssen wir in Liebe wandeln. Wir können nicht alles tun, was wir wollen und wann wir es wollen. Wir können nicht sagen: »Wenn jemandem das nicht gefällt, hat er eben Pech gehabt. Das ist sein Problem.« Liebe verhält sich nicht auf diese Weise.

Dennoch dürfen wir Leuten nicht erlauben, uns dermaßen zu manipulieren und zu kontrollieren, so dass wir niemals die Freiheit haben, zu sein, wer wir sind. Wenn wir das tun, werden wir immer versuchen, das sein zu wollen, was wir denken, das andere von uns erwarten.

Verwandelt, nicht angepasst

Seid nicht gleichförmig dieser Welt (diesem Zeitalter), [gestaltet nach und angepasst an ihre äußerlichen, oberflächlichen Gewohnheiten], sondern werdet verwandelt (verändert) durch die [völlige] Erneuerung eures Sinnes [durch neue Vorbilder und eine neue Einstellung], so dass ihr [für euch selbst] prüfen mögt, was der gute und wohlgefällige und vollkommene Wille Gottes ist, und sogar die Dinge, die gut und wohlgefällig und vollkommen sind [in seinen Augen für euch].

Römer 12,2

Die Welt versucht ständig, uns ihrem Bild anzupassen. Wenn ich »die Welt« sage, meine ich jene Menschen, die wir kennen und mit denen wir jeden Tag zu tun haben. Das kann die Familie sein oder Freunde, Menschen aus der Nachbarschaft oder sogar aus der Gemeinde.

Das Wort *gleichförmig* bedeutet: »Ähnlich sein in Form oder Charakter; entsprechen; sich in Übereinstimmung mit weit verbreiteten Lebensweisen oder Gewohnheiten verhalten[1].«

Menschen werden immer versuchen, uns in ihre Form zu pressen, zum Teil aufgrund ihrer eigenen Unsicherheit. Es bereitet ihnen ein besseres Gefühl hinsichtlich dessen, was sie tun, wenn sie jemanden dazu bringen können, dasselbe zu tun.

Nur wenige Leute haben die Fähigkeit, einfach nur der zu sein, der sie sind und jeden anderen sein zu lassen, wer er ist. Können Sie sich vorstellen, wie schön die Welt wäre, wenn wir das alle beherzigen würden? Jeder könnte sich in seiner Identität sicher fühlen und andere sein lassen, wer sie sind. Wir müssten nicht versuchen, kleine Kopien des andern zu sein.

Seien Sie anders – werden Sie ein Erneuerer

> Siehe, ich tue etwas Neues! Jetzt sprosst es hervor; erkennt und wisst ihr es nicht und wollt ihr ihm keine Beachtung schenken?
>
> Jesaja 43,19

All die großen Reformatoren der Kirche, wie Martin Luther, und die Reformatoren der Welt waren Menschen, die von der Norm abwichen und Dinge auf andere Weise taten. Dasselbe gilt für die großen Männer und Frauen der Bibel.

Jeremia war sehr jung, als Gott ihn zum Propheten berief. Die Ausrede, die er Gott gegenüber gebrauchte, lautete: »Ich bin zu jung.«

Timotheus sagte ebenfalls: »Ich bin zu jung.« Paulus musste Timotheus immer und immer wieder ermutigen: »Mache dir keine Sorgen wegen deiner Jugend, Timotheus. Gott hat dich berufen und gesalbt. Halte deine Augen auf diese Berufung gerichtet!«

Was wäre gewesen, wenn Johannes der Täufer oder der Apostel Paulus oder selbst Jesus nicht den Mut gehabt hätten, anders zu sein? Wir sehen uns die großen Männer und Frauen der Bibel an und denken, wie wunderbar sie waren. Aber sie bezahlten einen Preis. Sie mussten heraustreten und Erneuerer sein. Sie mussten anders sein. Sie mussten es vermeiden, davon beherrscht und kontrolliert zu werden, was jeder dachte, das sie sein sollten.

Wandeln Sie in der Frucht des Geistes

Der Frucht des [Heiligen] Geistes aber [das Werk, das seine innewohnende Gegenwart hervorbringt] ist Liebe, Freude (Fröhlichkeit), Friede, Geduld (Ausgeglichenheit, Nachsicht), Freundlichkeit, Güte (Wohlwollen), Treue, Sanftmut (Milde, Demut), Selbstbeherrschung (Disziplin, Enthaltsamkeit). Gegen solche Dinge gibt es kein Gesetz [das Anklage erheben kann].

Galater 5,22-23

Selbst wenn wir uns entscheiden, erneuernd und anders zu sein, müssen wir noch in der Frucht des Geistes wandeln. Wir dürfen nicht mit einer höhnischen, rebellischen Einstellung herumlaufen. Und wir können nicht gleichzeitig ein dieser Welt angepasstes Leben führen, denn Gott möchte uns gebrauchen. Er hat etwas, das er durch uns tun möchte.

Gott möchte uns gebrauchen

Während sie den Herrn anbeteten und fasteten, sprach der Heilige Geist: Sondert mir nun Barnabas und Saulus zu dem Werk aus, zu dem ich sie berufen habe.

Apostelgeschichte 13,2

Gott möchte uns mit all unseren Schwächen und Unfähigkeiten nehmen und uns verwandeln, indem er von Innen nach Außen wirkt, um etwas Mächtiges auf dieser Erde zu tun.

Satan benutzt die Welt und das Weltsystem, um zu versuchen, uns außerhalb von Gottes Willen - außerhalb von Gottes Bestem - zu halten. Satan versucht uns dazu zu bringen, uns dem anzupassen, was die Welt will, indem er uns sagt, dass wir abgelehnt werden würden, wenn wir das nicht täten.

Wenn wir uns aufmachen und Unsicherheit überwinden, wenn wir erfolgreich wir selbst sind, dürfen wir nicht länger Angst davor haben, was andere denken mögen.

Wenn wir nach Beliebtheit streben, besteht eine wirkliche Gefahr, den Willen Gottes für unser Leben zu verpassen.

Sagen Sie ja zum Ruf Gottes

Und ich hörte die Stimme des Herrn, der sagte: Wen soll ich senden? Und wer wird für uns gehen? Da sprach ich: Hier bin ich, sende mich!

Jesaja 6,8

Ich wäre jetzt sehr unglücklich, wenn ich zum Ruf Gottes auf meinem Leben nein gesagt hätte. Ich wäre vielleicht zu Hause geblieben, hätte Tomaten gezüchtet und die Kleidung meines Mannes genäht, weil ich dachte, es wäre das, was mir dazu verhelfen würde, mich der Nachbarschaft anzupassen. Aber ich wäre für den Rest meines Lebens unglücklich gewesen. Ergreifen Sie heute diese Wahrheit für Ihr eigenes Leben.

Als Gott Dave und mir Lehren über Heilung, die Taufe im Heiligen Geist und die Gaben des Geistes aufzuzeigen begann, besuchten wir eine Gemeinde, in der solche Auffassungen und Praktiken nicht verbreitet oder gar zulässig waren. Schließlich mussten wir diese Gemeinde und alle unsere Freunde verlassen.

Wir waren an allem in dieser Gemeinde beteiligt gewesen. Unser ganzes Leben drehte sich um das Gemeindeleben. Aber uns wurde gesagt: »Wenn ihr weiterhin an den Dingen festhaltet, die ihr zu glauben behauptet, dann können wir nicht mehr länger etwas mit euch zu tun haben.« Was diese Leute damit wirklich ausdrückten, war Folgendes: »Sieh mal, Joyce, wir haben hier ein System, und was du und Dave tun, passt da nicht hinein. Wenn ihr hier bleiben wollt, müsst ihr dieses Zeug vergessen und euch in unser Schema einfügen.«

Die Entscheidung, diese Gemeinde zu verlassen, war schwer. Aber wenn ich mich ihren Forderungen gefügt hätte, hätte ich den Willen Gottes für mein Leben verpasst.

Sie werden siegreich hervorgehen

Jesus sprach: Wahrlich, ich sage euch, da ist niemand, der Haus oder Brüder oder Schwestern oder Mutter oder Vater oder Kinder oder Äcker um meinetwillen und um des Evangeliums willen aufgegeben und verlassen hat, der nicht hundertmal soviel empfangen wird, jetzt in dieser Zeit – Häuser und Brüder und Schwestern und Mütter und Kinder und Äcker, unter Verfolgung – und in dem kommenden Zeitalter ewiges Leben.

Markus 10,29-30

Nachdem wir jene Gemeinde verlassen hatten, erlebte ich Zeiten äußerster Einsamkeit. Inzwischen habe ich jedoch mehr Freunde als zuvor.

Wenn Gott Sie beruft, herauszutreten, wird die Welt fordern, dass Sie sich anpassen. Entscheiden Sie sich für Gott. Sie werden Prüfungen erleben – das ist ein Teil der Herausforderung. Sie werden eine Zeit von Einsamkeit durchmachen. Es wird andere Probleme geben. Aber Sie werden am Ende siegreich hervorgehen. Sie werden in der Lage sein, sich am Abend niederzulegen und den Frieden in sich zu haben, in dem Bewusstsein, dass Sie, selbst wenn Sie nicht bei jedem beliebt sind, Gott gefallen.

Gefallen Sie Gott, nicht Menschen

Du bist mein Sohn, mein Geliebter! An dir habe ich Wohlgefallen und finde ich Freude.

Lukas 3,22

Jesus muss sich gut gefühlt haben, als die Stimme bei seiner Taufe vom Himmel kam und verkündete: »Dies ist mein geliebter Sohn, an dem ich Wohlgefallen habe.« (Matthäus 17,5). Aber bis zu dieser Zeit gab es in seinem Leben nur sehr wenige Menschen, die ihn verstanden oder denen gefiel, was er tat.

Wie wir gesehen haben, weigerte sich Paulus von anderen oder von sich selbst gerichtet zu werden. Wenn er sich einem Urteil gebeugt hätte, wäre er von Satan besiegt worden.

Paulus' Botschaft an jene, die seine Eignung für den Dienst in Frage stellten, lautete folgendermaßen: »Von nun an mache mir keine Schwierigkeiten [indem er mich nötigt, meine apostolische Autorität und die göttliche Wahrheit meines Evangeliums zu rechtfertigen], denn ich trage die [Brand-]Male Jesu an meinem Leib [die Wunden, Narben und andere äußere Merkmale von Verfolgungen - diese zeugen davon, dass ich sein Eigentum bin]!« (Galater 6,17).

Bleiben Sie standhaft

Und der König wies ihnen einen täglichen Teil seiner eigenen üppigen und köstlichen Speise und des Weines zu, den er trank. Sie sollten drei Jahre lang so erzogen und so genährt werden, dass sie nach Ablauf der Zeit vor dem König stehen könnten.

Daniel 1,5

Nach der Eroberung von Juda durch Babel, entschied Nebukadnezar, der zu jener Zeit König von Babylon war, einige hebräische Männer ins Land bringen zu lassen und sie als sein Gefolge auszubilden. Er hatte die Absicht, sie dem Lebensstil seines Hofes anzupassen.

Aber Daniel, einer der frommen jungen Männer von Juda, der den Herrn liebte, »entschied in seinem Herzen, dass er sich nicht verunreinigen würde, durch [Essen seines Anteils an] des Königs reiche[r] und köstliche[r] Speise oder durch das Trinken des Weins, den er trank« (Daniel 1,8). Daniel war entschlossen, gottgefällig und nicht menschengefällig zu sein. Er weigerte sich, sich der Vorstellung des Königs anzupassen.

Daniel blieb standhaft und gewann Gunst beim König und bei seinem Hof. Als Folge seiner furchtlosen Standhaftigkeit benutzte ihn Gott schließlich auf eine sehr mächtige Weise.

Im Königreich erhoben

Daraufhin machte der König den Daniel groß und gab ihm viele große Geschenke, und er setzte ihn als Herrscher über die ganze Provinz Babel und zum Obervorsteher über alle Weisen von Babel.

Daniel 2,48

Daniel erlebte eine Zeit der Prüfungen und Anfechtungen, aber am Ende hatte derselbe König, der versucht hatte, ihn anzupassen, solchen Respekt vor ihm, dass er ihm eine hohe Position im Königreich verlieh.

Dasselbe passierte mir vor Jahren an meinem weltlichen Arbeitsplatz. Mein Chef wollte, dass ich ihm dabei helfen würde, auf indirekte Weise Geld zu stehlen. Ich war Buchhalterin und er verlangte von mir, den Kontostand eines Kunden zu fälschen. Der Kunde hatte eine Rechnung zweimal bezahlt und mein Arbeitgeber wollte dies auf der Abrechnung nicht erscheinen lassen.

Ich weigerte mich, das auszuführen.

Einige Jahre später bekam ich große Gunst in dieser Firma. Ich wurde zum zweiten verantwortlichen Leiter des Büros, des Lagers, des ganzen Inventars und all der LKW-Fahrer ernannt. Ich wurde eingesetzt, Probleme zu lösen, die ich nicht einmal verstand.

Als junge Frau hatte ich eine bedeutende Position in der Leitung dieser Firma. Ich hatte nicht die Allgemeinbildung und auch nicht die Ausbildung für diesen Posten

Wie konnte das geschehen? Es kam zustande, weil ich mich - wie Daniel - weigerte, mich einem niedrigeren Standard anzupassen. Ich wurde in der Firma respektiert und in eine hohe Ehrenposition versetzt.

Diejenigen, die versuchen, Sie dazu zu bringen, sich anzupassen, werden Sie nicht respektieren, wenn Sie sich dann tatsächlich anpassen. In Wirklichkeit werden sie Ihre Schwäche verachten. Sie wissen, dass sie Sie kontrollieren und dass das, was sie tun, falsch ist. Wenn Sie dagegen standhaft bleiben, werden Sie derjenige sein, der schließlich den Respekt bekommt. Für eine gewisse Zeit mögen die anderen Sie so behandeln, als gäbe es auf Erden niemand Geringeren als Sie. Aber wenn alles gesagt und getan ist, werden Sie Ihren verdienten Respekt bekommen.

Gehorchen Sie Gott

Nebukadnezar sagte [dann] zu ihnen: Ist es wahr, Sadrach, Mesach und Abednego, dass ihr meinen Göttern nicht dient und das goldene Bild, das ich aufgestellt habe, nicht anbetet?

Daniel 3,14

Derselbe König gab eine neue Verordnung und einen neuen Erlass heraus. Er ließ inmitten der Stadt ein goldenes Bild aufstellen und forderte von jedem, sich vor diesem niederzuwerfen und es anzubeten. Wer sich weigerte, sollte in einen Feuerofen geworfen werden.

Sadrach, Mesach und Abednego, drei von Daniels engen Freunden, weigerten sich, sich niederzuwerfen. Sie hatten denselben Geist, den Daniel hatte. Der König sagte zu ihnen: »Wenn ihr nicht tut, was ich sage, werde ich euch bei lebendigem Leib verbrennen lassen.«

Ist das nicht im Grunde das, was die Welt zu Ihnen und mir sagt? Wenn wir uns weigern, uns ihren Maßstäben anzupassen, droht uns die Welt, indem sie verkündet: »Wenn ihr euch nicht niederwerft und das tut, was wir wollen, wenn ihr euch nicht in unser Schema einfügt, werden wir euch bei lebendigem Leib verbrennen.«

In solchen Momenten müssen wir uns wie die Hebräer verhalten und dem Herrn vertrauen.

Vertrauen Sie Gott

Sadrach, Mesach und Abednego antworteten dem König: Nebukadnezar, wir haben es nicht nötig, dir darauf zu antworten. Wenn unser Gott, dem wir dienen, uns vom brennenden Feuerofen erretten kann, wird er uns aus deiner Hand, o König, erretten. Aber wenn nicht, sei es dir kundgetan, o König, dass wir deinen Göttern nicht dienen und das goldene Bild, das du aufgestellt hast, nicht anbeten werden!

Daniel 3,16-18

Wissen Sie, was mir bei Sadrach, Mesach und Abednego gefällt? Ihre absolute Weigerung, sich erschrecken oder einschüchtern zu lassen. Sie sagten dem König: »Wir glauben, dass Gott uns erretten wird, aber selbst wenn er es nicht tut, passen wir uns deiner Vorstellung, wie wir sein sollen, nicht an. Wir werden das tun, was Gott uns zu tun aufträgt. Du kannst mit deinem Ofen machen, was du willst. Aber was immer mit uns geschieht, wir werden Frieden haben.«

Das ist die Einstellung, die wir denen gegenüber einnehmen sollten, die uns in Ungehorsam bezüglich dessen hineindrängen wollen, von dem wir wissen, dass es der Wille Gottes für uns ist.

Tun Sie kühn, was Gott angeordnet hat

Als nun Daniel erfuhr, dass das Schriftstück unterzeichnet war, ging er in sein Haus – er hatte aber in seinem Obergemach offene Fenster nach Jerusalem hin –, und dreimal am Tag fiel er auf seine Knie nieder, betete und dankte vor seinem Gott, wie er es vorher getan hatte.

Daniel 6,11

Hier ist noch ein letztes Beispiel aus dem Buch Daniel.

Später wurde durch einen anderen königlichen Erlass verordnet, dass es jedem verboten sei, zu irgendjemand anderem zu beten, außer zum König. Das Gesetz war ein Trick, der von Daniels Feinden angewandt wurde, um zu versuchen, ihn zu vernichten. Aber Daniel ging kühn in sein Gemach und betete bei geöffneten Fenstern in Richtung Jerusalem zum Herrn, geradeso, wie er es jeden Tag getan hatte.

Wenn uns das widerfahren wäre, hätten wir dann nicht die Fenster geschlossen, in der Hoffnung, nicht ertappt zu werden? Hätten wir die Fenster geschlossen und nur einmal gebetet? Hätten wir nicht gerade nur so viel getan, dass wir hoffen könnten, dass Gott nicht auf uns zornig wird? Hätten wir versucht, beiden zu gefallen, Gott und dem König?

Wenn wir glauben, dass wir den Willen Gottes tun und wir auf Widerstand stoßen, müssen wir kühn mit dem fortfahren, wovon wir wissen, dass Gott es uns aufgetragen hat.

Wagen Sie es, anders zu sein

Und diesem [Mann] Daniel ging es fortan gut unter der Regierung des Darius und unter der Regierung des Kyrus, des Persers.

Daniel 6,29

In jedem einzelnen Bericht über Daniel sehen wir, dass er unter Druck gesetzt wurde, um sich dem anzupassen, was andere von ihm erwarteten, dass er tun und sein sollte. Er weigerte sich, dem Druck nachzugeben. Nach einer Zeit der Prüfungen und Anfechtungen beförderte ihn Gott und es wurde ihm die Verantwortung für das ganze Königreich übertragen.

Haben Sie den Mut, anders zu sein! Es wird Ihr ganzes Leben verändern und Gott wird Sie dabei erhöhen.

7

Lernen Sie, mit Kritik umzugehen

Wenn Sie Unsicherheit überwinden wollen, *müssen Sie es lernen, mit Kritik umzugehen.*

Lassen Sie sich vom Heiligen Geist führen

Ihr habt aber den Heiligen Geist empfangen und er lebt in euch, in euren Herzen, so dass ihr es nicht nötig habt, dass euch jemand lehre, was richtig ist. Denn er lehrt euch alle Dinge, und er ist die Wahrheit.

1. Johannes 2,27 (TLB)

Sind Sie eine selbstbestätigende Person oder brauchen Sie Bestätigung von außen? Mit Bestätigung von außen meine ich, dass Ihnen jemand sagen muss, dass Sie in Ordnung sind und dass das, was Sie tun, richtig ist. Unter Selbstbestätigung oder innerer Bestätigung verstehe ich, so zu handeln, wie Sie vom Heiligen Geist geführt werden; das zu tun, wovon Sie glauben, dass Gott es Ihnen zu tun aufgetragen hat.

Eines Tages entschied ich mich, unser Haus neu zu tapezieren. Ich besorgte Mappen mit Tapetenmustern, suchte diejenigen heraus, von denen ich dachte, dass sie wirklich gut aussehen würden und zeigte sie dann anderen Leuten, indem ich sagte: »Diese kommt hierhin und diese dahin und jene dorthin. Was meinst du?«

Weil ich in diesem Bereich unsicher war, suchte ich nach Bestätigung von außen. Ich musste hören, was jeder über mein Vorhaben dachte.

Aber ich fand nicht einen, der meine Meinung teilte. Jeder, den ich fragte, hatte eine andere Meinung. Ich wurde ganz verwirrt und wusste kaum, was ich tun sollte.

Wir sind alle verschieden; wir sind alle Individuen. Ich hätte von niemandem erwarten sollen, genau meinen Geschmack zu haben. Es ging doch eigentlich darum, ob ich mit dem Ergebnis zufrieden sein würde. Ich war diejenige, die damit zu leben hatte.

Verschwenden Sie Ihre Zeit nicht damit, andere Leute zu fragen, ob Ihre Kleidung annehmbar oder Ihre Frisur in Ordnung sei oder ob ihnen Ihr Auto gefalle. Werden Sie selbstbestimmend.

Treffen Sie Ihre eigenen Entscheidungen

Als es aber Gott, der mich von meiner Mutter Leib an ausgesondert und durch seine Gnade berufen hat, wohlgefiel, seinen Sohn in mir zu offenbaren, damit ich ihn unter den Heiden verkündige, zog ich nicht gleich Fleisch und Blut zu Rate.

Galater 1,15-16 (KJV)

Paulus berichtet, dass er sich nicht mit irgendjemand anderem über die Angelegenheit beraten hätte, als er von Gott dazu berufen wurde, das Evangelium den Heiden zu predigen. Allzu oft, wenn wir eine Botschaft von Gott empfangen, ziehen wir Fleisch und Blut zu Rate. Wir gehen umher und suchen jemand, der uns darin bestätigt, dass wir das Richtige tun. Johannes teilt uns mit, dass wir es nicht nötig hätten, uns mit anderen Menschen zu beraten, da wir den Heiligen Geist, den Geist der Wahrheit in uns haben.

Natürlich gibt es eine andere Seite in dieser Angelegenheit. Der Schreiber der Sprüche hält fest, dass »Sicherheit in der Menge der Ratgeber ist« (Sprüche 11,14).

Die Antwort hierauf lautet, dass wir dem Geist gehorsam sein sollen, ohne den Rat anderer abzulehnen, die auf diesem Gebiet weiser oder kenntnisreicher sind als wir.

Indem ich zuhörte, was die Leute mir über das Dekorieren erzählten, lernte ich einige nützliche Prinzipien, Dinge, die ich vorher nicht gewusst hatte. Aber ich ließ mich durch ihre Meinungen in meiner letztendlichen Entscheidung nicht beeinflussen.

Wir dürfen es uns nicht erlauben, von anderen einfach nur deswegen übermäßig beeinflusst zu werden, weil wir Angst haben, unsere eigenen Entscheidungen zu treffen. Wenn wir selbstbestätigende Menschen sein wollen, müssen wir lernen, mit Kritik zurechtzukommen.

Was wäre gewesen, wenn ich unser ganzes Haus entsprechend der Meinung anderer umdekoriert hätte und dann jemand gekommen wäre und gesagt hätte: »Also, ich glaube, ich hätte das anders gemacht«? Dann wäre mein Dilemma groß gewesen.

Manche Menschen scheinen zu denken, dass es ihre Aufgabe im Leben sei, in jeder Sache ihre persönliche Meinung an jeden weiterzugeben. Eine der wichtigsten Lektionen, die wir lernen können, ist, eine unerbetene Meinung oder einen unerwünschten Ratschlag weder weiterzugeben noch anzunehmen.

Gelangen Sie nicht in Gebundenheit

Steht nun fest in der Freiheit, zu der uns Christus befreit hat und lasst euch nicht wieder in ein Joch der Knechtschaft spannen.

Galater 5,1 (KJV)

Lernen Sie, mit Kritik umzugehen, ohne dabei das Gefühl zu haben, es stimme etwas nicht mit Ihnen. Geraten Sie nicht in Gebundenheit, indem Sie denken, sich der Meinung anderer Leute anpassen zu müssen.

Nehmen wir an, es käme jemand in mein neu dekoriertes Haus und sagte zu mir: »Hör mal, Joyce, ich weiß nicht, ob du dir dessen bewusst bist oder nicht, aber wenn du dieses Blumenarrangement auf einen etwas höheren Tisch stellen würdest, sähe es besser aus als auf dem niedrigen Tisch.«

Wenn ich mir und meines Standpunktes sicher wäre, könnte ich mir die Meinung jener Person anhören, ohne ihrem Rat unbedingt folgen zu müssen. Mit etwas Demut könnte ich ihren Vorschlag zumindest in Betracht ziehen.

»Weist du was, ich glaube, du hast Recht.«

Manchmal bin ich mir bewusst, dass etwas nicht richtig ist, weiß aber nicht, wie ich es ändern kann. Wenn jemand, der mehr Ahnung davon hat, einen Vorschlag macht, kann ich sagen: »Ja, ich denke, du hast Recht. Ich werde es versuchen.«

Haben Sie genug Zuversicht in ihre Identität in Christus, dass Sie anderen zuhören können und bereit für Veränderungen sind, ohne das Gefühl zu haben, mit ihrem Standpunkt übereinstimmen oder ihre

Zustimmung erlangen zu müssen, wenn Sie nicht das Empfinden haben, dass ihr Vorschlag der richtige für Sie ist.

Lernen Sie, mit Kritik umzugehen.

8

Bestimmen Sie Ihren Wert selbst

Bestimmen Sie selbst Ihren Wert - lassen Sie es nicht andere für Sie tun.

Das Bedürfnis nach Anerkennung

Du bist mein geliebter Sohn, an dir habe ich Wohlgefallen.

Markus 1,11

Ein Kind braucht die Anerkennung seiner Eltern. Es ist die Aufgabe der Eltern, ihren Kindern beizubringen, dass sie trotz ihrer Schwächen und Fehler geliebt sind.

Wenn Kinder von klein auf durch dieses Wissen geprägt werden, wachsen Sie zu einer gefestigten Persönlichkeit heran. Sie werden nicht immer auf einem »Leistungs-Trip« sein, indem sie versuchen, Perfektion an den Tag zu legen und dabei denken, die einzige Möglichkeit, akzeptiert zu werden, bestünde in guten Werken.

Oft wissen die Eltern nicht, wie sie jene Anerkennung vermitteln sollen. Sie haben oft Probleme, weil sie von *ihren eigenen* Eltern diese Bestätigung nicht empfangen haben.

Ich habe eine Geschichte von einem Mann gelesen, der nie Anerkennung von seinem Vater bekommen hatte. Der Vater hatte nie gesagt: »Ich liebe dich und ich habe Wohlgefallen an dir.«

Dieser Mann war erfolgreich, dennoch war er sehr unglücklich und war häufig ohne ersichtlichen Grund in Tränen aufgelöst. Daher unterzog er sich einer Therapie, durch die er die Wurzel für sein Problem entdeckte. Er erkannte, dass er sich seinem Vater gegenüber beständig durch Leistung zu beweisen versuchte, was dazu führte, dass er ständig erschöpft war.

Mehrere Male während dieser Therapie unternahm er kurze Reisen zum anderen Ende des Landes und besuchte dort seinen Vater, in der Hoffnung, er würde nun die Anerkennung von ihm bekommen. Er sehnte sich danach, seinen Vater sagen zu hören: »Mein Sohn, ich liebe dich und finde dich großartig. Ich bin stolz auf das, was du in deinem Leben erreicht hast.«

So oft möchten wir, dass jemand einfach sagt: »Ich bin stolz auf dich. Ich habe Freude an dir.« Aber manchmal müssen wir uns damit abfinden, dass wir vielleicht jene Anerkennung, die wir uns von bestimmten Menschen wünschen, niemals erhalten werden.

Eines Tages verließ jener Mann das Haus seines Vaters und sagte zu sich selbst: »Mein Vater wird mir nie das geben, was ich von ihm zu bekommen versuche. Er kann es einfach nicht.« Als er das aussprach, kam es ihm so vor, als würde etwas in ihm zerbrechen. Von diesem Moment an verspürte er eine Freiheit im Geist, wie er sie nie zuvor gekannt hatte.

Angenommen in dem Geliebten

Denn er hat uns vorherbestimmt (uns ausersehen, uns in Liebe geplant), um durch Jesus Christus als seine eigenen Kinder angenommen (offenbart) zu werden nach dem Vorsatz seines Willens [denn es gefiel ihm und war seine freundliche Absicht] – [so dass wir] zum Preis und zum Lob seiner herrlichen Gnade (Gunst und Barmherzigkeit) [dienen mögen], die er uns so reichlich zuteil werden hat lassen in dem Geliebten.

Epheser 1,5-6

Ein Teil unserer Schwierigkeiten mag schlicht darin bestehen, dass wir versuchen, die Anerkennung von jemandem zu bekommen, der sie uns niemals geben wird, weil er es einfach nicht kann.

Die Bibel lehrt uns, dass wir annehmbar vor Gott gemacht wurden in dem Geliebten (seinem Sohn Jesus Christus), und dass er keinen von jenen, die durch Jesus zum Vater kommen, jemals hinausstoßen wird (Epheser 1,6; Johannes 6,37; KJV).

Wir brauchen gewisse Dinge von denen, die uns nahe stehen, aber wenn sie nicht wissen, wie sie uns diese geben können, weiß Gott es. Er wird unsere Mutter, unser Vater, unser Ehemann oder unsere Ehefrau sein, was immer er für uns sein soll.

Der Herr wird uns jene Dingen geben und sie in uns hervorbringen, die andere uns nicht geben können.

Übernehmen Sie die Verantwortung für Ihre Handlungen

> *Also wird nun jeder von uns für sich selbst Gott Rechenschaft [eine Erwiderung im Hinblick auf das Gericht] geben.*
>
> Römer 14,12

In den Anfangsjahren meiner Ehe hatte ich viele Probleme mit mir selbst und meiner Persönlichkeit. Nach mehreren Jahren Ehe sagte Dave zu mir: »Weißt du was? Wenn ich meinen Wert und meine Männlichkeit an der Art und Weise, wie du mich behandelst, messen würde, hätte ich sicherlich keine sehr gute Meinung von mir.«

Gibt es jemanden in Ihrem Leben, den Sie nicht richtig behandeln? Versuchen Sie, diese Person für Ihre eigenen Fehler zu beschuldigen? Gibt es jemanden, der Sie aufgrund seiner eigenen Fehler oder Unzufriedenheit unglücklich macht?

Eine Frau aus Chicago erzählte mir von der Verhaftung ihres Mannes wegen unsittlichen Verhaltens in der Öffentlichkeit.

»Ich kann ihm das nicht vergeben«, sagte sie. »Er hat sich in Pornographie verstrickt und ich weiß, welche Falle das ist. Aber womit ich schwer zu kämpfen habe, ist die Tatsache, dass er mir die Schuld dafür gibt. Er behauptet, er hat es gemacht, weil ich seine Bedürfnisse nicht erfüllt hätte.«

Ich entgegnete ihr: »Selbst wenn du seine ›Bedürfnisse nicht erfüllt‹ hast, ist das keine Entschuldigung für Sünde. Du kannst es nicht zulassen, dass ein anderer seine Probleme auf dich abwälzt.«

Oftmals wollen Leute, die Probleme haben, nicht die Verantwortung dafür übernehmen. Sie suchen einen Sündenbock. Sie halten nach jemandem Ausschau, den sie beschuldigen können.

Ich habe mich früher meiner eigenen Familie gegenüber so verhalten. Alles, was ich falsch machte, war Schuld von jemand anderem: Hätte Dave dieses oder jenes nicht gemacht, dann hätte ich mich nicht so oder so verhalten; wenn mir meine Kinder mehr im Haushalt helfen würden, würde ich mich nicht die ganze Zeit so viel beklagen; wenn Dave nicht so viel Fußball schauen würde, hätte ich nicht ständig etwas an ihm auszusetzen. Ich fand immer einen Grund, um einem anderen für meine negative Einstellung und mein negatives Verhalten die Schuld zu geben.

Ich bin so froh, dass mein Mann sich seiner Identität in Christus sicher war. Ich bin so froh, dass er ein starkes geistliches Fundament hatte und mich in jener Zeit lieben konnte. Ich bin so froh, dass er sich weigerte, sich durch mich dazu bringen zu lassen, sich schuldig oder unglücklich zu fühlen.

Unser Wert gründet sich auf das Blut

Ihm, der uns ewiglich liebt und uns einmal [für immer] erlöst und befreit hat von unseren Sünden durch sein Blut.

Offenbarung 1,5

Wir müssen uns unserer Identität in Christus sicher genug werden, damit wir unser Selbstwertgefühl nicht mehr auf die Meinungen und Handlungen anderer gründen.

Versuchen Sie nicht, Ihren Wert in Ihrem Aussehen zu suchen. Versuchen Sie nicht, Ihren Wert in Ihrem Tun zu suchen. Versuchen Sie nicht, Ihren Wert darin zu suchen, wie andere Sie behandeln. Sie sind etwas wert, weil Jesus sein Blut für Sie vergossen hat.

Sie mögen Fehler haben, es mag Dinge bei Ihnen geben, die der Veränderung bedürfen, aber Gott arbeitet an Ihnen, genauso wie an jedem anderen. Lassen Sie nicht jemand seine Probleme auf Sie abladen. Erlauben Sie nicht, dass jemand Sie dazu bringt, sich wertlos oder nutzlos zu fühlen, nur weil er sie nicht so zu behandeln und lieben weiß, wie Sie es als ein mit dem Blut erkauftes Kind Gottes verdienen.

Erkennen Sie, was richtig an Ihnen ist

Ich bin mit Christus gekreuzigt worden [in ihm habe ich Anteil an seiner Kreuzigung]; und nicht mehr lebe ich, sondern Christus (der Messias) lebt in mir; was ich aber jetzt in meinem Leib lebe, lebe ich im Glauben an (im

Festhalten an, im Vertrauen auf und in völliger Zuversicht in) den Sohn Gottes, der mich geliebt und sich selbst für mich aufgegeben hat.

Galater 2,20

Gott möchte, dass wir damit aufhören, die ganze Zeit zu denken: »Was ist falsch an mir?« Er will, dass wir darüber nachsinnen, was *richtig* an uns ist.

Sicherlich sollten wir unsere Fehler und Schwächen erkennen. Wir müssen diese Bereiche vor Gott beständig offen halten. Wir sollten bekennen: »Vater, ich weiß, dass ich nicht vollkommen bin; ich weiß, dass ich Fehler und Schwächen habe. Ich möchte, dass du an mir arbeitest und mich veränderst. Zeige mir meine Fehler und hilf mir, sie zu überwinden, Herr.«

Aber wir dürfen nicht erlauben, dass andere Leute uns wegen ihrer Schwächen und Probleme in den Boden treten.

Verbringen Sie nicht Ihr ganzes Leben mit dem Versuch, Annahme und Anerkennung von jemandem zu bekommen. Erinnern Sie sich, dass wir von Gott bereits angenommen und anerkannt sind. Versichern Sie sich, dass Ihre Sicherheit, Ihre Selbstbestätigung und Ihr Selbstwertgefühl von Ihm kommen.

9

Betrachten Sie Ihre Fehler mit dem nötigen Abstand

Wenn es Ihnen jemals gelingen soll, Sie selbst zu sein, müssen Sie *Ihre Fehler mit dem nötigen Abstand betrachten.*

Konzentrieren Sie sich nicht auf Ihre Unvollkommenheiten

Wir schauen nicht auf das Sichtbare, sondern auf das Unsichtbare.
2. Korinther 4,18

Meine Sekretärin Roxane ist sehr attraktiv. Sie hat hellblondes Haar und wunderschöne cremefarbene Haut. Selbst wenn sie nur im Geringsten in Verlegenheit gerät, verfärben sich ihre Wangen in ein helles Rosarot. Sie gehört zu jenen Menschen, die wahrscheinlich immer noch wie zwanzig aussehen, wenn sie vierzig sind. Sie ist winzig klein (sie wiegt 42 Kilogramm), dennoch ist sie nicht dürr. Sie ist ganz einfach süß.

Roxane erzählte mir, dass sie viele Jahre großer Frustration über ihr Aussehen durchgemacht hätte. Vor allem dachte sie, dass ihre Oberschenkel zu dick wären. Sie war so darauf fixiert, dass sie bestimmte Kleidungsstücke einfach nicht anzog. Sie hatte kaum jemals einen Badeanzug getragen.

Ich bin mit ihr zusammen ein paar Mal zum Kleiderkaufen gegangen. Sie probierte dann Verschiedenes, das hinreißend an ihr aussah, aber ich merkte, dass sie sich darin nicht wohl fühlte. Schließlich vertraute sie mir an, wie unglücklich sie mit ihren Oberschenkeln sei.

Ich konnte es nicht glauben! Wenn jemand 42 Kilogramm wiegt, dann kann doch *nichts* zu üppig sein!

Ich verwende das als Beispiel, denn ganz gleich, wie gut wir aussehen, der Teufel wird uns einen Teil an unserem Körper finden lassen, den wir mangelhaft finden, und er wird uns dazu bringen, uns auf dieses eine Teil zu konzentrieren, obwohl wir die einzigen sein mögen, die den »Mangel« bemerken.

Ich war einmal beim Friseur und danach waren meine Haare am Hinterkopf nicht ganz genauso geschnitten, wie ich es gerne habe. Niemand bemerkte, dass meine Frisur irgendwie anders aussah. Als ich es Dave gegenüber erwähnte, sagte er zu mir: »Weißt du, das ist wirklich komisch, denn ich habe mir die letzten paar Tage gedacht, wie schön deine Haare am Hinterkopf neuerdings aussehen.«

Es geht nur darum, dass wir unsere Augen von der einen Unvollkommenheit weg bekommen und gegenüber allem den nötigen Abstand halten.

Wenn wir unsere Unsicherheit über uns selbst jemals überwinden wollen, müssen wir es lernen, unsere Schwächen in die nötige Distanz zu rücken. Jeder von uns hat Unvollkommenheiten, aber wir müssen sie uns nicht vierundzwanzig Stunden am Tag im Spiegel anschauen.

Wenn wir unseren engsten Freunden einige der Dinge mitteilen würden, die wir als unzulänglich empfinden, würden sie uns wahrscheinlich nur auslachen. Sie könnten sogar jene Dinge, die wir für unsere größten Schwachpunkte halten, als einige unserer größten Vorzüge betrachten.

Seien Sie mit Ihrem Aussehen zufrieden

Wird etwa das Geformte zu seinem Former sagen: Warum hast du mich so gemacht?

Römer 9,20

Der Teufel flößt uns solchen Unsinn ein. Wer entscheidet darüber, was ein perfekter Körper ist? Wer zeichnet das Modell und behauptet: »Jeder, der nicht so aussieht, ist falsch«?

Gott hat jeden von uns erschaffen. Gemäß Epheser 2,10 sind wir sein Werk, sein Gebilde. Daher muss ihm gefallen, was er gemacht hat. Um Gott zu erfreuen, müssen wir nicht alle wie ein Mannequin oder ein Muskelmann aussehen!

Jeder von uns muss zu dem Punkt kommen, wo er mit seinem Aussehen zufrieden ist. Das bedeutet nicht, dass wir uns nicht sportlich betätigen oder vielleicht etwas abnehmen sollten. Ich meine damit auch nicht, dass wir uns nicht bemühen sollten, fit und gesund zu bleiben. Ich rede von all den törichten Dingen, in die wir uns verfangen, Dinge, die wir oft an uns selbst nicht ändern können.

Möchten Sie Unsicherheit in Ihrem Leben überwinden? Dann lernen Sie es, Ihre Fehler mit dem nötigen Abstand zu betrachten.

10

Entdecken Sie die wahre Quelle des Vertrauens

Der letzte und wichtigste Schritt, um sicherer zu werden, besteht darin, *die wahre Quelle des Vertrauens zu entdecken.*

Setzen Sie Ihre Zuversicht nicht auf das Fleisch

> *Denn wir [Christen] sind die echte Beschneidung, die wir Gott im Geist und durch den Geist Gottes anbeten und die wir frohlocken und triumphieren und uns rühmen in Jesus Christus, und kein Vertrauen und keine Abhängigkeit auf das [was wir im] Fleisch [sind] sowie auf äußerliche Vorrechte und körperliche Vorteile und äußere Erscheinung setzen.*
>
> Philipper 3,3

Worauf setzen Sie Ihre Zuversicht? Diese Frage muss geklärt sein, bevor Sie je Gottes Zuversicht haben können. Ehe Ihre Zuversicht wirklich in Gott sein kann, müssen Sie aufhören, ihre Zuversicht in andere Dinge zu setzen.

Setzen Sie Ihre Zuversicht nicht auf das Fleisch - auf Aussehen, Ausbildung, Finanzen, Positionen oder Beziehungen.

Als sich meine Tochter Sandy und ihr Freund eines Tages trennten, sagte ich zu ihr: »Das ist schade, er geht leer aus.«

Wenn jemand keine Beziehung mit Ihnen haben möchte, warum fühlen Sie sich schuldig? Vielleicht ist der andere schuld.

Wenn der Teufel meint, dass er Sie mit negativen Gedanken auf Trab halten kann, wird er Sie immerfort herumjagen - bis Jesus wiederkommt. Früher oder später müssen Sie einen Schlussstrich ziehen und ihre Zuversicht nicht länger auf das Fleisch oder Ihre äußere Erscheinung, sondern auf Jesus Christus gründen.

Eine junge Frau erzählte mir, wie viel Wert sie auf ihre Noten in der Schule gelegt hatte. Sie hatte eine Lernschwäche ähnlich der Legasthenie, jedoch lernte sie so viel, dass es aufgrund ihrer Noten niemand auffiel, dass sie ein Problem hatte. Aber sie lernte so viel, dass es ihr sogar die Freude raubte.

Ich sagte ihr: »Du musst diese Noten auf den Altar legen«. Ich sah, wie sie völlig von Furcht ergriffen wurde.

»Meine Noten bedeuten sehr viel für mich«, erwiderte sie. »Nicht nur ein wenig, sondern sehr viel.«

Ihr eigentliches Problem war nicht die Lernschwäche, sondern ihre Vertrauensschwäche. Sie vertraute auf Schulnoten anstatt auf Gott.

Ich habe meine Tochter beobachtet, wie sie so sehr versuchte, ihrem Haar ein gutes Aussehen zu verleihen, dass ich überrascht war, dass sie noch Haare hatte, als sie damit fertig war. Manchmal sah ihr Haar besser aus, bevor sie es kämmte, als hinterher, nachdem sie eine Stunde damit verbracht hatte, daran herumzubasteln. Aber aus ihrer Sicht konnte sie der Welt nicht gegenübertreten, bis nicht jedes Haar an seinem Platz war.

Dies ist ein anderes Beispiel für fehlplatziertes Vertrauen.

Fehlplatziertes Vertrauen

Denn der Herr ist deine Zuversicht [Vertrauen], stark und fest.

Sprüche 3,26

Manchmal setzen Eltern ihr Vertrauen auf die Leistungen ihrer Kinder, was gelegentlich zu ernsthaften Problemen für beide Seiten führen kann. Ein Vater wollte zum Beispiel, dass seine Tochter Ärztin werden würde, also begann sie ihren Wert auf dieses Ziel hin auszurichten. Was ihr Vater nicht wusste, war, dass Gott seine Tochter bereits dafür ausersehen hatte, meine Sekretärin zu werden!

Arbeitet Gott an Ihnen bezüglich der Dinge, von denen Sie Ihre Zuversicht bekommen? Ist es Ihre Ehe? Ein Universitätsabschluss? Ihre Arbeit? Ihr Ehepartner? Ihre Kinder?

Als Christen sollten wir unser Vertrauen nicht auf unsere Ausbildung, unser Aussehen, unsere Position, unseren Besitz, unsere Begabungen und Talente, unsere Fähigkeiten und Leistungen oder auf die Meinung anderer Leute setzen. Unser Himmlischer Vater sagt zu uns: »Jetzt ist Schluss. Es ist Zeit, alle diese fleischlichen Dinge, an denen du so lange so sehr festgehalten hast, loszulassen. Es ist Zeit, dein Vertrauen und deine Zuversicht auf mich, und mich allein, zu setzen!«

Aber zu oft erlauben wir es, dass wir uns wie einige Propheten des alten Testamentes davon beeinflussen lassen, was andere denken oder sagen oder wie sie aussehen.

Sie sind, was Gott sagt, dass Sie sind

Und das Wort des Herrn erging an mich [Jeremia] und sprach: Ehe ich dich im Mutterschoß bildete, kannte ich dich und nahm ich dich an [als mein auserwähltes Instrument], und ehe du geboren wurdest, habe ich dich abgesondert und abgetrennt, um dich zu heiligen; [und] ich habe dich zum Propheten für die Nationen eingesetzt. Da sagte ich: Ach, Herr, Gott! Siehe, ich kann nicht reden, denn ich bin zu jung. Aber der Herr sprach zu mir: »Sage nicht: Ich bin zu jung. Denn zu allen, zu denen ich dich sende, sollst du gehen, und alles, was ich dir gebiete, sollst du reden. Fürchte dich nicht vor ihnen [ihrem Angesicht], denn ich bin mit dir um dich zu erretten«, spricht der Herr.

Jeremia 1,4-8

Jeremia hatte Angst davor, zu predigen. Er sagte: »Ich kann nicht reden.« Gott erwiderte: »Du gehst da raus und tust, was ich dir sage. Verkündige den Menschen die Botschaft, die ich dir gebe. Schau nicht auf ihre Gesichter. Ich bin mit dir, um dich von all ihrem Zorn zu erretten, denn du bist mein auserwähltes Gefäß!«

Wenn Gott behauptet, dass wir etwas seien, dann sind wir es, ob jemand damit übereinstimmt oder nicht.

Andere hatten mir gesagt, ich könne nicht predigen. Es war eigentlich lustig, denn sie erklärten, ich könne nicht predigen, *nachdem* ich es bereits tat!

Manche meinten: »Du kannst nicht predigen, weil du eine Frau bist.«

Ich erwiderte: »Nicht?«

»Nein, kannst du nicht.«

»Aber ich predige«, erklärte ich. »Ich tue es schon!«

Es gab sicherlich Versuchungen, aufzugeben, wegen all der Kritik, die ich bekam. Aber ich beugte mich niemals jenen Versuchungen, denn ich wusste, dass ich tat, was Gott mir aufgetragen hatte. Wie Paulus, setzte ich mein Vertrauen auf den Herrn und nicht auf Religion.

Religion kann Gott behindern

Allerdings habe ich [zumindest Gründe], mich auf das Fleisch zu verlassen. Wenn irgendein anderer meint, dass er Grund habe oder zu haben scheine, auf das Fleisch und seine körperlichen und äußerlichen Vorteile zu vertrauen, ich noch mehr! Beschnitten, als ich acht Tage alt war, aus dem Geschlecht Israel, aus dem Stamm Benjamin, ein Hebräer [und ein Sohn] von Hebräern; nach der Befolgung des Gesetzes war ich einer [von der Partei] der Pharisäer, nach meinem Eifer war ich ein Verfolger der Gemeinde, und nach der Forderung der Gerechtigkeit im Gesetz (angebliche Gerechtigkeit, Rechtschaffenheit und angebliches Gerechtstehen vor Gott) habe ich mich als untadelig erwiesen und kein Fehler wurde an mir gefunden.

Philipper 3,4-6

Paulus war nicht nur ein Pharisäer - vielleicht der Frömmste der Juden seiner Zeit -, er war ein Oberster der Pharisäer. Er war so religiös, dass er all die strengen religiösen Regeln seiner Sekte einhielt. Aber er fand heraus, dass nichts von seiner religiösen Frömmigkeit etwas zählte, so dass er mehr als bereit war, das alles aufzugeben, um Christus zu gewinnen.

Geben Sie die Regeln für Christus auf

Aber was immer ich an vormaligen Dingen besaß, die mir Gewinn hätten sein können, habe ich mittlerweile (allesamt) um Christi willen als Verlust erachtet. Ja, darüber hinaus achte ich alles als Verlust im Vergleich zum Besitz des unschätzbaren Vorrechts (der überwältigenden Kostbarkeit, dem unvergleichlichen Wert und dem größten Vorteil) der Erkenntnis

Christi Jesu, meines Herrn, und des zunehmend tiefer und besser Vertrautwerdens mit ihm [ihn vollkommener und klarer wahrzunehmen und zu erkennen und zu verstehen]. Um seinetwillen habe ich alles eingebüßt und achte es für reinen Unrat (Dreck, Abschaum), damit ich Christus (den Gesalbten) gewinne (erlange).

Philipper 3,7-8

Welche Art von Regeln versuchen Sie einzuhalten, um ein Selbstwertgefühl zu erlangen? Vielleicht bestehen Ihre Regeln darin, eine bestimmte Zeit zu beten oder jeden Tag so und so viele Kapitel in der Bibel zu lesen.

Religiöse Regeln verlangen von uns: »Tue dies, tue das, iss nicht dieses, berühre nicht jenes!« (siehe Kolosser 2,20-21). Aber Gott möchte, dass wir das tun, was Paulus tat: alle jene Regeln und Vorschriften loszuwerden und in Gott erkannt und gefunden zu werden.

Seien Sie in Christus gefunden und erkannt

Und damit ich (tatsächlich) als in ihm gefunden und erkannt werde, indem ich nicht irgendeine [selbsterlangte] Gerechtigkeit habe, die mein Eigen genannt werden könnte, gegründet auf meinem Gehorsam gegenüber den Forderungen des Gesetzes (rituelle Rechtschaffenheit und auf diese Weise erworbenes angebliches Gerechtstehen vor Gott), sondern indem ich jene [echte Gerechtigkeit] besitze, die durch Glauben an Christus (den Gesalbten) entsteht, das [wahre] Gerechtstehen vor Gott, welches von Gott kommt durch [Bewahrung des] Glauben[s].

Philipper 3,9

Dieser Vers hat eine Salbung in sich, die man nicht verpassen sollte. Paulus bringt hier zum Ausdruck, dass er eines im Leben erlangen möchte: in Christus gefunden und erkannt zu werden.

Genauso sollte unsere Einstellung sein. Wir können nicht immer ein vollkommenes *Verhalten* an den Tag legen, aber mit Gottes Hilfe können wir immer einen vollkommenen *Retter* widerspiegeln.

Wissen Sie, warum uns Gott niemals ein perfektes Verhalten erlangen lassen wird? Wenn wir das jemals hätten, dann würden wir unseren Selbstwert eher von unserer Vollkommenheit und Leistung ableiten, als von seiner Liebe und Gnade.

Wenn wir uns die ganze Zeit perfekt verhalten würden, dann würden wir denken, dass Gott uns eine Antwort auf unsere Gebete aufgrund unseres Gehorsams all den Regeln und Vorschriften gegenüber schuldig sei. Wissen Sie, was Gott deshalb tut? Er lässt uns einige Schwächen, damit wir beständig zu ihm gehen müssen, um seine Hilfe zu erbitten. So sind wir auf ihn angewiesen, ob uns das gefällt oder nicht.

Gott wird uns nicht aus eigener Kraft Frieden und Erfüllung erlangen lassen, aber er wird uns sehr wohl aus eigener Kraft in Aufregung und Raserei hineinmanövrieren lassen. Warum? Damit wir erkennen, dass die Werke des Fleisches nur Qual und Frustration hervorbringen (siehe Römer 3,20).

Wenn das so ist, was sollen wir dann tun? Einfach entspannen und das Leben genießen. Wir müssen lernen, Gott mehr zu genießen. Das hilft uns nicht nur, es nimmt auch den Druck von unseren Mitmenschen. Wir müssen aufhören, von jedem zu verlangen, die ganze Zeit vollkommen zu sein. Wir müssen damit beginnen, uns an ihnen zu erfreuen, gerade so, wie sie sind.

Im Wesentlichen erklärte Paulus, dass er in der Lage sein möchte, vor Gott zu stehen und zu sagen: »Nun, hier bin ich, Herr, eine einzige Katastrophe, wie immer! Ich habe keine perfekte Akte, aber ich glaube an Jesus.«

Sie und ich müssen jeden Tag auf diese Weise leben oder wir werden niemals Frieden und Zufriedenheit erfahren. Wir können das Leben nicht genießen, wenn alles auf unsere guten Werke gebaut ist. Wir müssen es lernen, unsere Abhängigkeit von Gott anzuerkennen.

Drei Schritte zur Abhängigkeit von Gott

Vertraue (sei zuversichtlich in, verlasse und stütze dich) auf den Herrn und tue Gutes; so wirst du im Lande wohnen und dich von seiner Treue sicher nähren, und treu wirst du genährt werden.

Psalm 37,3

Es gibt drei Schritte zu einer Position der Abhängigkeit von Gott.

Erstens, erkennen Sie, was Sie nicht sind. Akzeptieren Sie die Tatsache, dass Sie Erfolg nicht auf der Grundlage Ihrer Werke erlangen werden. Stattdessen müssen Sie, ob es Ihnen gefällt oder nicht, Gott vertrauen: »Befiehl dem Herrn deine Wege [wälze und lege jede Sorgenlast auf ihn]; vertraue (sei zuversichtlich in, verlasse und stütze dich) auf ihn und er wird es zustande bringen« (Psalm 37,5).

Der zweite Schritt, um in einer Position der Abhängigkeit von Gott zu bleiben, ist der, zu erfahren, wer Gott ist: »Dir ist es gezeigt worden, damit du begreifst und es persönlich erkennst, dass der Herr Gott ist; es gibt keinen außer ihn« (5. Mose 4,35).

Der dritte Schritt besteht darin, sich bewusst zu machen, dass Sie Gottes Wesenszüge teilen: »Damit wir Zuversicht haben ... denn wie er ist, so sind auch wir in dieser Welt« (1. Johannes 4,17).

Nicht von Brot allein

Du sollst [ernstlich] an den ganzen Weg denken, durch den der Herr, dein Gott, dich geleitet hat diese vierzig Jahre in der Wüste, um dich zu demütigen und zu prüfen, um zu erkennen, was in deinem [Sinn und] Herzen ist, ob du seine Gebote halten würdest oder nicht. Und er demütigte dich und ließ dich hungern und speiste dich mit Manna, das weder du noch deine Väter kannten, um dich erkennen zu lassen und dir persönlich kundzutun, dass der Mensch nicht von Brot allein lebt, sondern von jedem Wort, das aus dem Mund des Herrn hervorgeht.

5. Mose 8,2-3

Ich durchlebte einmal eine Reihe von verwirrenden und schwierigen Umständen, die meinen Dienst betraf. An manchen Tagen kamen allerlei Post und Finanzen für den Dienst herein. Am nächsten Tag fand ich nur zwei oder drei Sendungen bei der Post vor. In der einen Woche hatte ich eine Veranstaltung mit einer großen Zuhörerschaft, in der nächsten Woche war nur die Hälfte davon anwesend. Satan sagte zu mir: »Nun, den Leuten gefiel das nicht, was du letzte Woche gesagt hast, deswegen sind sie nicht wiedergekommen.«

Wenn die Umstände mir den Eindruck gaben, dass ich alles richtig machte, waren meine Gefühle obenauf. Wenn mir die Umstände anzeigten, dass ich nicht alles richtig gemacht hatte, waren meine Gefühle unten. Der Teufel hielt mich auf Trab. Jedes gute Erlebnis begeisterte mich; jeder schlechte Umstand dämpfte mich. (Ich nenne das »Jo-Jo«-Christentum.)

Eines Tages, als ich in meine Heimatstadt fuhr, fragte ich Gott: »Warum geschieht das?« Der Geist des Herrn antwortete mir: »Ich lehre dich, dass der Mensch nicht von Brot allein lebt, sondern von jedem Wort, das aus dem Mund Gottes hervorgeht.«

Brot war die tägliche Nahrung für die Kinder Israel. Brot hielt sie am Weitergehen. Als der Herr zu mir über das Brot sprach, wollte er folgendes ausdrücken: »Ich versuche dir beizubringen, dass du allein von all diesen anderen Dingen, die dich am Weitergehen halten, nicht leben kannst. Du musst hinsichtlich deiner täglichen Stärke auf mich schauen.«

Nachdem er sie von ihren ägyptischen Unterdrückern befreit hatte, ließ Gott die Israeliten vierzig Jahre in der Wüste bleiben, um sie genau diese Lektion zu lehren. Sie waren langsam im Lernen. 5. Mose 1,2 berichtet: »Es ist [nur] eine Elf-Tage-Reise vom Horeb auf dem Weg zum Gebirge Seir nach Kadesch-Barnea [an der Grenze Kanaans; dennoch benötigte Israel vierzig Jahre, um sie zu bewältigen].

Gott als Befreier und Erhalter

Aber er ließ [Israel] ausziehen mit Silber und Gold, und es war kein Strauchelnder unter ihren Stämmen.

Psalm 105,37

Als die Israeliten aus Ägypten auszogen, waren sie ein gesegnetes Volk. Sie hatten die Wunder Gottes erlebt und all jene Dinge, die Gott dem Pharao ihretwegen angetan hatte. Weil der Herr mit ihnen war, kamen sie mit einer Menge materiellen Reichtums von den Ägyptern und mit hervorragender körperlicher Gesundheit und großem Durchhaltevermögen aus dem Land der Sklaverei.

Aber Gott wollte, dass sie sich bewusst waren, dass er es war, der sie herausgebracht hatte und nicht sie selbst. Er wollte sie erkennen lassen, dass sie beständig von ihm abhängig sein müssten, um nicht in Schwierigkeiten zu geraten.

Ich dachte immer, die Größe der Zuhörerschaft in meinen Versammlungen hinge von der Qualität meiner Predigten ab. Ich hatte noch nicht verstanden, dass es nicht Joyce Meyer war, die die Menschen in die Veranstaltungen brachte. Ich musste begreifen, dass, wenn sie kommen sollten, Gott sie bringen musste. Ich musste lernen, absolut von Gott abhängig zu sein. Dazu brauchte ich auch fast vierzig Jahre. Durch das

Lesen dieses Buches wird Ihnen hoffentlich einiges an Zeit erspart werden.

Der Schlüssel zu Freude und Frieden in Gott

Und hüte dich davor, dass du in deinem [Sinn und] Herzen sagst: Meine eigene Kraft und die Stärke meiner Hand haben mir diesen Reichtum verschafft.

5. Mose 8,17

Jetzt bin ich mir im Klaren darüber, dass meine Freude am Herrn sein muss, nicht an meinem Dienst. Mein Friede muss vom Herrn kommen, nicht von meinen Werken.

Nicht alles, was in unser Leben kommt, ist von Gott. Aber Gott wird die Dinge im Leben - das Gute und das Böse - benutzen, um uns beizubringen, von ihm abhängig zu sein.

Ich hege keine Gedanken mehr, dass größere Zuhörermengen das Ergebnis meiner eigenen Anstrengungen seien. Wenn ich jetzt zu predigen aufhöre, sage ich: »Nun, Herr, was das nächste Mal geschieht, liegt an dir. Du hast die Menschen heute hierher gebracht. Wenn du möchtest, dass sie zurückkommen, musst du sie wieder bringen. Ich werde einfach aufstehen und so gut ich kann predigen und den Rest dir überlassen.«

Wenn Sie wirklich in Frieden und Sicherheit leben möchten, ist das die Einstellung, die Sie haben müssen. Sie müssen Ihr Bestes tun und dann den Ausgang Gott überlassen.

Erlaube dem Herrn, all jene irdischen Dinge von Ihnen abzuschütteln, von denen Sie so sehr ein Gefühl der Zuversicht, des Selbstwertes, der Sicherheit und des Wohlbefindens beziehen. Sie können diese Dinge genauso gut Ihm überlassen, denn er wird nicht aufgeben, bis er sich durchgesetzt hat - und sein Weg ist immer der beste.

Schluss

Eine gesunde Portion Selbstachtung und Selbstwertgefühl sind so wichtig - damit wir uns unserer Identität in Christus sicher sind und uns selbst wirklich lieben können. Wir lernen, uns selbst zu lieben, indem wir herausfinden, wie sehr uns Gott liebt. Wenn wir einmal in Gottes Liebe verwurzelt und gegründet sind, können wir in Frieden mit uns selbst kommen.

Zehn Schritte, um Zuversicht zu entwickeln

Im Folgenden sind zehn Schritte aufgeführt, die Ihnen helfen sollen, Ihre Zuversicht zu entwickeln. Ich möchte Sie eindringlich bitten, sie sich abzuschreiben und an einem Platz aufzuhängen, an dem Sie sie jeden Tag sehen können.

1. Sprechen Sie niemals negativ über sich selbst.
2. Feiern Sie das Positive.
3. Vermeiden Sie Vergleiche.
4. Konzentrieren Sie sich auf Ihre Fähigkeiten, nicht auf Ihre Begrenzungen.
5. Setzen Sie Ihre Gaben ein.
6. Haben Sie den Mut, anders zu sein.
7. Lernen Sie, mit Kritik umzugehen.
8. Bestimmen Sie Ihren Wert selbst.
9. Betrachten Sie Ihre Fehler mit dem nötigen Abstand.
10. Entdecken Sie die wahre Quelle des Vertrauens.

Teil B

Schriftstellen über Zuversicht

Furcht ist nicht in der Liebe, sondern die vollkommene Liebe treibt die Furcht aus, denn Furcht bringt Qual. Wer sich aber fürchtet, ist nicht vollendet in der Liebe.

1. Johannes 4,18 (NKJV)

Satan gefällt es, Leute auf verschiedene Weise zu quälen. Unsicherheit, Selbstablehnung, Selbstbestrafung und ein klägliches Selbstbild sind einige seiner Methoden. Unsicherheit ist nichts anderes als eine verkleinerte Version des Geistes der Angst.

Lassen Sie sich durch diese Schriftstellen die Liebe Gottes nahe bringen. Dann werden Ihre Unsicherheiten nach und nach verschwinden.

Denn du bist dem Herrn, deinem Gott, ein heiliges und abgesondertes Volk; dich hat der Herr, dein Gott, als sein besonderes Volk aus allen Völkern dieser Erde erwählt. Nicht weil ihr zahlreicher wäret als alle Völker, hat der Herr sich euch zugeneigt und euch erwählt, denn ihr seid das kleinste unter allen Völkern. (5. Mose 7,6-7)

Und du wirst geborgen und zuversichtlich sein, weil es Hoffnung gibt; ja, du wirst Ausschau halten und wirst in Sicherheit ruhen. Du legst dich nieder und niemand schreckt dich auf. (Hiob 11,18-19)

Du zählst und verzeichnest mein Umherirren; sammle meine Tränen in deinen Schlauch - sind sie nicht in deinem Buch verzeichnet? (Psalm 56,9)

Denn so innig liebte und so sehr schätzte Gott die Welt, dass er [sogar] seinen (einzigen) eingeborenen Sohn hingab, damit jeder, der an ihn glaubt (ihm vertraut, sich an ihm festhält, sich auf ihn verlässt), nicht umkommt (vernichtet wird, verloren geht), sondern ewiges (immerwährendes) Leben hat. (Johannes 3,16)

Möget ihr tief verwurzelt und fest in Liebe gegründet sein, damit ihr die Kraft haben und stark sein möget, um mit allen Heiligen [Gottes hingegebenem Volk, die Erfahrung jener Liebe] zu begreifen und zu erfassen, was die Breite und Länge und Höhe und Tiefe [davon] ist; [damit ihr wirklich dahin gelangen möget] um die Liebe Christi [praktisch, durch Erfahrung für euch selbst] zu erkennen, welche die bloße Erkenntnis [die ohne Erfahrung] weit übersteigt; damit ihr [mit eurem ganzem Wesen] erfüllt werden möget bis zur ganzen Fülle Gottes [und das reichste Maß der göttlichen Gegenwart erfahren möget und ein Leib werdet, völlig erfüllt und durchflutet mit Gott selbst]! (Epheser 3,17-19)

Denn Gott hat uns nicht einen Geist der Furchtsamkeit (der Feigheit, der feigen, kriecherischen, sich duckenden Angst) gegeben, sondern [er hat uns einen Geist] der Kraft, der Liebe und der Disziplin und des ruhigen, wohl ausgewogenen Verstandes gegeben. (2. Timotheus 1,7)

Ich will mein Vertrauen, meine Sicherheit und meine zuversichtliche Hoffnung auf ihn setzen. (Hebräer 2,13)

Und wir kennen (verstehen, erkennen, sind uns bewusst, durch Beobachtung und durch Erfahrung) und glauben an (halten fest, setzen Glauben in und vertrauen auf) die Liebe, die Gott für uns hat. Gott ist Liebe, und wer in der Liebe wohnt und bleibt, der wohnt und bleibt in Gott, und Gott wohnt und bleibt in ihm. (1. Johannes 4,16)

Wir lieben ihn, weil er uns zuerst geliebt hat. (1. Johannes 4,19)

Gebet um Zuversicht

Herrlicher Vater,
ich bin nach deinem Ebenbild geschaffen, deswegen bin ich frei von Unsicherheit. Meine Sicherheit ist in dir. Du bist meine Gerechtigkeit und mein Friede.

Ich wende mich ab von Menschenfurcht und von dem Gefühl der Unzulänglichkeit. Hilf mir, damit aufzuhören, mich mit anderen zu vergleichen. Hilf mir, mich so zu sehen, wie du mich siehst – ganz, sicher und heil. Hilf mir, mir stets zu vergegenwärtigen, dass ich durch Jesus Christus alle meine Unsicherheiten überwinden und alle Tage meines Lebens in ruhiger Zuversicht verbringen kann!

In Jesu Namen. Amen!

Klartext über ***Sorgen***

Inhaltsverzeichnis

Einleitung

Gott möchte einen Tausch mit Ihnen eingehen. Er möchte, dass Sie ihm alle Ihre Sorgen übergeben, Ihre Probleme, Ihre Fehlschläge - Ihre »Asche« - und er wird Ihnen Schönheit geben. Er wird Ihre Sorgen nehmen und im Austausch dafür für Sie sorgen.

> Deshalb demütigt euch unter die mächtige Hand Gottes, damit er euch zur rechten Zeit erhöhe, indem ihr alle eure Sorge auf ihn werft, denn er sorgt für euch. (1. Petrus 5,6-7; KJV)

> Der Geist Gottes, des Herrn, ist auf mir, weil der Herr mich gesalbt und befähigt hat ... denen [Trost und Freude] zu verleihen, die in Zion trauern - ihnen einen Schmuck (einen Kranz oder ein Diadem) der Schönheit statt der Asche [»Schönheit für Asche«; KJV) zu geben. (Jesaja 61,1+3)

Gott möchte sich um uns kümmern, doch um das tun zu können, dürfen wir uns nicht länger um uns selbst sorgen. Viele Gläubige wollen, dass sich Gott um sie sorgt, während sie sich Sorgen machen oder versuchen, eine Antwort zu finden, statt auf Gottes Weisung zu warten. Sie wälzen sich förmlich in ihrer »Asche«, wünschen sich aber gleichzeitig, dass Gott ihnen Schönheit gibt. Damit uns Gott Schönheit verleihen kann, müssen wir ihm die »Asche« geben.

Wir geben ihm unsere Sorgen, indem wir darauf vertrauen, dass er sich um uns kümmern kann und will. Hebräer 4,3 erklärt: »Denn wir, die wir geglaubt (an Gott festgehalten und ihm vertraut und uns auf ihn verlassen) haben, treten in jene Ruhe ein.«

Wir treten in die Ruhe des Herrn durch Glauben ein. Sich zu sorgen, ist das Gegenteil von Glauben. Sorge stiehlt uns unseren Frieden, erschöpft uns körperlich und kann uns sogar krank machen. Wenn wir uns Sorgen machen, vertrauen wir Gott nicht und treten nicht in seine Ruhe ein.

Was für ein großartiger Tausch! Sie geben Gott Asche und er gibt

Ihnen Schönheit. Sie übergeben Ihm alle Ihre Sorgen und Belange und er verleiht Ihnen Schutz, Festigkeit, einen Zufluchtsort und eine Fülle von Freude - das Vorrecht, von Ihm versorgt zu werden.

Teil A

Am verborgenen Ort wohnen

1

Im Schutz bleiben

Wer im Schutz des Höchsten wohnt, bleibt fest und unbeweglich im Schatten des Allmächtigen [dessen Macht kein Feind widerstehen kann].

Psalm 91,1

Gott hat einen geheimen Ort, wo wir in Frieden und Sicherheit wohnen können.

Der geheime Ort ist der Platz des Ruhens in Gott, ein Ort des Friedens und Trostes in ihm. Dieser verborgene Ort ist ein »geistlicher Ort«, wo Sorge entschwindet und Friede regiert. Es ist der Ort der Gegenwart Gottes. Wenn wir mit Gott Zeit verbringen, indem wir beten, ihn suchen und in seiner Gegenwart verweilen, befinden wir uns an dem geheimen Ort.

Das Wort *wohnen* bedeutet: »sich ein Zuhause bereiten, innewohnen, leben[1]«. Wenn Sie und ich *in Christus wohnen - am verborgenen Ort* -, statten wir dort nicht nur gelegentlich einen Besuch ab, sondern nehmen dort unseren ständigen Wohnsitz ein.

Im Neuen Testament ist eines der griechischen Worte, das mit »wohnen« übersetzt wird, dasselbe Wort, das in Johannes 15,7 (NKJV) mit »bleiben« wiedergegeben wird. Es heißt dort: »Wenn ihr in mir bleibt und meine Worte in euch bleiben, möget ihr bitten, was ihr wollt, und es wird euch geschehen.«

Wenn Sie und ich in Gott bleiben, ist dies dasselbe, wie in Gott zu wohnen. Die *Amplified Bible* übersetzt Johannes 15,7 sogar folgendermaßen: »Wenn ihr in mir lebt [intensiv und mit mir vereint bleibt] und meine Worte in euch bleiben und immerfort in euren Herzen leben, dann erbittet, was immer ihr wollt, und es wird euch zuteil werden.«

Mit anderen Worten, wir müssen fest in Gott eingepflanzt sein. Wir müssen in jeder Situation und unter jedem Umstand die Quelle unserer Hilfe kennen. Wir müssen unseren eigenen Ort des Schutzes, des Friedens und der Sicherheit haben. Wir müssen uns auf Gott verlassen und ihm völlig vertrauen.

Am Ort des Schutzes

Wer im Schutz des Höchsten wohnt, bleibt fest und unbeweglich.
Psalm 91,1

Der Psalmist sagt, dass derjenige, der am Ort des Schutzes wohnt, fest gegründet und sicher sein wird.

Der Ort des Schutzes ist ein Versteck, ein geheimer, persönlicher Ort, ein Zufluchtsort. Es ist der Platz, an den wir uns begeben, wenn wir verletzt oder überlastet sind oder uns kraftlos fühlen. Es ist der Ort, an den wir flüchten, wenn wir misshandelt oder verfolgt werden, wenn wir in großer Not sind oder wenn wir das Gefühl haben, dass wir es nicht mehr schaffen.

Ich kann mich erinnern, dass wir, als ich noch ein Kind war, in einem großen, geräumigen Haus wohnten. (Meine Mutter reinigte jenes Haus und auf diese Weise bezahlten wir unsere Miete.) Es war ein riesiges, mit einer Menge Schnitzereien verziertes Gebäude und es hatte einige hübsche verborgene Plätze. Eines Tages fand ich einen jener kleinen, geheimen Plätze. Es war eine niedliche, geschnitzte Bank unter einem der Treppenaufgänge und hatte ein mit farbigem Glas besetztes, kleines Fenster daneben.

Selbst jetzt kann ich mich noch auf jener Bank sitzen sehen, wo ich einfach nur nachdachte. Ich weiß nicht, worüber ich als kleines Kind nachdachte, aber ich weiß, dass ich ziemlich viele Verletzungen und Probleme hatte.

Mein Familienleben war durch viel verletzende und beunruhigende Situationen gekennzeichnet. Jener Ort mit der Bank unter dem Treppenaufgang war für mich wie ein Versteck. Ich flüchtete dorthin, wenn ich mich fürchtete oder Trost brauchte.

Dieser Vers sagt, dass Gott unser Zufluchtsort sein will.

Viele Menschen in der Welt benutzen Alkohol als ihren Zufluchtsort. Einige benutzen Drogen und andere das Fernsehen. Einige werden einfach nur deprimiert und ziehen sich die Decke über den Kopf. Es gibt eine Menge Leute da draußen, die sich vor einer Menge von Dingen verstecken.

Statt unser Versteck in der Welt zu suchen, will Gott, dass wir unser Versteck in ihm finden. Dies ist mit der Aussage: »im Schutz des Höchsten wohnen« gemeint. Wenn wir Probleme haben, wenn wir in Not sind, möchte Gott, dass wir unter dem schützenden Schatten seiner Flügel Zuflucht nehmen. Er möchte, dass wir zu ihm eilen.

Im Schatten des Allmächtigen

Im Schatten des Allmächtigen [dessen Macht kein Feind widerstehen kann].

Psalm 91,1

Wenn wir am geschützten Ort des Höchsten sind, wo werden wir dann zu finden sein? Gemäß dem Psalmisten werden wir dann »im Schatten des Allmächtigen wohnen«. Dies ist der Platz, an welchem Gott sein Volk haben will.

Unser Himmlischer Vater möchte nicht, dass wir ihn nur hin und wieder besuchen oder zu ihm laufen, wenn wir uns überwältigt fühlen. Er möchte, dass wir im Schatten seiner Flügel wohnen, dort verbleiben, dort leben. Wenn wir dies tun, bleiben wir standfest und stabil, weil kein Feind der Macht des Allmächtigen widerstehen kann. Wenn wir an jenem Ort verharren, kann uns der Teufel keinen Schaden zufügen.

Es gab eine Zeit in meinem Leben, da ich an jenem Ort des Schutzes einfach ein- und ausging, aber ich habe inzwischen herausgefunden, dass ich mich, wenn ich mich dorthin begebe und dort bleibe, nicht so überwältigt fühle.

Wir brauchen den Herrn die ganze Zeit über - nicht nur gelegentlich. In Johannes 15,5 sagt Jesus: »Getrennt von mir [abgeschnitten von der lebendigen Gemeinschaft mit mir] könnt ihr gar nichts tun.«

Was bedeutet es genau, unter dem »Schatten« des Allmächtigen zu leben? Erstens ist der *Schatten* ein Platz des Schutzes vor der heißen Sonne oder vor der Hitze der Welt. Ein Schatten hat, wie wir wissen, immer eine Grenze. Wenn wir im Schatten der Flügel Gottes verharren wollen, gibt es bestimmte Grenzen, innerhalb derer wir bleiben müssen.

Eine *Grenze* ist ein Übergangsbereich oder die Linie zwischen zwei verschiedenen Erscheinungsformen oder Zuständen. Im Fall des Schattens ist eine Grenze die Stelle, wo der Schatten aufhört und der Sonnenschein beginnt.

Angenommen, es ist Mittag, die Sonne scheint mit voller Kraft und wir sehen einen großen Baum. Wenn wir uns unter diesen Baum begeben, werden wir es im Schatten um einiges angenehmer haben, als wenn wir in der Sonne blieben.

Wenn Leute draußen in der Sonne arbeiten und zu schwitzen beginnen, suchen sie gerne einen Schattenbaum auf, um sich in der Pause unter ihm niederzulassen. Manche Leute pflanzen Schattenbäume um ihr Haus, weil diese die Temperatur in den Innenräumen des Hauses herabsetzen und sie sogar kühlen. Also ist der Schatten ein begehrenswerter Platz, besonders an einem heißen Tag.

Wenn wir uns entscheiden, in den Schutz, unter den Schatten der Flügel Gottes zu bleiben, wird das Leben viel angenehmer sein. Es wird nicht so heiß sein und wir werden uns sozusagen nicht »hindurchschwitzen« müssen. Anstatt uns über unsere Probleme zu sorgen, werden wir in Gott ruhen.

Wenn wir uns entscheiden, in der Sonne zu bleiben, werden wir es unbequem haben, schwitzen und uns elend, durstig und ausgetrocknet fühlen. Es liegt an jedem von uns, zu entscheiden, wo er stehen wird: im Schatten (auf Gott zu vertrauen) oder in der Sonne (schwitzend durchhaltend); in Jesus oder in der Welt mit all ihren Problemen.

Für welchen Standort werden Sie sich entscheiden? Ich möchte mich im Schatten aufhalten. Aber wie wir alle, neige ich von Zeit zu Zeit dazu, aus dem Schatten herauszutreten, um erneut in der Hitze zu stehen, wo die Bedingungen nicht gut sind. Wenn ich dann fast am Ende bin, eile ich zum Schatten zurück, um mich wieder zu erholen. Dann wage ich es schließlich erneut, in die Hitze der Sonne zurückzukehren.

Römer 1,17 (KJV) sagt, dass wir von Glauben zu Glauben leben können. Jedoch leben wir manchmal von Glauben zu Zweifel zu Unglauben und dann zurück zu Glauben.

Was, wenn wir nun wirklich im Schutz des Schattens bleiben wollen, aber uns manchmal außerhalb desselben ertappen? Woran können wir erkennen, dass wir uns aus Gottes Schutz herausbegeben haben? Wir werden es anhand der Wegweiser erkennen, die Gott entlang unseres Weges aufgestellt hat.

2

Lesen Sie die Wegweiser: Gott vertrauen

Stellen Sie sich vor, Sie fahren eine Straße entlang. Diese Straße ist die Straße des Lebens. In der Straßenmitte befinden sich Streifen. Manchmal ist es eine durchgezogene Linie, die uns warnt: »Wenn Sie über diese Linie fahren, begeben Sie sich in Gefahr; Sie gehen das große Risiko eines Frontalzusammenstoßes ein.«

Ein andermal sind es unterbrochene Streifen, die besagen: »Sie können auf die andere Fahrbahn überwechseln, um das Auto vor Ihnen zu überholen, wenn Sie möchten. Wenn Sie diese Linien überfahren, wird Ihnen wahrscheinlich nichts passieren, aber Sie können in Schwierigkeiten geraten, wenn Sie nicht auf den Gegenverkehr achten und sich nicht vergewissern, dass die Straße frei ist.«

Außerdem befinden sich am Straßenrand Schilder, die spezielle Warnsignale aufweisen: »Bodenwelle«, »Steinschlag«, »Wildwechsel«, »Einbahnstraße«, »Umleitung«, »Straßenarbeiten«, »Kurve«. Wenn Sie die Hinweise auf diesen Straßenschildern beachten, werden sie Ihnen helfen, Ihr Auto auf der Straße zu halten. Sie werden es vermeiden, zu weit nach links zu fahren, um nicht der Gefahr eines Zusammenstoßes ausgesetzt zu sein oder zu weit nach rechts, um nicht im Graben zu landen.

Genauso gibt es im Leben geistliche Wegweiser. Um im Schutz Gottes zu bleiben, müssen wir diese Hinweisschilder entlang des Weges beachten, die uns auffordern, ihm zu vertrauen und uns nicht zu sorgen, zu fürchten oder ängstlich zu sein; die uns nahe legen, unsere Sorge auf ihn zu werfen. Anstatt intensiv zu versuchen, eine Lösung zu finden, müssen wir unsere Gedanken Dingen zuwenden, die »wahrhaftig«, »ehrbar«, »gerecht«, »rein«, »liebenswert«, »wohllautend«, »irgendeine Tugend« oder »irgendein Lob« sind (Philipper 4,8).

Wenn wir diese Hinweisschilder beachten und innerhalb der Straßengrenzen bleiben, werden wir in der Lage sein, auf Kurs zu bleiben. Wir werden beschützt sein und werden in unserem Dasein die Erfüllung all der wunderbaren, phantastischen Verheißungen von Gottes Wort erleben.

Beachten Sie die Wegweiser

Und deine Ohren werden hinter dir ein Wort hören, das spricht: Dies ist der Weg, den geht, wenn ihr zur Rechten abbiegt und wenn ihr zur Linken abbiegt.

Jesaja 30,21

Angenommen Sie fahren die Straße des Lebens entlang und beginnen nach rechts abzudriften. Sie bemerken, dass die Straße ein wenig holpriger ist als zuvor und beginnen mehr auf die Fahrbahn zu achten. Zur gleichen Zeit erinnern Sie sich an einen Wegweiser, den Sie einige Kilometer zuvor gesehen haben, auf dem stand: »Vertraue Gott und sorge dich nicht.«

Wenn Sie beschließen, die Richtung beizubehalten, werden Sie sogar noch weiter vom Seitenstreifen der Straße abkommen und möglicherweise mitten im Straßengraben enden. Dann werden Sie einen Abschleppwagen bestellen müssen, damit er kommt und Sie herauszieht.

So verhält es sich, wenn Sie beschließen, sich mehr zu sorgen, als Gott zu vertrauen. Wir geraten aus seinem Schutz, so dass der Feind leichter an uns herankommen kann. Wenn dies geschieht, verlieren wir zwangsläufig unseren Frieden.

Gerade Pfade

Und schreitet aus und macht feste und deutliche und geschickte und gerade Pfade für eure Füße [ja, macht sichere und aufrechte und glückliche Pfade, die in die richtige Richtung führen].

Hebräer 12,13

Wenn Sie eine falsche Entscheidung treffen, wenn Sie beschließen, sich mehr zu sorgen, als Gott zu vertrauen, werden Sie unruhig werden und

Ihren Frieden verlieren. Sie mögen sogar das Gefühl haben, dass die Dinge nicht mehr richtig klappen und dass Sie den Weg irgendwie verfehlt haben.

Sobald Sie Ihren Frieden verlieren, müssen Sie innehalten und sagen: »Moment mal, was mache ich falsch?«

Manchmal, wenn ich so die Straße des Lebens entlanggehe, bemerke ich plötzlich, dass ich tief im Inneren keinen Frieden verspüre. In solch einem Fall halte ich an und sage: »Herr, wo liege ich falsch?« Ich weiß, dass, wenn ich meinen Frieden verliere, dies ein Hinweis dafür ist, dass ich mich aus dem Schutz des Schattens seiner Flügel begeben habe.

Das ist meistens dann der Fall, wenn ich angefangen habe, mir Sorgen zu machen. Manchmal geschieht es, weil ich etwas falsch gemacht und nicht Buße getan oder jemanden falsch behandelt habe und nicht sensibel genug war, um es zu bemerken.

In einer solchen Situation bitte ich ihn einfach: »Herr, zeige mir, warum ich meinen Frieden verloren habe.« Wenn ich es dann weiß, kann ich die erforderlichen Schritte unternehmen, um die Situation wieder in Ordnung zu bringen.

Wenn Sie feststellen, dass Sie einen Sorgenangriff durchmachen, obwohl Sie das befolgen, was Ihnen der Herr zu tun gezeigt hat, schlage ich Ihnen vor, die Worte Jesu in Matthäus, Kapitel 6, Verse 25-32 laut zu lesen.

Hören Sie auf, sich Sorgen zu machen

Darum sage ich euch: Hört auf, fortwährend beunruhigt (ängstlich und besorgt) zu sein um euer Leben, was ihr essen sollt oder was ihr trinken sollt, oder über euren Leib, was ihr anziehen sollt. Ist nicht das Leben großartiger [an Qualität] als die Speise und der Leib [weit mehr und vortrefflicher] als die Kleidung?

Matthäus 6,25

Wenn Sie gerade eine Diät machen, sollten Sie vielleicht damit beginnen, den ersten Teil dieses Verses zu lesen - den Teil über Essen und Trinken. Wenn es Ihnen bei einer Diät wie mir ergeht, dann können Sie wahrscheinlich an nichts anderes als ans Essen denken.

Ich erinnere mich wie es war, als ich früher auf Diät war. Den ganzen Tag über dachte ich daran, wann und was ich essen und wie ich es zubereiten würde. In Gedanken wog ich die Speise ab und überschlug, wie viele Kalorien sie enthalten würde. Oftmals machte mich dies sogar noch hungriger, weil ich nur damit beschäftigt war, an das Essen zu denken.

In Wirklichkeit sorgen wir uns wahrscheinlich weniger darüber, was wir essen und trinken werden, als darüber, was wir in einer bestimmten Situation tun würden: »Was, wenn dies geschieht oder wenn jenes geschieht?« Die meisten von uns haben genügend Kleidung, ausreichend Nahrung, komfortable Häuser und zweckdienliche Autos. Doch wenn etwas schwer wird und wir Situationen gegenüberstehen, die unmöglich erscheinen, hören wir in unserem Verstand Stimmen, die schreien: »Was wirst du nun tun?« Dann beginnen wir, uns Sorgen zu machen.

Achten Sie auf die Vögel

Seht die Vögel des Himmels an; sie säen nicht und sammeln nicht in die Scheunen, und euer Himmlischer Vater ernährt sie doch. Seid ihr nicht viel mehr wert als sie?

Matthäus 6,26

Haben Sie jemals einen Vogel auf einem Baum sitzen sehen, der einen Nervenzusammenbruch hatte? Haben Sie jemals einen Vogel entdeckt, der hin und herlief und zu sich selbst sagte: »Oh, ich frage mich, von woher ich meinen nächsten Wurm bekomme! Was wenn Gott heute aufhört, Würmer zu machen? Ich weiß nicht, was ich tun werde. Möglicherweise werde ich verhungern. Was, wenn Gott zwar weiterhin Würmer macht, sie aber dieses Jahr nicht saftig sind, oder was geschieht, wenn er keinen Regen schickt und keine Würmer aus der Erde kriechen? Was ist, wenn ich keine Strohhalme finde, um mein Nest zu bauen?« Was ist, wenn? Was ist, wenn? Was ist, wenn?

Jesus sagte: »Sehet die Vögel des Himmels an!« Sie erleiden keinen Nervenzusammenbruch. Jeden Morgen fliegen sie draußen umher, singen ganz einfach und haben Spaß.

Ich frage mich, welchen Frieden Sie und ich genießen könnten, wenn wir uns gelegentlich etwa eine Stunde Zeit nehmen und die Vögel betrachten würden!

Was bewirkt das Sorgen?

Und wer von euch kann durch sein Sorgen und durch Ängstlichkeit zur Länge oder zur Spanne seines Lebens eine Maßeinheit (Elle) hinzufügen?
Matthäus 6,27

Natürlich heißt die Antwort: keiner. Aber wir können unsere Lebensspanne sicherlich verkürzen, wenn wir das Sorgenmachen zu einer Gewohnheit ausarten lassen.

Anstatt uns zu sorgen, sollten wir mehr wie die Vögel des Himmels sein, die wegen ihrer Nahrung völlig vom Herrn abhängig sind und doch den ganzen Tag singen, als ob ihnen jede Sorge völlig fern sei.

Betrachtet die Lilien

Und warum solltet ihr um die Kleidung besorgt sein? Betrachtet die Lilien des Feldes und seht genau, wie sie wachsen; sie mühen sich nicht ab und spinnen nicht. Ich sage euch, dass selbst Salomo in all seiner Herrlichkeit (Vortrefflichkeit, Würde und Eleganz) nicht gekleidet war wie eine von diesen. Doch wenn nun Gott das Gras des Feldes, das heute lebt und grünt und morgen in den Ofen geworfen wird, also kleidet, wird er nicht viel mehr euch kleiden, o ihr Kleingläubigen?
Matthäus 6,28-30

Jesus wollte damit sagen, dass die Blumen des Feldes nicht in die Werke des Fleisches »verstrickt« sind. Sie bemühen sich nicht darum, Lilien zu sein; sie sind es einfach. Und Gott kleidet sie sehr schön.

Denken wir wirklich, dass wir für Gott weniger wichtig seien als Vögel und Blumen?

Seid nicht besorgt

Darum seid nicht besorgt oder ängstlich, indem ihr sagt: Was werden wir zu essen haben? Oder: Was werden wir zu trinken haben? Oder: Was werden wir anzuziehen haben? Denn die Heiden verlangen und sehnen

> *sich und suchen emsig nach all diesen Dingen, und euer himmlischer Vater weiß wohl, dass ihr dies alles benötigt.*
>
> Matthäus 6,31-32

Das Problem mit dem Sorgen besteht darin, dass es uns veranlasst, Dinge zu *sagen* wie: »Was werden wir essen? Was werden wir trinken? Was werden wir anziehen?« Mit anderen Worten: »Was werden wir tun, wenn Gott nicht für uns sorgt?«

Wir fangen an, durch die Worte unseres Mundes Sorgengedanken auszusprechen und beunruhigt zu werden, statt unsere Ängste zu besänftigen und unsere Sorgen beiseite zu legen, damit sie sich nicht noch tiefer verwurzeln.

Das Problem solchen Benehmens ist: Es wird von Leuten praktiziert, die nicht wissen, dass sie einen Himmlischen Vater haben. Sie und ich dagegen wissen, dass wir einen Himmlischen Vater haben, und sollten uns dementsprechend verhalten. Ungläubige mögen nicht wissen, wie sie sich auf ihn stützen können, aber wir sollten es wissen.

Jesus versichert uns, dass unser Himmlischer Vater weiß, was wir brauchen, noch bevor wir ihn darum bitten. Warum also sollten wir uns sorgen? Stattdessen sollten wir unsere Aufmerksamkeit auf die Dinge richten, die viel wichtiger sind: auf die Dinge Gottes.

Trachtet zuerst nach den wichtigsten Dingen

> *Suchet (trachtet und strebt) aber zuallererst nach dem Reiche Gottes und seiner Gerechtigkeit (seinen Weg, das Rechte zu tun und zu sein), sodann werden euch alle diese Dinge zusammen hinzugefügt werden.*
>
> Matthäus 6,33

Viele Jahre pflegte ich auf und ab zu laufen und mich aufzuregen, bevor ich in einer meiner Veranstaltungen predigte. Ich betete: »Oh, Gott, hilf mir!« Es ist nichts falsch daran, Gott um Hilfe zu bitten, aber ich betete mehr aus Angst als aus Glauben.

Jetzt, wenn ich mich auf eine Veranstaltung vorbereite, studiere ich einfach und bereite mich, so gut ich kann, darauf vor. Dann, kurz bevor die Veranstaltung beginnen soll, bete ich im Stillen und meditiere, bete den Herrn an und habe Gemeinschaft mit ihm.

Nie hat er mir aufgetragen, nach einer großen Veranstaltung zu trachten. Nie hat er mich aufgefordert, ein großes Opfer anzustreben. Ich muss ihn lediglich suchen. Er sorgt für die Anzahl der Menschen, die Höhe der Opfergaben und alles andere.

Allzu oft verbringen wir unsere ganze Zeit damit, Gott zu suchen, um Antworten auf unsere Probleme zu erhalten. Dabei sollten wir doch zuerst ihn selbst suchen.

Solange wir Gott suchen, bleiben wir am verborgenen Ort, im Schatten Seiner Flügel. (»Unter seinen Flügeln sollt ihr euch bergen und Zuflucht finden«; Psalm 91,4.)

Wenn wir jedoch danach zu trachten beginnen, Antworten auf all unsere Probleme und Situationen zu finden, und mehr unsere Wünsche erfüllt haben wollen, als Gottes Willen, treten wir aus dem Schatten seiner Flügel.

Jahrelang suchte ich Gott im Hinblick darauf, wie ich meinen Dienst zum Wachsen bringen könnte. Die Folge davon war, dass er genauso blieb wie vorher. Er nahm nicht zu. Manchmal nahm er sogar ab. Ich erkannte nicht, dass ich nur nach dem Reich Gottes zu trachten hatte und er dann für das Wachstum sorgen würde.

Erkennen Sie, dass Sie sich nicht einmal um Ihr geistliches Wachstum zu sorgen brauchen? Sie brauchen lediglich nach dem Reich Gottes zu trachten und Sie werden wachsen. Suchen Sie Gott, bleiben Sie in ihm, und er wird für Zunahme und Wachstum sorgen.

Ein Baby trinkt einfach Milch und wächst. Alles, was Sie und ich zu tun haben, ist, die lautere Milch des Wortes zu begehren. Dann werden wir wachsen (siehe 1. Petrus 2,2).

Wir können durch unsere eigenen menschlichen Anstrengungen niemals irgendein Maß an Erfolg erleben. Stattdessen müssen wir zuerst das Reich Gottes und seine Gerechtigkeit suchen. Dann werden uns alle diese anderen Dinge, die wir benötigen, *hinzugefügt* werden.

Wir sollten nicht nach dem trachten, was Gott *zu geben vermag*, sondern nach seiner *Gegenwart*.

Verbringen Sie Zeit im Schatten

Eines habe ich vom Herrn erbeten, danach suche, frage und verlange ich [beharrlich]: Im Hause des Herrn [in seiner Gegenwart] zu wohnen, alle Tage meines Lebens, um anzuschauen und zu bestaunen die Schönheit [die süße Anmut und wunderbare Lieblichkeit] des Herrn und nachzusinnen, zu betrachten und nachzuforschen in seinem Tempel. Denn er wird mich bergen in seiner Hütte am Tag des Unheils; er wird mich bergen im Versteck seines Zeltes; er wird mich auf einen Felsen erhöhen. Und nun wird mein Haupt erhoben über meine Feinde rings um mich her; in seinem Zelt will ich Freudenopfer und Jubelrufe darbringen; ich will singen, ja, ich will Lobgesänge singen dem Herrn.

Psalm 27,4-6

Manchmal leben wir unser Leben rückwärts. Genau dies tat ich vor einigen Jahren. Ich trachtete nach einem großen Dienst. Ich suchte nach jeder Art von Veränderung bei mir, weil ich mich nicht mochte. Ich trachtete nach Veränderung bei meinem Ehemann. Ich trachtete nach Veränderung bei meinen Kindern. Ich suchte nach Heilung und Wohlstand. Ich suchte nach allem unter der Sonne und verbrachte dabei keinerlei Zeit im Schatten.

Dann kam der Herr und zeigte mir, was ich falsch machte. Er benutzte Psalm 27,4-6, um mir zu verdeutlichen, dass ich alle Tage meines Lebens zuerst ihn und seine Gegenwart suchen sollte.

Zu jener Zeit bat ich ihn um eine Menge Dinge, wovon keines etwas mit seiner Gegenwart zu tun hatte. Als ich jedoch ihn zu suchen begann, wurde mein Verlangen nach ihm größer. Wenn dann Schwierigkeiten auftauchten, verbarg er mich, sozusagen im Schutz seines Zeltes. Wenn der Feind gegen mich ankam und mich zu zerstören versuchte, erhob ich Freudenrufe und sang dem Herrn Loblieder.

Der Teufel konnte nicht an mich ran, weil ich mich im Schutz des Höchsten befand. Ich war unzugänglich für ihn. Satan konnte mich nicht zu einem Nervenzusammenbruch bringen, weil ich im Schatten war, wo ich um nichts besorgt war.

Sorgt euch um nichts

Seid um nichts besorgt, sondern lasst in allem durch Gebet und Flehen mit Danksagung eure Anliegen vor Gott kundwerden; und der Friede Gottes, der allen Verstand übersteigt, wird eure Herzen und Sinne bewahren durch Christus Jesus.

Philipper 4,6-7 (NKJV)

Vor längerer Zeit forderte mich Gott auf, ihm im Gebet immer das zu geben, was mir der Teufel zuvor gegeben hatte.

Das ist Gebet. Der Teufel kommt und überreicht uns ein Problem. Wir sagen: »Ich kann es nicht tragen, weil es mir zu schwer ist. Hier, Gott, ich gebe es dir!«

In Philipper 4,6-7 fordert uns der Apostel Paulus im Wesentlichen auf: »Betet und sorgt euch *nicht.*« Er sagte nicht: »Betet *und* sorgt euch.« Wenn wir beten und unsere Probleme Gott übergeben, ist dies für ihn ein Zeichen dafür, dass wir ihm vertrauen. Genau das soll Gebet sein.

Ich muss dies ziemlich oft tun bezüglich meines Sohnes Danny, der sich im Teenageralter befindet. Er ist noch zu Hause, und weil mein Mann und ich durch unseren Dienst oft weg sind, bekümmert es manchmal mein Herz, wenn wir Danny zu Hause lassen müssen. Bevor er seinen Schulabschluss machte, sagte er mir einmal am Telefon, dass er in der Schule einige Schwierigkeiten hätte und uns vermisse, wenn wir unterwegs seien, besonders am Morgen, wenn er aufstand und abends vor dem Schlafengehen.

Im Laufe der Jahre haben Dave und ich eine sehr gute Beziehung zu unserem Sohn aufgebaut. Wir lieben ihn und er liebt uns. (Unser nächstjüngster Sohn war zehn Jahre alt, als Gott uns aufforderte, Danny in die Welt zu setzen, deshalb ist er wirklich unser Kleiner!) Wir waren um ihn besorgt, als er die *High School* besuchte und dem Druck und den dortigen Einflüssen ausgesetzt war.

Jeder von uns ist mit alltäglichen Herausforderungen konfrontiert, mit denen er umzugehen hat. In die Falle des Selbstmitleids zu fallen, mit hängendem Kopf herumzulaufen, weil in unserem Leben nicht alles perfekt funktioniert, wird uns nirgendwohin bringen. Wir müssen unsere Einstellung ändern und tun, was die Bibel sagt – nämlich beten!

Jedes Mal, wenn ich mir um Danny Sorgen zu machen begann, während wir aufgrund unseres Dienstes von ihm getrennt waren, betete ich:

»Vater, ich danke dir, dass du auf Danny Acht gibst. Danke, Herr, dass du einen wunderbaren Plan für sein Leben hast, über ihn wachst und alles zu seinem Besten dienen lässt. Danke, dass er mit dem Blut deines Sohnes Jesu bedeckt ist.«

Wenn Sie und ich auf diese Weise zu beten beginnen, wird uns der Teufel in Ruhe lassen. Er wird sehen, dass wir uns nicht erschüttern lassen und dass wir entschieden sind, Gott zu vertrauen.

Bleiben Sie im Positiven

Es muss jedoch im Glauben geschehen, dass er bittet ohne zu wanken (zu zögern, zu zweifeln). Denn derjenige, der wankt (zögert, zweifelt), ist wie eine wogende Brandung draußen auf dem Meer, die hin und her getrieben und vom Wind gepeitscht wird. Denn wahrlich, eine solche Person bilde sich nicht ein, dass sie etwas [das sie erbittet] vom Herrn empfange.

Jakobus 1,6-7

Wenn wir unsere Anliegen im Gebet dem Herrn übergeben und dann fortfahren, uns über sie Sorgen zu machen, vermengen wir eine positive mit einer negativen Kraft. Wenn wir beide zusammenfügen, kommen wir auf null.

Ich weiß nicht, wie Sie eingestellt sind, aber ich möchte nicht null Kraft haben, deshalb versuche ich, Gebet nicht mit Sorge zu vermischen.

Gott sprach einmal zu mir und sagte: »Viele Menschen operieren mit null Kraft, weil sie das Positive immer mit dem Negativen vermischen. Sie machen eine Zeitlang ein positives Bekenntnis und dann wieder ein negatives Bekenntnis. Sie beten eine kleine Weile, dann sorgen sie sich wieder ein bisschen. Sie vertrauen eine kleine Weile und dann sorgen sie sich erneut. So gehen sie nur vor und zurück und machen dabei nie wirklich einen Fortschritt.«

Warum nicht eine Entscheidung treffen, auf der positiven Seite zu bleiben, indem man Gott vertraut und Sorgen zurückweist?

3

Alles wird gut werden

Der zweite Wegweiser hat mit Angst zu tun. Auf ihm steht: »Fürchte dich nicht und sei nicht ängstlich.« Dieser Wegweiser erteilt eine Warnung, die der ersten - »Vertraue Gott und sorge dich nicht!« - ähnlich ist. Nur die Konsequenzen bei Nichtbefolgung sind ein wenig drastischer. Statt im Straßengraben zu landen, wie es geschehen kann, wenn Sie nach rechts schwenken, riskieren Sie hierbei einen Frontalzusammenstoß. Es ist so, als würden Sie in einer Kurve die durchgezogene Linie in der Straßenmitte überfahren.

Angst, genau wie Sorge, ist ein unbehagliches Gefühl, das auch bleibt, nachdem wir meinen, wir hätten es überwunden. Es ist fast wie eine doppelten Portion Sorge. Wenn wir einmal in diese Richtung gehen, verlassen wir den Glauben und treten in die Furcht ein, insbesondere in die Furcht vor dem Morgen und dem Ungewissen. Das Resultat ist Angst.

Anzeichen von Angst

Angst im Herzen eines Mannes drückt es nieder.
Sprüche 12,25

Angst bringt eine Schwere in das Leben einer Person.

In Websters Wörterbuch steht, dass *Angst* »ein Zustand von Beunruhigung, Befürchtung, Besorgnis[1]« ist.

Manchmal ist diese Beunruhigung sehr nebelhaft, etwas, das wir nicht greifen können. Möglicherweise wissen wir gar nicht, was es eigentlich ist. Wir wissen nur, dass wir beunruhigt sind, manchmal sogar, wenn wir mit anderen Menschen zusammen sind.

Gemäß Webster ist eine *Befürchtung* »das ängstliche Gefühl einer Vorahnung; Grauen, Schrecken[2]«. Mit anderen Worten ist Befürchtung eine schlimme Art von Angst.

Ich erinnere mich an eine schlimme Art von Angst, die ich einmal hatte. Mir waren in meinem Leben so viele abscheuliche Dinge widerfahren, dass ich schließlich zu dem Punkt gelangte, wo ich erwartete, dass üble Dinge passieren würden. Doch ich verstand nicht, was ich durchmachte, bis der Herr es mir in der Schrift offenbarte.

Böse Vorahnungen

Alle Tage des Verzagten und Betrübten sind böse gemacht [durch ängstliche Gedanken und Vorahnungen], aber derjenige, der ein fröhliches Herz hat, hat ein ständiges Festmahl [ohne Rücksicht auf Umstände].

Sprüche 15,15

Eines Morgens, vor vielen Jahren, frisierte ich vor dem Spiegel mein Haar. Ich hatte das ungute Gefühl, dass mir etwas Schlimmes zustoßen würde. Ich verstand das damals nicht, weil ich noch nicht lange mit dem Heiligen Geist erfüllt war und erst seit kurzer Zeit das Wort studierte. Ich nahm lediglich ein vages Gefühl einer persönlichen Bedrohung wahr. Ich beschloss den Herrn zu fragen: »Was ist das für ein Ding, das mich die ganze Zeit umgibt? Es hat mich verfolgt, so weit ich mich zurückerinnern kann.« Der Herr erklärte mir, es seien »böse Vorahnungen«.

Da ich diesen Ausdruck noch nie zuvor gehört hatte, dachte ich: »Was ist denn bitteschön eine ›Vorahnung‹?« Also ging ich und schlug im Lexikon nach. Ich entdeckte, dass eine *Vorahnung* »ein Gespür für ein bevorstehendes Missgeschick oder Unheil[3]« ist.

Ich lernte, dass eine Vorahnung nichts mit einem Geschehnis in der Gegenwart zu tun hat; es ist ein negatives Gespür für das Auftreten eines zukünftigen Ereignisses.

Damals wusste ich nicht, dass dieses Wort auch in der Bibel stand. Später jedoch stieß ich auf Sprüche 15,15, wo von »ängstlichen Gedanken« und »Vorahnungen« die Rede ist.

Gott möchte, dass wir böse Vorahnungen loswerden, damit wir das

Leben genießen können. Doch das ist leichter gesagt als getan, da Satan, unser Widersacher, uns glauben lassen will, dass nichts für uns gut ausgehen würde. Er möchte, dass wir glauben, wir würden immer missverstanden und nicht gebührend gewürdigt werden, dass uns nie jemand mögen würde oder um uns sein möchte, dass sich nie jemand etwas aus uns machen würde. Er will, dass wir uns wegen unserer Vergangenheit gedemütigt fühlen, in der Gegenwart hilflos dastehen und keine Hoffnung für die Zukunft haben. Er möchte uns mit so viel Sorge und Angst überschütten, dass wir von der Beziehung zu Gott weggezogen und von der Erfüllung der Aufgabe, die er vor uns gesetzt hat, abgelenkt werden.

Jede der Bedeutungen des Wortes *angsterfüllt* - »besorgt und beunruhigt über eine Ungewissheit«, »verbunden mit Sorge, Sorge zeigen oder erzeugend« - bestätigt diese Tatsache[4].

Wenn Sie erlöst sind, dann sagen Sie es!

So sollen sagen die Erlösten des Herrn, die er aus der Hand des Widersachers erlöst hat.

Psalm 107,2

Sobald Sie bemerken, dass der Teufel sie beunruhigen will, dann sitzen Sie nicht herum und lassen sich mit Sorgen und negativen Gedanken belasten. Öffnen Sie Ihren Mund und sagen Sie etwas, das er nicht hören will. Dann wird er weichen. Fangen Sie an, Ihre Autorität in Christus zu bekennen.

Manchmal, während ich mich auf eine Predigt in einer Gemeinde oder einem Seminar vorbereite, fangen negative Gedanken an, mich zu bombardieren.

Vor einigen Jahren wollte ich wissen, wie viele Leute sich im Voraus für ein Frauentreffen, das ich leiten sollte, angemeldet hatten. Als ich meine Assistentin fragte, erwiderte sie, dass sich nicht viele angemeldet hätten, die Organisatoren der Veranstaltung aber glaubten, dass ebenso viele anwesend sein würden, wie im vergangenen Jahr.

Ganz plötzlich kam mir der Gedanke: »Was, wenn niemand kommt? Was, wenn mein Team und ich alle von so weit her anreisen und nur ein paar Leute erscheinen?« Dann ermutigte ich mich selbst mit meinem eigenen Mund und sprach laut: »Alles wird gut sein.«

Manchmal müssen wir dies tun, denn wenn wir es nicht täten, würden uns jene bösen Vorahnungen weiterhin umgeben, um uns zu Sorge und Angst zu verleiten.

Als ich die ängstlichen Gedanken und bösen Vorahnungen erst einmal erkannte und Autorität über sie nahm, begann Gott, mir Befreiung zu schenken, so dass ich das Leben wieder genießen konnte.

Satan flößt ängstliche und sorgenvolle Gedanken in unseren Verstand ein, ja, bombardiert ihn manchmal sogar damit. Er hofft, dass wir sie annehmen und sie mit unserem Munde auszusprechen beginnen. Wenn wir dies tun, bekommt er dadurch die Mittel, unsere Befürchtungen tatsächlich wahr werden zu lassen.

Worte haben schöpferische Kraft im geistlichen Bereich. In 1. Mose 1,3 heißt es: »Gott *sprach*, es werde ... und es wurde«!

Jesus sagte: »Darum macht euch keine Gedanken, indem ihr sagt: Was werden wir essen? Oder: Was werden wir trinken? Oder: Womit werden wir uns kleiden? (Matthäus 3,61; KJV). Wenn wir einen negativen Gedanken annehmen und ihn auszusprechen beginnen, dann sind wir nur ein paar Schritte von wirklichen Problemen entfernt. »Deshalb seid nicht besorgt um den morgigen Tag, denn der morgige Tag wird für seine Dinge sorgen« (Vers 34; KJV).

Genießen Sie das Leben!

Ein sanfter und friedvoller Geist ... [ist nicht ängstlich oder aufgebracht, sondern] ist sehr köstlich vor Gott.

1. Petrus 3,4

Angst bedeutet auch »Sorge, Betrübnis, Unruhe, ein gequälter Zustand des Verstandes[5]«. Der Apostel Petrus sagt uns, dass die Art von Geist, die Gott liebt, ein friedvoller Geist ist, nicht einer, der ängstlich oder aufgebracht ist.

Wenn wir erregt sind, sind wir innerlich ganz angespannt und fühlen uns, als ob unser Magen zu Knoten zusammengebunden wäre. Alles wird uns zur Last – zu einer großen, intensiven, erschöpfenden Bürde –, so dass wir nicht fähig sind, uns zu entspannen und das Leben zu genießen, wie Gott es beabsichtigt.

Ich war immer angespannt und aufgebracht, weil mir meine Kindheit durch Misshandlung gestohlen wurde. (In sehr jungen Jahren fühlte ich mich bereits wie ein Erwachsener.) Weil ich im Grunde nie ein Kind sein durfte, hatte ich keine Ahnung, wie man loslässt und kindlich ist. Als ich dann heiratete und selbst Kinder bekam, wusste ich nicht, wie man es anstellt, wirklich Freude an ihnen zu haben.

Jahrelang konnte ich mich nicht einmal an meinem Ehemann erfreuen, weil ich zu sehr darum bemüht war, ihn zu verändern. Ich versuchte ständig, ihn zu vervollkommnen - und auch alle anderen.

Ich hatte Kinder, aber ich genoss sie nicht. Jeden Tag, bevor sie zur Schule gingen, vergewisserte ich mich, ob ihr Haar in Ordnung, ihre Kleidung knitterfrei und ihr Pausenbrot sicher in ihrer Essensbox verstaut waren. Ich liebte meine Kinder, aber ich erfreute mich ihrer nicht.

Ich hatte ein schönes Haus, ich hielt es tadellos sauber und alles an seinem Platz, aber ich genoss es nicht. Auch keiner sonst erfreute sich am Haus. Wir konnten nicht darin leben. Wir konnten es lediglich betrachten.

Meine Kinder hatten schöne Spielsachen, doch sie erfreuten sich nicht daran, weil ich es nicht zuließ. Ich wollte nicht, dass sie ihr Spielzeug herausnahmen und damit spielten.

Ich wusste gar nicht, was Spaß war. Was immer es war, ich dachte nicht, dass meine Familie ein Anrecht darauf hatte. Ich dachte: »Du *brauchst* keinen Spaß zu haben. Alles, was du *brauchst*, ist, jeden Tag ein gutes Stück Arbeit zu verrichten.«

Ich erinnere mich, dass ich zu meinen Kindern sagte: »Geht raus und geht spielen.« Wenn sie es dann taten, war ich gleich wieder hinter ihnen her und herrschte sie an: »Hebt dieses Zeug auf! Räumt dieses Durcheinander sofort weg! Ihr könnt nichts, als überall Unordnung zu schaffen!«

Was ich zu jener Zeit meines Lebens erkennen musste, war, dass es nicht das Ende der Welt bedeutete, wenn sich Dinge nicht genauso ergaben, wie ich es wollte. Ich musste lernen, mich zu entspannen und das Leben zu genießen.

Die Bibel sagt in Psalm 118,24 (NKJV): »Dies ist der Tag, den der Herr gemacht hat; wir wollen frohlocken und uns freuen an ihm.«

In Johannes 16,33 spricht Jesus: »Dies habe ich euch gesagt, damit ihr in mir [vollkommenen] Frieden und Zuversicht habt. In der Welt habt ihr Drangsal und Versuchungen und Pein und Enttäuschungen, doch seit guter Dinge [fasst Mut, seid zuversichtlich, sicher, unerschrocken]! Denn ich habe die Welt überwunden.«

In Philipper 4,4 erklärt der Apostel Paulus: »Frohlockt im Herrn allezeit [vergnügt, erfreut euch in ihm]; abermals sage ich: Freuet euch.«

Seien Sie nicht so verkrampft. Machen Sie es sich ein wenig leichter. Geben Sie Gott die Gelegenheit, zu wirken. Entschließen Sie sich, das Leben zu genießen!

Verwandelt von Herrlichkeit zu Herrlichkeit

Wir alle werden mit unverhülltem Angesicht, da wir fortfuhren, wie in einem Spiegel die Herrlichkeit des Herrn [im Wort Gottes] zu betrachten, unaufhörlich verwandelt in sein eigenes Bild, mit immer zunehmendem Glanz, und von einer Stufe der Herrlichkeit zur nächsten; [denn dies kommt] vom Herrn, [welcher] der Geist ist.

2. Korinther 3,18

Sehen Sie ein, dass Sie nie viel Spaß haben werden, wenn Sie beschließen, sich nur dann zu freuen, wenn alles perfekt ist?

Begehen Sie nicht den Fehler und warten Sie damit, sich zu freuen, bis Sie und jeder um Sie herum Perfektion erreicht haben und an der Ziellinie angelangt sind.

Die Bibel sagt, dass Sie und ich in Gottes ureigenes Bild verwandelt werden und von Herrlichkeit zu Herrlichkeit gehen. Das heißt, dass wir mehrere verschiedene Stadien durchschreiten werden. Wir müssen lernen, die Herrlichkeit des Stadiums, in dem wir uns gerade befinden, zu genießen, während wir uns in das nächste hineinbewegen. Wir müssen lernen, zu sagen: »Ich bin nicht, wo ich sein sollte, aber Gott sei Dank, ich bin auch nicht mehr dort, wo ich war. Ich bin irgendwo in der Mitte und ich werde jedes Stadium genießen.«

Wenn unsere Kinder Babys sind, tun sie süße Dinge, wie lächeln und glucksen, doch sie machen auch Sachen, die nicht so nett sind. Sie schreien mitten in der Nacht, sie zahnen und bekommen Durchfall. Wir ertappen uns dabei, dass wir sagen: »Ich bin froh, wenn sie aus diesem Stadium heraus sind, so dass ich sie wirklich genießen kann.«

Irgendwie schaffen sie es durch dieses Stadium und treten in das nächste ein. Auf dieser Stufe sprechen sie und gebrauchen süße Ausdrücke, doch sie laufen auch umher und werfen jeden Gegenstand, den ihre Hände ergreifen können, zu Boden. Wiederum wünschen wir, dass sie durch dieses Stadium hindurch wären.

Bald sind sie im Kindergarten und wir sagen: »Ich bin froh, wenn sie in der ersten Schulklasse sind, denn dann sind sie den ganzen Tag in der Schule.« Doch sobald sie in die Grundschule gehen, sagen wir: »Ich bin froh, wenn sie die Oberschule besuchen.« Wenn sie dann die Oberschule absolviert haben, sagen wir: »Ich bin froh, wenn sie erwachsen und verheiratet sind.«

Dann eines Tages passiert das und auf einmal merken wir, dass wir kein Stadium ihres Lebens genossen haben. Wir haben immer darauf gewartet, uns zu freuen, *wenn* ...

Auf diese Weise verbrachte ich früher mein ganzes Leben. Ich hatte immer vor, mich zu einer späteren Zeit zu erfreuen.

Wenn ich Veranstaltungen abhielt, in welchen fünfzig Teilnehmer anwesend waren, dachte ich: »Ich bin froh, wenn Hunderte von Menschen zu meinen Versammlungen kommen.« In Wirklichkeit machte es mich kein Stück glücklicher, als dies schließlich geschah.

Jede Phase, die wir durchschreiten, bringt ein gewisses Maß an Freude mit sich, aber sie kommt auch mit ihrer eigenen kleinen Anzahl von Problemen. Wir müssen lernen, uns trotz jeden Umstandes zu freuen.

Freuen Sie sich trotz der Umstände

Denn du hast mich erfreut, o Herr, durch dein Tun; ob der Werke deiner Hände singe ich voller Freude.

Psalm 92,5

Vor einigen Jahren fand ich schließlich das Tor zur Glückseligkeit. Man findet sie in der Gegenwart Gottes.

Für gewöhnlich war ich glücklich, wenn Gott etwas tat, das mich erfreute. Doch ich wusste nicht, wie man *seinetwegen* froh ist. Ich wusste, wie man seine Hand sucht, aber ich hatte wirklich keine Ahnung, wie man sein Angesicht sucht.

Glauben Sie ja nicht, dass Sie glücklich sein werden, wenn Gott die nächste Sache vollbringt, die Sie von ihm getan haben wollen. Sobald er es tut, wird es etwas anderes geben, das Sie begehren und dabei denken, Sie könnten sich erst freuen, wenn Sie jene Sache haben. Verbringen Sie nicht Ihr ganzes Leben damit, auf eine andere Zeit zu warten, um glücklich zu sein.

Eines Tages, nachdem ich diesen Durchbruch erlebt hatte, ging ich zu einer Versammlung und sang das einst beliebte Lied: »Du hast mich froh gemacht, du hast mich froh gemacht; ich will mich freuen, denn du hast mich froh gemacht.« Da sprach der Heilige Geist zu mir und sagte: »Du singst dieses Lied zum ersten Mal richtig.«

Weil Gott mehr auf unser Herz hört, als auf unsere Worte, klang jenes Lied diesmal anders für ihn. Vorher hatte er gehört: »Die Dinge, die du für mich getan hast, haben mich froh gemacht; die Dinge, die du für mich getan hast, haben mich froh gemacht; ich will mich freuen, weil mich all die Dinge, die du für mich getan hast, froh gemacht haben.«

Wenn der Herr meine Wünsche erfüllte, war ich froh, aber wenn er nicht tat, was ich getan haben wollte, war ich nicht froh. So ging mein Leben immer auf und ab. Es war wie beim Achterbahn fahren. Ich wurde von den ständigen Gemütsschwankungen erschöpft. Wenn mir die Umstände passten, war ich oben, ansonsten war ich unten.

Wenn wir in der Fülle der Freude leben wollen, müssen wir etwas finden, um uns ungeachtet unserer Umstände freuen zu können.

Freuen Sie sich trotz Menschen

Freut euch im Herrn und frohlockt, ihr [kompromisslos] Gerechten, [die ihr aufrichtig seid und in gerechtem Stand vor ihm]; jubelt vor Freude, alle, die ihr aufrichtigen Herzens seid!

Psalm 32,11

Selbst wenn uns jeder unserer Umstände angenehm ist, werden wir letztendlich herausfinden, dass die Welt voller Menschen ist, die uns nicht passen. Sobald wir es schaffen, die uns unangenehmen Menschen etwas zu verändern, kommen weitere Nervensägen unseres Weges. Der Kreislauf geht nie zu Ende.

In unserem Dienst haben wir eine große Anzahl von Leuten im Mitarbeiterteam. Auch wenn es die wunderbarsten Menschen sind, die mir je begegnet sind, gibt es Zeiten, da mich nicht alle froh machen.

Selbst von christlichen Menschen umgeben zu sein, wird uns nicht die ganze Zeit über glücklich machen. Der Einzige, der uns die ganze Zeit über und zu jeder Zeit froh machen kann, ist Jesus – und nicht einmal er kann es, wenn wir es ihm nicht erlauben.

Das Martha-Syndrom

Es geschah aber, als sie ihres Weges zogen, dass Jesus in ein bestimmtes Dorf kam und eine Frau namens Martha ihn empfing und ihn in ihrem Haus willkommen hieß. Und diese hatte eine Schwester namens Maria, die sich zu den Füßen Jesu setzte und seiner Lehre zuhörte. Martha aber [allzu sehr in Anspruch genommen und zu beschäftigt] war abgelenkt mit vielem Dienen; und sie trat zu ihm und sprach: Herr, kümmert es dich nicht, dass meine Schwester mich allein dienen lässt? Sage ihr doch, dass sie mir helfe [Hilfe leiste und ihren Teil mit mir tue]!

Lukas 10,38-40

Niemand kannte die Quelle von Glückseligkeit, Frieden und Freude besser als Maria, die Schwester von Martha. Als ihr Gast, Jesus, in ihr Haus kam, setzte sich Maria zu seinen Füßen, um nicht ein Wort davon zu versäumen, was er zu sagen hatte. Sie war begeistert, dass er beschlossen hatte, sie an jenem Tag zu besuchen und wollte die Zeit, die sie gemeinsam verbringen würden, wirklich genießen. Deshalb setzte sie sich einfach hin und richtete ihre Augen auf Jesus.

Dann war da ihre Schwester - die liebe alte Martha. Sie hatte schon den ganzen Tag damit zugebracht, herumzulaufen und zu putzen, zu polieren und zu kochen, und versuchte alles rechtzeitig für Jesu Besuch vorzubereiten.

(Der Grund, warum es mir so leicht fällt, Martha in dieser Situation zu beschreiben ist der, dass ich genauso war wie sie.)

Alles musste in Ordnung sein, wenn Marthas Gast kommen würde. Als er dann eingetroffen war, beschäftigte sie sich in der Küche, um all das Essen fertig zu machen und den letzten Schliff an den gedeckten Tisch zu legen.

Schließlich wurde Martha ärgerlich, kam zu Jesus und sagte in etwa: »Meister, warum sagst du Maria nicht, dass sie mir bei der Arbeit etwas helfen soll?« In der Hoffnung, etwas Mitgefühl und vielleicht ein wenig Anerkennung für all ihre Mühen zu ernten, war sie schockiert, als er sagte: »Martha, Martha, du bist besorgt und beunruhigt um viele Dinge; es ist lediglich eines oder nur weniges nötig. Maria hat das gute Teil erwählt ..., das nicht von ihr genommen werden wird« (Lukas 10,41-42).

Die Dinge in diesem Haus gingen nach dieser Bemerkung wohl ein wenig ruhiger vonstatten. Aber Martha musste das wirklich hören.

Ich erinnere mich, als Gott einmal etwas Ähnliches zu mir sagte. Er sprach: »Joyce, du kannst das Leben nicht genießen, weil du zu kompliziert bist.« Und er hatte Recht. Ich konnte ein einfaches Grillen kompliziert machen!

Ich erinnere mich, wie ich eines Tages einige unserer Freude traf und, der Eingebung des Augenblicks folgend, sie zu einem Besuch einlud. Ich erinnere mich, dass ich in etwa sagte: »Hey, warum kommt ihr am Sonntag nicht zu uns? Wir schmeißen ein paar Würstchen auf den Grill und machen eine Packung Chips und eine Dose gebackene Bohnen mit Speck auf. Ich mache Tee und wir können auf der Terrasse sitzen und eine schöne Zeit haben oder vielleicht auch Ball spielen oder andere Spiele oder so.«

Nachdem ich dies gesagt hatte, fühlte ich mich gut, weil ich daran dachte, wie viel Spaß wir haben würden. Ich stieg in mein Auto und machte mich auf den Weg nach Hause. Auf dem Heimweg hatten sich die Würstchen in Steaks verwandelt und aus den Kartoffelchips war Kartoffelsalat geworden. Schließlich wollte ich nicht, dass meine Freunde dächten, ich könnte mir nur Würstchen leisten oder dass ich nicht wusste, wie man einen Kartoffelsalat zubereitet.

Es dauerte nicht lange, bis ich beschlossen hatte, dass der Grill gestrichen und die alten Gartenmöbeln ersetzt werden müssten. Natürlich musste der Rasen gemäht und das Haus gründlich gesäubert werden. Schließlich musste ich auf meine Gäste einen guten Eindruck machen.

Nach einer Weile dachte ich nicht nur noch an die sechs Leute, die ich eingeladen hatte, sondern an die vierzehn nicht Eingeladenen, die beleidigt sein würden, wenn sie wüssten, dass die sechs bei uns sind. Und nun, ganz plötzlich, war diese einfache Zusammenkunft zu einem Schreckgespenst geworden. Ich hatte der Menschenfurcht nachgegeben.

Dann sank das Martha-Syndrom noch tiefer ein. Ich begann, ganz versessen das Haus zu putzen und die Böden zu wischen. Ich schickte jedermann zum Einkaufen, um dies und jenes besorgen zu lassen. Unweigerlich wurde ich wütend auf Dave und die Kinder und sagte Dinge wie: »Ich verstehe nur nicht, warum ich *die ganze Arbeit* machen muss, während jeder andere sich amüsiert!« Mir war »Martha« förmlich übers ganze Gesicht geschrieben, und ich wusste, dass ich nicht den besten Teil erwählt hatte, den Maria hatte.

Leben Sie im »Jetzt«

Geliebte, wir sind [schon hier und] jetzt Gottes Kinder; es ist noch nicht aufgedeckt (offensichtlich gemacht), was wir [hernach] sein werden; wir wissen aber, dass, wenn er kommt und offenbar wird, wir [als Gottes Kinder] ihm ähnlich und wie er sein werden, denn wir werden ihn sehen, wie er [wirklich] ist.

1. Johannes 3,2

In Wahrheit bestimmen die Entscheidungen, die wir heute treffen, ob wir den Augenblick genießen oder ihn durch Sorgen verschwenden werden. Manchmal verfehlen wir den Moment des Heute, weil wir zu sehr auf das Morgen gerichtet sind.

Eine weitere Definition von *Sorge* ist »Unruhe und Qual wegen zukünftiger Ungewissheiten[6]«. Die Definition, die mir Gott gegeben hat, liegt auf derselben Linie: »Sorge wird hervorgerufen, wenn man versucht, sich verstandesmäßig oder emotional mit Dingen zu befassen, die noch nicht da sind (mit der Zukunft) oder mit Dingen, die schon vorüber sind (mit der Vergangenheit).«

Wir müssen verstehen: Gott möchte, dass wir »Jetzt-Menschen« werden. Zum Beispiel steht in 2. Korinther 6,2 (KJV): »Siehe, jetzt ist der Tag des Heils«, und in Hebräer 4,7 heißt es: »Heute, wenn ihr seine Stimme hören möchtet und wenn ihr sie hört, verhärtet eure Herzen nicht.«

Wir müssen lernen, *jetzt* zu leben. Zu oft verbringen wir unsere Zeit gedanklich in der Vergangenheit oder Zukunft. Das mag ein wenig komisch klingen, aber ich hatte in meinem Leben mit dieser Neigung so ein großes Problem, dass mir Gott eines Tages offenbarte, dass ich mir sogar beim Zähneputzen Sorgen machte!

Während ich meine Zähne putzte, dachte ich bereits an die nächste Sache, die ich tun wollte. Ich hatte es eilig, und mein Magen verkrampfte sich bereits.

Wenn Sie und ich uns nicht wirklich dem hingeben, was wir im Moment tun, werden wir anfällig für Besorgnis. Das Zähneputzen mag eine simple Sache sein, doch ich glaube, dass gerade solche Alltäglichkeiten die meisten Probleme hervorrufen.

Ich kann mich erinnern, wie es mir erging, als ich gerade mit dem Heiligen Geist getauft war. Mein Verstand war so schrecklich durcheinander, dass ich Schwierigkeiten mit den gewöhnlichsten Dingen des Lebens hatte. Ich stand am Morgen auf, schickte meine drei Kinder zur Schule und meinen Mann zur Arbeit und begann dann mit der Tätigkeit, die an jenem Tag verrichtet werden musste. Aber ich konnte meine Gedanken auf nichts konzentrieren.

Es kam vor, dass ich die Betten im Schlafzimmer machte und mir plötzlich einfiel, dass ich die Spülmaschine noch nicht eingeräumt hatte. Also eilte ich in die Küche, um dies zu tun und hinterließ dabei das Bett nur teilweise gemacht.

Während ich die Spülmaschine füllte, würde mir vielleicht einfallen: »Mensch, ich muss dringend nach unten gehen und das Fleisch aus der Gefriertruhe holen, so dass es rechtzeitig zum Abendessen aufgetaut ist.«

So rannte ich dann schnell nach unten, um das Fleisch aus der Gefriertruhe zu holen. Als ich unten war, sah ich womöglich einen Haufen schmutziger Wäsche daliegen, der unbedingt in die Waschmaschine befördert werden musste.

Just in dem Moment erinnerte ich mich vielleicht an ein Telefongespräch, das getätigt werden musste. So eilte ich sogleich wieder nach oben, um diese Sache zu erledigen. Inmitten all dieser Hetze und diesem Durcheinander erinnerte ich mich unter Umständen plötzlich noch daran, dass ich zur Post gehen und einige Rechnungen abschicken müsste. Also zischte ich ab, um diesen Botengang zu erledigen.

Am Ende des Tages war alles mehr durcheinander als am Morgen. Es war alles halb erledigt, und ich war frustriert und erschöpft. Warum? Ganz einfach, weil ich mich nie völlig nur einer Sache hingab.

Eine Sache nach der anderen

Bewahre deinen Fuß [richte deinen Sinn auf das, was du tust].

Prediger 4,17

Wissen Sie, warum wir uns nicht wirklich nur einer Sache widmen? Weil wir uns zu sehr mit der nächsten beschäftigen. Wir müssen tun, was uns der Schreiber des Predigerbuches anbefohlen hat - nämlich unseren Sinn auf das gerichtet halten, was wir im Moment gerade tun. Wenn wir das nicht machen, verlieren wir unseren Halt oder unser Gleichgewicht im Leben, und alles wird ein heilloses Durcheinander sein.

Wir müssen eine Entscheidung treffen, im Jetzt zu leben, nicht in der Vergangenheit oder in der Zukunft; denn wenn wir uns in das Gestern oder in das Morgen begeben, obwohl wir im Heute leben sollten, verlieren wir unsere Salbung für das Heute. Wir müssen einen Tag nach dem anderen angehen, denn dies ist die einzige Möglichkeit, unseren Weg zu finden.

Wir leben in einer derartig schnelllebigen Gesellschaft, dass wir am liebsten alles mit dem bloßen Schwenken eines Zauberstabes erledigt haben möchten. Aber so funktioniert das nun einmal nicht. Veränderung kommt an einem Tag nach dem anderen.

Ein Tag nach dem anderen

So seid nicht besorgt oder ängstlich um den morgigen Tag, denn der morgige Tag hat seine eigenen Sorgen und Ängste. Jedem Tag genügt seine eigene Plage.

Matthäus 6,34

In Johannes 8,58 sprach Jesus von sich als dem »ICH BIN«. Wenn Sie und ich als seine Jünger versuchen, in der Vergangenheit oder in der Zukunft zu leben, wird uns das Leben schwer vorkommen, weil Jesus immer in der Gegenwart ist. Deshalb sagte er uns, dass wir nicht um das Gestern oder das Morgen besorgt sein sollen.

Wenn wir versuchen, in der Zukunft oder in der Vergangenheit zu leben, wird das Leben schwer sein. Aber wenn wir im Jetzt leben, werden wir den Herrn bei uns finden. Ungeachtet, welche Situationen uns das Leben beschert, hat er versprochen, uns nie zu verlassen oder zu versäumen, sondern immer bei uns zu sein und uns zu helfen (Hebräer 13,5; Matthäus 28,20).

Uns im Jetzt einer Sache nach der anderen zu widmen, ist nicht nur eine körperliche Angelegenheit, sondern gleichfalls eine verstandesmäßige und gefühlsmäßige. Wir können uns zum Beispiel körperlich an einem Ort befinden, aber in Gedanken dennoch irgendwo anders mit jemandem eine Unterhaltung führen.

Wenn wir gedanklich zur nächsten Sache übergehen, übt dies unnötigen Druck auf uns aus. Wenn wir zur Gegenwart zurückkehren, sind wir uns vielleicht nicht im Klaren über das, was vor sich ging, als wir gedanklich abwesend waren.

Das ist der Grund, warum der Teufel ständig versucht, uns gedanklich abzulenken und uns anderswo hinzuführen. Er möchte, dass wir das verpassen, was gegenwärtig geschieht.

Ich erinnere mich an eine Zeit, da ich über etwas, was mein Mann getan hatte, ärgerlich war. In jener Zeit pflegte ich böse zu werden und es tagelang zu bleiben. Schließlich sagte Dave etwas, das wirklich meine Aufmerksamkeit auf sich lenkte: »Wäre es nicht traurig, wenn Jesus heute Abend käme und du deinen letzten Tag auf diese Weise zugebracht hättest?« Das gab mir zu denken.

Sie und ich brauchen nicht über das Morgen besorgt sein, wenn wir heute bereits alle Hände voll zu tun haben. Auch wenn wir es schaffen, alle unsere heutigen Probleme zu lösen, warten morgen und übermorgen doch wieder neue Probleme auf uns.

Warum Zeit mit Besorgtheit verschwenden, wenn nicht alles zu bewältigen ist? Warum über das Gestern, das vorüber ist, oder das Morgen, das noch nicht da ist, bekümmert sein? Leben Sie jetzt im Glauben. Fürchten Sie sich nicht und seien Sie nicht ängstlich!

4

Gottes Gedanken sind höher als unsere Gedanken

Versuchen Sie immer, alles zu ergründen? Viele von uns sind in diese Grube gefallen. Statt unsere Sorge auf den Herrn zu werfen, gehen wir durch das Leben und tragen jedes bisschen davon selbst.

Wenn wir alles herauszufinden versuchen, nehmen wir unsere eigenen Überlegungen wichtiger als Gottes Gedanken und Pläne für unser Leben. Wir stellen unsere Wege über seine Wege.

In 2. Korinther 10,5 wird uns gesagt, wir sollen »jeden Gedanken und jede Absicht gefangen hinwegführen in den Gehorsam Christi.« Der dritte Wegweiser lautet: »Werft alle eure Sorge auf ihn und vermeidet Vernunftschlüsse.« Wenn wir das tun, werden wir aufhören, alles herausfinden zu wollen und lernen, unsere Sorge auf den Herrn zu werfen und in seine Ruhe einzugehen.

Treten Sie in Gottes Ruhe ein

Denn wir, die wir geglaubt haben [an Gott festhielten und ihm vertrauten und uns auf ihn stützten], gehen in jene Ruhe ein.

Hebräer 4,3

Diese Passage bezieht sich auf die Kinder Israel, die in das Land Kanaan einzogen, anstatt in der Wüste zu wandern. Aber wir können das auch auf unser Leben anwenden. Wenn wir nicht ruhen, dann glauben und vertrauen wir nicht wirklich, weil die Frucht von Glauben und Vertrauen Ruhe ist.

Manchmal bin ich versucht, jedes Detail von dem, was geschieht oder den Grund, warum Dinge passieren, herauszufinden. Doch ich weiß, dass ich dann Gott nicht wahrlich vertaue.

In Sprüche 3, Vers 5 wird uns gesagt: »Stütze dich, vertraue auf den Herrn und sei ihm gegenüber zuversichtlich mit deinem ganzen Herzen und Verstand und verlasse dich nicht auf deine eigene Einsicht oder dein Verständnis.« Mit anderen Worten, es wird uns anbefohlen: »Vertraue Gott und versuche nicht, Dinge herauszufinden auf der Grundlage dessen, was du siehst«, und nicht: »Vertraue Gott, während du alles herauszufinden versuchst«.

Ich merkte: Mit meinem Mund beteuerte ich mein Vertrauen zu ihm, während ich mit meinem Verstand immer noch versuchte, alles selbst herauszufinden. Was uns Sprüche 3,5 zu tun aufträgt, besteht darin, Gott von ganzem Herzen und mit dem ganzen Verstand zu vertrauen.

Das bedeutet, dass wir übermäßiges Schlussfolgern aufgeben müssen.

Vernunftschlüsse im Gegensatz zur Wahrheit

Seid aber Täter des Wortes [gehorcht der Botschaft], und nicht nur Hörer desselben, wodurch ihr euch selbst verleitet [zu Irreführung durch Vernunftschlüsse entgegen der Wahrheit].

Jakobus 1,22

Als mir Gott offenbarte, dass ich übermäßiges Schlussfolgern aufgeben müsse, war dies für mich eine echte Herausforderung, weil ich süchtig war. Ich konnte es nicht ertragen, wenn ich nicht alles herausgefunden hatte.

Zum Beispiel beauftragte uns Gott vor einigen Jahren, in unserem Dienst einiges durchzuführen, wovon ich nicht die leiseste Ahnung hatte, wie wir es anstellen sollten. Eines davon war, täglich im Fernsehen zu erscheinen. Natürlich bedeutete dies ein fünfmal höheres Arbeitspensum und finanzielle Verantwortung für diesen Dienst. Es erforderte mehr Mitarbeiter und mehr Platz.

Aber Gott hat mich nie berufen, genau herauszufinden, wie ich alles, was er mir aufgetragen hatte, ausführen sollte. Er berief mich, *ihn* zu suchen, nicht eine Antwort auf meine Probleme zu suchen, und dann seinen Anordnungen gehorsam zu sein.

Ich wusste nicht, woher wir das Geld bekommen würden oder den Raum oder die Leute, um all die Dinge, die uns Gott aufgetragen hatte, zu bewerkstelligen. Doch ich hatte ausreichend Erfahrung mit Gott, um zu wissen, dass ich nur im Schatten - im Schatten seiner Flügel - bleiben musste, ihn lediglich preisen und anbeten musste. Sicher, meinen Teil der Verantwortung musste ich übernehmen, doch meine Sorge hatte ich einfach auf ihn zu werfen, und dann würde er alles nach seinem Willen und Plan zustande bringen.

Mein Teil der Verantwortung ist, zu tun, was auch immer er mir zu tun zeigt. Er verlangt von mir nur zu sagen: »Ich werde anfangen, Schritte zu unternehmen, Herr, und ich glaube, dass du die Vorsorge triffst.« Doch ich kann Ihnen versichern, dass Gott nie von mir verlangen wird, mir Sorgen zu machen oder herauszufinden, wie er alles, was er mich zu tun anleitet, vollbringen wird.

Wenn wir uns Sorgen machen, verlieren wir unseren Frieden, und wenn wir versuchen, alles herauszufinden, geraten wir in Verwirrung. Im Frieden verharren heißt, im Schatten des Allmächtigen zu bleiben.

Einmal fragte ich den Herrn: »Warum sind wir alle so verwirrt?« Er antwortete, indem er sagte: »Wenn du aufhörst, danach zu trachten, Dinge herauszufinden, dann wirst du nicht verwirrt sein.«

Der Beginn der Verwirrung ist die Warnung eines Wegweisers, der uns zeigt, dass wir gerade eine falsche Abbiegung nehmen und in Schwierigkeiten geraten.

Verwirrung ist das Resultat von Schlussfolgern mit unserem eigenen Verstand, wobei wir doch Gott vom ganzen Herzen vertrauen sollten, dass er für uns den Weg nach seinem Plan bereitet. Wenn wir vertrauen, dass seine Gedanken höher sind als unsere Gedanken, können wir die Verwirrung aufhalten, bevor sie beginnt.

Endlose Gespräche

Seid nicht [im Voraus] besorgt, was ihr zur Verteidigung erwidern sollt oder was ihr sagen sollt. Denn der Heilige Geist wird euch in jener Stunde und jenem Moment lehren, was ihr sagen sollt.

Lukas 12,11-12

Manchmal versuchen wir nicht nur, im Voraus herauszufinden, was wir *tun* sollen, sondern wir versuchen auch herauszufinden, was wir *sagen* sollen.

Zu Hause mag es nötig sein, deinem Ehepartner wegen einer Sache zwischen euch beiden gegenüberzutreten. Am Arbeitsplatz ist es vielleicht erforderlich, Ihre Arbeitgeber um eine Gehaltserhöhung zu bitten oder einem Mitarbeiter aufgrund seines ungebührlichen Verhaltens eine Rüge zu erteilen. Welche Situation es auch sein mag, irgendetwas bereitet Ihnen momentan vielleicht Besorgnis.

Warum entscheiden Sie sich nicht, dem Herrn zu vertrauen, statt in Ihrem Kopf unentwegt ein Gespräch zu planen und zu üben? Warum nicht einfach glauben, dass Gott Sie mit dieser Situation fertig werden lassen möchte, ohne sich vorher zurechtzulegen, was Sie sagen werden?

Natürlich ist es nicht verkehrt, sich einige allgemeine Gedanken im Voraus zurechtzulegen, aber das darf ein vernünftiges Maß nicht überschreiten. Wenn Sie sich wie besessen die Dinge, die Sie sagen möchten, immer und immer wieder durch den Kopf gehen lassen, ist das ein Zeichen, dass Sie sich nicht auf die Salbung des Herrn verlassen. Sie verlassen sich auf sich selbst und werden fehlschlagen.

Wissen Sie, dass Sie und ich entweder mit ein paar Worten unter der Salbung des Herrn Frieden und Harmonie vermitteln oder mit zweihundert Worten im Fleisch völliges Chaos und Verwirrung verursachen können?

Manchmal zerbrechen wir uns den Kopf, indem wir versuchen, eine schwierige Situation mit einem Plan anzugehen. Wenn wir einmal meinen, wir hätten endlich beschlossen, was wir wirklich tun würden, taucht plötzlich der quälende Gedanke in unserem Kopf auf: »Ja, aber was ist, wenn ...?« Dann ist die Verwirrung größer denn je.

Ich kann mich erinnern, wie ich eines Nachts im Bett lag und mich mit einer Situation befasste, die mich ruhelos machte. Schließlich fand ich mich in einem jener endlosen, imaginären Gespräche wieder: »Wenn ich dies sage, werden sie jenes sagen. Wenn das geschieht, werde ich verärgert sein. Was werde ich dann tun?«

Ich wusste, dass ich mit einigen Leuten, die ich nicht verletzen wollte, etliche unerfreuliche Dinge zu besprechen hatte, und ich wusste, dass es nicht leicht sein würde. Obwohl ich einerseits nicht wollte, dass die Beteiligten zornig auf mich würden, wollte ich mich andererseits auch nicht vor meiner Verantwortung drücken und ein »Menschengefälliger« sein (siehe Epheser 6,6; Kolosser 3,22; KJV). Ich brauchte ein Empfinden des Friedens und der Zuversicht über jene Sache.

Gottes Friede ist immer verfügbar - aber wir müssen uns dafür entscheiden. Wir müssen uns entscheiden, entweder in der heißen Sonne der Sorge zu stehen - und verschwitzt, elend, durstig und trocken zu sein - oder im kühlen, angenehmen Schatten von Gottes Frieden zu sein.

Gottes Pläne für uns sind gut

Denn ich kenne die Gedanken und Pläne, die ich für euch habe, spricht der Herr, Gedanken und Pläne des Wohlergehens und des Friedens und nicht des Unheils, um euch Hoffnung und eine Zukunft zu geben.

Jeremia 29,11

Aufgrund meiner misslichen häuslichen Umgebung in meiner Kindheit lernte ich mich zu vergewissern, dass alles, was ich zu sagen gedachte, richtig war, bevor ich es aussprach. Ich fürchtete mich davor, es büßen zu müssen, wenn ich etwas Falsches sagen würde.

Ich verbrachte viele Jahre meines Lebens damit, mir in meinem Kopf Gespräche auszudenken, um sicher zu gehen, dass sich alles gut anhören würde. Schließlich entwickelte mein Verstand die Gewohnheit, negativ und defensiv zu denken.

Aufgrund meiner Unsicherheit und meiner Angst vor Ablehnung verbrachte ich Tage damit, die Absicht irgendeiner zwanglosen Äußerung herauszufinden, die jemand, der damit im Grunde nichts bezwecken wollte, mir gegenüber gemacht hatte.

Gott möchte nicht, dass wir unseren Verstand auf diese Weise benutzen. Es ist eine sinnlose Zeitverschwendung. Unser Himmlischer Vater hat einen Plan für unser Leben. Seine Gedanken sind höher als unsere Gedanken und seine Wege sind höher als unsere Wege (siehe Jesaja 55,8-9). Weder Sie noch ich werden ihn je ergründen.

Nach jahrelangem Abmühen fragte ich schließlich den Herrn: »Worin besteht mein Problem?« Gott sagte dann etwas zu mir, das mein Leben veränderte. Er sagte: »Joyce, aufgrund der Art und Weise, wie du erzogen wurdest, ist Angst in deinem Gedankenleben verankert.«

Natürlich hatte der Herr seit der Zeit, da ich mit dem Heiligen Geist erfüllt wurde, an mir gearbeitet, um die Wurzel dieser Furcht aus mir herauszureißen. Obwohl ich schon einen langen Weg hinter mir hatte, wurde mir bewusst, dass noch ein langer Weg vor mir lag.

Trotzdem sagte er zu mir: »Joyce, alles wird in Ordnung kommen!« Als er dies sagte, war es für mich wie ein Durchbruch. Es erinnerte mich daran, was ich zu meinen Kindern zu sagen pflegte, wenn sie aufgebracht und weinend zu mir kamen: »Schon gut! Mama bringt es in Ordnung. Alles wird gut werden.« Obschon die Botschaft einfach war, habe ich mich in unzähligen Situationen daran erinnert.

Ich denke insbesondere an eine Zeit, als mein Mitarbeiterteam und ich dafür vorgesehen waren, ein Seminar zu halten. Uns gingen die Aufkleber für die Kassetten aus, die wir für das Seminar benötigten, obwohl wir eigentlich welche nachbestellt hatten. Als wir die Firma anriefen, stellte sich heraus, dass die Bestellung verlorengegangen war. Obwohl wir die Bestellung frühzeitig aufgegeben hatten, blieb uns keine Zeit mehr und wir mussten einen Sonder-Eilauftrag erteilen.

Am Tag nach dem neuen Bestelltermin waren die Etiketten noch nicht eingetroffen. Anstatt dieser Situation zu erlauben, mich zu beunruhigen, sagte ich einfach: »Alles wird in Ordnung kommen.« Tatsächlich hatten die Leute vom Büro, kurz bevor ich zu Hause angekommen war, angerufen, um mir sagen zu lassen, dass die Etiketten angekommen seien, gleich nachdem ich das Büro verlassen hatte.

Vertrauen entwickeln

Wir rühmen uns auch in den Trübsalen, da wir wissen, dass die Trübsal Ausharren bewirkt; und das Ausharren Bewährung; und die Bewährung Hoffnung.

Römer 5,3-4 (KJV)

Wie oft haben Sie sich selbst entmutigt und sich unnötigerweise aus der Fassung bringen lassen über derartige Situationen? Wie viele Jahre Ihres Lebens haben Sie damit zugebracht, indem Sie sagten: »Oh, ich glaube Gott; ich vertraue Gott«, während Sie sich in Wirklichkeit nur Sorgen gemacht, negativ gesprochen und versucht haben, alles selbst herauszufinden? Sie dachten vielleicht, Sie würden Gott vertrauen, weil Sie sagten: »Ich vertraue Gott«, aber innerlich waren Sie besorgt und voller Angst. Sie wollten lernen, Gott zu vertrauen, doch in Wirklichkeit waren Sie noch nicht so weit.

Meine ich, dass Vertrauen und Zuversicht zu entwickeln einfach eine Angelegenheit ist, bei der man sagt: »Sorgen Sie sich nicht; alles wird in Ordnung kommen«? Nein, ganz und gar nicht. Vertrauen und Zuversicht werden nach und nach entwickelt. Es erfordert normalerweise Zeit, eine tief verwurzelte Gewohnheit der Sorge, der Angst und der Furcht zu überwinden.

Deshalb ist es so wichtig, an Gott »dran zu bleiben«. Hören Sie nicht auf und geben Sie nicht auf, weil Sie mit jeder Runde, die Sie schaffen, Erfahrung und geistliche Stärke erhalten. Von Mal zu Mal werden Sie ein wenig stärker. Wenn Sie nicht aufgeben, werden Sie früher oder später mehr sein, als der Teufel bewältigen kann.

Nur Gott kann wirklich helfen

Du bist es, der mich aus dem Mutterleib genommen hat; du gabst mir Vertrauen und Hoffnung an meiner Mutter Brüste. Auf dich war ich geworfen von Geburt an; von meiner Mutter Leib an bist du mein Gott gewesen. Sei nicht fern von mir, denn Not ist nahe und es ist kein Helfer da.

Psalm 22,10-12

Ich gehe meinen Lebensweg nun schon lange Zeit mit Gott, habe einige Erfahrungen hinter mir und musste durch einige schwere Zeiten hindurch. Aber ich habe nie die vielen Jahre vergessen, in welchen mich der Teufel beherrschte und manipulierte. Ich erinnere mich an die Nächte, in welchen ich weinend im Flur auf und ab ging und das Gefühl hatte, es nicht zu schaffen.

Ich erinnere mich, dass ich zu meinen Freunden und anderen Leuten lief, von denen ich dachte, dass sie in der Lage seien, mir zu helfen. Schließlich wurde ich schlau genug, um aufzuhören, zu anderen zu laufen - nicht, weil ich sie nicht mochte oder ihnen nicht vertraute, sondern weil ich wusste, dass sie mir nicht wirklich helfen konnten. Das konnte nur Gott.

Ich hörte einen Sprecher sagen: »Wenn dir Menschen helfen können, dann hast du in Wirklichkeit kein Problem.«

Ich wurde so ärgerlich über meinen Mann, weil er mir nicht von seinen Problemen oder schweren Zeiten erzählte. Zwei oder drei Wochen nachdem er einen Sieg errungen hatte, sagte er dann: »Vor ein paar Wochen hatte ich echt eine schwere Zeit.«

Bevor er ausgeredet hatte, fragte ich ihn: »Warum hast du mir nichts davon erzählt?«

Wissen Sie, was er erwiderte?

»Ich wusste, dass du mir nicht würdest helfen können, deshalb bat ich dich erst gar nicht darum.«

Ich sage nicht, dass es falsch ist, jemandem, den Sie lieben und dem Sie vertrauen, mitzuteilen, was in Ihrem Leben vor sich geht, aber Dave verstand eine Wahrheit, die ich in meinem eigenen Leben in die Praxis umzusetzen hatte. Es gibt Zeiten, in welchen nur Gott helfen kann. Obwohl ich meinem Mann gerne geholfen hätte, hätte ich es in Wirklichkeit nicht vermocht. Nur Gott konnte es, und Dave musste zu ihm gehen.

Der Herr zeigte mir einmal, dass wir lernen müssen, wie man im Privaten leidet. Einer der Verse, den er mir zu diesem Thema gab, war Jesaja 53,7 (NKJV): »Er wurde unterdrückt und misshandelt, doch er tat seinen Mund nicht auf.« Wenn Sie einmal einen bestimmten Punkt in Ihrem Wandel mit Gott erreicht haben, ist dies eine der goldenen Regeln, um noch mehr Stärke in Ihm zu erlangen.

Werfen Sie alle Ihre Sorgen auf den Herrn

Indem ihr alle eure Sorge auf ihn werft, denn er sorgt für euch.

1. Petrus 5,7 (NKJV)

In meinem Wandel mit dem Herrn wollte ich einen Punkt der Stabilität erreichen, wo ich mich nicht sorgen würde, wo ich alle meine Sorgen auf Gott würde werfen können und nicht voller unnötiger vernunftmäßiger Überlegungen wäre.

Mein Ehemann hat in diesem Bereich eine besondere Gabe. Er ist mit Gott durch eine Menge hindurchgegangen. Im Laufe der Jahre verlieh ihm Gott ein echtes Empfinden des Friedens und der Sicherheit. (Es ist auch gut so, denn wenn er so wie ich gewesen wäre - ein Mensch, der sich immer Sorgen gemacht hat -, hätten wir es nie geschafft.)

Ich führte Buch über den Haushalt und kümmerte mich darum, dass die Rechnungen bezahlt wurden. Jeden Monat holte ich den Taschenrechner hervor und begann, die ganzen Rechnungen zu addieren.

Ich schaukelte mich dann gewöhnlich bis zur Verzweiflung hoch, indem ich mich darüber sorgte, wie wir sie alle bezahlen würden.

Dave hingegen hielt sich im Wohnzimmer auf und spielte mit den Kindern. Sie drehten Lockenwickler in seine Haare und krabbelten über seinen Rücken, während sie alle fernsahen. Ich hörte sie kichern und lachen und mächtig Spaß haben.

Bald wurde ich dann über Dave wütend, weil er das Leben genoss, während ich mich so unglücklich fühlte.

So ist das eben. Wenn wir unglücklich sind, werden wir auf jemanden böse, der nicht mit uns unglücklich sein will.

Ich saß da in der Küche und sagte händeringend: »Oh, lieber Gott, ich vertraue dir. Ich glaube, dass du es auch in diesem Monat wieder für uns schaffen wirst.« Ich sprach die richtigen Worte, aber ich war besorgt und unglücklich.

Das Monatsende kam, und Gott hatte tatsachlich ein Wunder in unseren Finanzen getan. Natürlich stand dann schon wieder der nächste Monat an, über den ich mich sorgen konnte. Obwohl ich wusste, dass wir uns in Gottes Willen befanden, sorgte ich mich immer noch.

Gott zu vertrauen ist einer jener Bereiche, in dem wir für uns selbst Erfahrung sammeln müssen. Das Vertrauen kommt nicht, wenn wir uns in eine Gebetsreihe stellen oder wenn uns Hände aufgelegt werden. Es ist nicht etwas, das uns ein anderer geben kann. Wir müssen es uns im Laufe der Zeit selbst aneignen.

Rufen Sie nach Gott

Sei barmherzig und sei mir gnädig, o Herr, denn zu dir rufe ich den ganzen Tag.

Psalm 86,3

Die Finanzen waren nicht der einzige Bereich, in dem ich lernen musste, Gott zu vertrauen. Es gab Zeiten in meinem Leben, in denen ich so sehr litt, dass ich mich auf den Fußboden meines Büros legte und mich an den Möbelbeinen festhielt, um nicht von Gott wegzulaufen. Ich lag ausgestreckt auf meinem Angesicht und rief zu ihm: »Herr, du *musst* mir helfen. Wenn du nichts tust, kann ich es nicht länger aushalten.«

In Zeiten der Verzweiflung wie dieser, lernen wir Gott wirklich gut kennen. Wie ein kleines Kind nach Gott zu rufen und ganz von ihm abhängig zu sein, ist sogar gesund. Wenn wir rufen, brauchen wir uns nicht darum zu kümmern, wie es klingt oder wie hübsch wir aussehen.

Ich bin mir sicher, dass ich manchmal wie ein totaler Idiot aussah, als ich zum Herrn schrie, aber ich tat es dennoch.

In welche Richtung steuern Sie?

Ich habe gelernt, zufrieden zu sein (mich soweit zu begnügen, dass ich nicht beeinträchtigt oder beunruhigt werde), in welcher Lage ich mich auch befinde.

Philipper 4,11

Seien Sie nicht entmutigt über sich selbst, wenn Sie noch nicht ganz dort sind, wo Sie gerne sein möchten. Es erfordert Zeit und Erfahrung, um zu lernen, wie man alle seine Sorgen auf den Herrn wirft und in seinem Schatten am Ort des Schutzes bleibt.

Die Frage lautet nicht: »Wo befinden Sie sich gerade jetzt?«, sondern: »In welche Richtung steuern Sie?«

Lernen Sie etwas? Sind Sie gewillt, sich zu verändern? Sind Sie bereit, zu wachsen? Die Tatsache, dass Sie dieses Buch gerade lesen, weist darauf hin, dass Sie es ernst damit meinen, Angst, Sorge und Unsicherheit zu überwinden. Jetzt benötigen Sie nur noch etwas Erfahrung darin, all Ihre Sorgen auf den Herrn zu werfen, damit Sie nutzloses Grübeln vermeiden können.

Kommen Sie Ihren Verpflichtungen nach, aber werfen Sie Ihre Sorgen von sich

Wälze deine Werke auf den Herrn [übergib sie und vertraue sie ihm völlig an; er wird deine Gedanken formen, dass sie mit seinem Willen übereinstimmen, und] so werden deine Pläne zustande kommen und gelingen.

Sprüche 16,3

Ich denke, dass ich deswegen immer alles herausfinden wollte, weil ich ein Leben lang Angst vor Versagen hatte. Ich war immer eine verantwortungsbewusste Person gewesen und habe allezeit gewollt, dass die

Dinge richtig vonstatten gehen. Leider übernahm ich nicht nur Verantwortung, sondern auch die dazugehörigen Sorgen.

Gott will, dass wir unsere Verantwortungen erfüllen, dabei aber unsere Sorgen abgeben. Warum will er, dass wir unsere Sorge abgeben? Weil er für uns sorgt.

Ich weiß nicht, wie es Ihnen ergeht, aber ich verbrachte zu viele Jahre meines Lebens damit, mich mit Sorge und Angst zu quälen, indem ich versuchte, Dinge auszuführen, die ich nicht bewältigen konnte oder Dinge zu verrichten, die mich nichts angingen. Als Resultat verschwendete ich viele Jahre meines Lebens.

Wer sich gerne Frust aufladen möchte, der versuche ganz einfach, Dinge zu verändern, die er nicht verändern kann. Wer das tut, wird wahrhaftig bis zur Unerträglichkeit frustriert sein.

»Was soll's«

Steh ab vom Zorn und lasse den Grimm; entrüste dich nicht – es führt nur zum Bösen.

Psalm 37,8

Ich habe festgestellt, dass, wann immer ich mich in einer Situation befinde, in der ich nichts tun kann, es eine gute Methode ist, meine Sorge auf den Herrn zu werfen, indem ich einfach sage: »Was soll's«.

Nehmen wir zum Beispiel den Morgen, an welchem Dave seinen Orangensaft im Auto verschüttete und ein wenig davon auf meinen Pullover kam. Sofort sagte er: »Da musst du dir aber etwas Besseres einfallen lassen, lieber Teufel!« Und ich sagte: »Was soll's«. Damit war die Sache erledigt und wir machten uns an den Rest des Tages.

Manche Dinge sind es nicht wert, dass man sich ihretwegen aufregt. Viele Leute tun es trotzdem. Bedauerlicherweise ist die Mehrheit der Christen die *meiste Zeit* über aufgebracht, gereizt und voller Angst. Es sind nicht die großen Dinge, die sie gefangen nehmen; es sind die kleinen Dinge, die nicht in ihre Pläne passen. Statt ihre Sorgen abzugeben und einfach »Was soll's« zu sagen, versuchen sie immer etwas zu tun, in einer Sache, in der sie gar nichts ausrichten können.

In mehr als einem Fall hat mir diese simple Redewendung »Was soll's« wirklich geholfen, es zu schaffen.

Einmal machte unser Sohn Danny bei einem Schulaufsatz, den er

Zuhause schrieb, auf der letzten Seite einen Fehler. Er zerknüllte das Blatt und schickte sich an, nochmals von vorne anzufangen. Schließlich wurde er ungehalten und ärgerlich und wollte aufgeben.

Daraufhin begannen sein Vater und ich mit ihm zu arbeiten, indem wir einfach sagten: »Was soll's«. Es funktionierte. Später, wenn er dann versucht war, aufzugeben, riefen wir: »Danny«, und er erwiderte: »Was soll's.« Dann kehrte er zu seiner Aufgabe zurück, bis er mit ihr fertig war.

Seid völlig ausgeglichen

Seid völlig ausgeglichen.

1. Petrus 5,8

Manchmal steht uns in schwierigen Situationen die Angst im Weg, um das zu vollbringen, was wir tun sollten. Alles, was wir tun können, ist unser Bestes zu geben und dann Gott zu vertrauen, dass er sich um den Rest kümmert.

Wir funktionieren am besten, wenn wir einen ruhigen, wohl ausgeglichenen Sinn haben. Wenn unser Sinn ruhig ist, ist er ohne Angst, Sorge oder Qual. Wenn unser Sinn völlig ausgeglichen ist, sind wir fähig, die Situation zu überblicken und zu entscheiden, was wir diesbezüglich tun oder nicht tun sollten.

Die meisten von uns geraten dann in Schwierigkeiten, wenn wir unausgeglichen sind. Entweder verfallen wir in vollkommene Passivität, tun nichts und erwarten, dass Gott alles für uns erledigt, oder wir werden überaktiv und wirken die meiste Zeit über im Fleisch. Gott will, dass wir ausgeglichen sind, um fähig zu sein, jeder Situation des Lebens ins Angesicht zu sehen und zu sagen: »Nun, ich glaube, ich kann in dieser Situation gewisse Dinge tun, aber nicht mehr.«

Das erleben viele von uns, wenn wir unsere Einkommenssteuererklärung abgeben müssen. Wir denken, wir hätten das Jahr über genügend eingezahlt, um unserer Steuerpflicht nachzukommen. Dann stellen wir jedoch fest, dass wir immer noch Geld schulden. Die Zeit ist für gewöhnlich knapp und wir wissen nicht, wie wir das Geld, das die Regierung fordert, beschaffen sollen.

Statt beunruhigt und voller Angst und Sorge zu werden, müssen wir zu Gott gehen und sagen: »Nun, Herr, ich glaube, dass du mir in dieser

Situation hilfst, aber gibt es etwas, was du von mir getan haben möchtest?«

Gott mag uns auffordern, für eine Weile eine Teilzeitarbeit anzunehmen, damit wir das Nötige verdienen können, um unsere Steuern abzubezahlen. Er weist uns vielleicht auf eine Möglichkeit hin, das Geld zu borgen und zeigt uns zugleich einen Weg, es schnell zurückzuzahlen. Was immer es ist, das uns Gott bezüglich unseres Problems zu tun aufträgt, wir müssen es gewissenhaft ausführen. Dann müssen wir ihm wegen des Ausgangs vertrauen.

Manchmal denken wir, dass wir mehr tun sollten, um unsere Probleme zu lösen oder unsere Bedürfnisse zu erfüllen. Aber wenn wir vorauseilen, ohne auf Gottes Führung zu warten, werden wir im Fleisch handeln. Dann sind alle unsere Anstrengungen vergeblich. Oftmals müssen wir einfach nur den Entschluss fassen, zu ruhen, auch wenn unser Verstand brüllt: »Was wirst du tun?«

Wir müssen zuversichtlich sein, dass der Gott, dem wir dienen, nicht mehr von uns verlangt, als wir zu tun vermögen. Nachdem wir unser Möglichstes getan haben, können wir Gott für den Rest vertrauen. Das nenne ich Glauben und Ausgeglichenheit.

Ein Mann des Glaubens und der Ausgeglichenheit

> *[Angespornt] durch Glauben gehorchte Abraham, als er gerufen wurde und zog an einen Ort, den er zum Erbteil empfangen sollte; und er zog aus, ohne zu wissen oder sich darüber Gedanken zu machen, wohin er gehen sollte.*
>
> Hebräer 11,8

Abraham war ein Mann des Glaubens und der Ausgeglichenheit. Denken Sie einen Moment über seine Situation nach.

Im Gehorsam gegenüber dem Herrn verließ Abraham seine Familie, seine Freunde und sein Heim, um eine Reise an einen unbekannten Ort anzutreten.

Ich bin mir sicher, dass der Teufel mit jedem Schritt des Weges in sein Ohr brüllte: »Du Narr! Wohin gedenkst du zu gehen? Was willst du machen, wenn die Nacht einbricht? Wo wirst du schlafen? Was wirst du essen? Komm, Abraham, was machst du hier draußen? Was veranlasst dich zu denken, dass dies überhaupt Gottes Idee war? Kennst du irgendjemanden sonst, dem Gott aufgetragen hat, so etwas zu tun?«

Machen Sie sich keine Gedanken

Und er sprach zu ihnen: »Was seid ihr beunruhigt und besorgt?«
Lukas 24,38

Ungeachtet dessen, was der Teufel ihm zurief, zog Abraham weiter. Die Bibel sagt, dass er ohne zu wissen, wohin er gehen sollte, »sich keine Gedanken« darüber machte (Hebräer 11,8).

Manchmal beunruhigen wir uns selbst. Etliche von uns sorgen sich so gern, dass sie Sorgen ausgraben würden, wenn ihnen der Teufel nichts zu sorgen geben würde!

Lassen Sie uns einen Moment lang über unseren Verstand nachdenken. Womit sollte unser Verstand gefüllt sein? Er sollte voll des Lobpreises, voll des Wortes Gottes, voller Ermahnung und Erbauung sein, voller Hoffnung und voller Glauben.

Nun machen wir eine kurze Bestandsaufnahme der Gedanken, die uns im Laufe des Tages durch den Kopf gehen. Es ist traurig zu sagen, aber die meisten von uns müssen wahrscheinlich zugeben, dass unser Denken voller Sorge, Ärger, Angst, Ergründen, Intrigen, Planen, Theoretisieren, Zweifel, Unruhe und Unsicherheit ist.

Als Folge davon sind einige unserer »Glaubensräder« ziemlich eingerostet. Wir müssen diesen Rost entfernen und die Glaubensräder mit dem Öl des Heiligen Geistes schmieren - auch wenn es mühsam sein mag, bis nach so vielen Jahren der Stilllegung jene Glaubensräder sich wieder zu drehen beginnen.

Wie Abraham müssen wir im Glauben ausschreiten und tun, was wir tun können, dann Gott für den Rest vertrauen und uns darüber nicht beunruhigen. Wir müssen unseren Glauben in Schwung bringen, aber unseren Verstand ruhen lassen.

Vergeuden Sie nicht Ihr Leben. Stellen Sie fest, was Ihre Verantwortung ist und was nicht. Versuchen Sie nicht, Gottes Verantwortung zu übernehmen. Tun Sie, was Sie tun können, was er von Ihnen erwartet und überlassen Sie dann Ihm den Rest. Erfüllen Sie Ihre Verantwortung, aber wälzen Sie Ihre Sorge ab.

Schlussfolgerung

Der zweite Vers von Psalm 91 beinhaltet eine ähnliche Botschaft wie der 1. Vers, den wir früher schon behandelt haben.

»Wer im Schutz des Höchsten wohnt, bleibt fest und unbeweglich im Schatten des Allmächtigen [dessen Macht kein Feind widerstehen kann]. Ich sage vom Herrn, er ist meine Zuflucht und meine Burg, mein Gott; auf ihn stütze und verlasse ich mich und auf ihn vertraue ich [zuversichtlich]« (Psalm 91,1-2).

Unsere Zuflucht und unsere Burg

Beide Verse zeigen uns, dass wir uns nicht zu sorgen, nicht ängstlich oder beunruhigt zu sein brauchen, weil wir unser Vertrauen auf Gott setzen können und in ihm Zuversicht haben.

Doch Vers 2 sagt nicht nur, dass Gott unsere Zuflucht ist, sondern auch unsere Burg.

Ein Zufluchtsort unterscheidet sich von einer Burg. Ein Zufluchtsort ist ein verborgener Ort des Schutzes, wo uns der Feind nicht finden kann. Wenn wir in Gott verborgen sind, kann uns Satan nicht ausfindig machen. Er weiß nicht wo wir sind, weil wir im Schatten des Allmächtigen vor ihm vorborgen sind.

Eine Burg dagegen ist ein sichtbarer Ort des Schutzes. Der Feind weiß, das wir uns dort befinden, aber er kann nicht an uns herankommen, weil wir unzugänglich für ihn sind - so, wie in den alten Westernfilmen, in welchen die Soldaten eine starke hölzerne Festung als Schutz vor ihren Feinden bauten.

Wir können entweder im Versteck sein, wo wir den Feind sehen, er uns aber nicht sieht. Oder aber wir befinden uns in einer sichtbaren Festung, wo uns der Feind klar sieht, aber nicht an uns herankommen kann, weil wir von Gottes Schutz umgeben sind.

Vers 2 ist ebenso wichtig wie Vers 1, weil die reichhaltigen Verheißungen dieses ganzen Kapitels davon abhängen, dass die Bedingungen beider Verse erfüllt werden: »Er wird seinen Engeln [einen besonderen] Auftrag für dich erteilen, dich auf allen deinen Wegen [des Gehorsams und des Dienstes] zu begleiten und zu verteidigen und zu bewahren« (Vers 11), unter der Voraussetzung, dass die Bedingungen der Verse 1 und 2 erfüllt werden - wenn wir ihnen gegenüber gehorsam sind.

Auf ihn stützen

Denn wir haben von eurem Glauben an Christus Jesus gehört [dem Stützen eurer ganzen menschlichen Persönlichkeit auf ihn, in völligem Vertrauen auf und völliger Zuversicht in seine Macht, Weisheit und Güte].

Kolosser 1,4

Wenn der Psalmist im zweiten Vers von Psalm 91 sagt: »Ich *spreche* vom Herrn«, bezieht er sich nicht nur auf ein bloßes Lippenbekenntnis. »Vom Herrn zu sprechen« bedeutet nicht nur, sich Schriftstellen einzuprägen und sie laut zu wiederholen. »Vom Herrn zu sprechen« erfordert, dass wir ihm auch tatsächlich vertrauen, dass wir unsere Zuversicht völlig auf ihn setzen und uns völlig auf ihn stützen.

Gemäß Kolosser 1,4 ist dies der echte Glaube - sich mit der ganzen menschlichen Persönlichkeit auf Gott zu stützen, in absolutem Vertrauen und völliger Zuversicht in seine Macht, Weisheit und Güte.

Vor einiger Zeit zeigte mir der Herr, auf welche Weise wir uns oftmals auf ihn stützen. Aufgrund unserer Ängste lehnen wir uns nur ein bisschen auf ihn. Doch wir behalten genügend Gewicht auf unseren eigenen Füßen, so dass wir auf uns selbst gestellt bleiben, falls Gott sich entfernt.

Wir können schnell merken, ob wir uns nicht wirklich auf Gott stützen, denn unsere Gedanken werden etwa folgendermaßen ablaufen: »Ja, Herr, ich vertraue dir, aber für den Fall, dass du nichts machst, habe ich einen Ersatzplan, auf den ich zurückgreifen kann.«

Das ist kein totales und vollkommenes Gottvertrauen! Gott möchte, dass wir ihm ohne Vorbehalt vertrauen, ohne Gedanken oder Pläne im Hinblick auf Versagen.

Ist der Herr wirklich Ihre Zuflucht? Ist er tatsächlich Ihre Burg? Stützen Sie sich wirklich auf ihn und vertrauen ihm? Oder erhält er von Ihnen nur ein Lippenbekenntnis?

Wenn Sie sich tatsächlich auf Vers 1 und 2 gestützt haben, ist der Rest von Psalm 91 voll von wunderbaren, erstaunlichen Verheißungen für Sie.

Er wird Sie befreien und bedecken

Denn [dann] wird er dich befreien von der Schlinge des Vogelstellers und von der verderblichen Pest. [Dann] deckt er dich mit seinen Schwingen und unter seinen Flügeln wirst du Vertrauen und Zuflucht finden; seine Wahrheit und seine Treue sind ein Schild und ein Rundschild.

Psalm 91,3-4

Die ersten dieser wunderbaren, erstaunlichen Verheißungen finden wir in den Versen 3 und 4, die von der Befreiung und dem Schutz des Herrn sprechen.

Beide, der Schild und der Rundschild, sind Formen des Schutzes während des Kampfes. Oftmals war der Schild groß genug, um den ganzen Körper einer Person zu bedecken und ihn vor den Pfeilen des Feindes zu schützen. Manche Schilder waren mehr gewölbt als flach und boten einen besseren Schutz vor Pfeilen, die von rechts oder links angeflogen kamen[1].

Der Rundschild dagegen war ein kleiner Schild, der am Arm getragen oder in der Hand gehalten wurde. Er wurde mehr bei Handgefechten eingesetzt und bot einen Rundumschutz, wenn sich der Krieger drehte, um den Feind[2] zu bekämpfen. Dies ähnelt der Bildersprache, die wir in Psalm 125,2 finden, wo es heißt: »Wie die Berge rings um Jerusalem sind, ist der Herr rings um sein Volk.«

Ungeachtet der Situation, in der Sie und ich uns befinden mögen, ist Gott für uns. Es mag für uns hoffnungslos aussehen, aber wenn Gott für uns ist, wer kann gegen uns sein (siehe Römer 8,31)?

Der Herr ist mit uns, weil er verheißen hat: »Ich will dich niemals verlassen, noch dich versäumen« (Hebräer 13,4; NKJV). Er ist unter uns, weil die Bibel sagt, dass er uns durch seine Verheißungen stützt (Psalm 119,116). Er ist über uns, weil uns in Psalm 91,4 gesagt wird: »Er deckt dich mit seinen Schwingen und unter seinen Flügeln wirst du Vertrauen und Zuflucht finden.«

Nun verankern Sie dieses Bild fest in Ihrem Verstand. Gott ist um Sie herum. Er ist für Sie. Er ist mit Ihnen. Er ist unter Ihnen und er ist über Ihnen. Der Teufel ist der Einzige, der wirklich gegen Sie ist - und solange Sie im Schutz des Höchsten wohnen, standfest und unverwandt im Schatten des Allmächtigen bleiben, kann Sie der Feind nicht finden oder zu Ihnen gelangen.

Wenn dies alles wahr ist, warum sollten Sie sich dann fürchten?

Sie werden sich nicht fürchten

Du fürchtest dich nicht vor dem Schrecken der Nacht, noch vor dem Pfeil (den üblen Plänen und der Verleumdung des Bösen), der am Tage fliegt, noch vor der Pestilenz, die im Finstern schleicht, noch vor der Zerstörung und dem plötzlichen Tod, der am Mittag überrascht und verwüstet. Ob tausend fallen zu deiner Seite und zehntausend zu deiner Rechten, dich erreicht es nicht. Nur ein Zuschauer wirst du sein [unzugänglich im Schutz des Allerhöchsten], während du die Vergeltung des Bösen bezeugst, weil du den Herrn zu deinem Zufluchtsort gemacht hast und den Höchsten zu deiner Wohnung.

Psalm 91-5-9

Sie und ich müssen lernen, wie wir uns in Gott bergen können. Wenn wir lernen könnten, im verborgenen Ort zu wohnen, würden wir dem Teufel einen Nervenzusammenbruch zufügen. Wir würden fähig sein, still dazusitzen und ihn zu beobachten, wie er versucht, uns zu erreichen, aber er wird dazu nicht in der Lage sein, weil wir unzugänglich für ihn sind.

Vor einigen Jahren bewirkte Gott eine große Veränderung in meinem Leben. Es war zu einer Zeit, da ich bereits errettet und mit dem Heiligen Geist erfüllt war, aber immer noch kämpfte und eine Menge Probleme hatte. Dann fing der Herr an mich zu lehren, dass in seiner Gegenwart eine Fülle an Frieden sei. Wenn ich es jemals zu einem ausgeglichenen Leben bringen wollte, musste ich in seiner Gegenwart wohnen.

Damals hatte ich das ständige Auf und Ab so satt, dass ich mich nach Stabilität sehnte. Ich wollte kein gefühlsmäßiges Wrack sein. Ich wollte nicht von meinen Umständen beherrscht werden. Ich wollte nicht den Rest meines Lebens damit verbringen, den Teufel anzuschreien. Ich wollte mit meinem Leben weitergehen und in der Lage sein, all die Segnungen, von denen die Bibel sagt, dass sie mir als Kind Gottes zustehen, zu empfangen und mich ihrer zu erfreuen.

Als ich an jenen Punkt angelangt war, begann mich der Herr über das Verbleiben in seiner Gegenwart zu lehren. Jahrelang studierte ich das Thema dann intensiv und fing an, es in meinem Leben umzusetzen.

Jetzt, Jahre später, kann ich Ihnen kaum sagen, was für eine Veränderung dabei in meinem Leben stattfand. Ich wurde so glücklich und so stabil. Das heißt nicht, dass ich nie Probleme habe. Es bedeutet nicht, dass ich nie kämpfe. Aber es bedeutet doch, dass ich inmitten der Probleme und Kämpfe des Lebens in der Lage bin, in seiner Gegenwart zu verharren und standfest zu bleiben.

Psalm 91 ist nicht einfach ein nettes Stück anregende Literatur. Der Psalm ist wahr, und ich kann seine Wahrheit durch mein eigenes Leben beweisen.

Wenn Sie nur lernen würden, an diesem Ort des Schutzes zu verbleiben, wird der Teufel nicht länger die Oberhand über Sie haben. Er würde nie mehr die Kontrolle über Sie bekommen.

Wenn Sie den Herrn zu Ihrem Zufluchtsort und den Höchsten zu Ihrer Wohnung gemacht haben, werden Sie in der Lage sein, sich hinzusetzen und die Vergeltung des Bösen zu beobachten, und kein Unheil wird Ihnen zustoßen.

Kein Unheil wird Ihnen zustoßen

Es wird dir kein Unglück zustoßen und keine Plage oder Unheil deinem Zelt sich nahen. Denn er erteilt seinen Engeln einen [besonderen] Auftrag für dich, dich auf allen deinen Wegen [des Gehorsams und des Dienstes] zu begleiten, zu verteidigen und zu bewahren. Auf den Händen tragen sie dich, damit du deinen Fuß nicht an einen Stein stößt.

Psalm 91,10-12

Die *Amplified Bible* zeigt ganz eindeutig auf, dass dieser Schutzengel gegenwärtig ist, wenn wir im Gehorsam wandeln und Gott dienen.

Eine der Frauen, die für mich arbeiten, saß einmal in einem Boot. Sie hatte gerade den 10. Vers gelesen und bekannt, dass sich gemäß der Anweisung Gottes ihrem Zelt kein Unheil nahen würde. Da prallte ganz plötzlich eine Welle an das Boot, sie fiel um und stieß mit dem Kopf an die Bootswand.

Daraufhin war sie verdutzt. Sie begriff nicht, wie man einen Vers des Schutzes beanspruchen und bekennen und dann verletzt werden konnte. Als sie diesbezüglich den Herrn fragte, sagte er zu ihr: »Du bist nicht tot, oder?« Obwohl sie nicht so darüber gedacht haben mag, hatte sie ihr Engel beschützt.

Wie oft meinen Sie, dass Sie getötet worden wären, wenn Sie die Engel Gottes nicht beschützt hätten? Wahrscheinlich öfter, als Sie es sich vorstellen können.

Wir sollten uns nicht über Dinge beklagen, die wir Gott nicht tun sehen. Vielmehr sollten wir ihm für das danken, was er tut.

Sie werden auf den Feind treten

Auf den Löwen und die Otter wirst du treten; den jungen Löwen und die Schlange wirst du niedertreten.

Psalm 91,13

Lukas 10,19 (NKJV) ist ein Querverweis zu diesem Vers und erklärt genauer, wen der Löwe, die Otter, der Skorpion und die Schlange repräsentieren: »Siehe, ich gebe euch die Autorität, auf Schlangen und Skorpione zu treten und über die ganze Macht des Feindes, und *nichts* soll euch irgendwie schaden.«

Der Löwe, die Otter, die Schlange und der Skorpion, sie alle repräsentieren den Feind. Gott hat uns die Autorität gegeben, auf sie zu trampeln oder zu treten. Die Autorität, *exousia*, die er uns verliehen hat, ist eine von Jesus auf uns »übertragene Autorität«. Wenn wir uns entscheiden, sie zu nutzen, können wir auf den Feind treten. Das ist unser Platz in Gott, wenn wir unsere rechtmäßige Position einnehmen.

Weil wir ihn lieben

Weil er mir seine Liebe zugewandt hat, darum will ich ihn erretten; ich will ihn sicherstellen, weil er meinen Namen kennt und versteht [eine persönliche Erkenntnis meiner Barmherzigkeit, meiner Liebe und Güte hat – mir vertraut und sich auf mich verlässt, wissend, dass ich ihn niemals verlassen werde, nein, niemals]. Er wird mich anrufen und ich will ihm antworten; ich werde bei ihm sein in der Not, ich will ihn befreien und zu Ehren bringen.

Psalm 91,14-15

Beachten Sie, dass wir eine persönliche Erkenntnis seines Namens haben müssen, wenn wir uns für Gottes Segnungen und seinen Schutz qualifizieren wollen. Wir können uns nicht auf die Beziehung stützen, die unsere Mutter, unser Vater, unser Freund oder unsere Freundin zu Gott hat. Wir müssen eine eigene Beziehung zu Gott aufbauen. Wir müssen uns selber an den verborgenen Ort, den Ort des Schutzes, begeben und dort Zeit mit ihm verbringen.

Häufig denken wir nur an das »Befreie mich« in dieser Passage und wir rufen: »Befreie mich, befreie mich, befreie mich!« Aber Befreiung ist ein Prozess. Wenn wir Schwierigkeiten haben, wird Gott *mit* uns in diesen Schwierigkeiten sein. Er wird uns stärken und uns siegreich hindurchführen. *Dann* wird er uns befreien und zu Ehren bringen.

Jahrelang war Gott *mit* mir in den Anfechtungen und Schwierigkeiten, die ich durchmachte, als ich meine Vergangenheit zu überwinden versuchte. Doch als er mich zu *befreien* begann, begann er auch, mich zu ehren.

Wenn Sie Probleme haben, rennen Sie zum Telefon oder zum Thron? Zunächst mag es schwer erscheinen, aber sie müssen in Ihrem Leben an den Punkt kommen, wo sie zu Gott laufen und nicht zu Menschen, wenn sie in Schwierigkeiten sind oder eine Entscheidung getroffen werden muss. Es gibt keinen Grund, eine Menge Leute anzurufen, die kaum wissen, was sie selber tun, um sie zu fragen, was Sie tun sollten.

Die meisten von uns sind mehr als genug damit beschäftigt, unser eigenes Leben zu bewältigen, ohne zu versuchen, anderen Leuten Ratschläge zu erteilen.

Lernen Sie stattdessen, zu Gott zu laufen. Lernen Sie, an jenen Ort des Schutzes zu laufen, zu jenem Wohnort, jenem Versteck. Lernen Sie zu sagen: »Herr, niemand außer dir kann mir helfen. Ich bin vollkommen von dir abhängig.«

Oftmals wird Gott jemand anderen salben, um uns zu helfen, doch wenn wir uns zuerst an andere wenden, ist er beleidigt. Wir müssen lernen, zuerst zu Gott zu gehen und zu sagen: »Herr, wenn du jemanden benutzen willst, der mir helfen soll, musst du jene Person auswählen und sie salben, weil ich nicht einfach irgendjemanden will, der mir erzählt, was ich tun soll. Ich möchte ein Wort von dir oder gar nichts.«

Mit langem Leben

Ich will ihn sättigen mit langem Leben und ihm mein Heil zeigen.

Psalm 91,16

Manchmal kann man ganz leicht erkennen, dass bestimmte Sünden des Fleisches, wie zum Beispiel Alkoholismus, Drogen und wahllose sexuelle Beziehungen zum Tod führen können. Aber wir neigen dazu, Sünden wie Sorge, Angst und eigenes Schlussfolgern herunterzuspielen. Wir rationalisieren sie weg, indem wir sie nicht wirklich als Sünden betrachten. Genau das sind sie aber. Sie nagen ebenfalls an unserem Körper und führen durch Herzattacken, Magengeschwüre und hohen Blutdruck zu einem frühen Tod.

Aber Gottes Plan für uns ist, mit langem Leben gesättigt zu werden und die wunderbaren, erstaunlichen Verheißungen dieses Psalms zu erfahren.

Wenn Sie das nächste Mal auf Ihrer Lebensreise vom Teufel angegriffen werden, dann setzen Sie die Anweisungen von Psalm 91,1 und 2 in die Praxis um und wohnen unter dem Schatten des Allmächtigen - im Schutz des Höchsten -, indem Sie sich auf ihn stützen und ihn zu Ihrer Zuflucht und zu Ihrer Burg machen.

Folgen Sie den Wegweisern

Aber nachdem ich [zum Leben] auferweckt bin, will ich euch vorangehen.
Markus 14,28

Die Wegweiser entlang des Weges sind: 1. Vertrauen Sie auf Gott und sorgen Sie sich nicht. 2. Fürchten Sie sich nicht und seien Sie nicht ängstlich. 3. Geben Sie alle Ihre Sorgen ab und vermeiden Sie eigene Vernunftschlüsse.

Beachten Sie diese Wegweiser, um nicht zur Rechten oder zur Linken abzuweichen. Wenn Sie bemerken, dass Sie zur einen oder anderen Seite abschwenken, dann korrigieren Sie sich, um sich vor einem Zusammenstoß oder einer Grabenlandung zu bewahren.

Auf dem christlichen Lebensweg ist Sorge einer der Hauptgründe, warum man von der Straße abkommt. Jesus sagte in Johannes 15, Vers 5: »Getrennt von mir [abgeschnitten von der lebendigen Gemeinschaft mit mir] könnt ihr nichts tun.« Sinnen Sie über diesen Vers nach und lassen Sie sich von dem Wort *nichts* in Beschlag nehmen. Sorge kann nichts an Ihrer Situation ändern. Eine Haltung des Glaubens ist dagegen, nicht besorgt, beunruhigt oder ängstlich bezüglich des morgigen Tages zu sein, denn der Glaube begreift: Man kann nur dort hingehen, wo Jesus bereits gewesen ist.

Es ist nicht notwendig, den Grund hinter allem, was in Ihrem Leben vor sich geht, zu kennen oder zu verstehen. Vertrauen Sie, dass Ihnen der Herr alles offenbaren wird, was Sie wissen müssen. Beschließen Sie, damit zufrieden zu sein, den Einen zu kennen, der alles weiß und alles wohl macht.

Teil B

Schriftstellen zur Überwindung von Sorgen

Lesen Sie und bekennen Sie die folgenden Schriftstellen, damit sie Ihnen helfen, ein sorgenfreies Leben zu führen.

> Kummer im Herzen eines Mannes drückt es nieder, aber ein ermutigendes Wort erfreut es. (Sprüche 12,25)

> Alle Tage des Verzagten und Betrübten sind schlecht [aufgrund ängstlicher Gedanken und Vorahnungen], aber ein fröhliches Herz hat ein ständiges Festmahl [ohne Rücksicht auf Umstände]. (Sprüche 15,15)

> Du wirst den leiten und in vollkommenem und andauerndem Frieden bewahren, dessen Sinn [seine Zuneigung wie auch seine Persönlichkeit] dir zugewandt ist, weil er sich dir hingibt, sich auf dich stützt und zuversichtlich auf dich hofft. (Jesaja 26,3)

> Deshalb sage ich euch: Hört auf, ständig beunruhigt (ängstlich und besorgt) über euer Leben zu sein, was ihr essen oder was ihr trinken sollt; oder über euren Leib, was ihr anziehen sollt. Ist nicht das Leben großartiger [an Qualität] als die Speise und der Leib [weit mehr und vortrefflicher] als die Kleidung? Seht die Vögel des Himmels; sie säen nicht und ernten nicht, noch sammeln sie in Scheunen, und doch hört euer Himmlischer Vater nicht auf, sie zu nähren. Seid ihr nicht viel mehr wert als sie? (Matthäus 6,25-26)

Darum seid nicht besorgt oder ängstlich, indem ihr sagt: Was werden wir zu essen haben? Oder: Was werden wir zu trinken haben? Oder: Was werden wir anzuziehen haben? (Matthäus 6,31)

So seid nicht besorgt oder ängstlich um den morgigen Tag, denn der morgige Tag hat seine eigenen Sorgen und Ängste. Jedem Tag genügt seine eigene Plage. (Matthäus 6,34)

Die Sorgen und Ängste der Welt und die Ablenkungen dieser Zeit und die Freude und das Vergnügen am Reichtum, der falsche Glanz und der Betrug am Reichtum und die heftigen und leidenschaftlichen Begierden nach anderen Dingen schleichen sich ein und erwürgen und ersticken das Wort, und es wird fruchtlos. (Markus 4,19)

Frieden hinterlasse ich euch; meinen [eigenen] Frieden gebe und vermache ich euch. Nicht wie die Welt gibt, gebe ich euch. Euer Herz errege sich nicht und sei nicht ängstlich. [Hört auf, es euch zu erlauben, beunruhigt und verworren zu sein; und gestattet es euch nicht, furchtsam und eingeschüchtert und feige und unentschlossen zu sein.] (Johannes 14,27)

Es ist mein Wunsch, dass ihr frei seid von jeder ängstlichen und quälenden Sorge. (1. Korinther 7,32)

Seid nicht besorgt und habt wegen nichts auch nur die geringste Angst, sondern fahrt in jeder Lebenslage und in allem fort, durch Gebet und Flehen (präzises Bitten) mit Danksagung eure Anliegen vor Gott kundwerden zu lassen. Und der Friede Gottes, der allen Verstand übersteigt, wird eure Herzen und Sinne mit einer Garnison belegen und über sie Wache halten in Christus Jesus. (Philipper 4,6-7)

Übrigens, Brüder, was wahr ist, was verehrungswürdig und ehrbar und geziemend ist, was gerecht ist, was rein ist, was lieblich und liebenswert ist, was freundlich und gewinnbringend und wohlwollend ist, wenn es irgendeine Tugend und Vortrefflichkeit gibt, wenn etwas lobenswert ist, daran denkt, das erwägt und zieht in Betracht [darauf richtet eure Gedanken]. (Philipper 4,8)

Werft alle eure Sorgen [alle eure Ängste, all euren Kummer, alle eure Belange ein für alle Mal] auf ihn, denn er kümmert sich liebevoll um euch und ist wachsam um euch besorgt. (1. Petrus 5,7)

Gebet zur Überwindung von Sorgen

Vater,
hilf mir, mich nicht zu sorgen. Ich gebe hiermit zu, dass mir das Sorgen nichts nützt, sondern in Wirklichkeit meine Situation nur verschlimmert. Hilf mir, meinen Sinn auf die erfreulichen Dinge gerichtet zu halten, die mir und deinem Reich dienlich sind.

Herr, ich danke dir, dass du auf mich Acht gibst. Du hast einen guten Plan für mein Leben. Ich werde beginnen, die Schritte zu tun, die du mir gezeigt hast, um deinen Plan zu erfüllen. Ich setze mein Vertrauen auf dich und dein Wort. Ich werfe alle meine Sorgen auf dich, weil ich weiß, dass du für mich sorgst. In Jesu Namen. Amen.

Gebet um eine persönliche Beziehung zum Herrn

Wenn Sie noch nie Jesus, den Friedefürst, als Ihren Herrn und Retter eingeladen haben, ermutige ich Sie, es jetzt zu tun. Sprechen Sie das folgende Gebet, und wenn Sie es wirklich ernst meinen, werden Sie ein neues Leben in Christus erfahren*:

Vater,
du hast die Welt so sehr geliebt, dass du deinen einzig geborenen Sohn gabst, um für unsere Sünden zu sterben, damit jeder, der an ihn glaubt, nicht verloren gehe, sondern ewiges Leben habe.

Deinem Wort zufolge werden wir durch Gnade errettet, als ein Geschenk von dir. Wir können nichts tun, um Errettung zu verdienen.

Ich glaube und bekenne mit meinem Mund, dass Jesus Christus dein Sohn ist, der Retter der Welt. Ich glaube an seinen Kreuzestod für mich, durch den er all meine Sünden getragen und den Preis für sie bezahlt hat. Ich glaube in meinem Herzen, dass du Jesus von den Toten auferweckt hast.

Ich bitte dich um Vergebung meiner Sünden. Ich bekenne Jesus als meinen Herrn. Gemäß deinem Wort bin ich gerettet und werde die Ewigkeit mit dir verbringen! Danke, Vater. Ich bin so dankbar. In Jesu Namen. Amen.

* Siehe Johannes 3,16; Epheser 2,8-9; Römer 10,9-10; 1. Korinther 15,3-4; 1. Johannes 1,9; 4,14-16; 5,1+12-13

Anmerkungen

Klartext über Stress

Kapitel 1

[1] *Webster's II New College Dictionary* (Boston/New York: Houghton Mifflin Company, 1995), s.v. »prudence«

[2] Gesammelt aus folgenden Quellen:

H.R. Beech, L.E. Burns und B.F. Sheffield: *A Behavioural Approach to the Management of Stress.* Ed. Cary L. Cooper und S.V. Kasl. Chichester: John Wiley & Sons, 1982, S. 8,9 und 11

Randall R. Cottrell: »The Human Stress Response« in *Grolier Wellness Encyclopedia: Stress Management*, erste Ausgabe (Guildord: The Dushkin Publishing Group, 1992), Band 13, S. 34-35

Webster's II, s.v. »adrenal gland«, »endocrine gland«, »pituitary gland«

Klartext über Einsamkeit

Kapitel 2

[1] *Webster's II New Riverside University Dictionary*, s.v. »lone«

[2] *Webster's II*, s.v. »lonely«

[3] *Webster's II*, s.v. »lonesome«

[4] *Webster's II*, s.v. »alone«

[5] *Webster's II*, s.v. »grief«

[6] *Webster's II*, s.v. »grieve«

Kapitel 3

[1] Basierend auf *Webster's II*, s.v. »depression«

Klartext über Depression

Kapitel 1

1 *Noah Webster's First Edition of an American Dictionary of the English Language* (San Francisco: The Foundation for American Education, 1967 und 1995 von Rosalie J. Slater. Genehmigung für den Nachdruck der Ausgabe von 1828 erteilt von G. & C. Merriam Company), s.v. »depression«.

2 *Webster's, 1828 Edition*, s.v. »discouraged«, »discouragement«

3 *Webster's II College Dictionary* (Boston/New York: Houghton Mifflin Company, 1995), s.v. »discourage«

4 W.E. Vine: *An Expository Dictionary of New Testament Words* (Old Tappan: NJ, Fleming H. Revell, 1940), Band I, S. 300.

Kapitel 2

1 James E. Strong: »Greek Dictionary of the New Testament« in *Strong's Exhaustive Concordance of the Bible* (Nashville: Abingdon, 1890), S. 77, Eintrag #5479, s.v. »joy«, Apostelgeschichte 20,24

2 Strong: »Hebrew and Chaldee Dictionary«, S. 37, Eintrag #2304 vom Eintrag #2302, s.v. »joy«, Nehemia 8,10

3 Strong: »Hebrew«, S. 27, Eintrag #1523, s.v. »joy«, Habakuk 3,18; Zephanja 3,17

Klartext über Entmutigung

Kapitel 1

1 *Webster's II College Dictionary* (Boston/New York: Houghton Mifflin Company, 1995), s.v. »oppress«

2 *Webster's II*, s.v. »aggressive«, »enterprising«

Kapitel 2

1 Watchman Nee, *The Spiritual Man*, Band 1 (New York: Christian Fellowship Publishers, Inc., 1968), S. 145. In Deutschland unter dem Titel *Der geistliche Christ: Gesamtausgabe* veröffentlicht (Berneck: Schwengeler).

Kapitel 4

1 *Webster's II*, s.v. »disappoint«

Klartext über Unsicherheit

Kapitel 4

[1] Helen Hayes mit Katherine Hatch: *My Life in Three Acts* (New York: Harcourt Brace Jovananovich, 1990), S. 39, 66

[2] Mary Kittredge: *Helen Hayes* (New York: Chelsea House Publishers, 1990), S. 64

Kapitel 6

[1] *Webster's II New College Dictionary* (Boston/New York: Houghton Mifflin Company, 1995), s.v. »conform«

Klartext über Sorgen

Kapitel 1

[1] *Webster's New World College Dictionary*, dritte Ausgabe, s.v. »dwell«

Kapitel 3

[1] *Webster's New World College Dictionary,* dritte Ausgabe, s.v. »anxiety«

[2] *Webster's,* dritte Ausgabe, s.v. »apprehension«

[3] *Webster's II New College Dictionary*, s.v. »foreboding«

[4] *Webster's II*, s.v. »anxious«

[5] *Webster's II*, s.v. »anxiety«

[6] *Webster's II*, s.v. »anxiety«

Kapitel 4

[1] Merrill F. Unger: *Unger's Bible Dictionary* (Chicago: Moody Press, 1966), S. 89

[2] Unger, S. 90

James Strong: »Greek Dictionary of the New Testament« in *The Exhaustive Concordance of the Bible* (Nashville: Abingdon, 1890), S. 30, Eintrag #1849, s.v. »delegated influence: - authority ...«

Joyce Meyer

Über die Autorin

Seit 1972 ist Joyce Meyer als Bibellehrerin tätig, seit 1980 sogar vollzeitlich. Sie ist Bestseller-Autorin von mehr als siebzig Büchern wie zum Beispiel „Das Schlachtfeld der Gedanken“ und „Süchtig nach Anerkennung“. Mit ihrer humorvollen und direkten Art bringt sie die Dinge des Alltags anhand der Bibel auf den Punkt - lebensnah, überzeugend und echt. Joyce' Radio- und Fernsehprogramme *Enjoying Everyday Life* oder *Den Alltag genießen* werden weltweit ausgestrahlt. Häufig werden die Sendungen auf den vielen Konferenzen aufgezeichnet, die Joyce jährlich abhält. Ihre Vorträge werden außerdem auch als DVDs und Audio-CDs verbreitet. Joyce und ihr Mann Dave haben vier erwachsene Kinder und leben in St. Louis, Missouri, USA.

Über Joyce Meyer Ministries (JMM)

Hilfe für Arme und Leidende

Joyce und Dave Meyers zentrales Anliegen ist es, armen und verletzen Menschen in der ganzen Welt zu helfen. Es geht darum, nicht nur zu reden, sondern auch konkret zu handeln. Darum bringt Joyce Meyer Ministries (JMM) humanitäre Hilfe in verschiedene Krisenregionen der Welt. Dies geschieht mit über 13 internationalen Büros und in Zusammenarbeit mit über 50 weltweit tätigen Missionsgesellschaften.
Auf diese Weise werden über fünf Millionen Mahlzeiten in den Hungerregionen der Welt ausgegeben, über 40 Waisenheime in armen Ländern unterhalten, Dörfer mit sauberem Trinkwasser versorgt und Tausende von Gefängnisinsassen unterstützt. Außerdem gründet und fördert JMM Gemeinden in Ländern, wo Christen unter Verfolgung leiden, bietet medizinische Hilfe und hilft alten wie jungen Menschen in den „Ghettos“ von Großstädten, wie mit dem Dream Center in St. Louis.

TV und Radio

Die *Enjoying Everyday Life* (*Den Alltag genießen*) Sendungen in Radio und Fernsehen erreichen täglich Hunderttausende weltweit. Im September 1993 wurde das Programm wöchentlich auf zwei Kanälen ausgestrahlt. Heute kann *Enjoying Everyday Life* täglich und wöchentlich auf über 507 Kanälen, darunter mehrere große Kabel- und Satelliten-Stationen, weltweit empfangen werden und außerdem auf www.joyce-meyer.de rund um die Uhr. Das Programm wird mittlerweile auch in weitere Sprachen, unter anderem Deutsch, übersetzt und kann sogar in der arabischen Welt empfangen werden. So wird das Evangelium täglich weltweit verbreitet.

Konferenzen

Konferenzen quer durch die USA (bis zu 14 im Jahr) und auch im Ausland sind nach wie vor Joyce' Leidenschaft. Die Menschen kommen in Scharen, und Joyce predigt das Wort Gottes und gibt praktische Lebenshilfe in der ihr eigenen direkten und humorvollen Art. Gleichzeitig werden diese Konferenzen für Fernsehsendungen aufgezeichnet.

www.joyce-meyer.de

Treffen Sie JMM im Internet. Infos, Videos, Kontaktmöglichkeit, weitere Bücher, DVDs und CDs bestellen und vieles mehr.

Joyce Meyers persönliches Geschenk an Sie

Als Leser dieses Buches können Sie jetzt eine kostenlose Vortrags-CD von Joyce Meyer erhalten. Einfach diesen Gutschein-Code [BK1006] mit Ihrer Anschrift versehen und an

Joyce Meyer Ministries
Postfach 76 10 01
D-22060 Hamburg

schicken, oder ins Internet gehen unter
www.joyce-meyer.de/geschenk .

Dort Adresse und Gutschein-Code eingeben, abschicken.

Weitere Bücher von Joyce Meyer

Das Schlachtfeld der Gedanken
Gewinne die Schlacht in deinem Verstand
Ca. 276 Seiten, Pb, Euro 17,- [D], 17,50 [A], sFr 29,90,
ISBN 3-939627-00-3 / 978-3-939627-00-5
Ein wahrer Bestseller. Mit diesem Buch hat Joyce Meyer Millionen geholfen, ihre Gedankenwelt in göttliche Bahnen zu lenken. Gedanken von Sorgen, Furcht und Zweifel müssen nicht mehr ihr ungehindertes Spiel mit Ihnen treiben. Fangen Sie an darüber nachzudenken, worüber Sie nachdenken, und erneuern Sie ihr Denken mit dem Wort Gottes. Ihr Leben wird sich drastisch positiv verändern. Die Wahrheit macht frei.

Süchtig nach Anerkennung
Hör auf, allen gefallen zu wollen
Ca. 297 Seiten, Pb, Euro 16,- [D], 16,50 [A], sFr 28,-,
ISBN 3-939627-01-1 / 978-3-939627-01-2
Ist es Ihnen wichtiger was andere über Sie denken, als was Gott über Sie denkt?
Fühlen Sie sich unsicher in Ihren Entscheidungen? Brauchen Sie ständig Bestätigung von anderen für das, was Sie tun? Dann sind Sie höchstwahrscheinlich süchtig nach Anerkennung. Joyce Meyer zeigt einen Weg auf, sich selbst zu finden, zu akzeptieren, wer man ist und sich auf Gott zu verlassen. Die Botschaft ist, dass Gott uns alle Anerkennung gibt, die wir brauchen.

Der richtige Start in den Tag
Andachten für jeden Morgen
Ca. 396 Seiten, Hardcover, Euro 15,- [D], 15,50 [A], sFr 26,50, ISBN 3-939627-02-X / 978-3-939627-02-9
Ein neuer Tag – Was gibt's Neues? – Gottes Gnade ist jeden Morgen neu. Finden Sie es heraus. In kurzen, knackigen Andachten gibt Joyce Meyer einen Gedankenanstoß pro Tag mit einem passenden Bibelvers und seiner praktische Umsetzung im Alltag. Herausfordernd, humorvoll, anregend.

Die geheime Kraft von Gottes Wort in deinem Mund
Ca. 173 Seiten, Hardcover, Euro 13,50 [D], 13,90 [A], sFr 24,-, ISBN 3-939627-03-8 / 978-3-939627-03-6
Während ihres Lebens und Dienstes hat Joyce Meyer wiederholt die schöpferische Kraft erfahren, die im Aussprechen des Wortes Gottes liegt. In diesem Buch trägt sie die wichtigsten Verheißungen und Bekenntnisse aus der Bibel für verschiedenste Lebensumstände zusammen: Bekenntnisse für Eltern, Singles und Familien, und was die Bibel über Ärger, Sorge und gesellschaftliche Verantwortung sagt. Gottes Wort in deinem Mund im Alltag angewandt wird dein Leben verändern.

Traum statt Trauma
Tipps für lebenslanges Eheglück
Ca. 380 Seiten, Pb, Euro 17,- [D], 17,50 [A], sFr 29,90, ISBN 3-939627-04-6 / 978-3-939627-04-3
„Unsere Ehen sollen ein Triumph und keine Tragödie sein,“ sagt Joyce Meyer, die selber mehr als 30 Jahre verheiratet ist. Gott bietet uns praktische Hilfe durch sein Wort, damit Ehen zu dem werden können, wozu er sie erdacht hat. Egal ob 30 Tage oder 30 Jahre verheiratet, ob noch Single, ob in einer Ehekrise oder einfach nur bemüht, die Ehe zu verbessern. In diesem Buch findet der Leser biblische Prinzipien und viele praktische Tipps zur „Traum-Ehe“.

Heilung für zerbrochene Herzen
Erlebe Wiederherstellung durch die Kraft des Wortes Gottes
Ca. 110 Seiten, Pb, Euro 9,80 [D], 10,- [A], sFr 17,90, ISBN 3-939627-05-4 / 978-3-939627-05-0
Gott hat einen wunderbaren Plan für unser Leben, aber oft fällt es uns schwer dies zu glauben und zu erleben, weil uns Verletzungen aus der Vergangenheit plagen und uns gefangen halten. Dieses Buch gibt Antwort. Lernen Sie, wie Gott Sie sieht. Sie werden erleben, wie Seine Liebe Sie zur Ruhe bringt, Hoffnung für die Zukunft gibt und Ihr verwundetes Herz heilt.

Freu dich des Lebens auf dem Weg zum Ziel
Ca. 221 Seiten, Pb,
Euro 13,80 [D], 14,20 [A], sFr 24,60
ISBN 3-939627-06-2 / 978-3-939627-06-7
Kennen Sie das? - „Wenn dieses und jenes endlich in meinem Leben eintritt, dann werde ich mich freuen.“ So hat wohl jeder schon mal gedacht. Joyce Meyer zeigt den biblischen Weg, wie man zu einer beständigen Freude findet, die einen unabhängig von Umständen und (un)erfüllten Wünschen das Leben genießen lässt.

Gottes Plan für dich
Entdecke die Möglichkeiten
Ca. 137 Seiten, Hardcover,
Euro 18,- [D], 18,50 [A], sFr 31,60
ISBN 3-939627-07-0 / 978-3-939627-07-4
Viele Menschen erleben kein erfülltes Leben, weil sie sich ständig vergleichen und versuchen, jemand anderes zu sein. Ihnen ruft Joyce Meyer zu: Sei du selbst! Entwickle dein Potenzial! Mit einem Schlüssel-Gedanken pro Seite untermauert mit Wort Gottes führt dieses Buch den Leser durch Schritte wie Selbstannahme, Heilung und Vertrauen. Kurz wie ein Andachtsbuch mit tiefen Einsichten und erfrischend einfach für jeden Tag.

Schlüssel zum außergewöhnlichen Leben -
Verwandle dein Leben mit der Frucht des Geistes
Ca. 260 Seiten, Pb,
Euro 13,50 [D], 13,90 [A], sFr 24,-
ISBN 3-939627-08-9 / 978-3-939627-08-1
Gott möchte, dass Liebe, Freude und Frieden in unserem Leben wachsen, ebenso Geduld, Sanftmut und Güte, Treue, Demut und Selbstbeherrschung. Lernen Sie das Geheimnis von geistlichem Wachstum kennen. Und Sie werden sehen, wie Ihr Leben die Welt um Sie herum positiv beeinflussen wird.

Gut aussehen. Gut fühlen
12 Schlüssel für ein gesundes, erfülltes Leben
Ca. 256 Seiten, Pb,
Euro 14,50 [D], 14,90 [A], sFr 25,70
ISBN 3-939627-09-7 / 978-3-939627-09-8
New York Times Bestseller
Sie sind unendlich wertvoll für Gott! Dennoch haben viele Menschen ein niedriges Selbstwertgefühl und gehen auch entsprechend nachlässig mit ihrem Körper um. Joyce Meyers 12-Punkte-Plan führt Sie durch überraschende biblische Erkenntnisse sowie praktische Tipps für einen gesunden, entspannten Lebensstil, damit Sie sich gut fühlen und obendrein noch gut aussehen.

Schreiben Sie uns!

Was hat Ihnen dieses Buch konkret gebracht? Haben Sie Anregungen? Möchten Sie Joyce Meyer Ministries etwas mitteilen? Dann schreiben Sie uns.

Joyce Meyer Ministries
Postfach 76 10 01
D-22060 Hamburg